Ullstein Sachbuch

W0375238

ÜBER DAS BUCH:

Der Haß der Araber auf die Juden, der sich im Nahost-Konflikt Bahn bricht, signalisiert eine unheilvolle Entwicklung: das Eindringen eines virulenten Antisemitismus in die islamische Welt.
In einer brillanten historischen Abhandlung führt der Autor uns die Geschichte des Antisemitismus vor Augen. Dabei verfolgt er die These, daß der arabische Antisemitismus nicht in der jüdisch-arabischen Vergangenheit wurzelt, sondern aus dem christlichen Europa importiert wurde. Die historische Gründlichkeit, mit der Lewis das sensible Thema behandelt, die Klarheit seiner Argumentation heben das Buch aus der einschlägigen Literatur heraus und machen es für jeden unverzichtbar, der sich mit diesem Phänomen befaßt.

DER AUTOR:

Bernard Lewis, 1916 in London geboren, ist Professor für Nahost-Studien an der Princeton University, USA, und Mitglied des Institute of Advanced Study ebendort. Lewis gilt als einer der bedeutendsten Orientalisten und Kenner der Geschichte des Nahen Ostens. Er ist Mitglied der British Academy und der American Academy of Arts and Sciences sowie des Council on Foreign Relations, New York.

Bernard Lewis

»Treibt sie ins Meer!«

Die Geschichte des Antisemitismus

Ullstein Sachbuch

Ullstein Sachbuch
Ullstein Buch Nr. 34595
im Verlag Ullstein GmbH,
Frankfurt/M – Berlin
Titel der amerikanischen
Originalausgabe:
Semites and Anti-Semites
Übersetzt von Erwin Duncker

Korrigierte und überarbeitete
Ausgabe

Umschlagentwurf:
Theodor Bayer-Eynck
Unter Verwendung einer Abbildung
vom Archiv für Kunst und Geschichte,
Berlin
(Holzschnitt aus H. Schedels
Weltchronik)
Alle Rechte vorbehalten
© 1986 by Bernard Lewis
© 1987 by Verlag Ullstein GmbH,
Frankfurt/M – Berlin
Printed in Germany 1989
Druck und Verarbeitung:
Ebner Ulm
ISBN 3 548 34595 6

August 1989

Vom selben Autor im
Ullstein Verlag erschienen:

Die Welt der Ungläubigen (Nr. 34427)

CIP-Titelaufnahme
der Deutschen Bibliothek

Lewis, Bernard:
»Treibt sie ins Meer!«: Geschichte des
Antisemitismus / Bernard Lewis. [Übers.
von Erwin Duncker]. – Korrigierte u.
überarb. Ausg. – Frankfurt/M; Berlin:
Ullstein, 1989
(Ullstein-Buch; Nr. 34595:
Ullstein-Sachbuch)
Einheitssacht.: Semites and anti-semites
<dt.>
ISBN 3-548-34595-6
NE: GT

Inhalt

Einführung

Am 3. Oktober 1980 legten unbekannte Terroristen eine Bombe in eine Synagoge in der Pariser Rue Copernic. Sie sollte in dem Augenblick explodieren, als die Gläubigen das Gotteshaus verließen. Aber sie ging zu früh hoch und richtete deshalb weniger Schaden an als beabsichtigt. Vier Menschen wurden getötet, zwei von ihnen nichtjüdische Passanten, und zehn wurden verletzt. Der französische Ministerpräsident, Raymond Barre, trat zwei Tage danach im Fernsehen auf, um den Opfern sein Mitgefühl auszudrücken und seiner Empörung über die Täter Ausdruck zu verleihen. Entsetzt über das, was da geschehen war, rief er aus: »Ihr Ziel waren die Juden, und getroffen haben sie unschuldige Franzosen.« Was Barre sagen wollte, war klar: daß die Tat von Arabern begangen worden sei, die wegen ihres Streits mit Israel zu einem Schlag gegen Juden entschlossen waren, und daß sie Franzosen getötet und verstümmelt hatten, die sich zufällig in der Nähe befanden, die aber keine Juden waren und nichts mit dem arabisch-israelischen Konflikt zu tun hatten. Das aber war nicht ganz das, was er wirklich sagte, und seinen Zuhörern, insbesondere seinen jüdischen Zuhörern, entging nicht die Implikation, daß diejenigen Bürger von Paris, die da in der Synagoge gebetet hatten, in irgendeiner Weise weder französisch noch unschuldig waren. Seine besondere Bedeutung erhielt Barres spontaner Ausbruch durch die Tatsache, daß er, soweit man weiß, keineswegs antisemitisch eingestellt ist; sein Zorn richtete sich auch nicht gegen die Juden – denen er sein Mitgefühl aussprach –, sondern gegen diejenigen, die den Anschlag verübt hatten. Viele französische Juden fragten sich, warum ihr Ministerpräsident sich in einer spontanen

Reaktion auf eine emotionsgeladene Situation gerade so und nicht anders ausgedrückt hatte. Und es bleibt ungeklärt, ob es sich bei den Tätern tatsächlich um Araber gehandelt hatte oder um französische Antisemiten.

Als am 21. September 1982 die ersten Berichte über das an Palästinensern begangene Massaker von Sabra und Schatila eingetroffen waren, erklärten Lehrer eines der bedeutendsten französischen Gymnasien, des Lycée Voltaire in Paris, sie seien »empört über die Massaker in den Beiruter Palästinenser-Lagern«, und stellten von 10.00 Uhr vormittags bis zum Mittag den Unterricht ein. Sie entwarfen zwei Briefe, einen an den Präsidenten der Französischen Republik, in dem sie den Abbruch der diplomatischen und wirtschaftlichen Beziehungen mit dem Staat Israel sowie die offizielle Anerkennung der PLO forderten, den anderen an die israelische Botschaft in Paris, in dem sie den sofortigen und bedingungslosen Abzug der israelischen Truppen aus Beirut und dem Libanon forderten. Beide Briefe wurden mit entsprechenden Erläuterungen vor den auf dem Schulhof versammelten Schülern des Gymnasiums verlesen.[1] Es gibt keinerlei Belege dafür, daß die Lehrer dieser oder anderer Schulen jemals zuvor zu vergleichbarem Handeln bewogen worden waren – etwa durch Ereignisse in Polen oder Uganda, in Mittelamerika oder Afghanistan, in Südafrika oder Südostasien oder auch im Nahen Osten, wo es an Präzedenzfällen und Parallelen zu dem Massaker von Sabra und Schatila, so entsetzlich es auch war, nicht mangelte.

Wie Barres Bemerkungen anläßlich des Anschlags auf eine Synagoge wirft die Reaktion der westlichen Öffentlichkeit auf Sabra und Schatila tiefreichende und beunruhigende Fragen auf, die allein mit dem Hinweis auf die israelische Libanon-Invasion im Juni 1982 und die sich daraus ergebende Zerstörung nicht beantwortet werden können. Die Handlungsweise der Pariser Lehrer entsprang ganz eindeutig feindseligen Gefühlen gegenüber Israel und möglicherweise, wenn auch nicht sicher, gegenüber Juden. Das gleiche dürfte für einige Medien gelten. In einer Ära, die mit dem Aufstieg Hitlers begann, mit seinem Sturz aber nicht endete, ist es beinahe axiomatisch geworden: »Juden machen Nachrichten.« Selbst über die geringfügigsten Gefechte an den Grenzen zwischen Israel und seinen Nachbarn wird ausführlich berichtet und debattiert. Der große Krieg zwischen Irak und Iran dagegen, schon jetzt der viert- und bald der drittblutigste dieses Jahrhunderts, blieb nahezu unbemerkt. Erst gegen Ende des vierten Kriegsjahres, als beide Seiten anfingen, neutrale Schiffe anzugreifen, begann die Weltpresse, diesem Konflikt einige Aufmerksamkeit zuzuwenden.

Bedeutsam an der Reaktion der Medien auf die Ereignisse in Sabra und Schatila ist nicht die Tatsache, daß sie so große Aufmerksamkeit fanden; das ist normal, wo es um Israelis oder andere Juden geht. Entscheidend ist auch nicht, daß diese Aufmerksamkeit in keinem Verhältnis steht zu der Behandlung anderer Verbrechen an anderen Orten. An die Israelis werden – mit vollem Recht – andere Maßstäbe angelegt als an autoritäre Regierungen, die ohnehin nicht zulassen würden, daß ausländische Korrespondenten ihre Aktivitäten überwachen. Die Verurteilung der Rolle, die die Israelis gespielt haben, war wohlbegründet, und viele Israelis, und am Ende auch die israelische Regierung, schlossen sich ihr an. Bedeutsam und erklärungsbedürftig ist also weder die dem Geschehen von Sabra und Schatila gezollte Aufmerksamkeit noch dessen Verurteilung, sondern vielmehr die Art und Weise, in der die Nachricht gehandhabt und präsentiert wurde. Charakteristische Merkmale waren die Suspendierung des kritischen Urteils durch Journalisten, die sich normalerweise in gesundem Skeptizismus üben[2]; die ohne jedes Zögern erfolgte Entgegennahme und Veröffentlichung von Material, das sich sehr bald als offenkundige Propaganda aus eindeutig parteilichen Quellen erwies; und der Gebrauch einer ausfallenden und tendenziösen Sprache bei der Wiedergabe bloßer Nachrichten.

Besonders auffällig und aufschlußreich an der Diskussion über jenes Massaker und die israelische Libanon-Invasion im allgemeinen war die häufige Verwendung eines Vokabulars, das an die Sprache der Nazis erinnerte. Wörter wie »Blitzkrieg«, »Lebensraum«, »Völkermord« und »Endlösung« wurden reichlich verwendet, um den – manchmal offen erklärten, oft nur implizierten – Vergleich zwischen dem Vorgehen der Israelis im Libanon und der Nazis im eroberten und besetzten Europa zu untermauern. In den meisten Berichten konzentrierte sich die ganze Kritik auf die Israelis, die, wie man von Anfang an wußte, an dem Massaker selbst nicht beteiligt, und deren Fahrlässigkeit oder Komplizenschaft noch nicht erwiesen waren, während die libanesischen Christenmilizen, die das Verbrechen tatsächlich begangen hatten, beinahe unerwähnt blieben. Der oberflächliche Leser oder Fernsehzuschauer konnte leicht den Eindruck gewinnen, daß es sich hier um ein noch nie dagewesenes, in der neueren Geschichte des Nahen Ostens ganz und gar beispielloses Massaker handele und daß es direkt von den Israelis begangen worden sei. Keines von beidem entsprach der Wahrheit.

Sogar die Medien selbst, scharf kritisiert wegen einiger Fehlleistungen in dieser Angelegenheit, scheinen sich nicht ganz wohl gefühlt zu haben ob ihrer Behandlung der Affäre von Sabra und Schatila. Die Veröffentlichung des Berichts der israelischen Untersuchungskommission unter Vorsitz des Oberrichters Kahan lieferte ihnen die Gelegenheit, die Sache noch einmal zu überprüfen und sie dann ebenso plötzlich und irrational abzuschließen, wie sie sie begonnen hatten. Ganz offensichtlich sind es starke und komplexe gesellschaftliche und psychologische Kräfte, die die Einstellung und Handlungsweise von Journalisten – und der Öffentlichkeit, deren verborgene Gefühle und Wünsche sie ziemlich genau diagnostiziert zu haben scheinen – prägen.

Die – offenen und unterschwelligen – Vergleiche zwischen Israelis und Nazis spiegeln einen bedeutsamen Wandel in der westlichen Haltung beiden gegenüber wider. Am 19. Juni 1969 setzte der ägyptische Außenminister Mahmud Riyad auf einer Pressekonferenz in Den Haag das israelische Verhalten in den besetzten Gebieten demjenigen der Nazis während der deutschen Besetzung der Niederlande gleich. Damals war die Erinnerung noch zu frisch, als daß eine derartige Aussage unangefochten hätte passieren können, und der Minister sah sich angesichts seines wütenden Publikums gezwungen, seine Bemerkung zurückzunehmen. Seither ist eine neue Generation herangewachsen, und für viele ist das Wissen darum, was Nazi-Verhalten wirklich bedeutete, nicht mehr eigene Erinnerung, sondern Geschichte. Wie die Vergleiche, die namentlich in den späten sechziger Jahren zwischen gegen Demonstranten vorgehenden Polizisten und der Gestapo angestellt wurden, hat die Gleichsetzung von Israelis und Nazis einen Doppelcharakter. Wenn die Israelis nicht besser waren als die Nazis, dann folgt daraus, daß die Nazis nicht schlimmer waren als die Israelis. Diese Argumentation, wiewohl greifbar falsch, selbst wenn man den feindseligsten Bericht über die israelischen Aktivitäten zugrunde legte, brachte willkommene Erleichterung für all jene, die so lange schon die Bürde der Schuld mit sich herumgetragen hatten wegen der Rolle, die sie selbst, ihre Familienangehörigen, ihre Nation oder ihre Kirche bei Hitlers Verbrechen an den Juden gespielt hatten, sei es durch Teilnahme oder Komplizenschaft, durch stillschweigende Duldung oder durch Gleichgültigkeit. Am stärksten war dieses Gefühl naturgemäß bei den Erben und Landsleuten der Nazis, der Faschisten und der Kollaborateure. Aber es löste auch in den englischsprechenden Ländern ein mächtiges Echo aus, wo viele unter den Beschränkungen gelitten hatten, die ihnen der allgemeine Abscheu gegen den Antisemitismus in den ersten Jahren nach Hitler auferlegt hatte. Berichte über israelische Missetaten brachten Erleichterung und neue Möglichkeiten.

Noch ein weiteres schwieriges und schmerzliches Problem ergibt sich aus der Bombenexplosion an der Synagoge in der Rue Copernic sowie aus den terroristischen Anschlägen von Arabern oder europäischen Antisemiten auf jüdische Synagogen, Sportvereine oder Restaurants. Inzwischen haben sich Juden, die sich in den Städten Westeuropas zum Beten oder aus anderem Anlaß versammeln, an den finsteren Anblick bewaffneter Polizisten oder Soldaten, manchmal gar gepanzerter Fahrzeuge gewöhnt, die aufgeboten wurden, um sie vor ihren antizionistischen und antisemitischen Feinden zu schützen. Sogar in den USA hat es Angriffe auf Synagogen und auf Juden gegeben, wenn sie auch, verglichen mit denen in Europa, selten und relativ harmlos waren – eher vandalistischer als terroristischer Art.

Arabische Sprecher im Westen geben sich große Mühe, um mit Nachdruck darauf hinzuweisen, daß sie mit dem israelischen Staat und der zionistischen Ideologie im Streit liegen, nicht mit den Juden als solchen oder der jüdischen Religion. Dieses Argument wird durch Anschläge auf jüdische religiöse Gebäude oder Gemeinschaftshäuser in Europa nicht eben bekräftigt. Tödlich unterminiert aber wird es von dem brodelnden Haß, der gewöhnlich in Büchern, Zeitungen, Zeitschriften und sogar Schulbüchern in vielen Teilen der arabischen Welt seinen Ausdruck findet. Dieser Haß richtet sich nicht nur gegen Israel und den Zionismus; er umschließt die Juden und das ganze

Judentum, die Buch um Buch, Artikel um Artikel, Rede um Rede verdammt und geschmäht werden, über die dreitausend Jahre ihrer Geschichte hinweg. Das Leitmotiv eines großen Teils dieser Schriften wird in einem 1950 in Alexandria veröffentlichten Buch angeschlagen, in dem der Autor, nachdem er festgestellt hat, daß Juden immer Juden bleiben, auch wenn sie sich zum Christentum oder zum Islam bekennen, zu dieser Schlußfolgerung gelangt: »Die Juden und der Zionismus sind wie ein Baum des Bösen. Seine Wurzel befindet sich in New York, seine Zweige erstrecken sich über die ganze Welt, seine Blätter sind die Juden – sie alle, die alten und die jungen, die Männer und die Frauen, ohne Ausnahme, sind seine stachligen Blätter und giftigen Dornen, und das Gift wirkt schnell und tödlich.«[3] Zu jener Zeit waren solche Angriffe noch verhältnismäßig selten. In den Jahren, die dann folgten, wurden sie zur Alltäglichkeit. Selbst Themen wie die biblische Geschichte oder die hebräische Literatur werden in Publikationen mit wissenschaftlichem Anspruch zum Vehikel antijüdischer Polemik.

In der gegenwärtig in den meisten arabischen Ländern herrschenden Atmosphäre ist es praktisch unmöglich, irgend etwas zu sagen, das geeignet wäre, Sympathie für die Juden zu wecken, gleichgültig, ob es sich um die jetzt lebenden oder die der Vergangenheit handelt. Auffälliges Beispiel dafür ist, daß in der gewaltigen Literatur über die Juden, das Judentum und die jüdische Geschichte jeglicher anteilnehmende oder auch nur sachlich korrekte Bericht über die Judenvernichtung in Hitlers Europa fehlt. Wo diese Autoren den Holocaust überhaupt erwähnen, tun sie es, von wenigen Ausnahmen abgesehen, eher um ihn zu leugnen, zu bagatellisieren oder zu entschuldigen, um mildernde Umstände zu suchen oder gar um ihn zu rechtfertigen. Einige Autoren führen ihn als Beweis für den hassenswerten Charakter der Juden an und für die wohlverdiente Vergeltung, die ihre Missetaten auf ihr Haupt herabbeschworen haben.

In Ägypten, das einen Friedensvertrag und diplomatische Beziehungen mit Israel hat, wurde der Film »Sophie's Choice« verboten, weil er »die gleichen Töne anschlägt wie die Zionisten bei der Darstellung der Züchtigung der Juden«. Der Bericht der israelischen Untersuchungskommission über Sabra und Schatila wurde ausführlich in dem ägyptischen Massenblatt *al-Musawwar* zitiert, und zwar mit dem einleitenden Hinweis, daß die Herausgeber dieses Dokument wegen seiner außerordentlichen Bedeutung ihren Lesern im vollen Wortlaut vorzulegen wünschten. Nur, sie gaben nicht den vollen Wortlaut wieder. Sie hatten mehr als zwanzig kleine Streichungen vorgenommen, mit denen sie geschickt jeden Hinweis auf die Rolle der libanesischen Christen ausmerzten, die tatsächlich das Massaker verübt hatten; ausgemerzt war auch jeder Hinweis, der das Verhalten der Israelis hätte verteidigen oder auch nur in milderem Licht erscheinen lassen können.

Die gemeinhin übliche Antwort auf alles dieses, wie sie von seiten oder im Namen der Araber zu vernehmen ist, lautet, daß Araber nicht antisemitisch sein könnten, weil sie selber Semiten seien. Daraus scheint sich logischerweise zu ergeben, daß eine in Berlin oder in Buenos Aires herausgegebene deutsche oder spanische Ausgabe von Adolf Hitlers »Mein Kampf« antisemitisch ist, eine arabische Fassung desselben Textes aber, verlegt in Kairo oder Beirut, nicht antisemitisch sein könne, weil das Arabische und das Hebräische verwandte Sprachen seien.[4] Es ist kein sehr zwingendes Argument.

Im Nahen Osten, im Sowjetblock, im Westen und jetzt auch in der zuvor desinteressierten Dritten Welt gibt es seit einigen Jahren eine immer heftiger werdende Welle öffentlich geäußerter und bisweilen gewalttätiger Feindseligkeit, die sich mal gegen Israel, mal gegen den Zionismus, mal gegen die Juden oder gegen wechselnde Kombinationen von allen dreien richtet. Wer dieser Feindseligkeit in einem westlichen oder sowjetischen Kontext Ausdruck verleiht, versucht gewöhnlich, zwischen zwei Dingen zu unterscheiden: der absolut legitimen Kritik an einem Staat und seiner Politik oder Opposition gegen eine Ideologie und ihre Folgen einerseits, dem meistens nicht zugegebenen, manchmal sogar offen verurteilten Vorurteil gegen ein Volk oder – im Westen – eine Religion andererseits. Die Objekte dieser Feindseligkeit und der Gewalttätigkeit, die mit ihr einhergehen kann, empfinden es oft als schwierig, zwischen beidem zu unterscheiden. Die Juden neigen dazu, den Versuch einer solchen Differenzierung als Heuchelei abzutun und alle gegen sie gerichteten Angriffe als ein und dasselbe zu behandeln – als Haß auf die Juden, allgemein bekannt unter der Bezeichnung Antisemitismus. Ein vielfach zu hörendes Pauschalurteil der Juden über ihre Kritiker hört sich etwa so an:

Sie hassen die Juden, und ob sie nun Bomben gegen sie werfen oder sie als Israelis, Zionisten oder einfach nur als Juden beschimpfen, macht keinen Unterschied. So einfach ist es natürlich nicht, wenngleich der Unterschied zwischen Feindseligkeit gegenüber Juden und Kritik an Israel oder dem Zionismus nicht immer präzise und mit Gewißheit zu bestimmen ist. Selbst die Begriffe sind schwer zu definieren, und sie werden mit vielfältiger und wechselnder Bedeutung gebraucht. Was ist Israel, was ist Zionismus und, wenn wir schon dabei sind, wer sind die Juden?

Am leichtesten fällt die Antwort im Falle Israels. Es ist der Name eines Staates, der am 14. Mai 1948 gegründet worden ist und der sich seither, wie andere Staaten auch, mit der Verfolgung seiner Interessen und der Anwendung einer diesen Interessen dienlichen Politik beschäftigt hat. Diese Politik mag in ihren verschiedenen Erscheinungsformen gut oder schlecht sein, effektiv oder ineffektiv, vereinbar oder unvereinbar mit den Interessen anderer Staaten, und Kritik an ihr ist nicht an sich schon ein Zeichen für Vorurteile, ebensowenig wie die Kritik an Handlungen anderer Staaten in der Welt, die in Konflikte verwickelt sind. Prallen nationale oder staatliche Interessen aufeinander, so mag das Vorurteile erzeugen oder von ihnen beeinflußt werden. Es ist nicht an sich schon ein Beweis für das Vorhandensein von Vorurteilen.

Den Zionismus zu definieren, ist eine alles in allem schwierigere Aufgabe. Ursprünglich bezeichnete der Begriff eine bestimmte Diagnose der mißlichen jüdischen Situation und ein Rezept für ihre Besserung. Die Diagnose besagte, kurz gesagt, daß die Juden verfolgt würden, weil sie überall Fremde seien und keine eigene Heimat hätten. Die Lösung liege darin, eine nationale jüdische Heimstatt zu schaffen, die sich im Laufe der Zeit zu einem jüdischen Staat entwickeln würde. Dieser würde denjenigen Juden Zuflucht bieten, die ihrer bedurften, er würde Ermutigung bedeuten und, wo es nötig war, denjenigen Juden Hilfe bieten, die auch weiterhin woanders lebten. Er würde auch ein Zentrum schaffen, wo Juden ohne Furcht vor Verfolgung oder Argwohn ihre eigene jüdische Kultur und ihre eigene Lebensform weiterentwickeln könnten. Vor allem wäre er der Ort in der Welt, wo die Juden als Juden leben könnten, nicht abhängig von der Duldung, der Toleranz oder dem guten Willen anderer, sondern als Herren in ihrem eigenen Haus. Einige vertraten die Ansicht, daß diese nationale jüdische Heimat irgendwo in der Welt errichtet werden könne, wo es unbesiedelte Gebiete und eine bereitwillige Regierung gab, und es wurden Versuche unternommen in Uganda, Australien, Sinai, Südamerika und, unter sowjetischen Auspizien, in der entlegenen sibirischen Provinz Birobidschan an der Grenze der Mongolei. In den meisten Fällen gingen diese Versuche über das Stadium der Diskussion nicht hinaus; keiner führte zu irgendwelchen Resultaten. Es gab nur einen Ort, auf den die Juden meinten, einen historischen Anspruch zu haben, und der machtvoll genug an Gefühle appellierte, um die notwendige Anstrengung und Ausdauer hervorzurufen. Das war das uralte Land Israel.

Es gab viele Menschen, darunter nicht wenige Juden, die diese Diagnose und die Rezeptur ablehnten. Einige, speziell unter den religiösen Juden, sahen im Zionismus eine Unfrömmigkeit, ein Eindringen fremder, säkularer und nationalistischer Vorstellungen in die jüdische Religionsgemeinschaft, einen blasphemischen Versuch, die Hand Gottes leiten zu wollen, von dem allein die Erlösung kommen werde. Andere erblickten im Zionismus sowohl eine Gefahr für die Stellung der Juden in den Ländern, deren Staatsbürger sie waren oder zu werden hofften, als auch eine Quelle des Konflikts mit den Arabern Palästinas und darüber hinaus mit der arabischen und islamischen Welt. Diese Erwägung war von besonderer Bedeutung für diejenigen Regierungen, Organisationen, Institutionen und Individuen, die aus politischen, strategischen, kommerziellen oder persönlichen Gründen gute Beziehungen zur arabischen und islamischen Welt zu erhalten suchten.

Diejenigen, die – aus welchen Gründen auch immer – gegen die Idee eines jüdischen Staates in Palästina opponierten, scheuten keine Mühe, um seine Errichtung zu verhindern. Mit dem Wachsen der jüdischen nationalen Heimstatt in Palästina, insbesondere nach dem Triumph des militanten Antisemitismus auf dem europäischen Kontinent in den dreißiger und frühen vierziger Jahren des zwanzigsten Jahrhunderts, und dann wieder mit der Geburt des jüdischen Staates im Jahre 1948, änderten sich die Vorzeichen der Debatte. Insbesondere änderten sich Inhalt und Ziel der Opposition gegen einen jüdischen Staat. Die Geburt eines solchen Staates zu verhindern, das war eine Sache; ihn auszulöschen, nachdem er geboren war, eine ganz andere. Einige, die sich für Empfängnisverhütung ausgesprochen hatten, schreckten vor der Abtreibung zurück; andere, die Kindestötung zu tolerieren bereit waren, mochten den Schritt zum Mord nicht tun. Selbst in der Sowjetunion waren nur wenige bereit, so weit zu gehen. Die Kritiker und Gegner Israels verurteilten seine Politik und suchten nach Wegen, sein Territorium zu verringern, aber sie sprachen, von einer Ausnahme abgesehen, nicht mehr davon, den jüdischen Staat auszulöschen oder seine Einwohner ins Meer zu treiben.

Diese eine Ausnahme bildeten die arabische Welt und ihre besonders getreuen Anhänger. Es blieb das unmißverständlich geäußerte Ziel der palästinensischen Organisationen und der hinter ihnen stehenden arabischen Regierungen, den jüdischen Staat zu beseitigen und an seiner Stelle einen arabisch-palästinensischen Staat zu errichten. Im politischen Sprachgebrauch der Araber und ihrer engagierten Förderer anderswo bekam das Wort »Zionismus« nun eine zweite Bedeutung. Im Gebrauch vieler arabischer Autoren und Sprecher war ein Zionist jemand, der nicht ihre Überzeugung teilte, daß Israel zerstört werden müsse, um Gerechtigkeit im Nahen Osten herzustellen. Nach dieser Definition konnte selbst ein so beharrlicher Kritiker der israelischen Politik wie Charles de Gaulle als Zionist bezeichnet werden; das galt auch für die Machthaber in der Sowjetunion, wo selbst in Augenblicken höchster antijüdischer Feindseligkeit die Beseitigung Israels nie Bestandteil der offiziellen Politik war. Und natürlich umfaßt nach dieser Definition der Begriff »Zionist« nahezu alle Juden, auch die meisten derjenigen, die zuvor dem Zionismus gleichgültig oder gar feindselig gegenübergestanden hatten. Ausgenommen werden nur diejenigen Juden, die sich in aktiver Gegnerschaft nicht nur zur Politik, sondern sogar zur Existenz Israels befinden.

In einer dritten, noch umfassenderen Definition gibt es überhaupt keine Ausnahmen. In einigen sowjetischen, arabischen und neuerdings auch nichtarabischen islamischen polemischen Schriften bedeutet »Zionist« ganz einfach »Jude«, und antizionistisch bedeutet deshalb antijüdisch. Ein gutes Beispiel dafür findet sich in einer der Schriften des Ayatollah Khomeini. Ein Vergleich des persischen Textes mit einer französischen Übersetzung zeigt, daß das Wort

»Jude« in ersterem ersetzt wird durch das Wort »Sioniste« im letzteren.[5]

Was aber ist dann ein Jude? Auf diese Frage kann man viele Antworten finden unter den Juden, ihren Feinden und ihren Freunden. Nur eine Antwort kann als maßgeblich angesehen werden. Nach rabbinischem Gesetz ist Jude, wer von einer jüdischen Mutter geboren wurde oder zum jüdischen Glauben konvertiert ist. Wie mangelhaft er im Glauben und seiner Ausübung auch sein mag, er bleibt ein Jude. Nach rabbinischem Gesetz bleibt er rechtlich sogar nach Übertritt zu einem anderen Glauben ein Jude. In diesem Punkt unterscheiden sich israelisches und rabbinisches Gesetz; nach israelischem Recht hört der Apostat auf, Jude zu sein. Ganz offenkundig ist dies nicht eine rein religiöse Definition, da die Eigenschaft des Jüdischseins auch durch Erbschaft erworben werden kann. Ebenso offenkundig handelt es sich nicht um eine rassische Definition; für den Rassisten sind Väter nicht weniger wichtig als Mütter, und rassische Identität kann nicht durch Konversion erworben oder durch Apostasie verloren werden. Diese Definition, übernommen aus uralten rabbinischen Texten, ist heute Teil des Gesetzes des Staates Israel. In dieser Frage bezieht der Judaismus praktisch eine mittlere Position zwischen der christlichen Doktrin, wonach alle Menschen, einschließlich der Kinder von Christen, als Sünder geboren und erst durch die Taufe zu Christen werden, und der islamischen Doktrin, wonach alle Menschen als Moslems geboren, einige aber von ihren Eltern zu Christen, Juden oder Heiden gemacht werden.

Für die Nazis, ihre Jünger und die von ihnen Verführten sind die Juden eine Rasse, und sie und ihre Nachkommen bleiben Juden, ganz gleich, welche Sprache sie sprechen und zu welcher Religion sie sich bekennen. Das Jüdischsein ist hiernach wesentlich verschieden von solchen Formen der Identität wie Religion und Nationalität, die willkürlich angenommen oder aufgegeben werden können. Nach rabbinischem Gesetz gibt es so etwas wie einen Halbjuden oder einen Vierteljuden nicht. Man ist entweder Jude, oder man ist kein Jude. Das Kind einer jüdischen Mutter und eines nichtjüdischen Vaters ist Jude; das Kind einer nichtjüdischen Mutter und eines jüdischen Vaters ist kein Jude. Für die Nazis ist ein zum Christentum übergetretener Jude unverändert ein »Volljude«; bei einem jüdischen Elternteil ist das Kind Halbjude, bei einem jüdischen Großelternteil ist es Vierteljude. Zwischen diesen beiden Definitionen, derjenigen der Rabbiner und derjenigen der erbittertsten Feinde der Juden, ist eine Vielzahl anderer Definitionen vorgetragen worden, die neben denjenigen des Glaubens und der Rasse von ethnischen, kulturellen und sogar gesellschaftlichen und wirtschaftlichen Kriterien ausgehen.

So wie sich die Definitionen für Israelis, Zionisten und Juden voneinander unterscheiden, so unterscheidet sich auch das Wesen der Feindseligkeit, die ihnen entgegengebracht wird. In dieser Frage herrscht große Verwirrung, ob unter Juden, Judenhassern oder der gewaltigen Mehrheit der Menschheit, die keiner dieser beiden Kategorien angehört. Allgemein gesprochen, gibt es drei Arten dieser Feindseligkeit.

Die erste ist Opposition gegen den Staat Israel, möglicherweise auch gegen die zionistische Bewegung und Ideologie, die ihn geschaffen haben und in gewissem Grade am Leben erhalten. Der Zionismus ist eine Ideologie, Israel ist ein von einer Regierung gelenkter Staat. Wohlmeinende Menschen können mit gutem Grund gegen diese Ideologie opponieren oder sie ablehnen oder die Politik dieser Regierung kritisieren, ohne notwendigerweise von Vorurteilen motiviert zu sein. Es ist unbegründet und unfair, anzunehmen, daß Opposition gegenüber dem Zionismus oder Kritik an der Politik und Handlungsweise Israels an sich und bei Abwesenheit anderer Indizien Ausdruck eines antisemitischen Vorurteils seien. Der arabisch-israelische Konflikt ist ein politischer Konflikt – eine Kollision von Staaten und Völkern in konkreten Streitfragen, nicht aber eine Sache des Vorurteils und der Verfolgung. Es ist nicht zwingend, anzunehmen, daß arabische Feindseligkeit gegenüber Israel das Ergebnis von Antisemitismus sei; es gibt andere ausreichende Gründe, durch die sie erklärt werden kann.

Eine zweite, schwieriger zu definierende Art der Feindseligkeit ist das, was man als gewöhnliches, konventionelles, in gewissem Sinne sogar »normales« Vorurteil bezeichnen könnte, aus dem bisweilen eine »normale« Verfolgung entspringt. Parallelen dazu könnte man in Argwohn und Ressentiment finden, wie sie sich oft gegen Nachbarn eines anderen Stammes, einer anderen Rasse, eines anderen Glaubens oder einer anderen geographischen Herkunft richten, oder in der Haltung, die Mehrheiten manchmal gegenüber Minderheiten einnehmen. Es gibt überall in der Welt Beispiele von Minderheitengruppen, oft fremden Ursprungs, die eine spezifische wirtschaftliche Rolle spielen und folglich Feindseligkeit oder gar Verfolgung auslösen, etwa die Libanesen in Westafrika, die Inder in Ostafrika und die Chinesen in Südostasien. Feindseligkeit gegenüber Juden wird oft durch ähnliche Ursachen entfacht oder verstärkt, und wir werden sehen, daß die Einstellung zu den Juden in den multikonfessionellen Vielvölker-Gesellschaften des prämodernen Islams von dieser Art war, bevor sie durch den Import antisemitischer Vorstellungen und Schriften aus Europa eine Verwandlung erfuhr.

Die dritte Art der Feindseligkeit ist Antisemitismus. Haß auf Juden hat viele Parallelen und ist doch einzigartig – in seiner Beharrlichkeit und Ausdehnung, seiner Kraft und Virulenz, seiner schrecklichen Endlösung. Ein anderer Fall, der manchmal mit dem Holocaust in Hitlers Europa verglichen wird, das Schicksal der Armenier in der Türkei, ist von einer anderen Art. Die Adolf Hitler zugeschriebene Bemerkung »Wer redet heute noch von der Vernichtung der Armenier?« wird oft als Beispiel für die Ähnlichkeit der beiden Fälle zitiert. In Wirklichkeit weist sie in die entgegengesetzte Richtung. Die Bemerkung soll in einer geheimen Ansprache Hitlers an seine Generale vom 22. August 1939 gefallen sein, am Vorabend der Polen-Invasion. Die Rede hatte überhaupt nichts mit der physischen Ausrottung der Juden zu tun, die zwar nach der Invasion begann, die aber von der NS-Führung erst nach der Wannsee-Konferenz vom Januar 1942 als offizielle Politik betrieben wurde. Sie bezog sich auf die unmittelbar bevorstehende Eroberung und Kolonisierung Polens und war Bestandteil der Befehle Hitlers an seine Militärs, mit äußerster Härte nicht nur gegen die polnischen Streitkräfte vorzugehen, sondern auch gegen die polnische Zivilbevölkerung.[6] Die Leiden der Armenier waren eine entsetzliche menschliche Tragödie, und die Armenier sind noch heute von der Erinnerung daran gezeichnet, wie die Juden von der Erinnerung an den Holocaust. Aber im Gegensatz zur Judenverfolgung war die Verfolgung der Armenier zeitlich und geographisch begrenzt – auf das Osmanische Reich, und dort auch nur auf die letzten beiden Jahrzehnte der osmanischen Geschichte. Wichtiger noch, es handelte sich bei ihr um einen, wenn auch ungleichen, Kampf um konkrete Streitfragen; nie hatte sie etwas zu tun mit den dämonischen Glaubensüberzeugungen oder dem nahezu physischen Haß, der den Antisemitismus in Europa und manchmal auch anderswo inspirierte und lenkte.

Eine viel nähere Parallele zur Verfolgung der Juden läßt sich in der Versklavung und Mißhandlung der schwarzen Völker Afrikas durch ihre braunen und weißen Nachbarn in Asien, Nordafrika, Europa und schließlich in Nord- und Südamerika entdecken. Ihre Leiden erstreckten sich, wie diejenigen der Juden, über viele Länder und Kontinente und über viele Jahrhunderte hinweg; sie umfaßten Rassentrennung, Gewalt und Entrechtung. Ebenso wie der Antisemitismus drückt sich die Feindseligkeit gegenüber Schwarzen oft in einem tiefsitzenden Haß aus und versucht, sich selbst pseudowissenschaftlich und pseudophilosophisch zu rechtfertigen. Die Schwarzen in Amerika wurden ebenso wie die Juden im antisemitischen Europa vom normalen Kontakt mit anderen Menschen abgeschnitten und in übervölkerten und verwahrlosten Wohnvierteln abgesondert, für die die Amerikaner, durchaus passend, das aus Europa stammende jüdische Wort Ghetto borgten. Während es in Amerika keine Massaker an Schwarzen oder Juden gab, ist es immer wieder zu Ausbrüchen rassistischer Gewalt gekommen, und in den Südstaaten haben viele Schwarze lange in Angst vor dem Lynchpöbel leben müssen.

Aber trotz dieser bedeutenden Ähnlichkeiten gibt es einen entscheidenden Unterschied, und das ist das Bedürfnis des Antisemiten, sein Opfer auszuschalten, zu vernichten und, im Endstadium, es physisch auszurotten. Der Schwarzenhasser mag ebenso leidenschaftlich in seinem Haß, ebenso sadistisch in seiner Grausamkeit sein wie der Judenhasser, aber seine Absicht ist es, zu beherrschen und zu demütigen, Nutzen zu ziehen und auszubeuten; gewiß nicht, zu vernichten. Im Gegenteil, er betrachtet den schwarzen Mann als einen wertvollen Besitz, den er kauft und verkauft wie eine Ware, züchtet und großzieht wie wertvolles Rindvieh oder wie Arbeitstiere. Der Jude wurde im Gegensatz dazu nicht als ein potentiell nützliches Tier gesehen, das man zähmen und für sich arbeiten lassen kann, sondern als ein Ungeziefer, das ausgerottet werden muß. Es gibt viel Brutalität und Skrupellosigkeit in der Geschichte der Beziehungen zwischen Weißen und Schwarzen, aber es gibt keine Pogrome und keine Vernichtungslager. Das ist der wesentliche Unterschied zwischen den beiden fürchterlichsten und am weitesten verbreiteten Manifestationen des Rassismus im neunzehnten und zwanzigsten Jahrhundert.

Der Begriff Antisemitismus wird oft gebraucht, um ein »normales« gegen Juden gerichtetes Vorurteil zu bezeichnen, ja sogar, um politische oder ideologische Gegnerschaft zu Israel oder zum Zionismus zu beschreiben. Das ist irreführend. Im folgenden wird er auf die oben erwähnte dritte Art der Feindseligkeit gegen Juden beschränkt – den speziellen und ganz eigentümlichen Haß, der sich nährt und seine einzigartige Macht gewinnt aus der historischen Beziehung zwischen Judentum und Christentum und aus der Rolle, die die Christen in ihren Schriften und Glaubensgewißheiten, vor allem aber in ihren volkstümlichen Überzeugungen hinsichtlich der Entstehungsgeschichte ihres Glaubens, den Juden zugewiesen haben.

Es gibt eindeutige und offenkundige Unterschiede moralischer ebenso wie politischer Art zwischen den drei beschriebenen Arten der Feindseligkeit. Aber Israel ist ein jüdischer Staat, und der Zionismus definiert ein jüdisches Problem und seine Lösung. Unweigerlich wirken die drei Aspekte jüdischen Lebens aufeinander ein und können sich sogar vermischen. Oft ist es schwierig, die Motive und Absichten der Beteiligten zu bestimmen. Es wäre ungerecht, ja absurd zu behaupten, daß alle Kritiker oder Gegner des Zionismus vom Antisemitismus motiviert seien; es wäre gleichermaßen irrig, zu bestreiten, daß der Antizionismus sich bisweilen in einen Mantel der Arglosigkeit hüllt, um ein Vorurteil zu verbergen, zu dem man sich derzeit in der freien Welt normalerweise nicht öffentlich bekennt, wenn man politischen Ehrgeiz hat oder ein gewisses kulturelles Niveau für sich in Anspruch nimmt.

In ihrer extremen Form malt die antisemitische Geschichtsauffassung den Juden als eine satanische Kraft, als die Wurzel allen Übels in der Welt von frühester Zeit an bis auf den heutigen Tag. In dieser Sicht versucht der Jude in einer ewigen und umfassenden Verschwörung, in die nichtjüdische Welt einzudringen, sie zu korrumpieren und sie am Ende zu beherrschen. Diese Absicht verfolgt er vermittels einer ganzen Vielfalt von Methoden, die samt und sonders böse und hinterhältig sind. Im Mittelalter wurden die Juden beschuldigt, Brunnen zu vergiften, die Pest zu verbreiten und Ritualmorde zu begehen;

in neuerer Zeit wirft man ihnen vor, sowohl den Kapitalismus als auch den Kommunismus erfunden zu haben und sich des einen oder des anderen oder beider zusammen zu bedienen, um die Welt zu beherrschen. In noch jüngerer Zeit hat man sie der Versklavung Schwarzafrikas bezichtigt, und einige Feministinnen haben sie sogar beschuldigt, durch die Anbetung Jehovas und den Sturz der großen Muttergottheit der Urvölker das Patriarchat und die beherrschende Stellung des Mannes eingeführt zu haben.[7] Da es offenkundig unmöglich ist, diese und ähnliche Behauptungen auf einer rationalen Basis zu beweisen und aufrechtzuerhalten, nimmt der Antisemit Zuflucht zu einem anderen charakteristischen Hilfsmittel – der Erfindung von Tatsachen und der Fabrikation von Beweisen, um sie zu stützen.

Die berühmteste aller dieser Fälschungen sind zweifellos die sogenannten »*Protokolle der Weisen von Zion*«. Zusammengebraut vom Desinformationsdienst der russischen Zaren, hat dieses Buch überall auf der Welt antisemitischer Propaganda als Grundlage gedient. Nacheinander haben es sich die zaristische Polizei, die Weißen im russischen Bürgerkrieg, die deutschen und andere Nazis und gewisse arabische Regierungen und Organisationen in ihrer antijüdischen Propaganda zunutze gemacht. Sorgfältige, dokumentarisch belegte Nachweise über seine Herkunft aus der Fälscherwerkstatt haben das Buch in der freien Welt zurückgedrängt auf unbelehrbare Randgruppen, aber das hat seinen Einfluß anderswo kaum verringern können. Wegen seiner enormen Wirkung und wegen der Aktivitäten derjenigen, die an das Buch glaubten, ist es zutreffend als »Freibrief für den Völkermord« bezeichnet worden.[8]

Für die meisten Juden war dieser Völkermord das erschütterndste Ereignis ihrer Geschichte; für die ältere Generation der Israelis und für viele Juden in anderen Ländern ist es das zentrale Erlebnis ihres persönlichen Lebens, und ihre Gedanken und Taten werden beherrscht von dem Wissen, daß das, was einmal geschehen ist, ein zweites Mal geschehen kann, und von der Entschlossenheit, das zu verhindern. Die Juden und Israel, den Zionismus oder den Antisemitismus zu verstehen, ist nicht möglich ohne Bezug auf das Schicksal der Juden in dem von den Nazis beherrschten Europa.

Der Holocaust und die Zeit danach

In den Jahren 1939 bis 1945 wurden zwischen fünf und sechs Millionen Menschen, eine Million davon Kinder, zusammengetrieben, in Lagern eingepfercht und auf vielfältige Weise zu Tode gebracht, einfach nur, weil sie Juden waren. In den frühen Stadien wurden sie nebeneinander aufgestellt und von Maschinengewehrsalven niedergemäht, so daß sie in guter Ordnung in die Gräben fielen, die sie zuvor selbst hatten ausheben müssen. Später wurde eine neue Mordtechnik entwickelt, die es ermöglichte, weit größere Zahlen geordnet und geschwind zu Tode zu bringen, während ihre verwertbaren Überreste - Haare, Zähne und Fette - von ihren wirtschaftlich denkenden Mördern für den späteren Gebrauch konserviert und eingelagert wurden.[1]

Diese Unternehmung wurde von den nationalsozialistischen Herrschern Deutschlands ersonnen und geplant; die praktische Ausführung lag weitgehend in deutschen Händen. Allein aber waren die Deutschen dabei nicht. Die erfolgreiche Ausführung der Aufgabe hing ab von der aktiven Kollaboration einer bedeutenden Anzahl von Menschen in den von den Deutschen beeinflußten oder eroberten Ländern, von der Komplizenschaft vieler weiterer und von der Gleichgültigkeit, die riesige Menschenmassen nicht nur im deutschbesetzten Europa, sondern auch in den neutralen Ländern und in gewissem Sinn auch die Regierungen und Völker des westlichen Bündnisses an den Tag legten.

Die fünf oder sechs Millionen Juden, die in den deutschen Todeslagern starben, waren nur ein Bruchteil der mehreren Zehnmillionen Menschen, die ihr Leben in Hitlers Krieg verloren. Aber sie waren in mancher bedeutenden Hinsicht ohne Beispiel. Den Deutschen war es vor ihrer endgültigen Niederlage und Kapitulation gelungen, fast alle Juden in den von ihnen besetzten Ländern auszurotten, was nahezu einem Drittel des Weltjudentums gleichkam. Es kann keinem Zweifel unterliegen, daß sie auch die Juden jedes anderen Landes hingeschlachtet hätten, das ihnen etwa noch in die Hände gefallen wäre. Keine andere Gruppe, nicht einmal die Russen, erlitt vergleichbare Verluste oder wurde zum Objekt einer vergleichbaren Vernichtungswut. Tatsächlich war mit der alleinigen Ausnahme der Zigeuner keine andere Gruppe für eine systematische und totale Ausrottung vorgesehen.

Der Grund für die Vernichtung der Juden lag nicht darin, daß sie Gegner oder Feinde Deutschlands waren – tatsächlich handelte es sich ja bei den ersten Opfern der Verfolgung durch die Nazis um die Juden Deutschlands, um stolze, loyale und patriotische deutsche Staatsbürger. Es ging nicht – wie in einigen von Deutschland besetzten Gebieten – darum, »Lebensraum« für die Deutschen zu schaffen, da die Juden zu weit verstreut lebten und in Osteuropa zu verarmt waren, um einer solchen Politik irgendwelche Möglichkeiten zu bieten. Einige Juden waren in der Tat engagiert im Widerstand gegen die deutsche Besatzungsmacht, aber sie bildeten unter den Juden eine kleine, militante Minderheit – wie die Widerständler generell unter der Zivilbevölkerung, die nur den einen Wunsch hatte, in Frieden gelassen zu werden. Die Juden wurden auch nicht deshalb entfernt, weil ihre Entfernung erforderlich war für die deutschen Kriegsanstrengungen. Im Gegenteil, der Angriff auf sie behinderte die deutschen Kriegsanstrengungen, indem er Transportmittel, Personal und Material beanspruchte, die an anderer Stelle dringend benötigt wurden, und indem er – in umfassenderer Hinsicht – der deutschen Kriegswirtschaft Arbeitskräfte und Fähigkeiten entzog, die ihr sonst gute Dienste hätten leisten können. Sie wurden dem Tod einfach nur deshalb überantwortet, weil sie Juden waren – und das nicht einmal nach ihrer eigenen Definition des Jüdischseins, nach ihrem eigenen Identitätsverständnis, sondern nach einer Definition, die von ihren Verfolgern erfunden worden war. Sie schloß nicht nur Juden ein, die sich zu ihrem Judentum bekannten, sondern auch eine erhebliche Zahl von Christen, Agnostikern und anderen, deren Zugehörigkeit zum

Judentum oft in nicht mehr bestand als in einer partiellen jüdischen Abstammung. Jüdisch zu sein, das war für die Nazis keine religiöse oder kulturelle Qualität; es bestand nicht darin, einer Gemeinschaft oder einem Volk anzugehören. Es war ein Attribut der Rasse, ererbt und unveränderlich und so mächtig, daß selbst dann, wenn nur einer von vier Großelternteilen dieser Rasse angehörte, ein unauslöschlicher Makel auf den Erben kam, der ihn aus der menschlichen Gemeinschaft ausschloß.

Die Doktrin, aufgrund derer die Herrscher des nationalsozialistischen Deutschlands dieses Problem diagnostizierten und das in die Wege leiteten, was sie als seine Endlösung bezeichneten, war unter dem Namen Antisemitismus bekannt. Heutzutage, wo Antisemitismus zu einem Schimpfwort geworden ist, das selbst unter Antisemiten nur wenige auf sich selber anwenden mögen, ist es nützlich, sich daran zu erinnern, daß der Begriff ursprünglich von den Anhängern der Doktrin erfunden und angewendet worden ist, nicht von ihren Gegnern. Für diejenigen, die an diese Doktrin glaubten, war der Antisemitismus eine Art Antisepsis, die den Zweck hatte, ein gefährliches Gift zu identifizieren, zu isolieren, zu neutralisieren und am Ende auszurotten, ein Gift, das, ließe man es unbehelligt, sich ausbreiten und die Gesamtheit dessen infizieren würde, was man abwechselnd und je nach Belieben als europäische, christliche, westliche oder arische Kultur bezeichnete.

Für die Nazis, wenn auch nicht für alle Antisemiten, lautet das Schlüsselwort »arisch«. In dem von Dämonen heimgesuchten Alptraum der nationalsozialistischen Ideologie befinden sich zwei demiurgische Gestalten in einem kosmischen Kampf um die Weltherrschaft. Es sind dies der Arier und der Semit; sie sind an die Stelle des guten und des bösen Prinzips getreten, wie es in konventionelleren Kosmologien vorkommt. Der Arier, der seine edelste Verkörperung in der deutschen Rasse gefunden hat, steht für das Schöne, Schöpferische und vor allem Starke. Er allein ist fähig, Kulturen zu schaffen und Zivilisationen zu erbauen, zu deren Erhaltung und Verbreitung einige geringere Rassen beitragen mögen. Der Semit ist unfähig zur Schöpfung oder auch nur zur Erhaltung. Er kann nur zerstören, und unablässig ist er unter Einsatz seiner eigenen und anderer minderwertiger Rassen bestrebt, die arische Gesellschaft zu durchdringen und zu unterminieren, die glorreiche arische Rasse zu schänden, sich mit ihr zu mischen und sie so zu zerstören. Selbst die als abscheulich empfundene Präsenz afrikanischer Kolonialtruppen in den französischen Besatzungsstreitkräften, die nach dem Ersten Weltkrieg in Westdeutschland einmarschierten, schrieb Hitler dieser bösen jüdischen Absicht zu: »Juden waren es und sind es, die den Neger an den Rhein bringen, immer mit dem gleichen Hintergedanken und klaren Ziele, durch die dadurch zwangsläufig eintretende Bastardisierung die ihnen verhaßte weiße Rasse zu zerstören ...«[2]

Der nationalsozialistischen Weltanschauung zufolge waren die Juden fremde und feindselige Eindringlinge in Europa, weil sie einer anderen Rasse angehörten als die meisten Europäer. Während diese meistens der arischen Rasse angehörten, waren die Juden Teil der als unterlegen betrachteten semitischen Rasse. Im Prinzip hätten deshalb andere Nationen und Völker, die derselben semitischen Rasse angehörten, von den Nazis als gleichermaßen minderwertig und verächtlich angesehen werden müssen, wenn nicht gar als gleich gefährlich. In der Tat spricht Hitler in *Mein Kampf* mit Verachtung von asiatischen und afrikanischen nationalistischen Bewegungen und empfiehlt zu ihrer Unterdrückung die Anwendung brutaler Strenge. Die frühe theoretische NS-Literatur räumt fernöstlichen Völkern als Nachahmern und Erhaltern der Kultur, die zu begründen allein die Arier fähig sind, einen gewissen Sekundärstatus ein, tut aber die Araber und Semiten als Minderwertige ab, unfähig jedes schöpferischen kulturellen Aktes. Nach einem NS-Standardwerk, *Weltgeschichte auf rassischer Grundlage*, ist jedes ursprüngliche Element der arabischen Kultur von arischen Völkern entlehnt; selbst *Tausendundeine Nacht* sei kein originales arabisches Werk, sondern beruhe auf Kopien persischer und indischer, daher arischer Werke.[3] In einem NS-Aufsatz über den Islam wird Dschinghis Khan, der mongolische Eroberer und Zerstörer des Kaliphats, gefeiert als jemand, der versucht habe, den Nahen Osten von seinen semitischen Unterdrückern zu befreien.[4] Einer der wichtigsten NS-Theoretiker, Alfred Rosenberg, ruft in seinem maßgeblichen Werk *Der Mythus des 20. Jahrhunderts* die weißen Rassen sogar warnend dazu auf, »vor diesem einst geeinigten Haß der farbigen Rassen und Bastarde, geführt vom fanatischen Geist Mohammeds, ... auf der Hut zu sein«.[5]

Später erwiesen sich diese theoretischen Formulierungen dann als weitgehend wirkungslos. Außer den Juden wurde nur ein Volk, die Zigeuner, trotz makellos arischer Ursprünge, für die Vernichtung ausersehen, und nur eine andere Rasse, die Schwarzen, wurde mit Haß und Verachtung bedacht. Den Arabern dagegen wurde ungeachtet der Tatsache, daß die NS-Literatur sie als Semiten eingestuft hatte, von den Machthabern des NS-Staates eine gänzlich andere Behandlung zuteil. Nach anfänglichem Zögern und trotz fortwährender Unsicherheit, die eher politischen als ideologischen Erwägungen entsprang, befanden die Nazis, daß die Araber ihnen nützen könnten, und sie gaben sich einige Mühe, einerseits die Sympathie der Araber für NS-Ideen zu wecken und andererseits arabische Unterstützung für deutsche Ziele zu mobilisieren.

Im ersten Unterfangen waren sie nur begrenzt erfolgreich. Im zweiten jedoch erzielten sie trotz der angeblichen rassischen Unverträglichkeiten und trotz eines offenkundigen Mangels an wirklichem Interesse bemerkenswerte Erfolge. Als wichtigste Herausforderer der britischen und französischen Kolonialreiche übten die Deutschen eine verständliche Anziehungskraft auf die unfreiwilligen Untertanen dieser Reiche im Nahen Osten und anderswo aus. Als führende Exponenten und Praktiker der Feindseligkeit gegen Juden konnten sie auf die eifrige und aufgeschlossene Aufmerksamkeit derjenigen zählen, die sich durch das Wachsen der jüdischen nationalen Heimstatt in Palästina bedroht fühlten. Daß gerade die Deutschen in hohem Maße zum Wachsen jener jüdischen Heimstatt beitrugen, indem sie ihre eigenen Juden ins Exil trieben, scheint beim arabischen Publikum der Nazis nicht sehr schwer gewogen zu haben.

Während die deutsche Regierung nicht bereit war, spezifische Versprechungen im Hinblick auf die arabischen politischen Ziele abzugeben, war sie im Gegensatz dazu von eindeutiger Offenheit, was die jüdische Frage anging. Wenn Deutsche gegenüber arabischen Führern erklärten, die jüdische nationale Heimstatt zu beseitigen, so kam das offenkundig aus tiefstem Herzen und war aufrichtig gemeint, was zweifellos einen Ausgleich bot für die vorsichtige Unschärfe bei der Behandlung anderer Themen.

Aktive Feindschaft gegenüber Juden auf seiten jener, die aus dem einen oder anderen Grund zu Hitlers Verbündeten oder Sympathisanten geworden waren, das war zu erwarten. Überraschender und auch schmerzlicher waren die negativen Reaktionen von vielen, die selbst zu Opfern Hitlers geworden waren oder die ihm bewaffneten Widerstand entgegensetzten. Diese Reaktionen reichten von mörderischer Gewalt bis zu kältester Empfindungslosigkeit. Letzteres Prädikat darf mit gutem Grund auf einige hohe britische und amerikanische Amtsträger angewandt werden, die – wie zeitgenössische Dokumente zeigen – im Krieg aus Deutschland eintreffende Nachrichten über Massentötungen erst mit Skepsis und dann mit Gleichgültigkeit aufnahmen. Nach dem Waffenstillstand dann empfanden sie die Elendsgestalten der Überlebenden aus den Todeslagern vor allem als politische Peinlichkeit.

Noch niederschmetternder war der Empfang, der etlichen dieser Überlebenden zuteil wurde, als sie versuchten, in ihre frühere Heimat zurückzukehren. Bis August 1945 hatten ungefähr 80 000 Juden Polen erreicht – 80 000 von den drei Millionen, die dort 1939 gelebt hatten. Von diesen hatten rund 13 000 in der polnischen Armee gedient, die übrigen waren Überlebende der Lager und jene, die während der deutschen Besatzungszeit in die Sowjetunion oder anderswohin hatten fliehen können. Hitler und die Wehrmacht waren verschwunden, aber der Antisemitismus – weder neu noch fremd in Polen – war geblieben und fand neue Nahrung in der Tatsache, daß eine Anzahl Juden in der unter sowjetischer Schirmherrschaft neu aufgebauten Verwaltung in Erscheinung trat. Der erste schwere antijüdische Ausbruch ereignete sich am 11. August 1945 in Krakau. Andere folgten in ganz Polen, wobei Hunderte heimkehrender Juden vom Pöbel ermordet wurden. Der schlimmste Fall ereignete sich im Juni 1946 in der Stadt Kielce, wo Dutzende Juden einem Pogrom zum Opfer fielen.[6] Die Behörden taten wenig, um diesen mörderischen Exzessen ein Ende zu bereiten, und die kirchlichen Stellen weigerten sich, die sie hervorrufenden Haßgefühle anzuprangern. Die Haltung der Bevölkerung, der Kirche und der Behörden zu diesen Vorfällen überzeugte die jüdischen Heimkehrer sehr schnell davon, daß die tausendjährige Geschichte der Juden in Polen ihr Ende erreicht hatte und daß sie nur woanders hoffen durften, ihr zerstörtes Leben wiederaufbauen zu können. »Woanders« – das war für die meisten Juden ein Ort, wo ihr Leben weder vom guten Willen ihrer

Nachbarn abhing noch vom Schutz durch irgendwelche fremden Ämter.

Allgemein jedoch bildete sich in der zivilisierten Welt ein tiefer Abscheu gegen den Antisemitismus, als das ganze schreckliche Ausmaß des von den Nazis begangenen Völkermords bekannt wurde. Die Befreiung der deutschen Lager durch die vorrückenden alliierten Armeen und dann der Prozeß gegen die deutschen Kriegsverbrecher in Nürnberg lösten eine weltumspannende Reaktion aus. Mitleid entstand angesichts des Leidens der Juden und infolgedessen auch Sympathie für jüdische Ziele und Hoffnungen. Diese Gefühle bemächtigten sich auch vieler Personen und Institutionen, die sich nicht ohne Scham ihrer eigenen, bestenfalls fragwürdigen Rolle beim Holocaust der Nazis bewußt waren – der Tatsache, daß, von einigen wenigen Auserwählten abgesehen, sie alle den von den Nazis an den Juden verübten Verbrechen keinen Widerstand entgegengesetzt oder auch nur dagegen protestiert hatten; der Bereitschaft viel zu vieler, diese Verbrechen hinzunehmen oder gar noch Beihilfe zu leisten; der Weigerung anderer, die dem Zugriff der Nazis nicht ausgesetzt waren, sich durch Versuche, das Verbrechen zu verhindern, oder durch Hilfeleistung für die Opfer Ungelegenheiten zu bereiten.

In dieser neuen Atmosphäre sah man den Antisemitismus als eine Obszönität an, als eine Haltung, zu der selbst Antisemiten sich nicht öffentlich bekennen mochten. In den englischsprechenden Ländern, vor allem in den Vereinigten Staaten, wurden die höflichen, aber wirkungsvollen Formen der Diskriminierung, die in aller Stille das Vorankommen der Juden begrenzt hatten, weitgehend, wenn auch hier und da nicht ohne Widerstreben, unter dem Druck einer öffentlichen Meinung aufgegeben, die nicht mehr bereit war, solcherlei Diskriminierung zu dulden, sondern darin den ersten Schritt auf der Straße nach Auschwitz erblickte. Selbst antisemitische Witze, zuvor eine Alltäglichkeit, wurden jetzt zum Tabu und waren nur noch unter engsten Vertrauten zu hören.

In England, wo es weniger Schranken gegen die Juden gegeben hatte, war auch die Ächtung antijüdischer Bemerkungen weniger streng. Etliche hörte man von Zeit zu Zeit sogar noch in aller Öffentlichkeit. Ein berühmtes Beispiel dafür war die spontane Bemerkung des britischen Außenministers Ernest Bevin, als auf einer Pressekonferenz beharrliche jüdische Versuche, für die Forderungen nach einem jüdischen Staat Gehör zu finden, seine Geduld über Gebühr strapazierten: »Wenn die Juden, bei allen ihren Leiden, sich gar zu weit vordrängen, beschwören sie die Gefahr einer neuen antisemitischen Reaktion herauf.« Das war zuviel für die überreizten Nerven der Überlebenden, und Chaim Weizmann lieh der allgemeinen jüdischen Reaktion darauf seine Stimme, als er fragte: »Heißt es, sich zu weit vorzudrängen, wenn die Überlebenden des Hinmordens von sechs Millionen Juden ... das Obdach eines jüdischen Heimatlandes erflehen?«[7]

Die letzten drei Jahre des britischen Palästina-Mandats, 1945 bis 1948, brachten eine tragische Konfrontation zwischen den Juden in Palästina und ihren Sympathisanten auf der einen Seite und der Regierung und den Soldaten jenes Landes auf der anderen Seite, das ein ganzes Jahr lang allein auf sich gestellt Hitlers Europa gegenübergestanden und den Kern der Allianz gebildet hatte, die schließlich Hitler besiegte und beseitigte. Es ging dabei nicht wirklich um Vorurteil oder Feindschaft, es war vielmehr der Zusammenprall unterschiedlicher Ziele und Interessen. Rasch entstand daraus ein bewaffneter Konflikt zwischen der jüdischen Gemeinde in Palästina, die zur Gründung eines jüdischen Staates entschlossen war, und der britischen Regierung, die entschlossen war, das zu verhindern, in der – wie sich am Ende zeigen sollte, vergeblichen – Hoffnung, die Araber für die Unterstützung oder zumindest Duldung der britischen imperialen Ziele zu gewinnen.

Unweigerlich hatte der bewaffnete Konflikt in Palästina eine antizionistische und in gewissem Maße antijüdische Reaktion zunächst unter den in Palästina dienenden britischen Beamten und Soldaten zur Folge, später auch unter der britischen Bevölkerung im allgemeinen. Erstere hatten in den frühen Jahren des Mandats proarabische Gefühle entwickelt, letztere war vor allem empört über die terroristische Taktik, die von einigen jüdischen Organisationen angewendet wurde. Man muß bedenken, daß der Terrorismus in den vierziger Jahren noch nicht in sein heutiges Stadium eingetreten war, in dem es darum geht, die Aufmerksamkeit der Medien zu erregen, und die Methode darin besteht, jene anzugreifen – vorzugsweise unbewaffnete und unschuldige Zufallspassanten –, deren plötzlicher und dramatischer Tod den erwünschten Effekt mit absoluter Sicherheit erzielt. Der Terrorismus jener Generation – der Männer des Muftis ebenso wie der jüdischen Irgun in Palästina und entsprechender Organisationen in Aden, Griechenland, Indien und anderswo – zielte nicht auf die Medien, sondern auf den Gegner; er sollte geschwächt und entnervt werden, indem man seine Einrichtungen, sein Personal und die Symbole seiner Macht angriff. Aber auch das konnte die öffentliche Meinung aufwühlen und empören.

Am 29. Juli 1947 waren drei zum Tode verurteilte Irgun-Männer im Gefängnis von Akka durch den Strang hingerichtet worden. Am nächsten Tag machten die Männer der Irgun ihre Drohung wahr, Vergeltung zu üben. Sie erhängten zwei britische Sergeanten, die sie gefangengenommen hatten, schafften die Leichen in ein nahegelegenes Gehölz, hängten sie zwischen zwei Bäumen auf und brachten an den Körpern Minen an. Als britische Soldaten die Leichen fanden und den ersten Toten abschnitten, explodierte eine der Minen. Sie riß den Toten in Stücke und verwundete den britischen Offizier, der ihn abgeschnitten hatte. Am Abend dieses 30. Juli schwärmten britische Soldaten und Polizisten durch Tel Aviv, schlugen die Scheiben von Geschäften und Fahrzeugen ein und mißhandelten Passanten. Als die britischen Zeitungen am nächsten Tag die Berichte über die Tötung der beiden Sergeanten und die Verminung der Leichen unter Balkenüberschriften und mit Photos illustriert auf ihren ersten Seiten veröffentlichten, ging ein Aufschrei der Empörung durch das Land, und es gab antijüdische Demonstrationen in London, Manchester, Liverpool und anderen Städten. Bedenkt man die Umstände und die Maßstäbe jener Zeit, so war die Reaktion als milde zu bezeichnen. Einige Fenster jüdischer Geschäfte und Synagogen wurden eingeschlagen; es gab zahlreiche Fälle von Sachbeschädigung und einige wenige Fälle vermuteter Brandstiftung. Zu physischer Gewalt gegen Juden kam es nicht.

Das Scheitern der britischen Politik in Palästina und die generelle Verurteilung dieser Politik in einer Welt, die ihre Bestürzung angesichts der jüngsten Offenlegung der nationalsozialistischen Verbrechen noch nicht überwunden hatte, führten einen Klimawandel herbei. Nach dem Auslaufen des britischen Mandats im Mai 1948 hörten öffentliche Bekundungen antijüdischer Ressentiments in

England ebenso wie in der übrigen westlichen Welt auf, gesellschaftlich oder politisch akzeptabel zu sein. Eher schon fiel man ins entgegengesetzte Extrem, und selbst jede begründete Kritik an jüdischem Handeln verstummte, entweder aus Mitleid oder aus Furcht, des Antisemitismus bezichtigt zu werden. Selbst die Völker Kontinentaleuropas, die in diesen Dingen schon immer viel robuster gewesen waren als Briten oder Amerikaner, entwickelten eine ganz neue Empfindlichkeit. Offener Antisemitismus wurde allgemein verurteilt. In Deutschland war er gesetzlich verboten. In den meisten Ländern Kontinentaleuropas waren die jüdischen Gemeinden durch den von den Nazis begangenen Völkermord auf einen kleinen Bruchteil ihres früheren Bestandes reduziert. Die einzige Ausnahme bildete Frankreich, wo die Überreste der alten franko-jüdischen Gemeinde plötzlich durch die massenhafte Einwanderung jüdischer Flüchtlinge aus anderen Regionen, insbesondere aus dem arabischen Nordafrika, verstärkt wurden. Großbritannien hatte das Nazi-Joch nie kennengelernt, seine jüdische Gemeinde hatte mit der übrigen Bevölkerung nur die üblichen Gefahren des Krieges erduldet. So kam es, daß es in Frankreich und in Großbritannien jetzt die größten jüdischen Gemeinden in Europa westlich der Sowjetunion gab.

Zu dem Abscheu vor den Nazigreueln kam eine andere Entwicklung im Nachkriegseuropa hinzu, die ihr Teil dazu beitrug, den Druck von den Juden abzulenken: die Wandlung, die der Begriff Rasse in einem großen Teil Westeuropas erfuhr. Abgesehen von kleinen Gruppen von Seeleuten, die sich in Hafenstädten niedergelassen hatten, waren vor dem Zweiten Weltkrieg Schwarze in Europa so gut wie unbekannt gewesen. Bei den wenigen, die man gelegentlich zu Gesicht bekam, handelte es sich meistens um Studenten, manchmal auch um Ärzte oder andere Angehörige akademischer Berufe, die es nach Abschluß ihrer Studien vorgezogen hatten, in Europa zu bleiben. Der rassische Unterschied zwischen Weißen und Schwarzen wurde als Problem und Streitfrage im allgemeinen nur von jener kleinen Minderheit von Europäern wahrgenommen, die eigene Erfahrungen gemacht hatten und direkte Kenntnis von Afrika oder den Westindischen Inseln besaßen. Das einzige Beispiel für die Präsenz nennenswerter Zahlen von Afrikanern in einem europäischen Land und dafür, daß ihre Anwesenheit zu Spannungen mit der einheimischen weißen Bevölkerung führte, war die Beteiligung franko-afrikanischer Kolonialtruppen an der französischen Besatzungsmacht in Deutschland nach dem Ersten Weltkrieg, die dazu beitrug, den Rassismus im jungen Adolf Hitler zu schüren. Üblicher aber war der Gebrauch des Begriffes »Rasse« zur Bezeichnung der verschiedenen Gruppen unter Europäern der Art, die man heute als »ethnische Bevölkerungsteile« bezeichnen würde. Das Wort Rasse wurde zum Beispiel in Großbritannien üblicherweise und sogar offiziell zur Bezeichnung der vier Elemente gebraucht - des englischen, schottischen, walisischen und irischen -, die zusammen die britische Nation bildeten. Mit dem Aufstieg des Nationalsozialismus und dem zunehmenden Einfluß der NS-Terminologie selbst auf Antinazis wurde der Begriff Rasse beinahe ausschließlich verwendet, um den Unterschied zwischen den sogenannten arischen und semitischen Rassen zu bezeichnen - eine von Grund auf neue und pseudowissenschaftliche Art, Nichtjuden und Juden zu bezeichnen. Erst in der Nachkriegsepoche, als sich der amerikanische Sprachgebrauch in der ganzen Welt durchsetzte, begann man das Wort Rasse in einem strenger anthropologischen Sinn zu gebrauchen. Es fing nun an, vor allem den Unterschied zwischen Weißen und Schwarzen zu bezeichnen.

Die erste nichtarabische Regierung, die nach dem Untergang Hitlers eine - wenn auch leicht getarnte - offizielle Haßkampagne gegen Juden einleitete, war die sowjetische.[8] Fast von der Zeit der Oktoberrevolution an hatte das Sowjetregime vor einem von ihm selbst geschaffenen Dilemma gestanden. In nahezu allen westlichen Ländern, abgesehen von denjenigen mit ausdrücklich antisemitischen Regimen, wurden die Juden als religiöse Minderheit betrachtet, die mit der Mehrheit die gleiche Nationalität teilte. Im Englischen - sowohl britischer als auch amerikanischer Ausprägung - und im Französischen ist das Wort Nationalität so gut wie gleichbedeutend mit dem Wort Staatsbürgerschaft; es bezeichnet den Staat, dem man Loyalität schuldet, und das Etikett auf dem Paß, den man in der Tasche trägt. Männer und Frauen amerikanischer, britischer oder französischer Nationalität können verschiedenen Religionsgemeinschaften angehören; das ist ohne Bedeutung für ihre Nationalität, das heißt ihre Staatsbürgerschaft, und es wird in ihrem Paß oder in anderen Ausweispapieren nicht verzeichnet. Als atheistischer, marxistischer Staat erkannte die Sowjetunion Religion nicht als Kategorie an und registrierte sie ebenfalls auf keinem offiziellen Dokument. Aber sie erkannte die Juden als eigenständige Gruppe an und klassifizierte sie als ethnische Nationalität – auf Russisch *natsional ›nost‹*. Sowjetische Pässe und andere offizielle Dokumente haben zwei Rubriken, wo westliche Pässe nur eine haben. In die eine wird die *grashdanstwo* eingetragen, die Staatsbürgerschaft des Inhabers; in die zweite seine *natsional ›nost‹*, seine ethnische Nationalität. Erstere heißt für alle, die der Sowjetunion Loyalität schulden, sowjetisch; die zweite kann russisch, ukrainisch, armenisch oder entsprechend der Bezeichnung irgendeiner anderen großen oder kleinen ethnischen Gruppe innerhalb der Sowjetunion lauten. Wer als Kind jüdischer Eltern geboren wird, gleichgültig, welchen Glauben oder Unglauben sie haben, dessen *natsional ›nost‹* ist jüdisch, und das wird auf allen Dokumenten verzeichnet, in der Schule, am Arbeitsplatz, bei Spiel und Sport, selbst auf dem Leserausweis einer Leihbibliothek. Im Gegensatz zur Religion kann die ethnische Zugehörigkeit nicht durch Konversion geändert werden, und ein als solcher in seinen Papieren ausgewiesener sowjetischer Jude bleibt dies zeit seines Lebens.

In den Anfängen des Sowjetregimes ging es den Juden nicht schlechter als anderen Nationalitäten und sehr viel besser als unter den Zaren. Auch ihnen wurde, wie anderen Nationalitäten, das Recht zugestanden, ihre eigene Kultur in ihrer eigenen Sprache, als die das Jiddische galt, zu pflegen. Gewiß, der jüdischen Religion wurde entgegengewirkt, aber das galt für alle anderen Bekenntnisse auch. Der Zionismus war verboten und wurde unterdrückt, aber auch hier galt gleiches für alle anderen Ideologien mit Ausnahme derjenigen des Kommunismus und für alle Loyalitäten mit Ausnahme derjenigen gegenüber dem sowjetischen Staat. Die Juden lebten größtenteils in Armut und Angst, aber das taten auch die meisten ihrer sowjetischen Landsleute mit Ausnahme der kleinen herrschenden Gruppen – und in ihnen waren Juden gut vertreten.

Das erste Anzeichen einer ernsten Verschlechterung speziell der Situation der Juden kam in Gestalt des allmählichen Entzugs und am Ende der völligen Beseitigung ihrer kulturellen Rechte und Privilegien. Sie wurden weiterhin der Nationalität nach als Juden klassifiziert, aber sie wurden systematisch von der Nahrungszufuhr aus ihren jüdischen Wurzeln abgeschnitten. Doch wiewohl sie in Sprache und Kultur russifiziert wurden, konnten sie keine Russen werden, es sei denn durch Täuschung, mit allen moralischen und persönlichen Gefahren, die das mit sich brachte.

Die Lage der sowjetischen Juden verschlechterte sich erheblich nach dem deutsch-sowjetischen Abkommen vom August 1939 und der praktischen Allianz zwischen den beiden Diktaturen, die darauf folgte. Der ganze Ton der sowjetischen Medien gegenüber dem nationalsozialistischen Deutschland änderte sich in dramatischer Weise. Antisemitismus wurde plötzlich akzeptabel, ja sogar respektabel, und die Juden wurden - auch amtlich - auf neue Weise betrachtet. Nach Kriegsausbruch im Jahre 1939, als die Sowjets sich Polen mit den Deutschen teilten, begannen die sowjetischen Behörden in den annektierten polnischen Gebieten unverzüglich mit Maßnahmen gegen zionistische Organisationen und derer Führer. Zwei führende jüdische Sozialisten, die keine Verbindung zum Zionismus hatten, aber verdächtigt wurden, unzureichende Begeisterung für die sowjetische Sache zu empfinden, wurden nach einem Schnellverfahren hingerichtet. Ähnliche Unterdrückungsmaßnahmen gegen Juden, das Judentum und den Zionismus folgten in anderen osteuropäischen Gebieten, die in der Phase der Zusammenarbeit mit Hitlerdeutschland von der Sowjetunion annektiert wurden - in den drei Baltenrepubliken, die zur Gänze einverleibt wurden, und in Bessarabien, das den Rumänen mit Duldung der Nazis gewaltsam entrissen wurde. Der Zweck dieser Aktionen scheint es nicht gewesen zu sein, die Juden als solche zu unterdrücken, sondern nur, sie zu entjudaisieren, sie abzuschneiden von jedweden jüdischen Verbindungen oder Affinitäten und sie auf das gleiche Abstellgleis zu schieben wie die Juden Rußlands selbst.

Diese Phase ging im Juni 1941 zu Ende, als Hitler seinen verheerenden Feldzug gegen die Sowjetunion begann. Jetzt war das nationalsozialistische Deutschland der Feind, und der ungeteilte Abscheu richtete sich gegen den Nazismus in allen seinen Aspekten. Die sowjetischen Juden beteiligten sich uneingeschränkt an der Verteidigung der Sowjetunion gegen die Invasoren, und Stalin erlaubte sogar ein gewisses begrenztes Wiederaufleben spezifisch jüdischer Aktivität. In Moskau wurde ein »Jüdisches antifaschistisches Komitee« gegründet, dem eine Reihe jüdischer Schriftsteller und Schauspieler angehörte – von denen einige eigens aus diesem Anlaß rehabilitiert worden waren. Dahinter stand die Absicht, einen guten Eindruck auf die Juden in Großbritannien und vor allem in den Vereinigten Staaten zu machen und auf diesem Wege die öffentliche Meinung zugunsten der Sowjetunion und am Ende zugunsten einer zweiten Front im Westen zu mobilisieren.

Wie so viele andere vor und nach ihm überschätzte Stalin gröblich die Wirksamkeit des jüdischen Einflusses, was aber den Juden einigen Nutzen einbrachte. Die relativ wohlwollende Einstellung ihnen gegenüber hatte auch nach Kriegsende noch für eine Weile Bestand. Die sowjetischen Behörden ließen die jüdische Auswanderung aus Osteuropa geschehen, und die Sowjetregierung war ein einziges Mal einer Meinung mit den Vereinigten Staaten und erteilte der Schaffung des Staates Israel ihren Segen. Rußland erlaubte sogar der Satellitenregierung der Tschechoslowakei, die Waffen zu liefern, die den jungen Staat davor bewahrten, in der Wiege zu verscheiden. Es fällt schwer zu glauben, daß Stalin, der ungezählte Millionen in seinen eigenen Konzentrationslagern hatte umbringen lassen, von Mitleid bewegt wurde angesichts der Notlage der überlebenden Opfer Hitlers. Viel plausibler ist die Erklärung, daß er in der jüdischen Wanderung nach Palästina und im Kampf um einen jüdischen Staat ein nützliches Mittel sah, um die Macht Großbritanniens zu schwächen und am Ende auszuschalten. Damals war Großbritannien noch sein wichtigster westlicher Rivale im Nahen Osten.

Anfang 1949 begann sich jedoch abzuzeichnen, daß die Anerkennung Israels der sowjetischen Politik nicht den erwarteten Nutzen brachte. Stalin empfand keine Hemmungen mehr, erneut die antijüdische Politik zu betreiben und zu verstärken, die zuerst während des Zwischenspiels der Liaison mit Hitler erkennbar geworden war. Vor und während des Krieges war sie stillschweigend und in begrenztem Ausmaß vollzogen worden und hatte hauptsächlich darin bestanden, Juden den Zugang zu Macht- und Vertrauensstellungen zu versperren oder zu erschweren. Viele Juden waren noch immer in den höheren Gefilden der kommunistischen Hierarchie verblieben, aber immer weniger durften den Fuß auf die unteren Sprossen der Leiter setzen.

Im Januar 1949 begann Stalin dann mit der ersten einer langen Serie antijüdischer Kampagnen. In allen diesen Kampagnen achteten sowohl Stalin als auch seine Nachfolger sorgfältig darauf, den Gegner – zumindest auf höherer Ebene – nicht einfach als Juden zu identifizieren oder auch nur als Angehörigen der jüdischen ethnischen Nationalität *(natsional ›nost‹)*. Sie zogen es vor, durchsichtige Synonyme zu wählen, und trugen für den Fall, daß jemand nicht verstand, Sorge, auf vielerlei Art die jüdischen Ursprünge der jeweils attackierten Person hervorzuheben. Nützlich war in dieser Hinsicht die traditionelle russische Gepflogenheit, Leute mit Namen und Vatersnamen zu nennen. Bei denjenigen, die einen anderen Namen angenommen hatten oder die, wie es üblich war unter ranghohen Kommunisten, unter einem Pseudonym auftraten, wurde der alte und sofort erkennbare jüdische Name gewöhnlich in Klammern hinzugefügt – zumindest immer dort, wo die Person in einem negativen Zusammenhang erwähnt wurde. Empfing also G.A. Fulanow irgendeine Ehrung oder Auszeichnung, dann war er der gute Russe G.A. Fulanow. Wurde er hingegen irgendeines Verbrechens beschuldigt, so wurde aus ihm Grigori Aaronowitsch Fulanow (früher Finkelstein). Ein berühmtes Beispiel war jener alte Feind Stalins, Leon Trotzki, der nun nur noch als »Lew Dawidowitsch Trotzki (früher Bronstein)« auftauchte.

Die erste Nachkriegsattacke auf die Juden begann mit der Kampagne gegen den »Kosmopolitismus« in der sowjetischen Presse. Im Januar 1949 in der *Prawda* entfesselt, befaßte sich diese Kampagne anfangs mit Theater- und anderen kulturellen Angelegenheiten. Das Wort »Kosmopolitismus« wurde als Schimpfwort auf diejenigen Schriftsteller, Künstler und Kritiker angewandt, die ein ungehöriges Maß an Wissen und Verständnis zeigten, was westliche Literatur, Kunst und Kritik anbetraf. Die Bedeutung wurde bald verändert und erweitert, so daß nun auch politische und ideologische Betätigungen und Verstöße darunter fielen, zugleich aber auch eingeengt, so daß der Begriff jetzt praktisch zu einem Synonym für Judentum wurde.

Der »entwurzelte Kosmopolit«, wie er gewöhnlich genannt wurde, stand in schroffem Gegensatz zum wahren Patrioten oder sogar zur »einheimischen Bevölkerung«. Er war »ein Fremder ohne Mutterland« und »unfähig, den wahren russischen Patriotismus zu verstehen«.[9] Daß derartige Beschuldigungen schlecht zum kommunistischen Internationalismus paßten, bereitete den sich immer chauvinistischer gebärdenden Führern des russischen Staates keinerlei Kopfzerbrechen. Der Angriff auf die jüdische Kultur hatte schon 1938 begonnen, und 1940 bereits waren alle jiddischen Schulen geschlossen, ebenso wie die jiddischen Sektionen in den Akademien der Wissenschaften von Weißrußland und der Ukraine. Die gesamte Forschung und Lehre zu jüdischen Themen wurde eingestellt. Gleichzeitig wurden in zunehmendem Maße Juden von allen Zweigen des Regierungs- und Parteiapparats ausgeschlossen, die mit Verteidigung oder auswärtigen Angelegenheiten befaßt waren. Im Januar 1948 kam Shlomo Mikhoels, der Direktor des jiddischen Staatstheaters und Vorsitzende des im Kriege gegründeten Jüdischen antifaschistischen Komitees, bei einem Verkehrsunfall ums Leben, der, wie sich später herausstellte, von offizieller Seite arrangiert worden war.[10] Es dauerte nicht lange, bis man derartige Tarnmanöver nicht länger für erforderlich hielt, und im August 1952 wurden mehr als zwanzig prominente jüdische Persönlichkeiten des kulturellen Lebens als »Spione und bourgeoise Nationalisten« hingerichtet.

Von Rußland aus wurde die Kampagne gegen den Kosmopolitismus auf die unter sowjetischer Vorherrschaft stehenden Staaten Osteuropas ausgedehnt. Im November 1952 endeten eine Säuberungsaktion und ein Schauprozeß in der Tschechoslowakei mit dem Geständnis und der Hinrichtung Rudolf Slanskys, eines Mannes, der zeit seines Lebens Stalinist und zuletzt Generalsekretär der tschechoslowakischen Kommunistischen Partei gewesen war. Im Verlauf des Prozesses gestanden er und seine Mitangeklagten, daß sie während ihrer ganzen Laufbahn Zionisten, bourgeoise jüdische Nationalisten, Verräter und Spione gewesen seien.

Dem folgte im Januar 1953 die »Ärzteverschwörung«. Eine Gruppe von Ärzten, zumeist Juden, wurde angeklagt, sich im Interesse des amerikanischen Geheimdienstes und der »internationalen jüdischen Bourgeoisie« verschworen zu haben, Stalin und andere sowjetische Führer zu ermorden. Die Macht, die sowohl hinter der Ärzte- als auch der Slansky-Verschwörung stand, wurde von den Anklägern als das American Jewish Joint Distribution Committee identifiziert, eine bekannte karitative Organisation, die sich um Sozialhilfe und Rehabilitation kümmerte. Die sowjetischen, sowjetisch kontrollierten und sowjetisch beeinflußten Medien räumten diesen beiden Ereignissen enormen Platz ein und versäumten nicht, ihren jüdischen Charakter hervorzuheben. Unter den vierzehn Angeklagten im Slansky-Prozeß waren elf Juden; unter den neun der Verschwörung angeklagten Ärzten waren sieben Juden. Während von beiden Verschwörungen gesagt wurde, daß der amerikanische Geheimdienst sie organisiert habe, wurde der Drahtzieher beide Male als jüdisch bezeichnet; die ideologische Antriebskraft seien »Zionismus und jüdisch-bourgeoiser Nationalismus« gewesen. Die Anklagen gegen die Gruppe Slansky und gegen die Ärzte fanden prompt ihr Echo in einem Beschimpfungschor, den kommunistische Autoren und Mitläufer im Westen beflissen anstimmten. Die Organisatoren waren nach Möglichkeit darauf bedacht, für diese Arbeit jüdische Kommunisten zu mobilisieren.[11]

Es sind verschiedene Gründe für das Vorgehen des alternden Stalin gegen die Juden angeführt worden. Einer war Enttäuschung über die Früchte seiner Unterstützung des jüdischen Staates im Augenblick seiner Gründung. Ein anderer und vielleicht wichtigerer war Sorge wegen der elektrisierenden Wirkung, die die Entstehung und die frühen Siege Israels auf die sowjetischen Juden ausübten. Noch niedergeschlagener und entmutigter als die übrigen Untertanen Stalins, reagierten die sowjetischen Juden auf die Geburt und auf die Erfolge Israels mit messianischer Freude; insbesondere die Ankunft des ersten israelischen Botschafters in Moskau wurde von Scharen von Juden mit uneingeschränkter Begeisterung begrüßt. Für die sowjetischen Behörden, die keinerlei Verbindungen zwischen irgendeinem Teil der sowjetischen Bevölkerung und einer nicht der sowjetischen Kontrolle unterliegenden Autorität dulden, war dies ein Gefahrensignal.

Ein weiteres Motiv war sicherlich die Nützlichkeit des Antisemitismus in den unruhigen sowjetischen Domänen in Europa. In diesen Ländern war der Antisemitismus lange ein mächtiger Faktor im gesellschaftlichen, wirtschaftlichen und öffentlichen Leben gewesen. In Osteuropa brachte die Zeit nach Hitler nicht, wie in Westeuropa, einen Rückgang des Antisemitismus infolge von Mitleid mit den Opfern, sondern eher dessen Anwachsen, das sich in erster Linie gegen diejenigen Überlebenden richtete, die versuchten, nach Hause zurückzukehren. Verschärfend wirkte sich hierbei die Tatsache aus, daß viele dieser Überlebenden im Gefolge der sowjetischen Armeen gekommen waren und daß etliche von ihnen eine prominente Rolle in den ersten Regierungen spielten, die unter sowjetischer Schirmherrschaft eingesetzt wurden. Irgendwann scheint Stalin zu der Ansicht gelangt zu sein, daß es besser sei, den Antisemitismus für die sowjetische Macht wirken zu lassen als gegen sie. Daraufhin scheute die sowjetische Propaganda in Osteuropa keine Mühe, um die Feinde der Sowjetmacht als Juden zu identifizieren und so die verbreiteten und tiefen Haßgefühle zum sowjetischen Vorteil zu nutzen.

Schließlich dürfen in dem von Stalin errichteten System der launischen und willkürlichen autokratischen Herrschaft die persönlichen Gefühle und Motive des Diktators nicht vernachlässigt werden. Unter den vielen Zeichen einer zunehmenden Paranoia in Stalins letzten Jahren findet sich auch seine tiefe Besorgnis wegen eingebildeter, vom Weltjudentum ausgehender Gefahren. Diese Thematik dürfte ihm vom Zarenreich her vertraut gewesen sein, in dem er geboren wurde und seine Erziehung erhielt. Sein Tod im März 1953 brachte ein vorläufiges Nachlassen wenigstens der hemmungslosesten Formen antijüdischer Aktivität. Die Ärzte wurden freigelassen, ihre strafrechtliche Verfolgung wurde irgendwelchen »Machenschaften« zugeschrieben. Rudolf Slansky und seine Mitangeklagten waren schon hingerichtet worden und konnten keinen Nutzen mehr aus dieser politischen Kursänderung ziehen. Ihnen wurde jedoch die kommunistische Form einer Entschädigung im Jenseits zuteil, indem man sie »rehabilitierte«.

Chruschtschows berühmte Geheimrede vom Februar 1956, in der er die Schandtaten der Stalin-Ära brandmarkte, ließ neue Hoffnung unter den Juden ebenso wie unter anderen Gruppen der sowjetischen Bevölkerung aufkeimen. Für die Juden zumindest waren diese Hoffnungen nur von kurzer Dauer. Chruschtschow zeigte bald, daß er zwar Stalins paranoide Phantasien nicht teilte, daß aber seine Einschätzung der jüdischen Rolle im sowjetischen Imperium sich nicht wesentlich von der seines Vorgängers unterschied. Seine Stegreifbemerkung, die er während eines Polenbesuches fallenließ, daß sich »hier zu viele Abramowitsche herumtreiben«, wurde sowohl von den Abramowitschen als auch von ihren nichtjüdischen Nachbarn gehört und verstanden. Inzwischen waren außer eingefleischten Kommunisten nur noch wenige Juden in Polen geblieben. Jetzt begriffen sogar die jüdischen Kommunisten, daß ihre Zeit gekommen war, und so unauffällig wie möglich machten sie sich aus dem Staube. Die kommunistischen Herren Polens veranstalteten einen gründlichen und umfassenden Feldzug gegen »Zionismus und bourgeoisen jüdischen Nationalismus«, von dem sie sich den doppelten Vorteil versprachen, gleichzeitig das Wohlwollen ihrer russischen Herren und ihrer polnischen Untertanen zu erlangen. Chruschtschow, der unter den sowjetischen Führern durch seine Offenheit hervorragte, erläuterte seine eigene Meinung über jüdische Angelegenheiten gegenüber einer Gruppe französischer Sozialisten, die ihn im Mai 1956 interviewten:

> Wenn nun die Juden die höchsten Posten in *unseren* Republiken besetzen wollten, würden die einheimischen Völker sie natürlich mit Mißfallen betrachten. Sie würden diese Ansprüche sehr ungünstig aufnehmen, besonders zu einer Zeit, wo sie sich für nicht weniger intelligent und nicht weniger fähig als die Juden halten. Oder wenn zum Beispiel in der Ukraine ein Jude auf einen wichtigen Posten gesetzt wird und sich mit jüdischen Mitarbeitern umgibt, dann ist es verständlich, wenn es dort zu Feindseligkeit gegenüber den Juden kommt.[12]

In den frühen sechziger Jahren veranstalteten die sowjetischen Machthaber eine neue Kampagne gegen die Juden, dieses Mal an zwei Fronten, an der religiösen und der wirtschaftlichen. Dieser neue Angriff auf das Judentum war Teil einer allgemeinen Kampagne gegen die Religion; aus irgendeinem Grunde sahen sich die Sowjetbehörden wieder einmal veranlaßt, sie als Gefahr zu betrachten. Aber die Polemik gegen die jüdische Religion unterschied sich deutlich von derjenigen, die sich gegen die beiden anderen großen religiösen Gruppen in der Sowjetunion richtete, gegen das Christentum und den Islam. Die Schmäh- und Anklagereden gegen das Judentum unterschieden sich nicht nur durch ihre Heftigkeit und die Grobheit ihrer Sprache, sondern auch durch die Projektion von Gegenwartsproblemen in vergangene Ereignisse. Der biblische Josua zum Beispiel wurde als zionistischer Landnehmer dargestellt und König

David als aggressiver Expansionist und als Weiberheld; von antisemitischen Klischees wie Verschwörung, Gier und Herrschsucht wurde reichlich Gebrauch gemacht. Wie selektiv die sowjetische antireligiöse Propaganda vorgeht, verdeutlicht auf eindrucksvolle Weise eine Karikatur in der *Bakinskij rabotschij* vom 4. Juni 1985, die in der vorwiegend moslemischen Republik Aserbeidschan erscheint. Aus einem Buch, dessen Einband den Davidstern zeigt, tröpfelt eine Flüssigkeit in zwei Flaschen mit den Etiketten »Gift« und »Galle«. Im Vordergrund sieht man zwei schurkenhaft aussehende Männer; der eine erklärt dem anderen: »Diese Gifte wirken in erster Linie auf das Gehirn.« Beide zeigen auf das Buch mit dem jüdischen Emblem. Andere Bücher im Hintergrund zeigen ein Kreuz auf dem Einband und einen sitzenden Buddha. Ein Halbmond ist nirgendwo zu sehen.

Viel folgenschwerer für ihre Opfer war die Kampagne gegen das, was von den Behörden als »Wirtschaftsverbrechen« bezeichnet wurde. Unterschlagung, Diebstahl, Bestechung, Devisenspekulation und Korruption ganz allgemein plagen die Sowjetunion seit langem. Von Zeit zu Zeit veranstalten die sowjetischen Behörden Kampagnen gegen derlei Verbrechen, wobei jedesmal der ganze Apparat von Staat, Partei, Presse und Sicherheitskräften mobilisiert wird. Eine umfangreiche Kampagne dieser Art fand von 1961 bis 1964 statt, in der die Juden als hauptsächliche Opfer ausgewählt wurden. Während Zehntausende von Männern und Frauen angeklagt und bestraft wurden, konzentrierte sich das Hauptaugenmerk der Medien auf diejenigen unter ihnen, die jüdisch waren, wobei wieder eifriger Gebrauch von antisemitischen Klischees sowohl in den Artikeln als auch in den begleitenden Karikaturen gemacht wurde. Von 84 Personen, die 1962 wegen Wirtschaftsverbrechen zum Tode verurteilt wurden, waren 45 Juden, das heißt, 54 Prozent. In der Ukrainischen Republik war das Verhältnis siebzehn von einundzwanzig, oder 81 Prozent.[13]

Im Zusammenhang mit diesen Kampagnen veröffentlichte Trofim K. Kitschko sein berühmtes Buch *Judentum ohne Schnörkel,* in dem er die jüdische Religion und diejenigen, die sich in allen Zeiten zu ihr bekannt haben, heftig attackierte. In Inhalt, Sprache und Illustration war dieses Buch so grobschlächtig antisemitisch, daß es in der freien Welt sogar auch von den kommunistischen Parteien scharf verurteilt wurde. Die ideologische Kommission der KPdSU reagierte, indem sie das Buch verurteilte und zurückzog und Kitschko aus der Partei ausstieß. Ein paar Jahre später wurde er rehabilitiert. Im Januar 1968 wurde ihm die Ehrenurkunde des Obersten Sowjets der Ukraine verliehen, und er veröffentlichte ein neues Buch, *Judentum und Zionismus*, das im selben Jahr in Kiew erschien. In Kitschkos historischer Sicht lehrt die jüdische Religion »Diebstahl, Verrat und Perfidie« sowie einen »giftigen Haß auf alle anderen Völker«. Ihr wahres Ziel sei die Erfüllung der Verheißung Gottes, daß »die ganze Welt den Juden gehört«. Das praktische Ziel des Zionismus sei es, zu diesem Zweck eine »jüdische Weltmacht« in Palästina zu gründen. Dieses zweite Buch, das in einer Massenauflage erschien, war Teil einer im Juli 1967 im Gefolge des Sechstage-Krieges gestarteten neuen Welle antizionistischer Propaganda, die alle Ostblockländer erfaßte.[14]

Nicht nur im Sowjetblock führten die dramatischen Ereignisse vom Juni 1967 einen radikalen Wandel der Einstellung gegenüber den Juden herbei. In der Vergangenheit hatten sich selbst diejenigen, die dem Judentum wohlwollten, daran gewöhnt, Juden in erster Linie als – gewöhnlich hilflose – Opfer zu sehen und als Kandidaten für Hilfe, wo immer sie gewährt werden konnte, ohne wichtige nationale oder wirtschaftliche Interessen zu gefährden. Durch seine schnellen und zerschmetternden Siege hatte der Jude dem Klischee vom verängstigten Opfer zuwidergehandelt, das je nach den gerade obwaltenden Umständen vernichtet, abgeschoben, bedauert oder gerettet werden muß. Das war für viele ein zutiefst beunruhigender Wandel. In Europa, in Amerika und im Nahen Osten, unter den Juden selbst und unter den Arabern, leitete diese plötzliche und totale Umkehr des Verhältnisses zwischen den Juden und ihren Gegnern einen Wandel der Einstellung zu den Juden ein, der sich bis zum heutigen Tage fortsetzt. Um ihn verstehen zu können, ist es nötig, sich die beteiligten Völker und Ideologien sowie die politischen Entscheidungen und Auffassungen, die den Gang der Ereignisse beeinflußt haben, etwas genauer anzusehen.

Semiten

Der Name Semit kommt von Shem, dem ältesten der drei Söhne Noahs. In der griechischen und in der lateinischen Bibel wird Shem zu Sem, weil weder das Griechische noch das Lateinische eine Möglichkeit hat, den Anfangslaut des hebräischen Namens wiederzugeben. Die Bibel sagt uns, daß jedermann auf Erden ertrank mit Ausnahme von Noah und seiner Familie, und daß die ganze Menschheit von seinen drei Söhnen Shem, Ham und Japhet abstammt. Die Abstammungslinien dieser drei, dargestellt im zehnten Kapitel der Genesis, sind eine Art mythologisierter Ethnologie. Hier werden die zur Zeit der Niederschrift dieses Kapitels bekannten Völker des Altertums aufgezählt, und es wird dargelegt, in welcher Beziehung sie zueinander standen. Viele Namen, die in diesem Kapitel aufgezählt werden, sind ansonsten der historischen Forschung unbekannt, und Bemühungen, sie zu identifizieren, waren bislang vergeblich. Mit unterschiedlicher Verläßlichkeit ist man dazu übergegangen, einige als Bezeichnungen anderer Völker zu verwenden. Madai und Jawan könnten durchaus die Meder und die ionischen Griechen sein. Es ist jedoch höchst unwahrscheinlich, daß Thogarma für die Türken steht. Einige Namen dagegen sind ohne weiteres erkennbar als diejenigen von Völkern und Ländern, die aus anderen Quellen der alten Geschichte wohlbekannt sind. Beispiele dafür sind Kanaan, Misraim (Ägypten) und Kusch (Äthiopien).

In späteren Zeiten wurde weithin bei den Christen und in geringerem Maße bei den Moslems und Juden der Gedanke übernommen, daß die drei Söhne Noahs die namengebenden Stammväter dreier der bedeutendsten rassischen oder linguistischen Gruppen seien. Nach dieser Deutung war Ham der Stammvater der dunkelhäutigen Völker Afrikas, Shem derjenige der Hebräer und ihrer verschiedenen Verwandten, und Japhet der Stammvater der Meder, Perser, Griechen und anderer Völker, die – viele Jahrhunderte später – als Arier bezeichnet wurden. Die völlige Unglaubhaftigkeit einer solchen Theorie, die allen historischen, linguistischen, archäologischen und ethnographischen Erkenntnissen widersprach, verhinderte nicht, daß sie sich bis ins neunzehnte Jahrhundert hinein unter Gelehrten behaupten konnte, und sehr viel länger noch unter Nichtgelehrten.

Während Shem und seine Söhne dem biblischen Altertum angehören, ist der Semit sehr viel jüngeren Ursprungs; er datiert aus dem Europa des achtzehnten Jahrhunderts. Die Vorstellung, daß einige Sprachen mit anderen Sprachen verwandt sein könnten, war keineswegs neu. Schon im Altertum waren sich jüdische Gelehrte der Verwandtschaft zwischen dem Hebräischen und dem Aramäischen bewußt; im Mittelalter waren sie in der Lage, die Ähnlichkeiten zwischen dem Hebräischen und dem Arabischen wahrzunehmen und bei ihren Studien der Grammatik und der Lexikographie zu nutzen. Aber erst mit der Entwicklung der vergleichenden Philologie im Europa des achtzehnten Jahrhunderts entstand und entwickelte sich die Vorstellung von Familien miteinander verwandter Sprachen. Sehr lange waren die einzigen alten Sprachen und Texte, die den europäischen Gelehrten bekannt waren, die griechischen und lateinischen Klassiker auf der einen Seite und die von den Juden bewahrten hebräischen und aramäischen Texte auf der anderen. Die Kenntnis letzterer wurde ergänzt durch ein zunehmendes Interesse am Arabischen und an den Sprachen der Ostchristen, zu denen die römische Kirche ihre Kontakte nach und nach intensivierte. Die Ausbreitung der europäischen Unternehmungen im Nahen und Mittleren Osten und vor allem auch in Indien brachte neue Kulturen und Literaturen in den Bereich der europäischen Forschertätigkeit, und mit der Entdeckung und Entzifferung der zoroastrischen und Hindu-Schriften in den alten Sprachen Persiens und Indiens wurde der Sprachforschung eine neue Dimension hinzugefügt.

In dieser Zeit nahm auch die Existenz der beiden Protagonisten, des Semiten und des Ariers, ihren Anfang. Beide sind Mythen, sind Teil derselben Mythologie. Beide entstanden auf gleiche Weise, beide erlitten den gleichen Mißbrauch, meistens zudem von der gleichen Seite her. Beide Namen haben ihren Ursprung in der Wissenschaft und beziehen sich auf die Sprache. Beide leiten sich von dem großen Durchbruch der vergleichenden Philologie im späten achtzehnten und frühen neunzehnten Jahrhundert her. Damals hatten die europäischen Gelehrten zwei große Sprachengruppen erkannt, in der sich die meisten Kulturen westlich von China ausdrückten. Eine, die größere, besteht aus dem Sanskrit und seinen Ableitungen in Indien; aus den aufeinanderfolgenden Phasen der persischen Sprache; aus dem Lateinischen und Griechischen; und aus den meisten Sprachen des modernen Europas, den slawischen, germanischen, romanischen und keltischen gleichermaßen. Deutsche Philologen bezeichneten diese Sprachenfamilie als die »indogermanische«, womit sie die Namen ihrer östlichsten und westlichsten Komponenten miteinander verbanden. Die Philologen in Frankreich und Großbritannien zogen den Namen »indoeuropäisch« vor, mit der Begründung, daß sowohl die keltischen als auch die romanischen Sprachen einigen Anspruch auf die westlichste Position erheben könnten. Keinen Zweifel gibt es hinsichtlich der östlichsten Unterfamilie, die aus den Sprachen des Irans und den sanskritischen Sprachen Indiens besteht. Auf sie wird gewöhnlich die Bezeichnung arisch oder indoarisch angewandt. Dieser Begriff, der sowohl im Altpersischen als auch im Sanskrit vorkommt, bedeutet edel – eine sehr übliche Art der Selbstbezeichnung von Völkern. Der Name Iran, in seiner alten Form Eryana, bedeutet Land der Arier. Die Sanskrit-Form Arya diente von frühen Zeiten an zur Bezeichnung der Anbeter der brahmanischen Gottheiten. Ihre erweiterte Anwendung auf alle indoeuropäischen Sprachen war ein Mißbrauch des Begriffs. Seine Umwandlung von einer linguistischen zu einer ethnischen und am Ende gar zu einer rassischen Bedeutung war ein Irrtum der Gelehrten, der tiefgreifende gesellschaftliche, politische und moralische Folgen haben sollte.

Schon im Jahre 1704 hatte der deutsche Philosoph und Universalgelehrte Gottfried Wilhelm von Leibniz eine Gruppe verwandter Sprachen identifiziert, zu der das Hebräische, das alte Punische (das heißt, das Karthagische), das Chaldäische, das Syrische und das Äthiopische gehörten. Dieser Gruppe gab er den Namen »Arabisch« nach ihrem am weitesten verbreiteten Mitglied.[1] Eine Gruppe mit dem Namen eines ihrer Mitglieder zu bezeichnen, kann leicht zu Verwirrung führen, und die von Leibniz erdachte Nomenklatur wurde nicht allgemein akzeptiert. Erst im Jahre 1781 wurde dieser Gruppe der Name verliehen, den sie seither behalten hat. In jenem Jahr trug August Ludwig Schlözer einen Aufsatz zu einem umfassenden deutschen Werk über biblische und orientalische Literatur bei. Nach Schlözer regierte vom Mittelmeer bis zum Euphrat und vom Zweistromland hinab nach Arabien nur eine Sprache. Die Syrer, Babylonier, Hebräer und Araber seien ein einziges Volk gewesen. »Sogar die Phönizier, die Hamiten waren, sprachen diese Sprache, die ich als das Semitische bezeichnen möchte.«[2] Schlözer erörtert dann andere Sprachen der Region und versucht sie, nicht sehr erfolgreich, in den vom zehnten Kapitel der Genesis vorgegebenen Rahmen einzupassen.

Die Idee, daß die semitischen Sprachen sich aus einer einzigen ursprünglichen Sprache herleiteten (die von deutschen Philologen bisweilen als Ursemitisch bezeichnet wird) und daß die Völker, die diese Sprache sprachen, von einem einzigen Volk abstammten, übte erheblichen Einfluß aus und stiftete einige Verwirrung. Der französische Gelehrte Ernest Renan, einer der Pioniere der semitischen Philologie, beklagte sich im Jahre 1855:

> Wir können jetzt erkennen, was für einen unglücklichen Einfall Eichhorn [sic; richtig: Schlözer bei Eichhorn] hatte, als er der Familie der syro-arabischen Sprachen den Namen Semitisch verlieh. Dieser Name, den die Gepflogenheit uns zwingt beizubehalten, war die Ursache einer Fülle von Konfusionen und wird es noch lange bleiben. Ich wiederhole noch einmal, daß der Name Semit hier [Renan bezieht sich auf seine grundlegende Studie über semitische Philologie] nur eine rein konventionelle Bedeutung hat: Er bezeichnet die Völker, die Hebräisch, Altsyrisch, Arabisch oder irgendeinen benachbarten Dialekt gesprochen haben, und in keinem Sinne die Völker, die im zehnten Kapitel der Genesis als Nachkommen Shems aufgeführt werden und die, zumindest zur Hälfte, arischen Ursprungs sind.[3]

Renan hatte natürlich recht, wenn er auf die Gefahren hinwies, die damit verbunden sind, »die Generationen der Söhne Noahs« zur Grundlage philologischer Klassifizierung zu machen. Er hätte noch weiter gehen dürfen. Zu den Nachkommen Hams, der Konvention nach der Vorfahr der Afrikaner, werden neben Ägyptern und Äthiopiern auch die Kanaaniter und Phönizier gezählt, die im syro-palästinensischen Gebiet lebten und eine dem Hebräischen sehr ähnliche Sprache sprachen.

Die Konfusion zwischen Rasse und Sprache reicht sehr weit zurück und wurde noch vergrößert durch den sich rasch ändernden Gehalt des Wortes »Rasse« im europäischen und später im amerikanischen Sprachgebrauch. Seriöse Wissenschaftler haben – wiederholt und wirkungslos – darauf hingewiesen, daß »semitisch« eine linguistische und kulturelle Klassifizierung ist und gewisse Sprachen sowie – in einigen Zusammenhängen – die Literaturen und Zivilisationen bezeichnet, die sich in diesen Sprachen ausdrücken. Als eine Art Kürzel wurde der Begriff manchmal auch zur Bezeichnung der Völker beibehalten, die sich dieser Sprachen bedienten. Eine Zeitlang könnte er deshalb als Nebenbedeutung eine Rasse bezeichnet haben, während er in seiner Hauptbedeutung zur Bezeichnung nationaler und kultureller Einheiten gebraucht wurde. Überhaupt nichts hat er zu tun mit Rasse in dem anthropologischen Sinn, der jetzt allgemein gültig ist. Ein Blick auf diejenigen, die heute Arabisch sprechen, von Khartum bis Aleppo und von Mauretanien bis Mosul, oder auch auf diejenigen, die im modernen Staat Israel Hebräisch sprechen, genügt, um die enorme Vielfalt und Verschiedenheit der rassischen Typen zu zeigen.

Die Philologen – oder doch einige von ihnen – setzten ihre vergeblichen und manchmal auch recht doppelzüngigen Proteste gegen diesen Mißbrauch ihrer Arbeit fort. So bemerkte der große deutsche Semitist Theodor Nöldeke in einem Aufsatz mit dem Titel »Zur Charakteristik der Semiten«, der etwa 1872 veröffentlicht wurde:

> Auch bei der Charakteristik der Semiten muß man sich davor hüten, die europäischen Juden für reine Repräsentanten des Semitentums zu halten. Wohl haben sich bei diesen manche uralte Charakterzüge mit auffallender Zähigkeit bewahrt, aber doch sind sie Europäer geworden, doch sind auch manche Besonderheiten

in ihrem Wesen nicht so sehr altsemitisch wie eine Folge der eigentümlichen Geschichte und besonders der teils selbstgewollten, teils erzwungenen Abschließung und des Druckes, unter dem sie gelebt haben.[4]

Nöldeke, das sollte erwähnt werden, war Professor an der Universität Straßburg, einer Stadt, in der es eine der ältesten und bedeutendsten jüdischen Gemeinden Westeuropas gab. Man fragt sich, ob sie seine Beobachtungen als sehr trostreich empfunden hat.

Seit den Tagen Schlözers und sogar Renans hat sich die Liste der semitischen Sprachen, die der Wissenschaft bekannt sind, ganz erheblich verlängert. Viele Gelehrte gehen jetzt weiter und erkennen eine Verbindung zwischen den semitischen Sprachen und einer anderen, hamitisch genannten Gruppe, ein in Analogie zu semitisch gebildeter Begriff, der auf jene Sprachen angewandt wird, die von den Bewohnern des Horns von Afrika und einiger anderer afrikanischer Regionen gesprochen werden. Wegen einiger entfernter und uralter Verbindungen zwischen diesen beiden Sprachengruppen wird angenommen, daß sie eine Familie bilden, die in Analogie zur indoeuropäischen als hamitosemitische Familie bezeichnet wird.

Von den vielen semitischen Sprachen, die im Laufe der Jahrtausende gesprochen und geschrieben worden sind, sind heutzutage nur noch sehr wenige in nennenswertem Ausmaß anzutreffen, und nur zweien von ihnen, dem Hebräischen und dem Arabischen, wird außerhalb der Länder, wo sie gesprochen werden, größere Aufmerksamkeit zuteil. In der Gegenwart wie im Altertum sind die semitischen Sprachen praktisch auf ein begrenztes Gebiet beschränkt, auf Südwestasien und Nordafrika. Isolierte Transplantate haben sich in zwei Regionen außerhalb dieses Gebiets erhalten. Die eine ist die Mittelmeerinsel Malta. Die dortige Sprache, Maltesisch, beruht auf einem Dialekt des nordafrikanischen Umgangsarabisch. Es ist übrigens die einzige semitische Sprache, die von einem christlichen europäischen Volk gesprochen wird. Auf der anderen Seite der nordafrikanischen Sprachenzone gibt es die semitischen Sprachen Äthiopiens; hier handelt es sich um die einzigen semitischen Sprachen, die ausschließlich von dunkelhäutigen Afrikanern gesprochen werden.

Die Sprecher des Arabischen ebenso wie des Hebräischen reichen dem rassischen Typus nach vom hellhäutigen Weiß über Braun bis gelegentlich sogar Schwarz. Heute wird Hebräisch als Muttersprache nur in der Republik Israel gesprochen, aber es wird darüber hinaus von Juden in aller Welt als religiöse und manchmal auch kulturelle Sprache studiert und gebraucht; als Medium des Alten Testaments hat es viele Jahrhunderte lang eine wichtige, wenn auch heute einigermaßen reduzierte Position im westlichen Lehrplan der klassischen und biblischen Studien eingenommen.

Das Arabische wird heute als Muttersprache in dem breiten Gürtel der arabischen Länder gesprochen, der sich von den Grenzen der Türkei und des Iraks im Osten bis hin zu den Küsten des Mittelmeeres und des Atlantischen Ozeans im Norden und Westen erstreckt, und darüber hinaus von bedeutenden Minderheiten in den benachbarten Ländern Asiens und Afrikas. Gleichzeitig ist es für die Hunderte von Millionen nichtarabischer Moslems in der ganzen Welt die Sprache des Gebets und des Gesetzes, der heiligen Schriften und der Klassiker, und ihr wachsendes strategisches und wirtschaftliches Gewicht hat ihrer historischen und kulturellen Bedeutung sowohl in der sowjetischen als auch in der westlichen Welt Anerkennung verschafft.

Während die gesprochenen Formen des Arabischen sich von Land zu Land so sehr unterscheiden wie Spanisch, Portugiesisch und Italienisch, ist die Schriftsprache dieselbe in der gesamten arabischen Welt. Mit der rapiden Ausbreitung der Fähigkeit des Lesens und Schreibens erwirbt das Arabische zusätzliche Kraft als einigender Faktor. In die Länder außerhalb Arabiens wurde es im siebenten und achten Jahrhundert getragen – nach nahöstlichen Maßstäben also erst gestern. Aber im Laufe von vierzehn Jahrhunderten hat es nahezu vollständig die vielen Sprachen verdrängt, die zuvor in diesen Ländern gesprochen worden waren. Das Koptische und das Altsyrische, einst im allgemeinen Gebrauch in Ägypten und Syrien, leben nur noch als die liturgischen Sprachen der Ostchristen fort. Das Kurdische und die Berbersprache sind zwar noch immer die Sprachen bedeutender Minderheiten, das eine im Irak, die andere in Nordafrika; aber beide bestehen aus vielen Dialekten, eine Standardsprache fehlt, und keine von beiden Sprachen hat eine Literatur. Die älteren Sprachen der Region – diejenigen der Assyrer und Babylonier im heutigen Irak, der

Kanaaniter und Phönizier in Syrien-Palästina, der alten Ägypter in Ägypten – sind alle längst verschwunden und vergessen. Nur die Bemühungen der modernen Wissenschaft haben die Freilegung ihrer Monumente, die Entzifferung ihrer Schriften und die Erschließung ihrer Literaturen und Sprachen ermöglicht.

In jüngster Zeit ist in den arabischen Ländern eine neue Doktrin entwickelt worden, die heute den Geschichtsunterricht an den Schulen und die volkstümliche Vergangenheitsdarstellung in den Medien beherrscht. Danach war die große arabische Expansion nach dem Erscheinen des Islams im siebenten Jahrhundert, die die Araber aus ihrer Heimat auf der Arabischen Halbinsel hinaus in die Länder des Fruchtbaren Halbmonds führte und dann ostwärts über den Iran nach Mittelasien und westwärts über Ägypten nach Nordafrika und Spanien, nicht, wie man vorher glaubte, religiöser oder imperialer Natur. Sie war vielmehr ein Befreiungskrieg, in dem die in Arabien lebenden freien Araber ihre Brüder retteten, die die unterdrückten Untertanen des persischen und römischen Imperialismus waren. Um diese Interpretation zu rechtfertigen, wird vorausgesetzt, daß alle Einwohner dieser Länder vor dem Erscheinen des Islams in der Tat Araber waren, wenn sie auch andere Namen trugen. Natürlich gab es eine bedeutende arabische Ansiedlung in den Grenzländern des Iraks, Syriens, Palästinas und selbst Ägyptens in vorislamischer Zeit, aber die überwältigende Mehrheit der Bewohner dieser Länder gehörte anderen ethnischen Gruppen an und sprach andere Sprachen. Die moderne arabische Geschichtsschreibung hat den arabischen Namen und die arabische Identität auf alle – oder nahezu alle – alten semitischen Völker des Fruchtbaren Halbmonds ausgeweitet.

Eines dieser alten Völker bereitete Probleme – jenes, das noch heute existiert, das denselben Namen führt, dieselbe Sprache spricht und, was am ärgerlichsten ist, sich zu derselben Religion bekennt wie ehedem. Hätten die Israeliten die Kanaaniten, die Phönizier, die Assyrer und die Babylonier auf deren Weg in den Untergang begleitet, dann hätte man zweifellos auch sie als arabische Stammväter beanspruchen können. Aber das taten sie nicht. Daß sie im vorigen Jahrhundert heimkehrten, um das Land ihrer Vorfahren für sich zu fordern und es seinen arabischen Einwohnern streitig zu machen, erschwerte ihre Vereinnahmung noch weiter. Es hat verschiedene Reaktionen auf dieses Problem gegeben. Für einige – insbesondere für diejenigen, die vom europäischen Antisemitismus beeinflußt waren – sind die alten Israeliten und die modernen Juden ein- und dasselbe, sie sind allesamt schlecht und deshalb deutlich von den Arabern zu unterscheiden. Für andere waren die biblischen Israeliten und ihre Leistungen in der Tat authentisch arabisch, haben aber nichts mit den modernen Juden zu tun. Einige beschränken dieses Leugnen auf die europäischen Juden und machen sich die Theorie zunutze, daß die Juden Europas überhaupt nicht israelischer Herkunft seien, sondern daß es sich bei ihnen um die Nachkommen eines zum Judentum konvertierten zentralasiatischen Turkvolkes, der Chasaren, handele. Diese zuerst von einem österreichischen Anthropologen zu Beginn dieses Jahrhunderts dargelegte Theorie wird von keinerlei Belegen gestützt. Alle seriösen Fachwissenschaftler haben sie längst aufgegeben, einschließlich solcher in arabischen Ländern, wo von der Chasaren-Theorie kaum Gebrauch gemacht wird, wenn man von gelegentlichen politischen Polemiken einmal absieht.

Wenn die Vergangenheit neu geschrieben wird, so geschieht das gewöhnlich, um bestimmte politische Ziele zu erreichen. Indem sie die große arabisch-islamische Expansion im siebenten Jahrhundert als einen Befreiungs- und nicht als einen Eroberungskrieg hinstellen, können sich die Araber selbst für die ferne Vergangenheit von der Anklage des Imperialismus – des schimpflichsten Verbrechens im derzeitigen politischen Kalender – freisprechen. Durch Herstellung einer direkten Verbindung zu den alten Einwohnern ihrer Länder können sie den Nationalstolz stärken und jenes Gefühl der jahrhundertealten Identität mit dem Heimatland pflegen, das die Grundlage des Patriotismus westlicher Art ist. Das ist ein wichtiger Faktor in einer Zeit, in der die Interessen der arabischen Staaten Vorrang vor panarabischen Bestrebungen beanspruchen. Und wenn man die biblischen Israeliten umgeht und behauptet, mit den Kanaanitern verwandt zu sein, den prä-israelitischen Einwohnern Palästinas, wird es sogar möglich, einen historischen Anspruch geltend zu machen, der weiter zurückreicht als die biblische Verheißung, auf die sich die Juden berufen. Diese Argumentation geht einher mit der in arabischen Ländern üblichen Praxis, in Lehrbüchern, Museen und Ausstellungen die Rolle zu bagatellisieren, die die Juden in der alten Geschichte gespielt haben, oder sie, was häufiger der Fall ist, unter sehr negativen Vorzeichen darzustellen. Ein paar willfährige westliche Wissenschaftler haben sich bereit gefunden, bei solchem Vorgehen mitzumachen. Das alles ist von geringer Bedeutung für die Realitäten des arabisch-israelischen Konflikts oder selbst für die Frage, welcher Wert den rivalisierenden Ansprüchen beizumessen ist. Die arabische Sache in Palästina würde nicht gestärkt, wenn nachgewiesen würde, daß es sich bei den alten Kanaanitern um Araber handelte; sie wird auch nicht geschwächt durch den Nachweis, daß sie nichts dergleichen waren.

Wissenschaftlich gesehen gibt es keinerlei Beweis für die Behauptung, daß es sich bei den Kanaanitern um Araber gehandelt habe. Natürlich zählen die heutigen Einwohner in Palästina – genauso wie anderswo im Nahen Osten – zu ihren Vorfahren auch diejenigen, die in der Antike in ihrem Land gelebt haben. Ebenso klar ist, daß die demographische Mischung im Laufe der Jahrhunderte ganz wesentlich durch Wanderung, Deportation, Einwanderung und Ansiedlung modifiziert worden ist. Das traf in besonderem Maße auf Palästina zu, wo die Bevölkerung durch Ereignisse wie den jüdischen Aufstand gegen Rom und dessen Niederwerfung, durch die Eroberungszüge der Araber, durch das Kommen und Gehen der Kreuzfahrer, durch Verwüstung und Neubesiedlung der Küstenstreifen unter mameluckischer und türkischer Herrschaft und, vom späten neunzehnten Jahrhundert an, durch weiträumige Wanderungen sowohl innerhalb als auch von außerhalb der Region tiefgreifende Wandlungen erfuhr. Zweifellos sind die ursprünglichen Einwohner nie vollständig ausgelöscht worden, aber im Laufe der Zeit sind sie nacheinander judaisiert, christianisiert und islamisiert worden. Ihre Sprache wurde umgewandelt ins Hebräische, dann ins Aramäische, dann ins Arabische.

Das Problem der semitischen Ursprünge geht auf eine Zeit zurück, über die keine schriftlichen Dokumente zur Verfügung stehen und über die deshalb mit einiger Gewißheit nichts ausgesagt werden kann. Die Erörterung des Problems ist noch komplizierter und konfuser geworden durch den Bedeutungswandel des Vokabulars, in dem es erörtert wird. Im heutigen Sinne des Wortes waren die Semiten nie eine Rasse. Die frühesten Berichte und Bilder zeigen, daß sie von unterschiedlichsten rassischen Ursprüngen und Typen waren.

Die meisten Wissenschaftler sehen es jedoch als gesichert an, daß die Semiten ursprünglich eine ethnische Gruppe mit einem gewissen Maß an rassischer Homogenität waren und daß sie eine einheitliche Sprache sprachen, von der sich, auf verschiedenen Umwegen, alle semitischen Sprachen herleiten. Es gibt keine Einigkeit über die »ursprüngliche Heimat« der Semiten, die verschiedene Wissenschaftler jeweils in Arabien, Syrien, Mesopotamien und sogar in Armenien und Nordafrika vermuten. Für die gesamte Periode, über die es schriftliche Hinweise gibt, besteht nicht der geringste Zweifel, daß Arabien die Heimat der Semiten war, insbesondere die nordarabische Wüste. Von dort aus haben sie sich in aufeinanderfolgenden Wanderungszügen auf die benachbarten Länder des Fruchtbaren Halbmonds und, das Rote Meer überquerend, in das Horn von Afrika hinein ausgebreitet.

Keineswegs alle alten Kulturen des Nahen Ostens drückten sich in semitischen Sprachen aus. Die Sumerer, Begründer der ersten Zivilisation in Mesopotamien, sprachen eine Sprache, die weder semitisch noch indoeuropäisch war, sondern die einer gänzlich anderen Familie angehörte. Die Sprache der Hieroglyphen, das Medium der wunderbaren Zivilisation des alten Ägyptens, könnte möglicherweise eine entfernte Ähnlichkeit mit semitischen und hamitischen Sprachen gehabt haben, aber auch sie gehört der semitischen Familie nicht an. Es gab bedeutende indoeuropäische Gruppen wie die Meder und Perser, die Hethiter und andere, unbedeutendere. Die Philister, ein seefahrendes Volk, das von den Mittelmeerinseln kam und eine Zeitlang die Küste Palästinas kolonisierte – und ihr den Namen gab –, bis es schließlich von den Hebräerkönigen unterworfen wurde, hatten eine Sprache, die wir nur aus wenigen, in der hebräischen Bibel erhalten gebliebenen Wörtern kennen. Sie reichen aus, um zu zeigen, daß diese Sprache, was immer sie gewesen sein mag, ganz gewiß nicht semitisch war. Aber während der letzten paar tausend Jahre haben die dominierenden Sprachen des Fruchtbaren Halbmonds der semitischen Familie angehört, und die in diesen Sprachen sich ausdrückenden Zivilisationen haben einen gewaltigen, weit über ihre eigenen Grenzen hinausgreifenden Einfluß ausgeübt.

Bis zum neunzehnten Jahrhundert wußte die christliche Welt von der alten Geschichte des Nahen Ostens nicht mehr als das, was aus verstreuten Mitteilungen in der hebräischen Bibel und bei den griechischen Klassikern zu erfahren war. Jüdische Gelehrte, die die Bibel, nicht aber die Klassiker lasen, waren dementsprechend schlechter informiert. Die moslemische Gelehrsamkeit, weder mit dem einen noch mit dem anderen vertraut, war auf Erinnerungen angewiesen, die in die islamische Literatur eingesickert waren, und wußte noch weniger. Im Laufe des neunzehnten und zwanzigsten Jahrhunderts fügten Forschungsreisen und Ausgrabungen sowie philologische und historische Untersuchungen dem politischen und kulturellen Kenntnisstand über den Nahen Osten mehrere Jahrtausende hinzu und verwandelten von Grund auf die Anschauungen der nahöstlichen Völker über ihre eigene Rolle in der Welt. Die neuen Erkenntnisse offenbarten ein Muster von Wanderung und Ansiedlung, nach dem aufeinanderfolgende Wellen von Semiten aus der arabischen Wüste kamen und neue Staaten und Zivilisationen schufen.

Die früheste derartige Bewegung, die historisch Erwähnung gefunden hat, fand im dritten Jahrtausend v. Chr. statt. Sie führte die Völker, die als Babylonier und Assyrer bekannt wurden, in das Zweistromtal, wo sie die älteste Zivilisation der Sumerer vorfanden und schließlich unterwarfen. Die ältesten erhaltenen Dokumente in einer semitischen Sprache sind babylonische Inschriften in Keilschrift, die von den Sumerern erfunden und in einer Anzahl alter Sprachen der Region verwendet worden war. Obwohl die Babylonier und Assyrer eine reiche Kultur schufen, leben sie in der Erinnerung hauptsächlich als skrupellose Eroberer. Die Namen einiger ihrer Herrscher wie Sanherib und Nebukadnezar sind durch die Bibel unsterblich geworden. Ihre lange Geschichte erreichte ihr letztes Stadium gegen Ende des sechsten Jahrhunderts v. Chr., als Mesopotamien von dem Gründer des neuen Perserreiches, Kyros dem Meder, erobert wurde und die unabhängige politische Existenz der Assyrer und Babylonier endete. Danach verschwanden sie aus dem Blickfeld und gerieten in Vergessenheit, aus der sie im neunzehnten Jahrhundert von der westlichen Wissenschaft gerettet und im zwanzigsten vom irakischen Patriotismus wieder in Besitz genommen wurden.

Die zweite bedeutende semitische Kultur, die auf der Bühne der Geschichte auftritt, ist diejenige, die heute allgemein als die kanaanitische bezeichnet wird. In der Bibel ist der Name Kanaan im allgemeinen begrenzt auf das jetzt von Israel, Jordanien und Libanon eingenommene Gebiet, und das Adjektiv kanaanitisch wird auf die verschiedenen, aber eng miteinander verwandten Völker angewandt, die es bewohnten. Solche Völker waren die Moabiter, die Edomiter, die Ammoniter und vor allem die Phönizier, ein Seefahrer- und Händlervolk, das an der Küste lebte und weithin in der mediterranen Welt bekannt wurde. Phönizische Inschriften sind so weit nördlich wie in der Zentraltürkei und so weit westlich wie in Tunesien gefunden worden, wo phönizische Siedler die berühmte antike Stadt Karthago gründeten. Die karthagische oder punische Sprache ist eine Form des Phönizischen. Archäologische Entdeckungen haben den Nachweis erbracht, daß mindestens schon in der Mitte des zweiten Jahrtausends v. Chr. Sprachen derselben Familie wie das Kanaanitische in Zentral- und Nordsyrien gesprochen wurden. Unter den kanaanitischen Völkern ist eine der folgenreichsten Erfindungen der menschlichen Geschichte – das Alphabet – zuerst belegt. Es stellte einen ungeheuren Fortschritt gegenüber der Hieroglyphenschrift der Ägypter und der Silben-Keilschrift der Sumerer und der Assyro-Babylonier dar. Das kanaanitische Alphabet diente als Grundlage der hebräischen, griechischen, lateinischen und wahrscheinlich der meisten oder aller anderen alphabetischen Schriften der Welt.

Linguistisch gehört die hebräische Sprache des Alten Testaments zur kanaanitischen Familie. Ein Vergleich des biblischen Hebräisch mit phönizischen, moabitischen und anderen Inschriften läßt vermuten, daß die Sprachen der Hebräer und ihrer Nachbarn eng verwandt und wahrscheinlich gegenseitig verständlich waren – ein Eindruck, der von verschiedenen Episoden und Andeutungen im Alten Testament bestätigt wird, wo Israeliten und ihre Nachbarn ohne Schwierigkeit miteinander kommunizieren. Das steht im Gegensatz zu anderen Passagen, wo biblische Autoren auf ihr Unvermögen hinweisen, entferntere Sprachen wie das Ägyptische, Assyrische und sogar das Aramäische zu verstehen.[5] Bezeichnenderweise kommt das Wort Hebräisch als Name einer Sprache im Alten Testament nicht vor. Dort wird die von den Israeliten gesprochene Sprache entweder »jüdisch« genannt oder als »die Sprache Kanaans« bezeichnet (Jesaja 19:18).

Es ist viel darüber gestritten worden, ob die Hebräer schon eine kanaanitische Sprache sprachen, als sie nach Palästina kamen, oder ob sie, wie so viele andere Eroberervölker der Antike, die Sprache des von ihnen besiegten Volkes übernahmen. Die Wanderung der Hebräer scheint um das Jahr 1200 v. Chr. begonnen zu haben, als die Invasion der Seevölker sowohl das hethitische als auch das ägyptische Reich schwächte, die gemeinsam das syro-palästinische Land kontrollierten, und die Zuwanderung der Hebräer und einiger anderer, verwandter Stämme zuließ. Unter den Richtern und später unter den Königen schufen sie eine politische Macht, die für kurze Perioden beträchtliche Stärke und territoriale Ausdehnung erreichte. Diese politische Macht endete mit der Eroberung zunächst des Königreiches Israel durch die Assyrer, dann des Königreiches Judah durch die Babylonier und dem Zug eines großen Teils seiner Bewohner in die babylonische Gefangenschaft. Die syro-palästinischen Länder verloren schließlich – ebenso wie die assyrischen und babylonischen – ihre Unabhängigkeit, als sie gegen Ende des sechsten Jahrhunderts v. Chr. Teil des Persischen Reiches unter Kyros wurden.

Die Hebräer bedienten sich ebenso wie die anderen semitischen Völker der Schrift und brachten religiöse, poetische, historische und andere Bücher hervor. Ihr Schicksal aber verlief ganz anders. Als einziges unter den Völkern der Region erhielten sie sich ihr Gedächtnis, ihre Sprache und ihren Glauben. Dieser Tatsache ist es zu danken, daß ihre alte Literatur nicht begraben und vergessen wie die der anderen, sondern erhalten und verstanden wurde, bis sie schließlich durch ihre Übernahme als jüdischer und später als christlicher Kanon zu einem Teil des Menschheitserbes wurde.

Als die christliche Ära begann, waren alle diese alten semitischen Sprachen, die der assyro-babylonischen Familie ebenso wie die der kanaanitischen, tot. Selbst Hebräisch war nicht mehr die Umgangssprache der Juden in Palästina und anderswo, sondern überlebte nur als die Sprache der Heiligen Schrift und daher auch der Religion, des Gottesdienstes und des Gesetzes. Im gesamten Fruchtbaren Halbmond waren die älteren semitischen Sprachen durch eine andere Sprache derselben Familie, das Aramäische, ersetzt worden. Der Name Aram ist mindestens bis zum Jahre 2000 v. Chr. belegt und erscheint immer häufiger von etwa 1400 v. Chr. an. Der Zerfall des assyrischen Reiches und die Schwächung anderer politischer Strukturen öffneten den Weg für eine neue Invasion des Fruchtbaren Halbmondes durch aramäischsprechende Stämme. Die politische Leistung der Aramäer war minimal, und die von ihnen gegründeten Staaten waren weder von großer Stärke noch von Dauer. Ihre Bedeutung liegt in ihrer kulturellen Leistung, insbesondere im Triumph ihrer Sprache, die, in verschiedenen Dialekten, zur gemeinsamen Sprache des Fruchtbaren Halbmondes und zur diplomatischen und kommerziellen Sprache weit darüber hinaus wurde.

Während des großen Zeitalters des Persischen Reiches, vom sechsten bis zum vierten Jahrhundert v. Chr., war der größte Teil des Fruchtbaren Halbmondes, das heißt, der nordsemitischen Welt, zeitweilig im persischen Machtbereich vereinigt. Es herrschte Bedarf an einer einheitlichen Verwaltungssprache, und das Aramäische befriedigte diesen Bedarf. Heimkehrende Exilanten ebenso wie aramäischsprechende Kolonien in Anatolien, Persien, Arabien und Ägypten trugen die Sprache nach Ost und West. Für die Juden in Mesopotamien und Palästina wurde es zu einer quasi heiligen zweiten Sprache nach dem Hebräischen. Ein großer Teil der talmudischen und anderen rabbinischen Literatur ist in der einen oder anderen Form des Aramäischen geschrieben. In der Form des Altsyrischen diente es als das Medium einer wichtigen religiösen Literatur unter den Christen der östlichen Kirchen. Es blieb, für Christen, Juden und andere, die hauptsächliche gesprochene Sprache des Fruchtbaren Halbmondes, bis es allmählich vom Arabischen verdrängt wurde. Heute überlebt das Aramäische nur an ganz wenigen Orten – in drei christlichen Dörfern in einem entlegenen Tal fünfzig Kilometer nördlich von Damaskus und in einigen wenigen isolierten christlichen und jüdischen Gemeinden im türkisch-irakisch-iranischen Grenzgebiet.

Die großen semitischen Zivilisationen der Antike entstanden ausnahmslos im Fruchtbaren Halbmond und in den angrenzenden Wüstengebieten und drückten sich in Sprachen aus, die zu den nordöstlichen und nordwestlichen semitischen Gruppen gehören. Es gab jedoch andere, die einer anderen – manchmal als südsemitisch oder südwestsemitisch bezeichneten – Untergruppe der semitischen Familie angehörten. Sie erschienen zuerst in zwei bedeutenden Kulturen, die sich am Südende des Roten Meeres herausbildeten, die eine auf der arabischen, die andere auf der afrikanischen Seite. Im Laufe des ersten vorchristlichen Jahrtausends wurde eine Anzahl von Staaten in der südwestlichen Ecke der arabischen Halbinsel gegründet, in dem Gebiet, das heute die Republiken Nord- und Südjemen einnehmen. Sie haben eine beträchtliche Zahl von Inschriften hinterlassen, in denen ihr Glaube und ihre Taten festgehalten sind und die die von ihnen erreichte, relativ hohe Kultur bezeugen. Die Inschriften sind in einer von der Wissenschaft als Südarabisch bezeichneten Sprache geschrieben. Diejenigen, die sie sprachen, nannten sie jedoch nicht so, auch bezeichneten sie sich selbst nicht als Araber, sondern gebrauchten eine Anzahl lokaler, territorialer, dynastischer und Stammesnamen. Ihre Sprache, wiewohl dem Arabischen verwandt, ist kein arabischer Dialekt, sondern besitzt Eigenständigkeit. Die lange Geschichte der südarabischen Zivilisation ging zu Ende, als das Land zuerst von den Äthiopiern, dann von den Persern und schließlich von den aus den nördlich angrenzenden Gebieten kommenden moslemischen Arabern erobert wurde. Unter ihrer Herrschaft starben die alten Sprachen mit Ausnahme einiger weniger lokaler Dialekte aus und wurden durch das Arabische ersetzt.

Die äthiopischen Heere, die das Rote Meer überquerten, um in Südarabien einzufallen, kehrten in einem gewissen Sinne in die Heimat ihrer Urväter zurück. Zu einem frühen und unbekannten Datum, nicht später als in der ersten Hälfte des zweiten vorchristlichen Jahrtausends, überquerten etliche Südaraber das Rote Meer und gründeten Vorposten und Handelsstationen in Afrika. Es ist möglich, daß andere semitischsprechende Völkerschaften sich schon in jenem Gebiet niedergelassen hatten. Im sechsten vorchristlichen Jahrhundert ist der südarabische Einfluß in Äthiopien durch Inschriften belegt. Sie zeigen, daß schon im fünften vorchristlichen Jahrhundert ein äthiopischer Staat mit einem relativ hohen Niveau an materieller Kultur existierte. Im dritten Jahrhundert n. Chr. war das äthiopische Aksumitische Reich eine regionale Großmacht, die in alle Richtungen vordrang, vor allem aber nördlich nach Nubien und östlich über das Rote Meer nach Jemen. Etwa um diese Zeit wurde das Christentum nach Äthiopien gebracht und schon bald zur Staatsreligion erkoren. Seither ist Äthiopien ein vorwiegend christliches Land; aus diesem Grunde ist es von seinen Nachbarn isoliert und damit auch von den anderen semitischsprechenden Völkern. Obwohl es gegenwärtig eine sehr große moslemische Bevölkerung in Äthiopien gibt, bleibt das Christentum doch die dominierende Religion. Die alte äthiopische Sprache ist tot; sie überlebt nur noch als Medium für klassische Studien und religiöse Liturgie. Aber mehrere der lebenden Sprachen Äthiopiens, insbesondere die Staatssprache Amharisch, gehören der südsemitischen Familie an.

Die letzte semitische Wanderung, die erste, die umfassend in historischen Schriften protokolliert ist, zugleich die mit Abstand weiträumigste und – im welthistorischen Zusammenhang – bedeutendste von allen, war diejenige der Araber. Die Araber sind das letzte in der langen Reihe semitischer Völker, das mit einer Sprechrolle auf der Bühne der Geschichte auftritt. Obwohl der Name »Araber« gelegentlich in alten Schriften – im Talmud, in Inschriften und in griechischen Texten – erwähnt wird und sich auf die verbliebenen Einwohner der arabischen Halbinsel bezieht, ist das älteste noch vorhandene Zeugnis in der arabischen Sprache eine Inschrift von fünf Zeilen in nabatäischer Schrift aus dem Jahre 328 n. Chr. Erst vom sechsten und siebenten Jahrhundert an haben wir arabische Texte in nennenswerter Zahl und von Bedeutung. Obwohl jedoch das Arabische die jüngste der semitischen Sprachen ist, wenn man überlieferte Zeugnisse zugrunde legt, so ist es dessen ungeachtet in linguistischer und struktureller Hinsicht die archaischste von allen und damit wahrscheinlich diejenige, die der ursemitischen Sprache am nächsten kommt. Da Nordarabien das Reservoir war, aus dem die aufeinanderfolgenden Wanderungswellen kamen, ist dies nicht überraschend.

Mohammed, für die Moslems der letzte und größte der Propheten, war ein Araber. Das Buch, das er brachte, der Koran, ist in arabischer Sprache geschrieben. Das Reich, das seine Anhänger schufen und das sich von den Pyrenäen bis an die Grenzen Indiens und Chinas erstreckte, wurde von Arabern regiert. Die Sprache der heiligen Schriften und des Gebets, der Kultur und der Erziehung, der Regierung und des Handels in diesem Reich war das Arabische. Im Fruchtbaren Halbmond, in Ägypten und Nordafrika wurde Arabisch teils durch die Einwanderung von Arabern aus der Halbinsel, teils durch Arabisierung der vorhandenen Bevölkerung nicht nur zur offiziellen, sondern auch zu der weithin gebräuchlichsten Sprache. Die meisten vorangegangenen Sprachen verschwanden entweder oder überlebten nur in einer sehr verkümmerten Form. Einige Länder wie Persien, Zentralasien und später die Türkei wurden islamisiert, aber nicht arabisiert; das heißt, sie nahmen die islamische Religion an, behielten aber ihre eigenen Sprachen. Dennoch hatte das Arabische auch in diesen Ländern als Sprache der heiligen Schriften und Gesetze einen tiefreichenden Einfluß, der diese Sprachen modifizierte und manchmal völlig umwandelte; den größeren Teil ihres abstrakten und theoretischen Vokabulars bezogen sie aus dem Arabischen. In den meisten von Moslems in Asien und Afrika gesprochenen Sprachen hat Arabisch die gleiche Bedeutung wie Latein und Griechisch zusammengenommen für die Sprachen der Christenheit. Persisch und Türkisch in Asien und Swahili und Hausa in Ost- und Westafrika sind keine semitischen Sprachen. Sie sind völlig anders strukturiert als das Arabische und der Rest der semitischen Familie. Sie verwenden jedoch ein sehr großes Vokabular arabischer und daher semitischer Wörter. Welchen Maßstab man auch anlegt, das Arabische muß als einer der großen historischen Transporteure der Zivilisation gelten, vergleichbar dem Lateinischen und Griechischen im Westen und dem Chinesischen im Fernen Osten.

Heute ist Arabisch mit Abstand die am weitesten verbreitete und am meisten gesprochene und geschriebene von allen semitischen Sprachen. Als das neunzehnte Jahrhundert anbrach, war es, von Äthiopien abgesehen, die einzige semitische Sprache, die von einer nennenswerten Zahl von Menschen gesprochen wurde. Mit der Wiedergeburt des Hebräischen unter den jüdischen Siedlern in Palästina während der vergangenen hundert Jahre gab es eine zweite.

Ganz tot war das Hebräische nie gewesen. Juden hatten es, wo sie auch waren, gepflegt und gehütet als die Sprache der Schrift und des Gebets und, zusammen mit dem Aramäischen, als die Sprache des Gesetzes. Weithin wurde es auch als literarische Sprache gebraucht, und während des ganzen Mittelalters, bis in die Neuzeit hinein, schrieben viele Juden Lyrik, Essays, Geschichtswerke und andere Berichte und Erzählungen in hebräischer Sprache. Weithin als Sprache der Korrespondenz gebraucht, auch der privaten und kommerziellen, konnte das Hebräische als Verständigungsmittel zwischen gebildeten Juden aus verschiedenen Ländern und mit verschiedener Muttersprache dienen. Eine lebende, gesprochene Sprache war es jedoch nicht. Es war niemandes erste Sprache, und Frauen waren seiner nur in Ausnahmefällen mächtig. Die Sprache der Kindheit, die häusliche Sprache, die Familiensprache war nicht Hebräisch. Das war gewöhnlich die jeweilige Landessprache oder die aus dem Lande, in dem man vorher gelebt hatte, mitgebrachte Sprache. Diese Sprache wurde oft in einem spezifisch jüdischen Dialekt gesprochen. Solche Dialekte mochten ein großes Lehnvokabular hebräischer Wörter haben und mit hebräischer Schrift geschrieben werden. Hebräisch waren sie nicht, und abgesehen von den Dialekten der Juden in den arabischsprechenden Ländern und in Äthiopien waren sie nicht einmal semitisch.

Die ersten Kinder seit nahezu zweitausend Jahren, die von Anfang ihres Lebens an mit der hebräischen Sprache groß wurden, erblickten gegen Ende der osmanischen Ära als Sprosse der Gründer der neuen zionistischen Siedlungen in Palästina das Licht der Welt. Dieses außerordentliche und wahrscheinlich einzigartige Phänomen folgte aus einer ganz bewußten Entscheidung ihrer Eltern. Ermöglicht wurde es durch die Erfordernisse der Praxis – durch die Notwendigkeit, eine gemeinsame Sprache zur Einigung dieser Siedler zu haben. Sie waren aus vielen Ländern gekommen und sprachen viele verschiedene Sprachen. Nur das Hebräische war ihnen allen vertraut; wichtiger noch, nur das Hebräische war für alle akzeptabel. Die Wiedergeburt des Hebräischen und die Entstehung des modernen Hebräisch als lebensvolles, literarisches Idiom geht auf das achtzehnte Jahrhundert zurück und auf die machtvolle Wirkung der europäischen Aufklärung auf die deutschen und osteuropäischen Juden. Seine Entwicklung als gesprochene Sprache war vom Wachsen der jüdischen Besiedlung in Palästina nicht zu trennen. Von 1948 an war es die erste offizielle Sprache (Arabisch ist die zweite) des Staates Israel. Hebräisch war die zweite Sprache der Einwanderer und die Muttersprache der in Israel Geborenen. Es ist auch die zweite Sprache der arabischen und sonstigen nichtjüdischen Bürger Israels, die aus praktischen Gründen Kenntnisse in der offiziellen und dominierenden Sprache des Landes erworben und es darin manchmal bis zur Meisterschaft gebracht haben.

Eine so seltsame Abfolge der Ereignisse, wie sie zum Überleben des Hebräischen als einziger Sprache des Altertums und zu seiner Wiedergeburt im zwanzigsten Jahrhundert als lebende und sich entwickelnde Sprache geführt hat, kann man nur vor dem Hintergrund der modernen jüdischen Geschichte verstehen.

Juden

In der zweiten Hälfte des neunzehnten Jahrhunderts, als die hebräische Wiedergeburt in vollem Gange war und der politische Zionismus entstand, gab es ungefähr siebendreiviertel Millionen Menschen in der Welt, die Juden genannt wurden. Sie waren über ein weites Gebiet verstreut, sie lebten auf vielen Kontinenten und unter sehr unterschiedlichen Bedingungen. Unter ihnen lassen sich mehrere klar differenzierte und voneinander verschiedene Gruppen erkennen. Bei zweien dieser Gruppen handelte es sich, gemessen an den meisten Kriterien der Länder und Gesellschaften, in denen sie lebten, um Nationen, bei den übrigen um religiöse Minderheiten, die in unterschiedlichen Graden assimiliert und von den Völkern, denen sie angehörten und von denen sie – wenn auch nicht unangefochten – einen Teil bildeten, akzeptiert waren.

Die größere und aktivere der beiden Hauptgruppen war die jiddischsprechende jüdische Gemeinde Osteuropas. Die überwiegende Mehrheit dieser Juden lebte in Ländern, die früher Teil des polnisch-litauischen Reiches gewesen waren. Vom Hochmittelalter an waren Juden in diese Länder gewandert, einige aus Südosteuropa und dem Schwarzmeergebiet, die große Mehrheit aus Westeuropa und vor allem aus dem Rheinland. Die wilden Massaker und die Unterdrückung der Juden in Westeuropa zur Zeit der Kreuzzüge einerseits, die tolerante und zuzeiten sogar wohlwollende Politik mittelalterlicher polnischer Herrscher andererseits hatten zu einem großen Zug von Juden aus Frankreich und Deutschland quer durch Europa nach Polen und Litauen geführt. Sie brachten ihr eigenes, charakteristisches Idiom mit, einen mittelalterlichen westdeutschen Dialekt, der sich in Osteuropa zu einer subtilen und ausdrucksstarken Sprache entwickelte. Von den deutschsprechenden Ländern abgeschnitten und umgeben von slawischsprechenden Menschen, entlehnte diese Sprache eine Menge slawischer Wörter und Ausdrücke. Nur von Juden gesprochen, wurde sie zudem durch viele Wörter, Ausdrücke, ja sogar Denkweisen aus der Bibel, dem Talmud und anderer judaischer Literatur bereichert. Ausschließlich in hebräischer Schrift geschrieben, wurde sie zum Träger einer reichen und vielgestaltigen Literatur.

Von Wissenschaftlern ist diese Sprache bisweilen Judendeutsch genannt worden. Diejenigen, die sie sprachen, nannten sie Jiddisch, was in der jiddischen Sprache jüdisch bedeutet. Unter den Juden Osteuropas wurden die beiden Sprachen Hebräisch und Jiddisch zu einer bemerkenswerten Symbiose geführt. Hebräisch, oft *lashon qodesh* genannt, die Zunge der Heiligkeit, war die Sprache der Heiligen Schrift, des Gottesdienstes, aller ernsten Literatur. Aber sie wurde nicht nur gelesen und rezitiert; sie wurde auch gesprochen und geschrieben, in der Korrespondenz ebenso wie in literarischen Werken. Jiddisch war im Gegensatz dazu die Sprache der Konversation und deshalb des persönlichen, gesellschaftlichen und kommunalen Lebens. Anfangs war sie gering geachtet – nach einem üblichen Bild war Hebräisch eine Prinzessin und Jiddisch ihre Magd; aber ebenso wie die Mundarten Westeuropas gewann das Jiddische an Geltung und Würde durch die Qualität der literarischen Werke, die es bereicherten. Und ebenso wie das Jiddische durch die Absorption des hebräischen literarischen Erbes kulturelle und historische Tiefe erlangte, wurde dem Hebräischen durch die jiddische Umgangssprache derjenigen, die es schrieben und studierten, Vitalität und Geschmeidigkeit verliehen.

Das Jahr 1648 brachte für die Juden in Polen den Anfang einer Reihe von Katastrophen, die viel schlimmer waren als alles, was ihre Vorfahren im mittelalterlichen Westeuropa erlitten hatten. In Polen war die jüdische Gemeinde mittlerweile viel zahlreicher, als sie es je im Westen gewesen war; sie war zudem viel exponierter. Im Westen hatte es immer einige Personen von Einfluß gegeben – Feudalherren, kirchliche Würdenträger oder andere –, die aus irgendwelchen Gründen versucht hatten, ihre jüdischen Untertanen zu beschützen, und die manchmal in der Lage gewesen waren, die Massaker zu verhindern oder ihnen doch wenigstens Einhalt zu gebieten. In Polen, wo die Zentralregierung ohnmächtig war und wo die polnische katholische Bevölkerung Seite an Seite mit den Juden leiden mußte, gab es niemanden, der helfen oder eingreifen konnte.

Der Angriff ging von den ukrainischen Kosaken aus, die schon etliche erfolglose Aufstände gegen ihre polnischen Herren unternommen hatten. In der Ukraine besaßen katholische polnische Adlige und Großgrundbesitzer das Land, das von orthodoxen ukrainischen Bauern bestellt wurde, während der polnische Staat mit zunehmendem Nachdruck versuchte, die Macht der Zentralgewalt durchzusetzen und die eifersüchtig gehütete Autonomie der ukrainischen Kosaken abzuschaffen. Die angeheizten religiösen Gefühle und Spannungen in Westeuropa (es war die Zeit des Dreißigjährigen Krieges in Deutschland) griffen auch auf Osteuropa über, wo der Konflikt nicht wie im Westen zwischen Katholiken und Protestanten bestand, sondern zwischen Katholiken und Orthodoxen. Die politische Beherrschung und wirtschaftliche Ausbeutung der Ukraine durch die Polen wurden wegen des religiösen Gegensatzes um so heftiger abgelehnt.

Wie so oft in ihrer Geschichte fanden sich die Juden zwischen den Fronten dieser beiden großen Kräfte wieder. Als Verwalter, Vögte und Steuereintreiber der polnischen Großgrundbesitzer, als Konzessionäre von Mühlen und Schenken waren sie und nicht die Polen in täglicher Berührung mit den Bauern, und durch sie spürte man unmittelbar das polnische Joch. Im Jahre 1648 schaffte der polnische Reichstag den Sonderstatus der Kosaken einschließlich des Rechtes ab, ihren eigenen Hetman, ihr Oberhaupt, zu wählen, und unterwarf sie statt dessen der absoluten Oberherrschaft durch eine Kommission polnischer Magnaten. Die Kosaken wählten daraufhin durch Akklamation einen neuen Hetman und entfesselten sofort einen Aufstand gegen den polnischen Staat.

Der neugewählte Hetman hieß Bogdan Chmelnitzki. Für die Ukrainer ist er noch heute ein Nationalheld, seine Kriegszüge waren für sie ein Freiheitskrieg. Eine sowjetische militärische Auszeichnung ist nach ihm benannt; ebenso eine Allee in Moskau, die man auf dem Weg zu der einzigen noch existierenden Synagoge dieser Stadt passiert. Für die Juden war er derjenige, der die entsetzlichsten Greuel beging, die von der Eroberung Jerusalems durch Rom bis zum Aufstieg Hitlers überhaupt an ihnen begangen worden sind. Zehn Jahre lang streiften die Kosaken und ihre Verbündeten, die moslemischen Krimtataren, durchs Land und richteten ungeheure Gemetzel an. Einige Juden, die es relativ glücklich trafen, fielen den Tataren in die Hände, die, ihren eigenen Sitten folgend, es damit bewenden ließen, sie gefangenzunehmen und als Sklaven zu verkaufen. Manche von ihnen wurden auf die Sklavenmärkte von Istanbul geschickt und dort von ihren jüdischen Glaubensbrüdern freigekauft. Die große Mehrheit aber hatte dieses Glück nicht, und Zehntausende fielen dem Blutrausch der Kosaken zum Opfer. Verschont wurde nur, wer bereit war, sich von der Orthodoxen Kirche taufen zu lassen. Das waren sehr wenige. In der allgemeinen Konfusion fielen Feinde von Osten ebenso wie von Westen in Polen ein. Von Osten her folgten die Russen den Ukrainern und drangen tief nach Weißrußland und Litauen ein; die jüdischen Einwohner dort wurden entweder niedergemacht oder vertrieben. Von Westen her rückten die Schweden nach Polen vor. Diesmal aber waren es die Invasoren, die den Juden humane Behandlung zuteil werden ließen; als dann die Eindringlinge abzogen, warfen die Polen den Juden Kollaboration mit den verhaßten Protestanten vor und ließen sie blutig büßen.

Die Zahl der Juden, die von 1648 bis 1658 in Polen ermordet worden sind, ist auf mindestens 100 000 geschätzt worden. Die Verwüstungen, die in ungezählten Stadt- und Dorfgemeinschaften angerichtet wurden, entziehen sich jeder Berechnung. Der ganze Verlauf der osteuropäischen jüdischen Geschichte wurde hinfort beherrscht von der Erinnerung an dieses Erlebnis.

Eine der Folgen des Chmelnitzki-Aufstandes war ein großer Schritt nach vorn der aufstrebenden russischen Macht, die bald die Vorherrschaft in ganz Osteuropa antreten sollte. Die russischen Herrscher waren ebenso wie ihre byzantinischen Vorgänger und ihre kosakischen Spießgesellen im allgemeinen den Juden nicht wohlgesonnen. Am 4. Dezember 1762 erließ Zarin Katharina II. von Rußland, genannt Katharina die Große, ein Dekret, mit dem Ausländer eingeladen wurden, nach Rußland zu kommen. Man bot ihnen Freizügigkeit und das Recht auf freie Ansiedlung an. Katharina gehörte zu den großen, aufgeklärten Despoten des achtzehnten Jahrhunderts, sie war eine Bewunderin Voltaires und Diderots, und ihr Aufruf an Ausländer aus dem Westen, nach Rußland zu kommen und bei der Modernisierung des Landes mitzuwirken, war erfüllt vom Geiste der freiheitlichen Aufklärung. Diese offene und großmütige Einladung war jedoch durch zwei Worte eingeschränkt – *krome schidow*, Juden ausgenommen.[1]

Aus ihren Tagebüchern geht hervor, daß Katharina nichts gegen die Juden hatte, sondern sie im Gegenteil als ein nützliches und produktives Element betrachtete, das zur wirtschaftlichen Entwicklung ihres Landes hätte beitragen können. Aber selbst sie, die bedenkenlose Despotin, wagte es nicht, den tiefverwurzelten Vorurteilen ihrer Untertanen offen zuwiderzuhandeln. Statt dessen hielt sie es für angezeigt, nachzugeben, als ihre Berater sich auf das Gebot ihrer »geheiligten Vorgängerin«, der Zarin Elisabeth, beriefen: »Ich will keinen Nutzen oder Vorteil aus den Feinden Jesu Christi ziehen.«[2]

Aber im späten achtzehnten und frühen neunzehnten Jahrhundert erwarben die Zaren mit der Teilung Polens und der Annexion des größeren Teils der ehemals polnischen Gebiete die jüdischen Untertanen, die sie auf andere Weise nicht hatten ins Land lassen wollen. Mit den Gebieten, die sie begehrt hatten und jetzt vereinnahmten, waren die Zaren zu Herrschern über Millionen neuer Untertanen geworden, darunter viele, die ihnen – und denen sie – unwillkommen waren. Die alte Lösung – Massaker und Vertreibung – war praktisch nicht mehr durchzuführen. Zum einen waren die Zahlen zu groß, und der wirtschaftliche Verlust wäre zu schwer gewesen; zum anderen lebte man im neuen Zeitalter der Aufklärung, in dem ein solches Verhalten von denen, deren Wertschätzung man suchte, nicht mehr akzeptiert wurde. Nach einer Zeit der Ungewißheit und der Meinungsverschiedenheiten unter den Russen selbst in der Frage, welches der angemessene Status für die neuen jüdischen Untertanen sei, fand man eine Lösung in einem zaristischen Statut von 1804, das den Juden das Recht auf Ansiedlung und einige andere politische Rechte in einem aus dreizehn Provinzen (*gubernia*) bestehenden Gebiet gewährte. Dieses Gebiet bestand aus den Territorien Russisch-Polen, Litauen, Weißrußland und Ukraine sowie den drei Schwarzmeer-Provinzen, die gegen Ende des achtzehnten Jahrhunderts den

Türken abgenommen worden waren und die jetzt Neurußland hießen. Im eigentlichen Rußland durften Juden nicht leben, und selbst im Geltungsbereich des Statuts war es ihnen verboten, Land zu verpachten oder in den Dörfern Schenken zu unterhalten.

Die jüdische Gemeinschaft, die in diesen Gebieten lebte, entsprach im allgemeinen dem in Osteuropa für Minderheiten üblichen Muster: gemeinsames Kulturleben, gemeinsame Religion, eine vermeintlich gemeinsame Abstammung und eine nur von den Mitgliedern der Gemeinschaft gesprochene gemeinsame Sprache, Jiddisch. Es gab eine eigene jüdische Literatur, eigene Schulen und, in den rabbinischen Seminaren, sogar eigene höhere Lehranstalten. Die jüdischen Gemeindegremien besaßen nicht annähernd das Ausmaß an Autonomie, das sie im alten polnischen Staat genossen hatten, aber es waren ihnen doch einige Zuständigkeiten geblieben; insbesondere waren sie verantwortlich für die Erhebung und Entrichtung der staatlichen Steuern. Das Statut von 1804 verlieh den Juden in gewissem Sinne sogar ein gemeinsames Territorium. Die Mehrheit bildeten sie, abgesehen vielleicht von einigen Landstrichen, in diesem Gebiet nicht. Aber das war in Regionen mit gemischter Bevölkerung nicht anormal. Eine politische Existenz hatten sie so wenig wie eine rechtliche Heimstatt, aber das galt, mit wenigen Ausnahmen, für alle ihre Nachbarn. Ebenso wie die Polen, die Ukrainer, die Balten und viele andere der unterworfenen Völker im Russischen Reich bildeten die Juden eine ethnische und kulturelle, nicht aber eine gesetzliche Nationalität. Außer den Juden im Statut-Gebiet gab es ähnliche Gruppen jiddischsprechender Juden jenseits der russischen Westgrenze, in den ehemals polnischen Territorien, die von Preußen und Österreich-Ungarn annektiert worden waren, und in Rumänien. Gegen 1880 lebten in diesem Gebiet insgesamt schätzungsweise fünf bis sechs Millionen Juden, das mögen rund dreiviertel des damaligen Weltjudentums gewesen sein.

Südlich des riesigen Russischen Reiches gab es eine zweite, ganz andersartige jüdische Gemeinde, die in den islamischen Ländern des Nahen Ostens und in Nordafrika lebte, genauer gesagt, im Osmanischen Reich. Wie unter den Zaren paßten sich die Juden auch unter den Sultanen den herrschenden Strukturen an, die hier ganz anders beschaffen waren. In den osmanischen Ländern waren die nichtmoslemischen Untertanen in ethnisch-religiösen Gemeinschaften, den sogenannten *millet*, organisiert.[3] Ihrer Zahl und Bedeutung nach rangierten die Juden unter diesen an dritter Stelle nach den Griechen und Armeniern. Türken und Araber waren nicht als besondere *millet* klassifiziert, sondern gehörten zusammen mit den Kurden und anderen vorwiegend moslemischen Völkern der souveränen moslemischen *millet* an.

In den islamischen Ländern war der entscheidende Identitätsfaktor die Religionszugehörigkeit. Sie war viel wichtiger als ethnischer Ursprung oder Sprache. Anfang des neunzehnten Jahrhunderts zum Beispiel bedeutete der Begriff griechisch im osmanischen Sprachgebrauch zunächst einmal Zugehörigkeit zur griechisch-orthodoxen Kirche und weniger zu einer bestimmten ethnischen oder linguistischen Gruppe, und er schloß orthodoxe Christen ein, die Rumänisch, Albanisch, Bulgarisch, Serbisch und Arabisch sprachen. Die jüdische *millet* war ebenfalls vielsprachig. Ihr gehörten Menschen an, die Arabisch, Spanisch, Griechisch, Kurdisch, Aramäisch, Türkisch und andere Sprachen sprachen. Das Osmanische Reich war, wie in früheren Zeiten Polen, Zuflucht gewesen für viele Juden, die der Verfolgung im Westen entflohen waren. Zumeist waren sie im späten fünfzehnten und frühen sechzehnten Jahrhundert aus Südeuropa und vor allem aus Spanien gekommen. Wie ihre Glaubensbrüder aus nördlicheren Gebieten brachten sie die Sprache ihres Ursprungslandes mit, und eine Form des Spanischen hat sich unter den Juden der Türkei und anderer ehemals osmanischer Gebiete bis auf den heutigen Tag erhalten.

Die Evolution des Judenspanisch weist viele Parallelen zu derjenigen des Judendeutsch in Osteuropa auf. Mit einer archaischen Form des Spanischen als Basis absorbierte es ein beträchtliches Vokabular aus den örtlichen Sprachen, in diesem Fall in erster Linie aus dem Türkischen und Griechischen, wozu eine hebräische und talmudische Komponente hinzukam. Wie Jiddisch wurde es in hebräischer Schrift geschrieben und diente, Seite an Seite mit dem Hebräischen, als Medium einer jüdischen Literatur. Die Entwicklung des Ladino, wie diese Sprache manchmal genannt wird, verlief aber nicht parallel zu derjenigen des Jiddisch. Zum einen war im Osmanischen Reich die Zahl der jüdischen Gemeinden viel kleiner, zum anderen gelang es, im Gegensatz zu Polen und den angrenzenden Ländern, den Juden hier nicht, zu erreichen, daß ihre jüdischen Landsleute allgemein diese Sprache akzeptierten. Judenspanisch war zwar allgemein im Gebrauch in der Türkei und in einigen unter türkischer Herrschaft stehenden Balkanländern; aber griechische Juden sprachen weiter Griechisch, Juden in arabischen Ländern sprachen weiter Arabisch, isolierte Minderheiten sprachen weiter Kurdisch, Aramäisch oder andere Sprachen.

In nahezu jeder Hinsicht waren die Beziehungen der ladinosprechenden Juden mit ihren nichtjüdischen Nachbarn viel besser als in Osteuropa. Den Juden des Osmanischen Reiches widerfuhr niemals etwas mit den Chmelnitzki-Massakern Vergleichbares. Sie wurden jedoch zutiefst berührt durch eine ihrer indirekten Folgen. Im Jahre 1648, dem Jahr des Beginns jener Massaker, proklamierte sich ein junger Jude, ein Kabbala-Student namens Sabbatai Sevi, in Izmir zum erwarteten Messias. Nach gewissen kabbalistischen Schriften sollte dies das Jahr der Wiederauferstehung und vielleicht auch der Erlösung sein. Die Ankunft der ersten Jammergestalten von Flüchtlingen aus Polen, die Schreckliches über Raub und Plünderung, über Schändung, Gotteslästerung und Mord zu berichten hatten, schien die Zeit der Not und des Wehklagens anzukündigen, die dem Erscheinen des Messias und der Errichtung des Gottesreiches auf Erden vorangehen sollte. In den Jahrhunderten des jüdischen Exils hatte es schon so manchen falschen Messias gegeben. Keiner hatte sich so überzeugend angekündigt, keiner wurde von so vielen so weithin akzeptiert wie Sabbatai Sevi. Überall im Osmanischen Reich wurde er von jüdischen Gemeinden mit rauschhafter Begeisterung empfangen, und sogar im fernen Hamburg, in Amsterdam und London verkauften behäbige jüdische Kaufleute Haus und Besitz und bereiteten sich auf die Reise in das erlöste Jerusalem vor.

Diese seltsame Episode der jüdischen Geschichte fand ein groteskes Ende, als der Messias von Izmir, von den türkischen Behörden unter der Anklage des Aufruhrs verhaftet und ins Gefängnis geworfen, sich rettete, indem er zum Islam übertrat und seine Tage als Pensionär des Sultans beschloß. Einige seiner ergebensten Anhänger sahen selbst dies als Teil seiner Mission an, folgten ihm in den dominierenden Glauben und gründeten die seltsame krypto-jüdische

Sekte der *dönme*. Alle anderen mußten sich nun den Realitäten des Scheiterns und der Demütigung stellen.[4]

Die Affäre um Sabbatai Sevi hatte ungeheure Auswirkungen. Sie hinterließ ein doppeltes Erbe, einerseits eine an Verzweiflung grenzende Enttäuschung unter den Juden, andererseits eine Stärkung der rabbinischen Autorität unter den Juden im Osmanischen Reich. Sie wurde sanktioniert und gestützt durch den Staat, der den Führern der jüdischen Gemeinden weitgehende Vollmachten über ihre jeweiligen Gemeindemitglieder verlieh.

Die meisten Juden der islamischen Welt lebten unter der Herrschaft oder der Oberhoheit der Osmanen. Es gab aber auch einige Gemeinden jenseits der osmanischen Grenze, vor allem im Iran und in Zentralasien im Osten und in Marokko im Westen. Zuverlässige Statistiken gibt es für keines dieser Länder, doch wird die Zahl der unter moslemischer Herrschaft lebenden Juden im Nahen Osten und in Nordafrika am Ende des neunzehnten Jahrhunderts auf rund eine Million geschätzt.

Irgendwann im Mittelalter wurde es in der hebräischen Literatur üblich, zwei Ortsnamen ungewisser Bedeutung aus der Bibel auf Deutschland und Spanien anzuwenden. Deutschland wurde Askenas genannt, Spanien Sepharad, und im Laufe der Zeit wurden die Begriffe Aschkenasim und Sephardim auf Juden deutschen beziehungsweise iberischen Ursprungs angewendet. Es gibt zwischen den beiden keinen Unterschied der Lehrmeinung und so gut wie keine Unterschiede im Gesetz; Abweichungen gibt es nur in relativ unbedeutenden Einzelheiten des Synagogenrituals und der Liturgie. Nach der Vernichtung der einst großen und blühenden jüdischen Gemeinden Spaniens und Portugals gegen Ende des fünfzehnten Jahrhunderts flohen die meisten der überlebenden Juden dieser Länder in andere Mittelmeerländer, vor allem in die moslemischen Länder Nordafrikas und des Nahen Ostens. Dort schlossen sie sich den einheimischen Juden an. Der Begriff sephardisch wurde ebenso ungenau wie universell gebraucht, um diese jüdischen Gemeinden in den moslemischen Ländern zu bezeichnen, obwohl nur ein kleiner Teil von ihnen auf spanischen Ursprung zurückging. Eine geringe Anzahl spanischer und portugiesischer Juden ließ sich auch in Frankreich, Holland, Norddeutschland, England und in der Neuen Welt nieder, aber die überwiegende Mehrheit der Juden in diesen Ländern war aschkenasischen Ursprungs. Zusammen umfaßten die beiden jüdischen Gemeinwesen des Ostens, die aschkenasischen Juden des Russischen Reiches und die sephardischen Juden des Osmanischen Reiches, die überwältigende Mehrheit der Judenheit. Dennoch hatten sie am meisten zu leiden und waren die glücklosesten. Die russischen Juden waren gehemmt durch Unterdrückung, die osmanischen durch die allgemein ungünstigen Lebensumstände, unter denen sie sich befanden.

Die jiddischsprachigen Juden in Osteuropa waren unzufrieden mit ihrem Status und versuchten ohne großen Erfolg, ihn zu verbessern. Die jüdische *millet* in den osmanischen Ländern dagegen war insgesamt sehr zufrieden mit ihrem Status, sah ihn aber immer stärkerer Erosion ausgesetzt. Der restliche und viel kleinere Teil des jüdischen Volkes bestand aus mehr oder minder assimilierten religiösen Minderheiten, die sich mit unterschiedlichem Erfolg abmühten, Teil der Nationen zu werden, in denen sie lebten. Je weiter nach Westen wir schauen, um so kleiner waren die Gemeinden und um so größer war der Grad der Assimilation. Die größten dieser westlichen Gemeinden befanden sich in den beiden deutschsprachigen Reichen Mitteleuropas, in Deutschland und in Österreich-Ungarn. Beide hatten gemischte jüdische Gemeinschaften, bestehend aus assimilierten Juden in ihren westlichen Provinzen und nichtassimilierten oder halbassimilierten, ehemals polnischen Juden in den annektierten Ostprovinzen. Es gab andere, viel kleinere Gemeinden in Westeuropa – in Frankreich, Holland, Italien und England –, und es gab neue, aber wachsende Gemeinden in den Vereinigten Staaten und in anderen europäisch besiedelten Ländern in Übersee. Diese jüdischen Minderheiten waren nach Sprache, Kultur und Lebensweise kaum zu unterscheiden von ihren der Mehrheitsreligion angehörenden Landsleuten. Die Unterschiede schrumpften mit den parallel verlaufenden Prozessen der Emanzipation und der Säkularisation. Den naiven Optimisten der ersten Jahrzehnte dieses Jahrhunderts erschien es so, als gäbe es kein Halten und kein Hindernis für die Fortsetzung und Vollendung dieser Entwicklung. Sie sollten eines Schlimmeren belehrt werden.

In den Ländern Westeuropas und der beiden Amerikas handelt es sich hinsichtlich der jüdischen Bevölkerungszahlen notwendigerweise um Schätzungen, weil hier bei Volkszählungen traditionsgemäß nicht nach der Religion gefragt wurde. Diese Schätzungen sind jedoch wissenschaftlich gegründet auf verschiedene demographische Methoden. Im riesigen Russischen Reich gibt es amtliche Zahlenangaben über den jüdischen Bevölkerungsteil vom Jahre 1897 an, als die erste umfassende Volkszählung abgeschlossen war. Es gibt einige recht zuverlässige Schätzungen für den unmittelbar vorangehenden Zeitabschnitt. Zuverlässige Zahlen gibt es natürlich für Deutschland und Österreich. In allen diesen Ländern besserte sich die Qualität der Statistiken rapide gegen Ende des neunzehnten und zu Beginn des zwanzigsten Jahrhunderts, ausgenommen jene Gebiete – namentlich im Nahen Osten und in Nordafrika –, in denen moderne Verwaltungsmethoden noch nicht eingeführt waren.

Eine genauere Betrachtung der jüdischen Demographie im späten neunzehnten und frühen zwanzigsten Jahrhundert läßt eine Anzahl interessanter Tatsachen und Tendenzen erkennen. Am auffälligsten ist die rapide Bevölkerungszunahme. Nach weithin akzeptierten Schätzungen belief sich die jüdische Weltbevölkerung um das Jahr 1800 auf rund zweieinhalb Millionen Menschen. Bis 1840 war sie auf etwa viereinhalb Millionen gestiegen, bis 1888 auf siebendreiviertel Millionen, bis 1900 auf zehneinhalb Millionen und bis 1939 auf ungefähr siebzehn Millionen.[5]

Im achtzehnten und neunzehnten Jahrhundert kam es zu einer bedeutenden Verlagerung vom Islam zum Christentum. Im Mittelalter hatten sich die wichtigsten Zentren jüdischer Ansiedlung und Aktivität in den moslemischen Ländern befunden – im Nahen Osten, in Nordafrika und Spanien. Das Zahlenverhältnis begann sich nach dem Ende des Mittelalters zu ändern, und etwa zu Beginn des achtzehnten Jahrhunderts erreichten die europäischen Juden Schätzungen zufolge die numerische Gleichheit mit ihren Glaubensbrüdern in der islamischen Welt. Um 1800 stellten sie bereits mehr als die Hälfte und gegen Ende des neunzehnten Jahrhunderts eine überwältigende Mehrheit der Gesamtzahl. Im zwanzigsten Jahrhundert dann verstärkte das vom nationalsozialistischen Regime begangene Massaker an den europäischen Juden wieder die relative Bedeutung der orientalischen Juden.

Diese Veränderungen ergaben sich zu einem Teil aus dem generellen Niedergang der islamischen und dem Aufstieg der christlichen Welt – Entwicklungen, die in beiden Fällen von den jüdischen Gemeinden geteilt wurden, die unter den Anhängern der jeweiligen Mehrheitsreligion lebten. Auf die Juden wirkte sich auch die rapide Steigerung der europäischen Geburtenrate während des neunzehnten Jahrhunderts aus, ja sogar in stärkerem Maße als auf ihre christlichen Nachbarn. Ungefähr vom Jahre 1800 an wurden die Juden zu einem vorwiegend europäischen Volk.

Parallel zur Verlagerung des jüdischen Schwerpunkts vom Islam zum Christentum vollzog sich innerhalb der christlichen Welt eine Verlagerung in entgegengesetzter Richtung, von West- nach Osteuropa. Man nimmt an, daß die osteuropäischen Juden um das Jahr 1800 weniger als die Hälfte der Gesamtzahl stellten. Gegen 1825 war ihr Anteil auf zweidrittel, bis 1880 auf dreiviertel gestiegen. Danach begann der Anteil der osteuropäischen Juden am Weltjudentum zu sinken, und zwar bis 1925 um etwa die Hälfte. Diese Veränderung erklärt sich aus den Wanderungen der osteuropäischen Juden, die ungefähr um das Jahr 1880 einsetzten und die sie in großer Zahl zunächst in die angrenzenden mitteleuropäischen Gebiete führten und dann über sie hinaus, besonders in die englischsprechende Welt – nach England, ins britische Empire, in die Vereinigten Staaten – und nach Lateinamerika. Die Lage der Juden war, was ihre materiellen und kulturellen Lebensbedingungen betraf, extrem unterschiedlich, sowohl hinsichtlich der genossenen Toleranz oder der erlittenen Intoleranz, als auch hinsichtlich des Grades ihrer Integration in das Leben der Länder, in denen sie sich niedergelassen hatten.

In Mittel- und Westeuropa sowie in den überseeischen Ländern genossen die Juden im neunzehnten Jahrhundert im allgemeinen ein hohes Maß an Toleranz. Sie besaßen die meisten, wenn auch nicht alle bürgerlichen und politischen Rechte; Einschränkungen, unter denen sie noch immer litten, waren eher irritierend als belastend. Noch immer mußten sie mit einer gewissen Feindseligkeit ihrer Nachbarn rechnen, aber verglichen mit dem, was sich in vorangegangenen oder nachfolgenden Perioden in der Geschichte des europäischen Kontinents abspielte, war dies nichts Ernstes. Die Juden dieser Länder hatten keine eigene gesprochene Sprache neben derjenigen des jeweiligen Landes. Das von ihnen gehegte und gepflegte Hebräisch überlebte nur als Sprache der heiligen und liturgischen Texte. Nur Rabbiner und andere gelehrte Männer kannten sie; der Rest der jüdischen Gemeinde kannte bestenfalls genug Hebräisch, um die Gebete lesen zu können, ohne sie jedoch zu verstehen. Auch politisch waren die Juden des Westens mit den Ländern, deren Staatsbürger sie waren, identifiziert, soweit man es ihnen erlaubte, und manchmal mehr als das.

Im Europa des neunzehnten Jahrhunderts lag der Nationalismus in der Luft, und die Juden wurden davon auf verschiedene Weise betroffen. Im Westen wurden sie in den Ländern, deren mehr oder minder gleichberechtigte Staatsbürger sie waren, zu leidenschaftlichen Patrioten. Im Osten, und zwar in Osteuropa und in den islamischen Ländern, war die Situation komplizierter und schwieriger. Theoretisch hätte der Übergang von der religiösen zur nationalen Identität und Loyalität ihre Lage verbessern müssen, indem er sie von einer kaum geduldeten religiösen Minderheit zu einem integralen Bestandteil der Nation machte. In Wirklichkeit aber verschlimmerte sich ihre ohnehin schlechte Lage noch, von wenigen Ausnahmen abgesehen. Die alte Intoleranz, ausgedrückt in religiösen Begriffen, modernisierte und verstärkte sich; die alten Hemmungen, die ihr auferlegt gewesen waren, wurden geschwächt oder beseitigt. In einer Zeit raschen sozialen Wandels und verstärkten völkischen Bewußtseins wurden die Juden von den Anhängern der Mehrheitsreligionen immer noch als Ungläubige angesehen. Zusätzlich wurden sie nun auch noch als Fremdlinge in der Nation dargestellt und sahen sich Feindseligkeiten verschiedener Arten ausgesetzt, von gewalttätiger Verfolgung in einigen Ländern bis zu vergleichsweise unbedeutender, aber verletzender gesellschaftlicher Mißachtung in anderen. Auch die alte Fähigkeit der Juden, sich einer feindlichen Welt zu stellen, veränderte und verringerte sich. Für den traditionell gläubigen Juden war das Leiden für seine Religion eine freiwillig auf sich genommene Prüfung, die er mit Würde, innerer Kraft und Zuversicht ertragen konnte. Für den strebenden Bürger eines in der Modernisierung begriffenen Staates war es eine Demütigung und ein Affront, gegen den er keine innere Schutzwehr der Selbstachtung besaß.

Wenn der neue Nationalismus die Juden mit neuen Problemen

konfrontierte, so bot er einigen von ihnen auch neue Lösungen an. Wenn die Nation – eine nach Herkunft, Kultur und Zielsetzung definierte Einheit – die einzig natürliche und rechtmäßige Basis der Staatlichkeit war, dann waren auch die Juden eine Nation und mußten ihren eigenen Staat haben. Das war eine neue Vorstellung, sehr verschieden von dem alten, über Jahrtausende hin gehegten Glauben an die göttliche Verheißung eines Endes der Vertreibung, einer Heimholung der Verbannten und eines Wiederaufbaus der Stadt Jerusalem.

Der erste moderne Vorläufer dieser neuen Idee, die später den Namen Zionismus erhalten sollte, war ein bosnischer Rabbi namens Jehuda Alkalai, der im Jahre 1843 einen Plan für die Wiedererrichtung eines jüdischen Staates in Palästina vorlegte, die die Gläubigen verwirklichen sollten, ohne auf den Messias zu warten. Das Problem stellte sich ihm und seinen Zeitgenossen in akuter Form durch antijüdische Ausschreitungen und Unterdrückungsmaßnahmen in Damaskus im Jahre 1840; das Modell für eine Lösung bot die nationale Wiedergeburt der Serben und Griechen und die Schaffung eines unabhängigen Serbiens und Griechenlands nach jahrhundertelanger osmanischer Herrschaft.[6] Es gab weitere derartige Beispiele einer nationalen Befreiung im Europa des neunzehnten Jahrhunderts, und im Jahre 1862 richtete ein Rabbiner in Posen, im preußischen Polen, einen flammenden Aufruf an seine Glaubensbrüder, sich »das Beispiel der Italiener, Polen und Ungarn zu Herzen zu nehmen«.[7] Inzwischen hatten diese Ideen über die rabbinischen Kreise hinausgegriffen, die bis dahin nahezu ausschließlich die jüdische geistige Führung gestellt hatten. Im selben Jahr veröffentlichte Moses Heß, ein emanzipierter radikaler deutscher Jude, sein *Rom und Jerusalem*, die erste in einer langen Reihe sozialistisch-zionistischer Utopien. Im Laufe des neunzehnten Jahrhunderts wurde die Idee der Wiedererrichtung eines jüdischen Staates in Palästina weithin bekannt. Sie erregte die Aufmerksamkeit nicht nur von Juden in vielen Ländern, sondern auch so verschiedenartiger christlicher Beobachter wie Napoleon, Lord Palmerston, Lord Shaftesbury und der Romanschriftstellerin George Eliot.

Der Begriff zionistisch und die mit ihm bezeichnete politische Bewegung wurden in Österreich-Ungarn geboren, wo assimilierte moderne und nichtassimilierte traditionelle Juden Seite an Seite lebten. Der Gründer der zionistischen Organisation war Theodor Herzl, ein in Ungarn geborener Jude, der als Journalist in Wien arbeitete; die Veröffentlichung seiner Schrift *Der Judenstaat* im Jahre 1896 wird für gewöhnlich als Geburtsstunde der zionistischen Bewegung betrachtet. Herzl war bis dahin ein assimilierter westlicher Jude gewesen – er konnte kein Hebräisch und wußte wenig oder nichts vom Judentum. Seine persönliche Stunde der Wahrheit erlebte er, als er in seiner Eigenschaft als Pariser Korrespondent einer Wiener Zeitung am Landesverratsprozeß gegen Hauptmann Alfred Dreyfus teilnahm.

Dreyfus, ein elsässischer Jude, der als Berufsoffizier im französischen Generalstab diente, war angeklagt, den Deutschen militärische Geheimnisse verkauft zu haben. Von einem Kriegsgericht im Jahre 1894 schuldig gesprochen, wurde er zu lebenslanger Festungshaft verurteilt. Es schloß sich eine lange Serie juristischer Verfahren an, die erst 1906 endete, als Dreyfus rehabilitiert und in seinen alten Rang wiedereingesetzt wurde. In diesen Jahren beherrschte der erbitterte Streit zwischen den Fürsprechern und Gegnern der Verurteilung von Hauptmann Dreyfus das gesamte öffentliche Leben Frankreichs, und der französische Antisemitismus enthüllte sich als eine bösartige und mächtige Strömung. Die Stärke der antijüdischen Gefühle und die Bereitschaft hoher Würdenträger in Kirche, Staat und Armee, die Verurteilung eines unschuldigen Mannes und die dazu erforderliche Fabrikation falscher Beweise hinzunehmen und zu unterstützen, übten weithin eine starke Schockwirkung aus. Sie war um so größer, weil sich dieser erste zügellose Ausbruch eines militanten Antisemitismus ausgerechnet in Frankreich ereignet hatte, in dem Land der Großen Revolution und der liberalen Prinzipien Freiheit, Gleichheit und Brüderlichkeit; in dem ersten Land, das allen seinen Bürgern ohne Rücksicht auf ihr Glaubensbekenntnis die volle staatsbürgerliche Gleichberechtigung verliehen hatte. Es hatte schon vorher Angriffe auf die eben erst emanzipierten Juden Westeuropas gegeben, aber sie waren zumeist auf die Presse und auf Pamphlete beschränkt und konnten als bedeutungslos abgetan werden. Die bisweilen feindselige Darstellung jüdischer Charaktere durch die großen Romanciers des neunzehnten Jahrhunderts war zweifellos unerfreulich für die Juden in der Gesellschaft, aber eine ernsthafte Bedrohung schien auch sie nicht darzustellen. Doch die Kampagne gegen Dreyfus, die Heftigkeit, mit der sie sich ausdrückte, und die Unterstützung, die ihr zuteil wurde, ließen einige Juden in Frankreich und in anderen Ländern des Westens darüber nachdenken, wie zerbrechlich ihre erst vor kurzem errungenen Rechte in Wirklichkeit wohl sein mochten.

Für die Mehrheit lag die Antwort darin, den Weg der Emanzipation und Assimilation beharrlich weiterzuverfolgen. Im achtzehnten und neunzehnten Jahrhundert – noch früher in Holland und England – hatten die Juden in den westlichen Ländern ungeheure Fortschritte gemacht und stetig mehr bürgerliche und schließlich auch politische Rechte erlangt. Die Dreyfus-Affäre – die ein glückliches Ende nahm – hatte die Tiefe der antijüdischen Gefühle sichtbar gemacht. Sie hatte auch die Stärke und die Zahl derjenigen enthüllt, die bereit waren, in den Kampf zu ziehen, um ihre jüdischen Landsleute zu schützen. Aber vielen, wahrscheinlich sogar den meisten Juden, die über die Angelegenheit nachdachten, schien die Ansicht durchaus plausibel, daß selbst diese Affäre nicht mehr als nur ein zeitweiliger Rückschlag sei, ein kurzes Wiederaufflackern alter Ressentiments und Vorurteile, die im modernen Zeitalter keinen Platz mehr hatten.

Es gab andere – sie bildeten noch eine kleine Minderheit in Westeuropa –, die anderer Meinung waren und Theodor Herzls Argument akzeptierten, daß Assimilation und Emanzipation nicht funktionieren könnten. Die Juden, sagte er, seien eine Nation. Ihr Problem sei weder wirtschaftlicher noch religiöser, sondern nationaler, das heißt, politischer Art. Es könne nur gelöst werden, wenn die Juden ein Territorium erlangten, in dem sie Souveränitätsrechte ausüben und einen Staat errichten würden.

War die Reaktion auf Theodor Herzl und seine Bewegung in Westeuropa reserviert und manchmal sogar ablehnend, so stellte sich die Situation in Osteuropa ganz anders dar; dort sah man Herzls Diagnose und sein Rezept als sehr viel relevanter an. Während die Juden des Westens, von wenigen Ausnahmen abgesehen, allzu zuversichtlich und die Juden des Islams zu fern und isoliert waren, um auf Herzls Aufruf zu reagieren, empfanden die Juden Osteuropas seine Argumente als vertraut und überzeugend. Allerdings war ihre Lage ganz und gar verschieden von derjenigen ihrer Glaubensgenossen im Westen. Die parallel verlaufenden Prozesse der Emanzipation und Assimilation, die die jüdischen Gemeinden im Westen von Grund auf verwandelt hatten, befanden sich in Osteuropa kaum im Anfangsstadium und sollten bald in ihr Gegenteil verkehrt werden.

Die Lage der Juden in Polen nach der Aufteilung dieses Landes unter Preußen, Rußland und Österreich war höchst unterschiedlich. Im preußischen und im österreichischen Polen profitierten sie von der Aufnahme in ein modernes oder sich modernisierendes Staatswesen mit einigem Respekt für Menschenrechte und die Herrschaft des Gesetzes. Im preußischen Polen, wo der Staat moderner, die Nation homogener und die jüdische Minderheit relativ klein war, ging der Prozeß der Eindeutschung sehr schnell vonstatten. In Österreich, wo ein rückständiger Staat über eine multinationale Bevölkerung herrschte und die Juden zahlreicher waren, verlief der Modernisierungsprozeß langsamer, aber keineswegs unmerklich. Doch der bei weitem größte Teil der polnischen Juden unterstand nun russischer Herrschaft, und ihre Lage verschlechterte sich durch diesen Wechsel beträchtlich.

Als Konsequenz der aufeinanderfolgenden Teilungen Polens geriet die größte jüdische Gemeinde Europas unter die Herrschaft desjenigen Staates, der bis dahin die geringste Toleranz gegenüber den Juden gezeigt hatte. Im neunzehnten Jahrhundert hatte es von Zeit zu Zeit Versuche gegeben, liberalisierende Reformen einzuführen, aber ihre Wirkung war begrenzt, und in den letzten Jahrzehnten der zaristischen Herrschaft verschlechterte sich die Lage der Juden im russischen Reich stetig. Die Niederlage Rußlands im Krieg mit Japan und die erfolglose Revolution von 1905 belasteten die russische Gesellschaft und den zaristischen Staat schwer. Die Herrschenden reagierten darauf mit keineswegs erfolglosen Versuchen, den Volkszorn auf die Juden abzulenken, die man beschuldigte, sowohl Revolutionäre als auch Sympathisanten Japans zu sein. Der Antisemitismus wurde jetzt zu einem Bestandteil der offiziellen russischen Politik, mit Rückhalt sowohl in der Bürokratie als auch in der Bevölkerung. Eine ausnehmend aktive Rolle spielten von der örtlichen Polizei und der Geistlichkeit unterstützte bewaffnete Banden, die sogenannten Schwarzen Hundertschaften. Sie bildeten die Speerspitze eines gewalttätigen Antisemitismus, indem sie Pogrome schürten und organisierten. Weil ihrer Herrschaft mehr Juden unterstanden, als man mit prämodernen Verfolgungstechniken beseitigen konnte, nahm die russische Regierung Zuflucht zu forcierter Diskriminierung und Unterdrückung. Den Juden wurden die meisten der gewöhnlichen Bürgerrechte genommen; sie durften nicht über die Ostgrenze des Statut-Gebiets hinaus in die älteren russischen Gebiete vordringen, und ohne Sondergenehmigung durften sie nicht nach St. Petersburg, Moskau oder in andere russische Städte ziehen. Nur einige durch Reichtum privilegierte Juden erhielten das Wohnrecht in diesen Städten. Die verarmte Mehrheit blieb ausgesperrt.

Innerhalb des Geltungsbereichs des Statuts von 1804 hatten die Juden sowohl unter ihren russischen Herren als auch unter ihren polnischen Nachbarn zu leiden. Verschwunden war die alte polnische Toleranz, die Polen zur Zuflucht für die gepeinigten Juden Westeuropas hatte werden lassen, und die Beziehungen zwischen Juden und Polen verschlechterten sich zusehends unter dem rauhen russischen Regime, dem beide ausgeliefert waren. Beherrscht von den orthodoxen Russen und aller eigenen politischen Institutionen beraubt, entdeckten die Polen das Bollwerk ihrer nationalstaatlichen Sehnsüchte in der römisch-katholischen Kirche. Vom neuen russischen Adel und der neuen russischen Bürokratie aus ihren alten Machtpositionen verdrängt, begann für die polnische Oberschicht ein stetiger gesellschaftlicher und wirtschaftlicher Abstieg, und sie sah sich gezwungen, plötzlich mit ihren früheren jüdischen Handlangern um den Lebensunterhalt zu konkurrieren. Obwohl die Juden 1794 und in den erfolglosen Aufständen von 1830 und 1860 gegen Rußland und für Polen gekämpft hatten, wurden sie jetzt von den Polen zurückgewiesen, die es zumeist ablehnten, sie als Teil der polnischen Nation anzusehen.

Als die Juden sich erboten hatten, Seite an Seite mit den Polen zu kämpfen, waren sie zunächst abgewiesen und später nur in getrennten jüdischen Einheiten akzeptiert worden, die der Miliz angegliedert wurden und nicht der regulären Armee. Die Russen gingen anders vor. Juden wurden zur Armee eingezogen, blieben aber – mit Ausnahme der wenigen, denen es gelungen war, ärztliche oder andere akademische Qualifikationen zu erwerben – auf die untersten Dienstgrade beschränkt. Durch zaristisches Dekret von 1827 wurde eine Sonderregelung für jüdische Knaben geschaffen. Eine bestimmte Anzahl von ihnen sollte im Alter von zwölf Jahren oder darunter ausgehoben werden und später eine fünfundzwanzigjährige Dienstzeit absolvieren, gerechnet von dem Tage an, an dem sie achtzehn Jahre alt wurden. Diese Praxis erinnerte an die berüchtigte *devshirme*, die von den Osmanen praktizierte Aushebung christlicher Jungen unter den unterworfenen Völkern auf dem Balkan. Die Sultane gaben diese Praxis Anfang des siebzehnten Jahrhunderts auf. Die Zaren führten sie im neunzehnten Jahrhundert ein.

Die russische Feindseligkeit gegenüber Juden war noch alten religiösen Charakters, nicht des neuen rassischen. Bekennende Juden waren nahezu vollständig vom Offizierskorps, von der Beamtenschaft, von Universitäten und akademischen Berufen ausgeschlossen. Aber die Taufe öffnete nahezu alle Türen, und der jüdische Konvertit zur russischen orthodoxen Kirche konnte zu hohen und einflußreichen Ämtern aufsteigen. Einige wenige machten sich diese Möglichkeit zunutze. Einer von ihnen war der Orientalist Daniel Chwolson (1819–1911). In dem litauischen Dorf Eischischok geboren, besuchte er die deutsche Universität Breslau, weil ihm russische Universitäten verschlossen waren. Nach Rußland zurückgekehrt, wurde er durch Taufe in die orthodoxe Kirche aufgenommen, und das ermöglichte 1855 seine Berufung als Professor an die neugegründete Fakultät für orientalische Sprachen an der Universität St. Petersburg. Nach einer Anekdote wurde Chwolson einmal gefragt, ob er Christ aus ehrlicher Überzeugung geworden sei, worauf er antwortete: »Jawohl, ich war überzeugt, daß es besser sei, Professor in St. Petersburg zu sein als *melamed* (hebräischer Schullehrer) in Eischischok.«[8]

Im allgemeinen jedoch gab es bemerkenswert wenige solcher Konvertiten. Waren die russischen und polnischen Juden viel härteren Lebensbedingungen ausgesetzt als ihre Glaubensgenossen anderswo, so waren sie auch besser gerüstet, ihnen zu widerstehen und sie zu überleben. Die polnischen Juden hatten sich eine starke Gemeindeorganisation erhalten, die auf die Tage der alten polnischen Monarchie und den hohen Grad an Autonomie zurückging, die sie unter polnischer Herrschaft genossen hatten. Diese Organisation, wiewohl arg erschüttert und reduziert, blieb stark genug, um dem jüdischen

Leben einigen Rückhalt zu geben. Die Juden besaßen auch ihr eigenes Erziehungssystem, von der Grundschule bis hin zu rabbinischen Seminaren, das so gut wie gänzlich ihrer eigenen Kontrolle unterstand. Obwohl diese Erziehung in einem gewissen Sinne mittelalterlich war, bewahrte sie dennoch eine lebendige geistige Tradition, die auf der talmudischen und der mit ihr verwandten rabbinischen Literatur beruhte. Der Lehrplan der jüdischen Schulen rüstete ihre Absolventen nicht für das moderne Leben im neunzehnten, geschweige denn im zwanzigsten Jahrhundert aus. Er vermittelte ihnen aber eine rigorose geistige Disziplin und ein starkes Gefühl ihrer eigenen historischen und kulturellen Identität. Er verlieh ihnen auch ein kulturelles Niveau, das gewiß nicht schlechter und in vieler Hinsicht besser als das der Völker war, unter denen sie lebten.

Die Lage der Juden in Rußland wandelte sich entscheidend zum Schlechteren nach dem 13. März 1881, als Revolutionäre eine Bombe warfen, die Zar Alexander II. gerade in dem Augenblick tötete, als er im Begriffe war, eine Art konstitutioneller Regierung einzuführen. Der neue Zar, Alexander III., und seine Berater waren davon überzeugt, daß die Probleme Rußlands nur durch Autokratie und Unterdrückung gelöst werden könnten. Konstantin Pobedonoszew, Chefprokurator der Heiligen Synode und einflußreichster Berater des Zaren, legte sein eigenes Programm für die Lösung des Problems vor, das die riesige jüdische Bevölkerung für Rußland darstellte: Ein Drittel sollte zu Christen werden, ein Drittel sollte auswandern, ein Drittel sollte umkommen.

Orthodoxie, Russifizierung und Autokratie waren die beherrschenden Merkmale der russischen Regierung dieser Periode. Alles dies machte das Leben unbehaglich für die Juden. Die alten gegen sie erlassenen Vorschriften wurden nun strenger gehandhabt und durchgesetzt, neue kamen hinzu. Das Judenstatut war in seinen Freiräumen schon eingeengt worden, die Bewegungsfreiheit der Juden außerhalb seines Geltungsbereiches war härteren Beschränkungen unterworfen worden. Jetzt wurden noch weitergehende Einschränkungen erlassen, die Wohnrecht, Bewegungs- und Erwerbsfreiheit innerhalb des Statut-Bereiches selbst betrafen. Von Ostern 1881 an gewann die Judenverfolgung in Rußland eine neue und unheilschwangere Dimension in Form des Pogroms. Der Angriff auf die Juden verlief nun nicht mehr in erster Linie amtlich, bürokratisch und insofern geregelt; er ging vom Volke aus, war gewalttätig und bedrohte nicht mehr nur den Lebensunterhalt der Juden, sondern ihr Leben selbst.

Das Massaker war nichts Neues für die Juden Europas, aber es war kein Erlebnis der jüngeren Vergangenheit. Im Westen hatten die Zeitalter des Humanismus und der Aufklärung den Exzessen des Mittelalters praktisch ein Ende bereitet, und nicht einmal in Osteuropa hatte es trotz harter Unterdrückung und gelegentlicher Ausbrüche seit dem siebzehnten Jahrhundert Judenmassaker großen Ausmaßes gegeben. Die 1881 einsetzenden russischen Pogrome kamen deshalb als Schock nicht nur für die Juden, sondern für die öffentliche Meinung der zivilisierten Welt insgesamt, die sich damals noch besorgt und betroffen zeigte und die noch Gehör fand. An Protestversammlungen in London, Paris und anderswo nahmen prominente Persönlichkeiten der Kirchen, Parlamente und Universitäten sowie anderer Bereiche des öffentlichen Lebens teil. Sie trugen zweifellos zur Begrenzung, wenn auch nicht zur Beendigung der Pogrome bei. Diese setzten sich bis in das zwanzigste Jahrhundert hinein fort.

Pogrom ist ein russisches Wort und bedeutet Massaker. Ungefähr zu jener Zeit ging es von der russischen in die englische Sprache über, und zwar mit der speziellen Bedeutung eines Massakers an Juden. Es gab viele solche Massaker. Das berühmteste ereignete sich im Frühjahr 1903 in der Stadt Kischinew, gelegen in der Provinz Bessarabien. Es kann kein Zweifel daran bestehen, daß die zaristische Polizei diese Ausschreitungen gegen die Juden zumindest tolerierte, oft aber sogar dazu anstiftete.

Unter den obwaltenden Umständen war es kaum überraschend, daß die Juden Osteuropas dem Zionismus und anderen Lösungsvorschlägen für ein Problem, das täglich akuter und gefährlicher wurde, einige Aufmerksamkeit schenkten. Es dauerte nicht sehr lange, da waren es die Juden Osteuropas sowie osteuropäische Juden, die sich im Westen niedergelassen hatten, die zur Hauptstütze der von Theodor Herzl gegründeten zionistischen Bewegung wurden. In der Tat waren in einem sehr realen Sinne der jüdische Nationalismus und sein am Ende erzieltes Resultat, der Staat Israel, Geschöpfe des jiddischsprechenden Judentums in Osteuropa. Sein Romantizismus, sein Sozialismus, sein Populismus, seine Bindungen an die Religion und seine nationale Identität sind samt und sonders Merkmale des osteuropäischen politischen Denkens und Lebens.

Der Zionismus hat viele Quellen. Etliche von ihnen sind traditionell und authentisch jüdisch, namentlich die jüdische Religion selbst mit ihrer immer wiederkehrenden Betonung Zions, Jerusalems und des Heiligen Landes und den ineinander verwobenen Themen Knechtschaft und Befreiung, Vertreibung und Heimkehr. Diese Themen spielen eine zentrale Rolle in der jüdischen religiösen Tradition, und der Gläubige wird an jedem Tag des Jahres in der Liturgie der Synagoge an sie erinnert.

Eine weitere Quelle war der Chassidismus, eine Bewegung religiöser Wiedererweckung und messianischer Hoffnung, die gegen Ende des siebzehnten Jahrhunderts unter polnischen Juden aufkam, zum Teil als Reaktion auf den Schock der Chmelnitzki-Massaker, und die große Teile des osteuropäischen Judentums beeinflußte. Diese Bewegung, die dem rabbinischen Judaismus jener Zeit neue Anziehungskraft und Vitalität verlieh, war eine wichtige, vielleicht eine unerläßliche Vorbedingung für das Wachsen und die Ausbreitung der zionistischen Bewegung. Ganz gewiß handelte es sich bei einem großen Teil der Vorkämpfer des Zionismus um Männer mit chassidischem Hintergrund. Chassidische Juden, oder richtiger Juden chassidischer Herkunft, spielten eine noch prominentere Rolle in der Wiedererweckung des Hebräischen, die einen unentbehrlichen kulturellen Hintergrund für eine jüdische nationale Befreiungsbewegung bildete. Die Ursprünge der Wiederbelebung des Hebräischen sind in das Deutschland der Aufklärung zurückverfolgt worden, ja sogar in das Italien der Renaissance, wo zum ersten Mal aus ihren Ghettos heraustretende Juden mit den intellektuellen Strömungen in Berührung kamen, die ihre christlichen Landsleute bewegten. Sie versuchten, diese Ideen ihren jüdischen Zeitgenossen in einer neuen, weltlichen hebräischen Literatur nahezubringen. Doch die Wiederbelebung des Hebräischen wurde zuerst im Rußland des neunzehnten Jahrhunderts zu einem bedeutenden Faktor. Dort gab es in ausreichender Zahl Juden mit genügenden Hebräisch-Kenntnissen, um die Autoren, Drucker, Verleger, Vertreiber und Leser hebräischer Romane, Gedichte, Essays und Zeitschriften hervorzubringen. Bis 1880 hatte das Hebräische, auch wenn es immer noch keine gesprochene Sprache war, einen beträchtlichen Modernisierungsprozeß durchgemacht und wurde weithin gebraucht, um die Probleme des modernen jüdischen Lebens ebenso zu erörtern wie die konventionelleren Themen des Glaubens und des Gesetzes.

Eng mit diesen neuen Tendenzen verbunden war die jüdische Tradition des Messianismus – des Glaubens an einen Erlöser, der die Juden aus Gefangenschaft und Exil befreien und ihnen das verheißene Land ihrer Heimat wiedergeben werde. Es hatte in der Vergangenheit viele gegeben, die sich diese Rolle anmaßten, einige mehr, andere weniger gut bekannt. Das Scheitern und der Glaubensabfall des Sabbatai Sevi, der letzten dieser Messias-Gestalten, lösten tiefe Enttäuschung und Verzweiflung aus. Danach begannen sich die Juden, die inzwischen neuen, von außen kommenden Einflüssen ausgesetzt waren, anderswo nach der Verwirklichung ihrer messianischen Hoffnungen umzusehen und sich von der religiösen der weltlichen Erlösung zuzuwenden.

Für den Erlöser gab es viel zu tun. Überall in Osteuropa waren die Juden Opfer von Armut, Unterdrückung, ständiger Diskriminierung und gelegentlicher Verfolgung. Etliche Juden fühlten sich angezogen von Ideen und Ideologien, die bei den osteuropäischen Völkern umliefen, unter denen sie lebten. Einige dieser Ideologien schienen Lösungen anzubieten, die dank des allmählichen Wachsens des weltlichen Wissens unter den Juden für sie zugänglich und sogar attraktiv wurden. Sozialismus, Populismus, ja sogar Anarchismus leisteten alle ihren Beitrag zur Herausbildung einer weiteren Spielart des osteuropäischen ethnischen Nationalismus. Einige meinten, die Juden sollten Seite an Seite mit ihren nichtjüdischen Nachbarn für die Freiheit kämpfen, wobei sie ihre Sache und ihre Ziele mal in nationalen, mal in Klassenbegriffen definierten. Andere – die Zionisten – sahen den überall bestehenden Minderheitenstatus der Juden als die eigentliche Wurzel aller ihrer Schwierigkeiten an und glaubten mit Herzl, daß sie die wahre Emanzipation nur in einem jüdischen Land, regiert am Ende von einem jüdischen Staat, würden erlangen können.

Viele osteuropäische Juden fanden eine persönlichere Lösung ihrer Probleme in der Auswanderung. Von 1870 bis 1900 wanderte mehr als eine halbe Million von ihnen nach Westen. In der Zeit von 1900 bis 1914 übertraf diese Zahl anderthalb Millionen. Alles in allem verließ nach Schätzungen ungefähr ein Drittel aller osteuropäischen Juden die Heimat, um nach Westen zu ziehen. Von den übrigen blieb die überwältigende Mehrheit wo sie war, die meisten von ihnen mit einem mühseligen Kampf um das tägliche Überleben beschäftigt. Einige – es waren wenige, aber bedeutende Persönlichkeiten – strebten ein Ende ihrer Not durch Teilnahme an russischen und anderen revolutionären Bewegungen an.

Eine andere Gruppe, unbedeutend an Zahl, aber von weitreichender Wirkung, fand einen anderen Weg. Im Jahre 1882, vierzehn Jahre vor der Veröffentlichung von Herzls *Judenstaat* gründete eine Gruppe jüdischer Studenten eine Organisation, die sich Freunde Zions nannte. Ihr Ziel war die Auswanderung – nicht in westliche Länder, günstigeren Lebensbedingungen zuliebe, sondern in eine entlegene osmanische Provinz, die der Christenheit, nicht aber – zur damaligen Zeit – ihren Einwohnern unter dem Namen Palästina bekannt war. Die Siedlungen, die sie und ihre Nachfolger unter ungeheuren Schwierigkeiten und ungeachtet immer neuer Hindernisse gründeten, bildeten den Kern dessen, was am Ende zum Staate Israel wurde.

In den Jahren von 1917, als die britische Regierung die Balfour-Erklärung veröffentlichte und damit dem Gedanken einer jüdischen »nationalen Heimstatt« in Palästina ihren Segen erteilte, bis 1933, als Adolf Hitler in Deutschland an die Macht kam, ging die Entwicklung dieser jüdischen Heimstatt unter der britischen Mandatsregierung in Palästina stetig, aber langsam voran. Die große Mehrheit der neuen jüdischen Einwanderer kam aus Osteuropa, und ihre Motive, nach Palästina und nicht irgendwo anders hinzuziehen, waren vorherrschend ideologischer Natur. Sie kamen, um eine jüdische nationale Heimstatt zu erbauen. Zu diesem Zweck bauten sie Farmen und Dörfer, Straßen und Städte, schufen sie eine neue Struktur jüdischen Lebens.

Zwischen den beiden Weltkriegen erlitten die Juden Europas zwei große Katastrophen. Die zweite, größere, begann mit dem Triumph Adolf Hitlers in Deutschland im Jahre 1933. Die erste, die dem Zusammenbruch des Zarentums folgte, spielte sich in Osteuropa ab. Die Verwüstungen der Revolution, des Bürgerkrieges und der Intervention und die damit einhergehende Hungersnot und allgemeine Auflösung dezimierten die Bevölkerung im allgemeinen. Im besonderen

Nachteil befanden sich die Juden, die als Polen von den Russen attackiert wurden, als Russen von den Polen und als Juden von beiden. Wieder einmal war die Ukraine Schauplatz entsetzlicher Massaker, die an die Tage des Bogdan Chmelnitzki erinnerten. Zwischen 1917 und 1920 wurden mindestens 75 000 Juden in der Ukraine ermordet, hinzu kamen kleinere Zahlen in einigen der gerade unabhängig gewordenen Staaten Osteuropas.

Ganz allmählich begann sich mit dem Ende der Kriegshandlungen und der Festigung der neuen Regime die Lage der Juden ebenso wie die anderer Gruppen zu bessern. Die Anfangsjahre des neuen sowjetischen Regimes in Rußland waren eine Zeit entsetzlicher Härte und Entbehrungen, aber die Juden waren nicht schlechter dran als alle anderen auch. In den entstehenden Nationalstaaten Osteuropas, den Baltenrepubliken, in Polen und Rumänien waren die Juden weit davon entfernt, Sicherheit oder Gleichberechtigung zu genießen, aber der endemische Antisemitismus dieser Länder wurde bis zu einem gewissen Grade gezügelt durch Rücksichtnahme auf die öffentliche Meinung des Auslands. In Deutschland und Österreich, wo die Beschränkungen des persönlichen Fortkommens der Juden, die unter der alten kaiserlichen Herrschaft gegolten hatten, in den neuen Republiken weitgehend abgeschafft worden waren, konnten die Juden jetzt viele neue Bereiche betreten, die ihnen vorher verschlossen waren. In Westeuropa wie in beiden Amerikas schienen sie kräftige Fortschritte auf dem Weg zu uneingeschränkter Aufnahme und Integration als eine religiöse Minderheit gemacht zu haben, die sich in nichts von anderen religiösen Minderheiten unterschied.

In allen diesen Ländern gab es von Zeit zu Zeit Zeichen und Signale, die von den Zionisten wahrgenommen und interpretiert, von den meisten anderen jedoch ignoriert wurden. Die neue polnische Republik, neu konstituiert aus den Gebieten, die zuvor unter Polens drei Nachbarn aufgeteilt worden waren, hatte ungefähr drei Millionen Juden geerbt, von denen mindestens ein Drittel im Elend lebte. Die neuen polnischen Machthaber waren zunächst daran interessiert, ihr eigenes nationales Leben wiederherzustellen, das sie mit dem polnischen Katholizismus gleichsetzten. Ihr Interesse an den Bedürfnissen ihrer jüdischen und anderen nichtkatholischen oder nichtpolnischen Minderheiten war gering. Die Juden sahen sich allen möglichen Restriktionen unterworfen – eingeschränkt war ihr Zugang zur Schul- und Universitätsbildung, zu akademischen Berufen, sogar zu Handwerksberufen. Viele von ihnen suchten die Überwindung ihrer Nöte in der Emigration. Ähnliche Probleme erschwerten den Juden in Rumänien und in anderen osteuropäischen Ländern das Leben.

Anfang 1933 wurde Adolf Hitler, den viele als einen Sonderling aus irgendwelchen verrückten Randgruppen abzutun bereit gewesen waren, zum Kanzler des Deutschen Reiches ernannt. Selbst danach glaubten außer seinen Jüngern und Anhängern nur sehr wenige Menschen, daß er die fürchterlichen Verheißungen seiner Schriften und Reden wirklich in die Tat umsetzen werde. Statt dessen wurde weithin angenommen, daß die Verantwortung der Macht ihn zu einer ruhigeren und vernünftigeren Politik gegenüber der Judenfrage und anderen Problemen führen werde. Das geschah nicht. Der Krieg gegen die Juden gehörte zu den allerersten Aufgaben, die er nach seiner Machtübernahme in Angriff nahm. Den deutschen Juden wurden alle Rechte genommen, sie wurden gedemütigt und verfolgt. Es dauerte nicht sehr lange, und die gleiche, dann eine viel schlimmere Behandlung wurde auf die Juden anderer Länder ausgedehnt – auf die Juden Österreichs und der Tschechoslowakei, sobald diese Länder der deutschen Regierung unterworfen waren, und am Ende auf nahezu das ganze kontinentale Europa.

Im Jahre 1914 wurde die jüdische Bevölkerung des Gebiets, das später zum Mandatsgebiet Palästina wurde, auf 90 000 geschätzt. Während des Ersten Weltkriegs war diese Zahl leicht rückläufig, begann aber unter britischem Mandat wieder zu steigen und erreichte Anfang 1933 einen Stand von 181 000. Danach stieg sie sehr rasch an; bei Ausbruch des Zweiten Weltkrieges hatte sie 446 000 erreicht und nahezu 600 000 im Augenblick der Gründung des jüdischen Staates im Mai 1948. Von 1945 bis 1948 waren die Einwanderer hauptsächlich aus Europa gekommen – die menschlichen Trümmer, die nach der Zerstörung des Hitlerreiches übriggeblieben waren. Eine zweite Einwanderungswelle, die vor der Staatsgründung eingesetzt hatte und danach andauerte, kam aus den arabischen Ländern.

Wie die weißen angelsächsischen Protestanten in den Vereinigten Staaten, so haben die osteuropäischen Pioniere und ihre Nachfahren in Israel aufgehört, die Bevölkerungsmehrheit zu bilden. Und ebenso wie die amerikanischen, so haben auch die Gründungsväter Israels und ihre Nachfahren darum gerungen, sich ihre Vorherrschaft zu erhalten. Diese beruht auf zwei wichtigen Elementen. Bei dem einen, faßbareren Element handelt es sich um ihre andauernde Vorherrschaft in dem ineinander verzahnten System der persönlichen, familiären und institutionellen Bindungen, die das israelische Establishment ausmachen. Bei dem anderen handelt es sich um die Tatsache, daß sie es waren, die dem Charakter des israelischen Staates und seiner Gesellschaft ihren Stempel aufgeprägt haben. Die erste moderne jüdische Siedlung in Palästina war das Werk osteuropäischer Pioniere. Nachfolgende Einwanderer aus Mitteleuropa und später aus den Ländern Asiens und Afrikas waren, mehr oder minder bereitwillig, gehalten, sich dem von diesen Pionieren geschaffenen Muster anzupassen. In neueren Jahren gibt es zunehmenden Widerstand gegen diesen Anpassungsprozeß.

Seit der Staatsgründung hat es nur noch ein Rinnsal der Einwanderung aus Europa und den beiden Amerikas gegeben. Eine Zeitlang schwemmte eine Welle des Antisemitismus neue Einwanderer aus Südamerika heran; eine zeitweilige Lockerung der Gesetze, die die Ausreise sowjetischer Staatsbürger verhindern, erlaubte es einigen Tausend sowjetischen Juden, sich in Israel niederzulassen. Hinzu kam eine kleine Zuwanderung einzelner Juden und jüdischer Familien aus Westeuropa und aus englischsprachigen Ländern. Die bei weitem bedeutendste Einwanderung seit Gründung des israelischen Staates kam jedoch aus den arabischen und anderen islamischen Ländern des Nahen Ostens und Nordafrikas. Diese Menschen und ihre Nachkommen bilden heute eine klare Mehrheit der jüdischen Gesamtbevölkerung Israels, und überall ist deutlich zu erkennen, daß sie begonnen haben, in die höheren Schichten des politischen und militärischen Establishments einzudringen. Sie haben die höhere Geburtenrate, und ein weiteres Anwachsen ihrer Mehrheit ist deshalb wahrscheinlich. Immer neue Möglichkeiten eröffnen sich ihnen, und sie werden deshalb aller Wahrscheinlichkeit nach eine größere Rolle spielen als bisher.

In jüngster Vergangenheit hat es ernste Spannungen zwischen den beiden bedeutendsten Komponenten der jüdischen Bevölkerung gegeben. Bisweilen werden diese Spannungen als Zusammenprall zwischen aschkenasischen und sephardischen Juden dargestellt. Das ist irreführend. Diese Begriffe beziehen sich auf das Ritual der Synagoge; sie werden im allgemeinen, wie wir gesehen haben, recht willkürlich und unpräzise angewendet. Einige Kommentatoren machen eine Anleihe beim modischen tagespolitischen Vokabular und reden von einem Zusammenprall zwischen euroamerikanischen und afroasiatischen Juden, aber auch das ist irrelevant. Bei dem derzeitigen Geschehen in Israel handelt es sich um eine Konfrontation zwischen den Juden der christlichen und den Juden der islamischen Welt, wobei beide Gruppen aus den Ländern und Gesellschaften ihrer Herkunft gewisse Einstellungen, Gewohnheiten und kulturelle Traditionen mitgebracht haben. Sie haben sich heute zu einer intensiven Symbiose zusammengefunden. Die Ergebnisse, zu denen sie gelangen, werden nicht nur, was auf der Hand liegt, für die Juden beider Gemeinschaften und für Israel von Bedeutung sein, sondern in gewissem Sinne auch für das Christentum und den Islam.

Antisemiten

Der Begriff Antisemitismus ist zum erstenmal im Jahre 1879 gebraucht worden, und er scheint von einem gewissen Wilhelm Marr erfunden worden zu sein, einem wenig bedeutenden Journalisten, der über Juden herzog und nicht weiter erinnerungswürdig ist.[1] Interessanterweise tauchte der Begriff als politisches Programm zuerst in Wien auf, der Hauptstadt der weithin ausgreifenden und vielfältigbunten Habsburger Monarchie, die auch Geburtsstätte des Zionismus und vieler anderer nationalistischer Bewegungen war und Treffpunkt traditionsverhafteter östlicher und weltlicher westlicher Juden.

Das Wort Antisemitismus war neu, doch der ganz spezielle Haß auf die Juden, den es bezeichnete, war sehr alt. Er läßt sich zurückverfolgen bis in die Zeit des Aufstiegs des Christentums. Von der Zeit an, zu der der römische Kaiser Konstantin sich zu dem neuen Glauben bekannte und Christen die Kontrolle über das Staatswesen in die Hand bekamen, hat es nur wenige Perioden gegeben, in denen nicht irgendwo in der christlichen Welt einige Juden verfolgt worden sind. Die Feindseligkeit gegenüber Juden war manchmal verhalten, manchmal gewalttätig, manchmal epidemisch, immer endemisch. Obwohl also der Haß auf die Juden alt war, bezeichnete der Begriff Antisemitismus tatsächlich eine bedeutsame Veränderung – nicht den Beginn, sondern den Höhepunkt eines tiefgreifenden Wandels der Art und Weise, in der dieser Haß empfunden, wahrgenommen und ausgedrückt wurde. Im Mittelalter definierte sich die Feindseligkeit gegenüber Juden, welche sozialen oder psychologischen Motive ihr auch zugrunde liegen mochten, in erster Linie in religiösen Begriffen. Vom fünfzehnten Jahrhundert an änderte sich das; der Judenhaß wurde neu definiert. Er wurde seinem Wesen nach zunächst teilweise und dann, wenigstens in der Theorie, zur Gänze rassisch.

Die frühe Feindseligkeit gegen die Juden war ihrem tiefsten Wesen nach religiöser Natur. Sie nährte sich aus der Zurückweisung des christlichen Erlösers und der christlichen Botschaft durch die Juden und aus dem Bericht der Evangelien über die jüdische Rolle im Leben und Sterben Christi. Die Juden wurden geschmäht, zuzeiten verfolgt als Christusmörder und als Verleugner der Wahrheiten Gottes. Dieser Haß mag angefacht und gelenkt worden sein durch die Rollen, die die Juden in der mittelalterlichen christlichen Gesellschaft zu spielen gezwungen waren, doch wurden sie normalerweise von ihren Verfolgern nicht deshalb verdammt, weil sie nach Rasse und Sprache anders waren. War der Übertritt zum Christentum aufrichtig, so verlieh er die volle Gleichberechtigung und Aufnahme in die Gesellschaft. Dies scheint in Theorie und Praxis in Ost- wie in Westeuropa der Fall gewesen zu sein. Ja, es heißt, daß im mittelalterlichen Herzogtum Litauen die Juden, die zum christlichen Glauben übertraten, wegen ihrer Verwandtschaft mit der Mutter Gottes den Rang von Edelleuten erhielten.

Diese religiös begründete Feindseligkeit nahm rassische Obertöne an, als Juden bei Strafe des Todes oder der Verbannung gezwungen wurden, das Christentum anzunehmen. Eine freiwillige Konversion kann als aufrichtig hingenommen werden; eine erzwungene weckt – vor allem bei den Erzwingern selbst – unweigerlich den Verdacht, daß sie unaufrichtig sein könnte. Das gilt insbesondere dort, wo die Konvertiten sehr zahlreich sind, wo sie dazu neigen, in die Familien anderer Konvertiten einzuheiraten, und wo sie in der Gesellschaft weiterhin die gleiche Rolle spielen, die ihnen als Juden Neid und Haß eingetragen hatte. Gelegentlich hatte es im ganzen Mittelalter Zwangsbekehrungen gegeben, aber sie blieben episodisch, die Zahlen waren gering. Die einzige umfassende Judenvertreibung aus einem ganzen Land hatte es 1290 in England gegeben, aber betroffen waren nur wenige Menschen, und die Maßnahme scheint geringe oder keine Nachwirkungen unter den Engländern gehabt zu haben.

Eine ganz andere Situation entstand in Spanien, wo die Juden sehr zahlreich gewesen waren und eine prominente Rolle im gesellschaftlichen, kulturellen, wirtschaftlichen und gelegentlich sogar im politischen Leben des Landes gespielt hatten. Ihre Stellung war sowohl zum Guten als auch zum Schlechten zutiefst betroffen worden durch den acht Jahrhunderte langen Kampf zwischen Islam und Christentum um die Vorherrschaft auf der Halbinsel. Solange Moslems und Christen Seite an Seite miteinander lebten, waren sie, selbst in den Zeiten kriegerischer Auseinandersetzung, gezwungen, einander ein gewisses Maß an Toleranz zu erweisen, und die Juden hatten ihren Nutzen davon im christlichen ebenso wie im moslemischen Spanien. Aber als der endgültige Sieg der Christen näherrückte, gab es immer weniger Bereitwilligkeit, irgendeine Präsenz zu dulden, die einen Flecken auf der Einheit des katholischen Spaniens bedeuten würde. Mit der Niederwerfung und Eroberung des Emirates von Granada, des letzten moslemischen Staates auf spanischem Boden, im Jahre 1492 waren die Rückeroberung und die Rechristianisierung Spaniens abgeschlossen. Im selben Jahr wurde ein Vertreibungsedikt gegen Juden erlassen, dem einige Jahre später ein ähnliches Dekret gegen Moslems folgte. Den Anhängern beider Religionen wurde die Wahl gelassen zwischen Exil, Konversion oder Tod.

Von dieser Zeit an gab es in Spanien und – ein paar Jahre später – in Portugal keinen bekennenden Juden oder Moslem mehr. Große Scharen gingen ins Exil, aber viele zogen es vor, zu bleiben und sich einem Taufritual zu unterziehen, um die erforderliche Qualifikation zu erhalten. Es überrascht nicht, daß sie von ihren Nachbarn mit einigem Argwohn betrachtet wurden, und es kann keinem Zweifel unterliegen, daß es in großer Zahl heimliche Moslems und heimliche Juden gab, die sich als Katholiken ausgaben. Erstere waren gemeinhin bekannt als *moriscos*, im Anklang an ihre vermutete Heimat in Afrika. Letztere, die keine andere Heimat außer Spanien hatten, nannte man *marranos*, das spanische Wort für Schweine. Eine höflichere Bezeichnung für beide Gruppen war *nuevos Christianos*, neue Christen, im Gegensatz zu den *viejos Christianos*, den Altchristen, die frei waren von »jedem Makel maurischen oder jüdischen Blutes«.

Selbst vor den Vertreibungen war das Fehlen oder Vorhandensein eines solchen Makels zur Besessenheit geworden, die die Krone, die Kirche und einen großen Teil der spanischen Gesellschaft ergriffen hatte. Der *converso*, der Konvertit, galt allen dreien als verdächtig. Der

König brauchte Loyalität gegen den uralten maurischen Feind. Das Heilige Amt der Inquisition war entschlossen, Ketzerei und Unglauben auszurotten – wo aber traten diese Erscheinungen mit größerer Wahrscheinlichkeit auf als unter den *conversos* und deren Nachkommen? Und die Bevölkerung im allgemeinen, hocherfreut über die Vertreibung ungeliebter Nachbarn und Konkurrenten, zeigte sich empört darüber, daß sich noch immer viele von ihnen im Lande herumtrieben, nur oberflächlich verkleidet als Christen. Schon 1449 wurde das erste Statut der Reinheit des Blutes (*estatuto de limpieza de sangre*) in Toledo verkündet. Darin wurden *conversos* für unwürdig erklärt, in der Stadt und den Dominien von Toledo öffentliche oder private Vertrauenspositionen innezuhaben. Eine Serie weiterer Statuten zur Verteidigung der Reinheit des Blutes folgte im fünfzehnten Jahrhundert und später, in denen *moriscos* und *marranos* aus verschiedenen Ämtern und Orden verbannt wurden – auch aus dem Amt der Inquisition selbst, in dem zuvor *conversos* sehr aktiv gewesen waren. Im Jahre 1628 oder kurz danach erläuterte ein spanischer Inquisitor namens Juan Escobar de Corro, worum es hier ging: »Unter einem *converso* verstehen wir im allgemeinen eine Person, die von Juden oder Sarazenen abstammt, sei es auch im entferntesten Grade... Dementsprechend wird ein Neuer Christ so bezeichnet, nicht, weil er kürzlich zum christlichen Glauben bekehrt worden ist, sondern weil er ein Nachkomme derer ist, die zuerst den rechten Glauben angenommen haben.«[2]

Mehrere Mönchsorden nahmen in ihre Regeln Bestimmungen auf, nach denen *conversos* und deren Nachkommen die Mitgliedschaft verwehrt war. Anfangs waren die Päpste gegen derartige Bestimmungen und bestanden auf der Gleichberechtigung aller getauften Christen, aber im Jahre 1495 ratifizierte ein spanischer Papst, Alexander VI., in aller Form ein von einem spanischen Orden angenommenes Statut, das die Aufnahme von *conversos* verbot. In der Folgezeit wurden die meisten derartigen Statuten von den Päpsten gebilligt oder doch zumindest toleriert. So schloß zum Beispiel im Jahre 1515 der Erzbischof von Sevilla, ein ehemaliger Großinquisitor, Nachkommen der zweiten Generation von »Ketzern« von jedem geistlichen Amt in der Kathedrale der Stadt aus. Dieses Statut wurde vom Papst gebilligt und später auf die Enkel und Urenkel von Ketzern ausgedehnt. Im

Jahre 1530 erließ der Bischof von Cordoba ähnliche Regeln, ging aber insofern noch weiter, als er auch die Aufnahme neuchristlicher Chorknaben verbot. Die Nachkommen von Juden und *conversos* werden in dem Dekret als »Unruhe stiftender Stamm [*generación*]« bezeichnet, als »Freunde alles Neumodischen und aller abweichenden Meinungen, ehrgeizig, anmaßend, ruhelos und dergestalt beschaffen, daß dort, wo man diesen Stamm findet, wenig Frieden herrscht«[3]; die Aufnahme solcher Personen wird als abträglich für die Interessen der Kirche verboten. In dem Dekret wird auch das Verfahren vorgeschrieben, nach dem die Reinheit des Blutes eines Antragstellers festzustellen war. Er mußte einen feierlichen Eid schwören, daß er nicht jüdischer oder maurischer Herkunft sei, und er mußte die Namen seiner Eltern und Großeltern sowie deren Geburtsorte angeben. Ein Untersuchungsbeauftragter war dann nach diesen Orten zu entsenden, und erst wenn er festgestellt hatte, daß sich unter den Vorfahren des Kandidaten keine Neuchristen befanden, konnte er aufgenommen werden.

In ihren Ursprüngen ist die Sorge um die »Reinheit des Blutes« religiöser, nicht rassischer Natur. Sie beginnt mit dem Verdacht, daß der *converso* ein falscher und unaufrichtiger Christ sei und daß er diese Eigenschaften an seine Nachkommen vererbe. Die Vorstellung von der Reinheit des Blutes war nicht neu, aber in der Vergangenheit, im mittelalterlichen christlichen Europa, stand sie eher in gesellschaftlichem als in rassischem Zusammenhang, und es ging mehr um aristokratische als um ethnische Überlegenheit. Aber unter den besonderen Umständen, die im fünfzehnten und sechzehnten Jahrhundert in Spanien herrschten – die alte Konfrontation mit den Mauren, die neue Begegnung mit Schwarzen und Indianern in Afrika und den beiden Amerikas und die Anwesenheit von Neuchristen in großer Zahl und in aktiven Positionen –, erhielt die Frage des Blutes und die damit einhergehende Feindseligkeit einen unverkennbar rassischen Gehalt.

Während die spanische Inquisition noch dabei war, die ihr zugewiesene Aufgabe zu erfüllen und die verborgenen Reste des spanischen Judentums und Islams aufzuspüren und auszurotten, regte sich weiter nördlich ein neuer Geist, und ein neuer und radikaler Gedanke breitete sich aus – daß Religion eine Privatangelegenheit sei und den Staat nichts angehe und daß die Anhänger aller Religionen gleichen

Anspruch auf die Rechte der Staatsbürgerschaft hätten. Als Folge der schrecklichen Religions- und Quasireligionskriege, die Frankreich, Deutschland, die Niederlande und England im sechzehnten und siebzehnten Jahrhundert verwüsteten, begann sich eine Art kriegsmüder Toleranz, oder vielleicht richtiger: Gleichgültigkeit, auszubreiten. Der einst allgegenwärtige religiöse Fanatismus war keinesfalls tot, aber immer mehr Menschen, darunter Herrscher und Philosophen, begannen nach Möglichkeiten zu suchen, unter denen Katholiken und Protestanten in Frieden miteinander leben könnten, anstatt einen immerwährenden Krieg zu führen.

Einer der einflußreichsten unter diesen Denkern war der englische Philosoph John Locke, dessen *Brief über Toleranz* 1689 in lateinischer und englischer Sprache veröffentlicht wurde. Viele der darin vorgetragenen Gedanken kursierten bereits unter Philosophen in England und auf dem Kontinent. In einer Hinsicht jedoch ging Locke weit über seine Vorläufer hinaus, und zwar in seiner Schlußfolgerung, daß weder Heiden noch Mohammedaner, noch Juden wegen ihrer Religion von den bürgerlichen Rechten des Gemeinwesens ausgeschlossen werden sollten.[4] Es gab keine Mohammedaner in Westeuropa und wenige, die es wagten, sich als Heiden zu offenbaren. Es gab jedoch Juden, die sich allmählich der neuen Grundstimmung bewußt wurden und der Möglichkeiten, die sie ihnen eröffnete.

Das erste europäische Land, das seinen Juden die bürgerliche Emanzipation gewährte, war Holland. Ihm folgte innerhalb kurzer Zeit England, das den Juden im Lande selbst ebenso wie in den englischen Kolonien jenseits der Meere weitreichende, wenn auch keineswegs gleiche Rechte gewährte. Die Gedanken Lockes und anderer englischer Aufklärer breiteten sich sowohl auf die amerikanischen Kolonien als auch auf Frankreich aus, wo sie in bedeutendem Maße zu den Ideologien der amerikanischen wie der französischen Revolution beitrugen. Obwohl keine der beiden Revolutionen den jüdischen Bürgern sofort die volle Gleichberechtigung zuerkannte, unternahmen beide die ersten bedeutungsvollen Schritte, die am Ende in diese Richtung führten. Auch in Deutschland brachte die Aufklärung des achtzehnten Jahrhunderts einen Wandel der Einstellung, wenn die neuen Lehren den deutschen Juden auch erst nach der Eroberung Deutschlands durch die Armeen Napoleons ein gewisses

Maß an Bürgerrechten verschafften. Von französischen Bajonetten aufgezwungen, verursachten sie in den Jahren nach dem französischen Abzug eine leidenschaftliche Kontroverse.

Selbst im revolutionären Frankreich war die Straße der Freiheit nicht ohne Schlaglöcher.[5] Die berühmte Erklärung der Menschenrechte, von der französischen Nationalversammlung Ende August 1789 verabschiedet, wies bedeutsame Lücken auf. Einmal galt sie nicht für die schwarze Sklavenbevölkerung der französischen Westindischen Inseln, deren Schicksal zum Thema einer leidenschaftlich geführten Debatte wurde. Ihre Emanzipation kam erst später. Für die Juden – präsent und sichtbar in Frankreich – ging es etwas schneller voran. Nach einigem Hin und Her wurde im Januar 1790 der alteingesessenen sephardischen Gemeinde von Bordeaux der Status »aktiver Bürger« verliehen. Aber die viel zahlreicheren Juden Elsaß-Lothringens, die inmitten einer ihnen feindlich gesonnenen Bevölkerung lebten, blieben davon ausgeschlossen, und erst Ende September 1791 verabschiedete die Nationalversammlung ein allgemeines Gesetz, das allen Juden das Wahlrecht verlieh.

Mehrere Einlassungen in der Debatte drücken in lebhaften Wendungen den Standpunkt der Aufklärung des achtzehnten Jahrhunderts und ihrer Philosophen aus. So legte zum Beispiel ein protestantischer Sprecher, der für seine eigenen Glaubensbrüder eintrat, auch ein Wort für die Juden ein:

> Ich bitte Sie also, meine Herren, für die französischen Protestanten, für alle Nichtkatholiken des Königsreiches, um das, was Sie selbst für sich fordern, nämlich um die Freiheit und die Gleichheit der Rechte; ich verlange sie auch für jenes aus Asien losgerissene Volk, das immer noch umherirrt, das immer noch geächtet ist, das seit mehr als achtzehnhundert Jahren immer noch verfolgt wird; dieses Volk würde unsere Sitten und Gebräuche annehmen, wenn es durch unsere Gesetze in die Gemeinschaft mit uns eingefügt würde. Diesem Volk dürfen wir seine Moral nicht zum Vorwurf machen, ist diese doch die Frucht unserer eigenen Barbarei und der Demütigung, zu der wir es ungerechterweise verdammt haben.[6]

Und Robespierre selbst beschwor die Kammer:

> Die Laster der Juden entstehen aus der Erniedrigung, in die Sie dieselben versetzt haben; sie werden von dem Augenblick an gut sein, wenn sie einen Vorteil darin finden werden, dies zu sein![7]

Derartige Plädoyers für die Juden und ihre Rechte begannen nicht erst mit der französischen Revolution. Sie waren Teil einer Tradition, die auf das späte siebzehnte Jahrhundert zurückging und sich in das zwanzigste Jahrhundert hinein fortsetzte – einer Tradition, die man Philosemitismus genannt hat und die die Juden gegen ihre Verleumder verteidigte, ihre Fehler auf erlittene Verfolgungen zurückführte und dafür plädierte, ihnen Gleichberechtigung und volles Bürgerrecht zu gewähren. Diese Tradition war ein neues Phänomen, ohne Vorbild in der Geschichte der Christenheit. Sie zeitigte eine tiefe Wirkung bei den Juden, die in dieser neuen Atmosphäre und dank der neuen Gesetze zunächst sehr vorsichtig, dann immer zuversichtlicher aus ihrer Absonderung hervorzutreten begannen – aus den ihnen auferlegten physischen Ghettos, aber auch aus den Ghettos des Geistes, in denen sie sich selbst eingeschlossen hatten.

Aber diese neue Situation brachte neue Feinde, oder zumindest neue Formen der Feindschaft. Eine Variante kam aus genau den Kreisen, die am meisten zur jüdischen Emanzipation beigetragen hatten – von einigen Deisten und liberalen Philosophen der Aufklärung. Für viele von ihnen war die Kirche der Hauptfeind der Menschheit, und die Bibel – die jüdische Bibel – war das Werkzeug der Kirche. Voltaires berühmtes Wort »Ecrasez l'infâme« drückt präzise aus, was die Deisten von der Kirche hielten, und was sie gern mit ihr gemacht hätten. Aber die Kirche anzugreifen oder die Bibel in Frage zu stellen, das war im Europa des achtzehnten Jahrhunderts selbst in den protestantischen Demokratien noch immer ein gefährliches, wenn nicht gar unmögliches Unterfangen. Sicher und leichter war es, den Feind von hinten anzugreifen – das Alte, nicht das Neue Testament zu kritisieren und lächerlich zu machen; nicht das Christentum anzugreifen, sondern das Judentum, aus dem das Christentum hervorgegangen war und von dem ihm noch immer viele Züge zu eigen waren. Wenn das Verbrechen der Juden für die Christen darin bestand, Christus getötet zu haben, so bestand es für die neuen Antichristen viel mehr darin, ihn genährt und großgezogen zu haben. Diese Linie des Denkens setzte sich bis in das neunzehnte Jahrhundert hinein fort, als ein besonders beliebter Vorwurf an die Adresse der katholischen Kirche besagte, sie sei »vom Semitismus durchsetzt«. Zu neuen Höhen wurde dieser Vorwurf dann in Hitlers Deutschland geführt.

Einer der heftigsten Kritiker der Juden war in dieser Beziehung der große Voltaire, dessen Feindseligkeit sowohl gegenüber dem Judentum als auch gegenüber den Juden – angeblich auf einige persönliche Schwierigkeiten mit einzelnen Juden zurückgehend – häufigen Ausdruck in seinen Schriften findet. Tatsächlich ist die Frage aufgeworfen worden, ob Voltaire antijüdisch war, weil er antiklerikal war, oder ob er antichristlich war, weil er antijüdisch war. Ein scharfer Beobachter, der Fürst von Ligne, bemerkte, nachdem er acht Tage als Voltaires Gast in Ferney verbracht und dessen ausführlich vorgetragene Ansichten gehört hatte: »Herr von Voltaire hat sich deshalb so maßlos gegen Jesus Christus geäußert, weil dieser in einem Volk geboren wurde, das er verabscheute.«[8]

Voltaire schrieb einmal in seinem eigentümlichen Englisch in eines seiner Notizbücher: »When I see Christians cursing Jews, methinks I see children beating their fathers. Jewish religion is the mother of Christianity, and grand mother of the mahometism.« (Wenn ich erlebe, wie Christen Juden verfluchen, kommt es mir so vor, als würde ich es erleben, daß Kinder ihre Väter schlagen. Denn die jüdische Religion ist die Mutter der Christenheit und die Großmutter des Islam.)[9]

Es gibt in Voltaires Schriften andere Hinweise auf eine Denkungsart, die durchaus als rassistisch bezeichnet werden kann, zum Beispiel wenn er – fälschlicherweise – bemerkt, daß man im alten Rom »die Juden mit dem gleichen Blick [betrachtete], mit dem wir die Neger sehen, nämlich als eine minderwertige Menschenart«.[10] An anderer Stelle, in seinem *Traité de Métaphysique*, ließ er seinen philosophischen Erzähler sagen, die Weißen »scheinen mir Negern überlegen zu sein, ebenso wie Neger den Affen überlegen sind und Affen den Austern«.[11]

Ein Schlüssel zu Voltaires schwarzenfeindlichem Rassismus läßt sich vielleicht in einem Detail seiner Biographie entdecken. Der Philosoph war in eine Reihe finanzieller Unternehmungen verwickelt, von denen einige recht fragwürdiger Natur waren. Die hier maßgebliche darunter war eine Investition großen Maßstabs in ein Unternehmen des Sklavenhandels, das von dem französischen Hafen Nantes aus operierte; die Gewinne machten ihn, wie zeitgenössische Zeugen berichteten, zu »einer der zwanzig Personen mit dem höchsten Einkommen des Königreiches«.[12]

Tatsächlich trat die neue Form des Rassismus zuerst gegen die Schwarzen in Erscheinung, und in der Verteidigung des enorm einträglichen Sklavenhandels. Erst etliche Zeit später richtete sie sich gegen die Juden. Die amerikanische und die französische Revolution hatten es beide unterlassen, in ihre leidenschaftliche Freiheitsliebe auch ihre schwarzen Sklaven einzubeziehen, im einen Fall in den Südstaaten, im anderen auf den Westindischen Inseln. Dieser Widerspruch blieb nicht unbemerkt, und schon bald fanden sich die Sklavenhändler und die Plantagenbesitzer in der Defensive gegen ein Sperrfeuer der Kritik aus den drei größten westeuropäischen Kolonialmächten – England, Frankreich und Holland – und später auch aus den Vereinigten Staaten, das schon vor den Revolutionen eingesetzt hatte, nun aber immer heftiger wurde.

Bei gewöhnlichen Individuen mag einfache Habgier ausreichen, um ihre Handlungsweise zu rechtfertigen. Eine ganze Gesellschaft jedoch, die zumindest der Form nach einer Religion oder einer Ideologie verpflichtet ist, bedarf sich selbst und anderen gegenüber irgendeiner theoretischen Begründung, um etwas so Barbarisches wie die Versklavung einer ganzen Rasse zu rechtfertigen. Als die Israeliten, dem allgemeinen Brauch der antiken Welt folgend, die von ihnen besiegten Kanaaniter versklavten, spürten sie ein Bedürfnis, diese Handlungsweise in Begriffen ihrer eigenen religiösen Moral zu legitimieren, und sie fanden die Lösung in der Geschichte vom Fluche des Ham – Noahs Sohn, der sich an seinem Vater versündigt hatte und bestraft wurde mit einem Fluch der Knechtschaft, der über ihn und seine Nachkommen gesprochen wurde. In der biblischen Geschichte fällt dieser Fluch in der Tat nur auf eine Linie seiner Nachkommen, auf Kanaan. Als die moslemischen Araber, vom Nahen Osten und Nordafrika aus in das tropische Afrika vordringend, den großen Strom schwarzer Sklaven in alle Welt entfesselten, empfanden auch sie ein Bedürfnis, diese Handlungsweise zu rechtfertigen. Die erste

Antwort lautete, daß es sich bei den Schwarzen um Götzendiener handele, gegen die mit Heiligem Krieg und Versklavung vorzugehen sei; als dies – nach der Verbreitung des Islams unter den Schwarzen – nicht mehr ausreichte, übernahmen einige von ihnen die Geschichte vom Fluche des Ham, übertrugen sie von den Kanaanitern auf die Afrikaner und modifizierten den Fluch der Knechtschaft dergestalt, daß er zu einem Doppelfluch der Knechtschaft und der schwarzen Haut wurde.

Einige dieser antiken und mittelalterlichen Geschichten gelangten über Spanien, Portugal und die atlantischen Inseln bis auf die Sklavenhalter-Plantagen der Neuen Welt. Aber gegen Ende des achtzehnten Jahrhunderts – nach der amerikanischen und der französischen Revolution – reichten der Fluch des Ham und Argumente ähnlicher Art nicht mehr aus. Einen Ersatz oder, richtiger gesagt, eine Ergänzung fand man in der neuen Wissenschaft der Anthropologie, die im achtzehnten Jahrhundert imposante Fortschritte erzielte. Wissenschaftler begannen jetzt, die Menschen nach ihrer Hautfarbe, nach Größe und Gestalt ihres Körpers, nach Form und Abmessungen ihres Schädels zu klassifizieren. Von den Anthropologen ausgehend, beeinflußte dieses neue Wissen so bedeutende Geister wie Johann Gottfried Herder (1744–1803) und Immanuel Kant (1724–1804), die beide ethnischen und sogar rassischen Faktoren große Bedeutung in Kultur und Geschichte beimaßen.

Herder und Kant waren ebenso wie die frühen Anthropologen noch Männer der Aufklärung. Ihrer eigenen Rasse verhaftet, waren sie gleichwohl bereit, einige andere Rassen zu respektieren, und sie entwickelten keine Lehre der rassischen Überlegenheit. Aber einige Autoren des späten achtzehnten und frühen neunzehnten Jahrhunderts führten einen neuen Gedanken ein, der weitreichende und verheerende Folgen haben sollte. Die Menschen hatten schon immer gewußt, daß andere Menschen, die ihnen hinsichtlich der Rasse oder anderer Kollektiveigenschaften nicht glichen, anders waren, fremd und aller Wahrscheinlichkeit nach feindlich gesonnen. Sie lehrte man jetzt, daß der andere nicht nur anders, sondern auch minderwertig sei, und deshalb genetisch verurteilt zu einer untergeordneten Rolle, aus der man ihn nicht entkommen lassen dürfe. Besonders die Schwarzen waren nach dieser Lehre nicht etwa nur unzivilisiert – ein Umstand, der Umwelteinflüssen und historischen Faktoren zugeschrieben werden konnte. Nein, sie waren auch – im Gegensatz zu den weißen Wilden, die in der Antike die Wälder Nordeuropas durchstreiften – außerstande, zivilisiert zu werden; deshalb waren sie – und hier lag des Pudels Kern – am besten für ein Leben nützlicher Knechtschaft geeignet. Ein ähnliches Argument, ähnlichen Zwecken dienend, findet sich bei einigen islamischen Philosophen des Mittelalters, mit dem Unterschied, daß es von ihnen auf die Hellhäutigen aus dem Norden ebenso angewendet wurde wie auf die Dunkelhäutigen aus dem Süden, die sich beide von dem hellbraunen Ideal des Nahen Ostens unterschieden und die deshalb, in dieser Sicht, von Gott geschaffen worden waren, um jenen zu dienen.

Die Anwendung dieser neuen Art von Rassismus auf die Juden scheint aus dem Anfang des neunzehnten Jahrhunderts zu datieren; gefördert wurde sie durch den deutschen Kampf gegen die napoleonische Herrschaft und gegen französische revolutionäre Ideen. In einem 1803 veröffentlichten Flugblatt mit dem Titel »Wider die Juden: Ein Wort der Warnung an alle unsere christlichen Mitbürger ...« argumentiert der Verfasser so: »Daß die Juden eine ganz besondere Menschenrasse sind, kann von keinem Geschichtsforscher und Anthropologen bestritten werden. Die ehemals sehr allgemeingültige Behauptung, daß Gott die Juden mit einem besonderen Gestanke und mit mancherlei Erbübeln, geheimen Krankheiten und ekelhaften Gebrechen bestraft hätte, ist so wenig gründlich zu erweisen, als in jeder möglichen teleologischen Rücksicht vollständig zu widerlegen.«[13] An diesem Beispiel wird das charakteristische Gemisch aus mittelalterlicher Bigotterie und moderner Pseudowissenschaft ganz besonders deutlich. Im weiteren Verlauf des neunzehnten Jahrhunderts sollte es dann immer geschickter angerührt werden.

Die Lehre, daß die Rassen ungleich seien und tatsächlich in einer Hierarchie von der höchsten bis zur tiefsten eingestuft werden könnten, war nicht gänzlich neu. Man kann sie schon bei Aristoteles und anderen griechischen Autoren der Antike finden, und sie erscheint dann wieder bei den islamischen Philosophen des Mittelalters. Bei den alten Griechen, den Moslems des Mittelalters und den modernen Philosophen diente sie dem gleichen Zweck – die Sklaverei zu rechtfertigen. Während selbst Herder und Kant bisweilen ihre eigenen

Grundsätze verrieten, jener in seinen Bemerkungen über Neger, dieser in seinen Hinweisen auf Juden, gab es andere, die vorzogen, was der große deutsche Wissenschaftler und Humanist Alexander von Humboldt zu diesem Thema zu sagen hatte: »Indem wir die Einheit des Menschengeschlechtes behaupten, widerstreben wir auch jeder unerfreulichen Annahme von höheren und niederen Menschenrassen ... Alle sind gleichmäßig zur Freiheit bestimmt.« Seinen Bruder, Wilhelm von Humboldt, zitierend, strebte er danach, »die gesamte Menschheit ohne Rücksicht auf Religion, Nation und Farbe, als einen großen, nahe verbrüderten Stamm, als ein zur Erreichung eines Zweckes, der freien Entwicklung innerlicher Kraft, bestehendes Ganzes zu behandeln«.[14]

Lehren von der rassischen Ungleichheit fehlen keineswegs völlig, sind aber ein relativ unbedeutendes Thema in der antijüdischen Literatur bis weit in die zweite Hälfte des neunzehnten Jahrhunderts hinein. Selbst Graf de Gobineau, dessen *Essay über die Ungleichheit der Rassen*, veröffentlicht 1853–55, zu einem Klassiker des modernen Rassismus wurde, befaßte sich nicht eigentlich mit den Juden. Der Angriff auf die Juden konzentrierte sich vielmehr auf zwei neue Beschuldigungen, die sich beide aus der Emanzipation der Juden in Westeuropa und ihrem Eintritt in die europäische Gesellschaft ergaben. Die eine lautete, daß der Jude sich der Assimilation widersetze; die andere, daß er sie zu wirkungsvoll betreibe. Die erste war eine moderne Neuformulierung einer seit der Antike vertrauten Anklage, paradigmatisch formuliert von Haman, dem klassischen Judenhasser, der zu König Ahasveros sagte: »Es ist da ein Volk, das wohnt zerstreut und abgesondert unter den Völkern in allen Provinzen deines Reiches; ihre Gesetze sind anders als die aller übrigen Völker, und die Gesetze des Königs halten sie nicht, so daß es sich für den König nicht ziemt, sie gewähren zu lassen.« (Esther 3:8) In milderer Form wird die gleiche Anklage von einer Anzahl griechischer und römischer Autoren erhoben, die nicht verstehen konnten, warum die Juden darauf beharrten, ihren eigenen ganz besonderen, zugleich ausschließlichen und universalen Gott zu verehren und ihm zu gehorchen, und warum sie sich nicht damit zufrieden gaben, ihn und seinen Ritus ihren Platz in dem wechselseitig toleranten Polytheismus der hellenistischen und römischen Welt einnehmen zu lassen.

Die Könige und die Kirchenfürsten des Mittelalters brachten mehr Verständnis auf für die Haltung der Juden und bestanden noch nachdrücklicher als die Juden selbst, wenn auch aus etwas anderen Gründen, auf deren Absonderung. Das Vierte Laterankonzil, einberufen von Papst Innozenz III. im Jahre 1215, verfügte, daß Juden ein besonderes Kennzeichen auf ihrem Obergewand zu tragen hatten, um sie von Christen deutlich zu unterscheiden. Diese Neuerung, zweifellos inspiriert von einer früheren islamischen Praxis, breitete sich sehr schnell aus, und das »Schandmal«, gewöhnlich von gelber Farbe, wurde in vielen Teilen Europas für Juden obligatorisch. Das Ghettosystem wurde sogar schon früher eingeführt. Überall in Europa unternahmen kommunale Behörden sporadisch Versuche, die Juden an verschiedenen Orten abzusondern, und im Jahre 1179 beschloß das Dritte Laterankonzil, daß Christen, »die sich erdreisten, mit ihnen [den Juden] zu leben, exkommuniziert werden müssen«.[15] Mit dem Wachsen der Feindseligkeit wurde aus dem, was als jüdische Nachbarschaft begonnen hatte, eine Form erzwungener Absonderung. Das Wort Ghetto scheint zum erstenmal in Venedig gebraucht worden zu sein, wo die Juden im Jahre 1516 Anweisung erhielten, nur in einem bestimmten Teil der Stadt zu wohnen, der Ghetto genannt wurde, ein venezianisches Wort, das Kanonengießerei bedeutete. Dieses Vorgehen – und der Name Ghetto – breiteten sich sehr schnell auf andere italienische Städte und dann auf andere Teile Europas aus. Das Wort bezeichnete schließlich allgemein die von Mauern mit schweren Toren umgebenen Quartiere, in denen zu leben die Juden per Gesetz gezwungen wurden, und die sie nur zu bestimmten Zeiten und nur nach Einholen einer besonderen Erlaubnis verlassen durften.

Die nachchristlichen und manchmal antichristlichen Deisten und Liberalen sahen keinen Grund, derartige Unterscheidungen beizubehalten. Sie betrachteten sie als Teil der alten Ordnung, die sie umstürzen wollten. Für sie war das Absondern der Juden ein Übel, vor allem für die Juden selbst, die die Opfer dieses Vorgehens waren. Manche versahen ihre Haltung sogar mit einem gleichsam rassischen Inhalt, indem sie die lange Liste der den Juden zugeschriebenen bösen Eigenschaften für zutreffend erklärten, ihre Entstehung aber nicht nur den Umwelteinflüssen der Verfolgung und Unterdrückung zuschrieben, sondern auch den genetischen Folgen übermäßiger Inzucht.

Kaiser Napoleon ist ein gutes Beispiel für die gemischten und manchmal konfusen Erkenntnisse und Intentionen der Revolutionäre und ihrer Nachfolger hinsichtlich der Juden. Napoleon hat nie besondere Unterdrückungsmaßnahmen gegen Juden angeordnet, und er scheint ihnen gegenüber wohlwollend eingestellt gewesen zu sein. Im Jahre 1798, zur Zeit des Ägypten-Feldzuges, erließ er sogar eine Proklamation an die Juden, in der er sie aufforderte, sich für seine Truppen rekrutieren zu lassen und zu helfen, ihr gelobtes Land zurückzuerobern.[16] Daraus wurde dann nichts, wie man weiß, aber die jüdische Frage beschäftigte ihn gelegentlich auch weiterhin. Wie bei anderen seiner Zeitgenossen, so scheinen sich in Napoleons Stellungnahmen zur jüdischen Frage Reste mittelalterlicher kirchlicher Bigotterie mit den Anfängen der neuen Pseudowissenschaft zu vermischen. Für Napoleon waren die Juden eine Rasse, beeinträchtigt durch schlechtes Blut: »Das Gute setzt sich nur langsam durch, und eine Masse verdorbenen Blutes bessert sich nur mit der Zeit.« Napoleons Lösung war umfangreiche Blutsmischung: »Kommt auf drei Eheschließungen nur eine zwischen einem Juden und einem Franzosen, dann hat das Blut der Juden keinen besonderen Charakter mehr.«[17] Man wird bemerkt haben, daß die Blutsmischung durch Heirat, die er sich wünschte, zwischen Juden und Franzosen stattfinden sollte, nicht zwischen Juden und Christen, und daß der Unterschied zwischen beiden einer des Blutes war, nicht des Glaubensbekenntnisses.

Graf Stanislas de Clermont-Tonnerre verlieh einer verbreiteten Anschauung Ausdruck, als er die französische Nationalversammlung im Dezember 1789 beschwor, »den Juden als Nation alles zu verweigern, den Juden als Individuen alles zu gewähren«. Es herrschte unter Philosemiten allgemein die Ansicht vor, daß das abgesonderte Dasein der Juden eine Anomalie und die Ursache all der vielen jüdischen Defekte sei, deren Vorhandensein sie ohne weiteres zugaben. Die Lösung bestand darin, Schluß mit der Anomalie zu machen. Die Juden sollten aus ihren Ghettos auftauchen und in jeder Beziehung Teil der allgemeinen Bevölkerung werden – mit anderen Worten, sie sollten aufhören, in jedem noch bedeutungsvollen Sinne Juden zu sein. Lessing, der vielleicht größte unter den europäischen Philosemiten, machte sich auf subtile Weise über diese Einstellung lustig.

In einem seiner Stücke entdeckt ein vulgärer Schreihals, ein antisemitischer Diener, plötzlich, daß sein von ihm hochverehrter Herr Jude ist. Er versucht nun, seine früheren antijüdischen Äußerungen zu entschärfen, indem er zur Verteidigung der Juden anführt: »Es gibt doch wohl auch Juden, die keine Juden sind.«[18] Einige Juden reagierten auf diese Art von Verteidigung und die implizit darin enthaltene Einladung mit Begeisterung; andere mit Empörung. Beide Arten der Reaktion kann man bis auf den heutigen Tag unter Juden antreffen.

Während diejenigen Juden, die unbedingt im Ghetto bleiben wollten, eine Art von Entrüstung weckten, fanden ihre Brüder, die die Einladung, das Ghetto zu verlassen, annahmen, sich bald mit einer anderen, viel ernsteren und gefährlicheren Art von Ressentiment konfrontiert. Es dauerte nicht lange, da begannen Juden in wachsender Zahl in die höheren Lehranstalten zu drängen, in die Universitäten und schließlich – wenn sie denn aufgenommen wurden – in die akademischen Berufe. Wie im Mittelalter, trafen sie in den Welten des Handels und der Finanzen noch auf die wenigsten Hindernisse. Aber während sie im Mittelalter – mit wenigen Ausnahmen – nur Höker oder Wucherer gewesen waren, wurden die Erfolgreichsten unter ihnen im Europa des neunzehnten Jahrhunderts Bankiers und Makler, Finanziers und Unternehmer. Solche Höhen erklommen natürlich nur wenige, aber es waren doch genug, um den Rohstoff für die Entstehung neuer Klischees abzugeben.

Die Romanliteratur englischer, französischer und deutscher Sprache aus dem neunzehnten und teilweise auch dem zwanzigsten Jahrhundert hat einige interessante jüdische Charaktere zu bieten, die die bisweilen positive, häufiger jedoch negative Reaktion des christlichen Europas auf dieses neue Element widerspiegelten, das in seine Mitte eindrang. Da gibt es zum Beispiel die Darstellung des Juden durch Trollope in England und Balzac in Frankreich als des habgierigen Emporkömmlings, des ehrgeizigen und raffgierigen Parvenüs, der durch seine besondere Begabung, Reichtum zu erwerben und ihn für seine Zwecke dienstbar zu machen, korrumpierend und dominierend wirkt. Die Gestalt des korrumpierenden Parvenüs ist keineswegs ausschließlich oder auch nur vorherrschend jüdisch, aber es hat immer Autoren gegeben, die die von T.S. Eliot in zwei berühmten Zeilen ausgedrückte Wahrnehmung teilten:

The rat is underneath the piles.
The jew is underneath the lot.[19]
(Die Ratte ist unter dem Holzstoß.
Der Jude ist unter der Welt.)

Vom Mittelalter bis zur Gegenwart haben die Juden in der Christenheit nicht nur Ankläger, sondern auch Verteidiger gehabt.[20] Wenn einige Päpste das Ghetto und das gelbe Abzeichen erzwangen, versuchten andere, die Bürde der Juden leichter zu machen. Unter diesen ragte Innozenz IV. hervor, der die Verleumdung vom schlechten Blut als Lüge brandmarkte und den Talmud gegen seine Verleumder in Schutz nahm. Für die gleiche Sache schlugen sich christliche Gelehrte, so im sechzehnten Jahrhundert der deutsche Kirchenrechtsgelehrte und Hebraist Johannes Reuchlin, in jüngerer Zeit Gelehrte wie Theodor Nöldeke und Franz Delitsch in Deutschland und Pawel Konstantinowitsch Kokowstow in Rußland, die ihren wissenschaftlichen Ruf einsetzten, um die Ritualmord-Anklage zurückzuweisen. Ein bemerkenswertes Beispiel war eine 1880 von deutschen Professoren veröffentlichte Verurteilung des Antisemitismus, die sogenannte »Notabeln-Erklärung«, zu deren Unterzeichnern so hervorragende Gelehrte und Wissenschaftler wie Johann Gustav Droysen, Theodor Mommsen, Rudolf Virchow und Ernst Werner von Siemens gehörten.[21] Es gibt auch einen literarischen Philosemitismus. Lessing in Deutschland, Gorki und Andrejew in Rußland, Emile Zola und Anatole France in Frankreich haben zur Verteidigung der Juden im allgemeinen wie auch einzelner Juden, die Angriffen ausgesetzt waren, geschrieben und gesprochen. In England haben Byron, Browning und George Eliot in ihren Schriften tiefe Sympathie für die jüdischen Nöte und Hoffnungen bekundet, und selbst Shakespeare hat seinem Juden Shylock, obwohl er ihn mit offensichtlich von herkömmlichen antisemitischen Vorstellungen geprägten Klischees versah, dennoch einige edle Sätze geschenkt, in denen die Klage des Juden über seine Verfolger und sein Appell an ihre schlichte Menschlichkeit Ausdruck finden.

Um die Mitte des neunzehnten Jahrhunderts fand sich der Antisemitismus von einer neuen theoretischen und polemischen Literatur unterstützt, die den Juden als einen bösen und gefährlichen Eindringling in die europäische Gesellschaft zeichnete, dessen schädlichem Treiben Einhalt geboten werden müsse, wenn die Gesellschaft überleben wolle. Die jüdische Andersartigkeit und Gefahr werden nun überwiegend, wenn auch nicht ausschließlich, eher in rassischen als in religiösen Begriffen definiert. Wie die Anthropologie den Vorwand für die frühere Woge des gegen die Schwarzen gerichteten Rassismus geliefert hatte, so lieferte die Philologie jetzt eine Theorie und ein Vokabular für antijüdischen Rassismus. Die Völker Europas waren Arier; die Juden waren Semiten. Als solche waren sie fremdartig, minderwertig und schädlich.

Den neuen Antisemiten war es nicht um Religion zu tun. Tatsächlich lehnte Wilhelm Marr, der Erfinder des Begriffs Antisemitismus, jede religiöse Polemik als »stupide« ab und erklärte, er selbst würde die Juden gegen religiöse Verfolgung verteidigen. Für ihn lag das Problem nicht in der Religion, die man wechseln konnte und die ohnehin unwichtig war, sondern in der letzten und höchsten Realität, und das war die Rasse. In seiner Broschüre *Der Sieg des Judenthums über das Germanenthum* macht er den Juden sogar eine Art Kompliment, da ihre »rassischen Qualitäten« sie befähigt hätten, allen ihren Verfolgern zu widerstehen und ihren Kampf gegen die westliche Welt achtzehn Jahrhunderte lang durchzuhalten. Am Ende hätten sie ihren Sieg errungen und die westliche Welt erobert und unterworfen.[22] Während die Philosemiten in ihrer Auseinandersetzung mit den Juden oft Verachtung mit gutem Willen paaren, legen die Antisemiten häufig eine Mischung von Respekt, ja Hochachtung, und Böswilligkeit an den Tag.

Ein wichtiges Element bei der Entwicklung des rassischen Antisemitismus war die steigende Zahl der jüdischen Konvertiten zum Christentum. Die Öffnung der Ghettos hatte einen neuen Ehrgeiz bei den Juden geschaffen, den das langsame Tempo der Emanzipation nicht befriedigen konnte. Einige fanden eine Abkürzung des Prozesses durch das Taufbecken. Benjamin Disraeli wäre nie englischer Premierminister geworden, hätte sein Vater ihn nicht in der Kindheit getauft; Heinrich Heine hätte zweifellos Gedichte geschrieben, aber ohne das »Entrée-Billet der Taufe«, wie er es nannte, wäre er nie zu so großem Ruhm und Einfluß gelangt. Wieder regte sich, wie schon im spätmittelalterlichen Spanien, ein gewisses Mißtrauen hinsichtlich der Aufrichtigkeit dieser Konversionen, die sich ja vielleicht nicht wie in der Vergangenheit auf Zwang, sondern auf Ehrgeiz zurückführen ließen. In einer Ära der religiösen Verfolgung hatte der Jude die Möglichkeit des Seitenwechsels. Indem man die unabänderliche Qualität der Rasse an die Stelle des Glaubens setzte, nahm man ihm diese Möglichkeit, und selbst seine Nachkommen waren in den Fluch einbezogen.

Ganz allgemein war die Rasse ein bedeutendes und oft beherrschendes Thema in der europäischen Literatur des neunzehnten Jahrhunderts zu nationalen, gesellschaftlichen, kulturellen und oft sogar politischen Fragen. Die meisten dieser Schriften waren nicht rassistisch in dem Sinne, daß andere Rassen als minderwertig betrachtet und einer entsprechenden Behandlung anempfohlen wurden, und ein großer Teil befaßte sich mit Identitäten und Loyalitäten, die man heutzutage eher als ethnisch denn als rassisch bezeichnen würde. Aber im neunzehnten, und oftmals bis in das zwanzigste Jahrhundert hinein, wurde kein Unterschied zwischen beidem gemacht, und die Erörterung dieser Thematik spiegelt oft eine unheilige Mischung verschiedener, oft gar nicht dazugehöriger Dinge wider – die physische Klassifizierung der Anthropologen, die sprachliche Klassifizierung der Philologen, die ästhetischen Vorlieben der Romantiker und die Realitäten der historischen, kulturellen und politischen Identität, die, wenn überhaupt, von allenfalls entfernter Relevanz sein mochten.

In Osteuropa waren die Juden mit ihrer eigenen Sprache, Kultur und Lebensweise ganz offenkundig eine Rasse in dem damals üblichen Sinn des Begriffs. Auch in Mitteleuropa, wo Rassen- und Nationalitätsprobleme im Vordergrund des philosophischen wie des politischen Interesses standen, betrachtete man die Juden als eine eigene Rasse, die entweder assimiliert oder ausgeschlossen werden mußte, je nachdem, welche dieser beiden vorherrschenden Ansichten über die Lösung der Judenfrage gerade vorherrschte. Nur in England, Frankreich, Italien und Holland, wo die jüdischen Gemeinden relativ klein waren und wo im Gegensatz zu den Konfusionen der Kleinstaaten und polyglotten Reiche Mittel- und Osteuropas die politische und die nationale Identität gleichgesetzt wurden, durften die Juden hoffen, als Bürger und Angehörige der Nation akzeptiert zu werden. In Frankreich neigte man dazu, darin eine Art Lossagung vom Jüdischsein zu sehen, ausgenommen nur eine eng definierte religiöse Bindung. In Großbritannien, wo man eher partikularistisch als zentralistisch eingestellt war und wo eine aus vier Rassen, der englischen, schottischen, walisischen und irischen, bestehende britische Nation ein vielgestaltiges Muster des Pluralismus bot, war dieses Opfer nicht gefordert. In den bunten Einwanderergesellschaften der beiden Amerikas konnten die Juden billigerweise als eine Gruppe unter vielen gelten, die allesamt ihren Beitrag zum vielgestaltigen Geflecht des nationalen Lebens leisteten.

Trotz des Umfangs und der Heftigkeit der antisemitischen Literatur bewirkte sie, von einer Ausnahme abgesehen, im Europa des neunzehnten und frühen zwanzigsten Jahrhunderts nicht mehr als eine Verzögerung im Voranschreiten der jüdischen Emanzipation und hinterließ nichts Schlimmeres als ein paar übriggebliebene Barrieren in Erziehung, Beruf und Gesellschaft. Die eine Ausnahme war das Zarenreich, wo die Theorien des Antisemitismus größere Verbreitung fanden und auf fruchtbaren Boden fielen. In Deutschland, Österreich und Frankreich erzielten die Antisemiten trotz ihrer gelegentlichen intellektuellen und akademischen Erfolge kaum bedeutende politische Resultate – und dies ungeachtet der Unterstützung durch so prominente Gestalten wie den Musiker Richard Wagner und den Historiker Heinrich Treitschke, der verantwortlich war für den in Nazi-Zeiten vielgebrauchten Satz »Die Juden sind unser Unglück«. Der erste Politiker, der eine Wahl mit einem antisemitischen Programm gewann, war der österreichische katholische Populist Karl Lueger, Führer der Österreichischen Christlich-Sozialen Partei. Gegen den Widerstand des Großbürgertums, des höheren Klerus und der höheren Beamtenschaft sowie des Hofes, aber mit der starken Unterstützung des Papstes und des Päpstlichen Nuntius gelang es ihm, die Wahl zum Wiener Bürgermeister mit überwältigender Mehrheit zu gewinnen. In seinem neuen Amt tat er dann aber wenig, um den Juden zu schaden; ganz im Gegenteil, er dinierte im Hause jüdischer Bankiers und nahm in seiner Amtstracht als Bürgermeister an einem Synagogengottesdienst teil. Wurde er von seinen konsequenteren Anhängern wegen solcher Eskapaden getadelt, antwortete er mit einem Satz, der später berühmt werden sollte: »Wer ein Jud ist, das bestimme ich.«[23]

In Frankreich schien die Dreyfus-Affäre eine Zeitlang die Bürgerrechte, ja die persönliche Sicherheit der Juden im Lande zu gefährden. Diese Gefahr ging jedoch vorüber, und trotz immer wieder auftauchender antisemitischer Agitation schien die Gefahr antisemitischer Aktion sehr gering zu sein, bis sie plötzlich und in verheerender Weise von der Kollaborateursregierung in dem von Nazi-Deutschland besetzten Frankreich verwirklicht wurde.

In den englischsprachigen Ländern erlangte der Antisemitismus nie das Niveau intellektueller Respektabilität, dessen er sich zuzeiten in Frankreich, Deutschland, Österreich und Rußland erfreute. Die Versuche von Gestalten wie Goldwin Smith und E.A. Freeman, im neunzehnten Jahrhundert einen rassischen Antisemitismus nach deutschem Vorbild in Schwung zu bringen, hatten ebenso wie die späteren Versuche von Hilaire Belloc und G.K. Chesterton, die französische klerikale Spielart zu importieren, geringen oder keinen Erfolg. Das ist um so bemerkenswerter, als die englische Literatur eine ebenso reich besetzte Galerie jüdischer Schurken zu bieten hat wie jede andere Literatur in Europa auch – angefangen mit den angeblichen Mördern des Heiligen Hugh von Lincoln in mittelalterlichen Legenden und Chroniken bis hin zu so unterschiedlichen Gestalten wie Shylock, Barabas, den Juden von Malta, Fagin, Svengali, die raffinierten Stereotypen von Graham Greene und T.S. Eliot und die wohlfeilen Stereotypen von John Buchan und Agatha Christie.[24]

Vorurteile gegen Juden hat es natürlich auch in diesen Ländern immer gegeben, und sie wurden gelegentlich sogar zu einem Faktor von einiger, wenn auch nie sehr großer politischer Bedeutung. Rassistische Ideen im allgemeinen und Antisemitismus im besonderen sind im amerikanischen Einwanderungsgesetz von 1924 und in der Art seiner Anwendung klar erkennbar. Bezeichnenderweise figurieren die Juden hier als »die hebräische Rasse«. Restriktive Quoten und Sperrklauseln verschiedener Art wirkten sich gegen Juden in Amerika aus, nicht nur im Augenblick ihrer Ankunft im Lande, sondern auch in verschiedenen nachfolgenden Stadien. Das war besonders auffällig in den zwanziger und dreißiger Jahren unseres Jahrhunderts, als rassistische Ideen im Schwange waren. Noch in den fünfziger Jahren gab es etliche Hochschulen, Clubs, Hotels und Aufsichtsräte, die Hitler und Stalin aufgenommen hätten, nicht jedoch Einstein oder

Freud. Lebhaft erinnere ich mich an ein Gespräch vor etwa dreißig Jahren mit einem Studenten, als ich, frisch im Lande eingetroffen, Aufklärung suchte über das (für mich) mysteriöse Phänomen der studentischen Bruderschaften, der »Fraternities«. Der Student, bei dem es sich zufälligerweise um den Sohn des College-Dekans handelte, erklärte mir, wie diese Verbindungen organisiert waren und wie sie funktionierten, und er bemerkte beiläufig, daß sie normalerweise keine Juden oder Schwarzen aufnähmen, »weil wir glauben, daß sie sich unter ihresgleichen wohler fühlen würden«. Doch in den letzten Jahrzehnten sind in den englischsprachigen Ländern so gut wie alle diese Barrieren verschwunden.

Der Antisemitismus in der englischsprachigen Welt hat in neuerer Zeit niemals einen Punkt erreicht, wo man sich in intellektuellen oder politischen Kreisen öffentlich zu ihm bekennen konnte. Der angelsächsische Antisemitismus ist da, wo er existiert, im großen und ganzen verstohlen, getarnt und heuchlerisch. In Großbritannien und den Vereinigten Staaten ebenso wie in den anderen englischsprachigen Ländern sind die politischen Rechte, die die Juden im neunzehnten Jahrhundert errungen haben, seither nie ernstlich in Frage gestellt worden, und in diesen Ländern haben sich die Juden – anders als in den meisten Ländern des europäischen Kontinents – niemals einem Sperrfeuer feindseliger Propaganda und politischer Kampagnen sowie gesetzlichen Restriktionen und gewalttätigen Ausschreitungen ausgesetzt gesehen. Ein deutscher Jude kommentierte im Jahre 1890: »Der Engländer ist wirtschaftlich zu gebildet, als daß man ihm vorlügen dürfte, er werde von einer Handvoll Juden beherrscht. Er wäre auch zu stolz, etwas Derartiges zu glauben.«[25] Der Yankee würde sich, wie Mark Twain bezeugt hat, noch viel weniger diesen mittel- und osteuropäischen Alpträumen von einer Beherrschung durch schlauere Geschäftsleute und scharfsinnigere Finanziers hingeben.[26] Dieses angelsächsische Selbstbewußtsein hat es Benjamin Disraeli, einem jüdischen Konvertiten zum Christentum, ermöglicht, dem britischen Parlament zu erklären, daß die Juden eine überlegene Rasse und von Natur aus Aristokraten seien. Als Reaktion erfolgte nichts Schlimmeres als »gelegentliche Oh! Oh!-Rufe und viele andere Zeichen einer allgemeinen Ungeduld«. Disraelis Rede löste auch einige außerparlamentarische Kommentare aus, die wichtigsten aber –

unter ihnen eine von Thackeray im *Punch* veröffentlichte Parodie – brachten Belustigung zum Ausdruck, nicht Unmut.[27]

Disraelis eigene Schriften sind ein interessantes Beispiel dafür, wie der assimilierte Jude oder der ehemalige Jude von den Gedanken der Zeit beeinflußt werden konnte. Traditionsverhaftete Juden, gewöhnt an die Kost traditioneller Literatur, mochten sich noch als Hüter des jüdischen Glaubens und als Angehörige einer nach rabbinischem Gesetz definierten jüdischen Gemeinde sehen. Juden, die den Schritt hinaus taten und zu einem Teil Europas wurden, gerieten unweigerlich unter den Einfluß aktueller europäischer Ideen, selbst solcher, die ihnen gegenüber feindlich waren. Während englische Liberale wie William Hazlitt und Lord Macaulay die jüdische Emanzipation mit dem Argument verteidigten, daß das Jüdische nicht mehr sei als ein Zufall der Geburt, nicht bedeutsamer als rote Haare oder blaue Augen, bezog Disraeli die entgegengesetzte Position und verkündete: »Alles ist Rasse: Es gibt keine andere Wahrheit.« Disraelis Besessenheit von der Rasse und seine Lobeshymnen auf die jüdische Macht und Größe haben keinerlei Grundlage in der jüdischen religiösen oder historischen Überlieferung. Seine Sicht der Rolle der Juden unterscheidet sich nicht wesentlich von derjenigen der Antisemiten, sondern ist einfach mit umgekehrten Vorzeichen versehen – sie präsentiert sich mit Stolz anstelle des Hasses. Eine Eigenschaft, die Disraeli kurioserweise mit den Antisemiten teilte, bestand darin, daß er vielen Menschen eine jüdische Herkunft andichtete, die überhaupt keine jüdischen Verbindungen hatten. Der Unterschied bestand natürlich darin, daß die Antisemiten diejenigen, die sie hassen, zu Juden machen, während Disraeli mit denen so verfuhr, die er am meisten bewunderte. Disraelis Phantasien wurden eifrigst von den Antisemiten aufgegriffen und verwendet, die schon immer eine starke Neigung hatten, jüdische Quellen zu zitieren, wenn sie welche ausfindig machen konnten, und sie einfach zu erfinden, wo das nicht gelingt.

Den gleichen ehrfürchtigen Glauben an die jüdische Macht findet man manchmal bei einigen nichtjüdischen Sympathisanten des Zionismus – sogar, zum Beispiel, bei einigen Fürsprechern der Balfour-Erklärung, die in ihr ein Mittel erblickten, um das »internationale Judentum« für die Sache der Alliierten zu gewinnen. Dieser Glaube taucht gelegentlich sogar heute noch auf, wenn er auch seine Überzeugungskraft angesichts der offenkundigen Unfähigkeit des »internationalen Judentums«, etwas gegen Hitler oder seine Nachfolger in Sachen Feindschaft gegen das Judentum auszurichten, größtenteils verloren hat. Das Staunen über die geheimnisvolle Macht des Judentums ist dem Respekt vor der politischen und militärischen Macht Israels gewichen – dabei spielen rassische Erwägungen allerdings keine Rolle.

In seiner begeisterten Übernahme und Umwandlung antisemitischer Phantasien über jüdische Macht stand Disraeli wahrscheinlich einzig da unter Juden und ehemaligen Juden. Andere getaufte Juden ließen sich von dem, was sie über jüdische Minderwertigkeit und Frevelhaftigkeit lasen, überzeugen und zogen entsprechende Schlußfolgerungen daraus. Prototyp, und vielleicht Archetyp, des Phänomens jüdischen Selbsthasses war ein junger Wiener Jude namens Otto Weininger, der ein weitschweifiges Buch über die moralische und geistige Minderwertigkeit von Frauen und Juden schrieb, wobei er den letzteren Fall für den weitaus ernsteren hielt, und der dann, konsequenterweise, im Alter von vierundzwanzig Jahren Selbstmord beging. Ein anderer getaufter Jude, Karl Marx, beging keinen Selbstmord, aber in seinem antijüdischen Traktat *Zur Judenfrage* scheint er ihn als Kollektivlösung zu empfehlen.

Die Grundthemen des Anti-Judaismus gehen auf die Anfänge der christlichen Ära zurück. Der erste und bei weitem schwerste Anklagepunkt war der des Gottesmordes. Juden hatten Christus zurückgewiesen; mehr noch, sie hatten ihn getötet, und da Christus Gott war, hatten sie Gott getötet. Die moderne Wissenschaft und die moderne Ethik haben die alte und langgehegte Theorie der jüdischen Schuld am Tode Christi in Zweifel gezogen. Schließlich waren die Römer die unangefochtenen Herrscher in Judäa, und die Kreuzigung war eine römische, zu keiner Zeit eine jüdische Form der Todesstrafe. Gewiß, die Berichte der Evangelien lassen eindeutig das Blut Christi auf das Haupt der Juden kommen; aber einige moderne historische Kritiker haben darauf hingewiesen, daß die Autoren der Evangelien sich möglicherweise von dem Wunsch beeinflussen ließen, die Römer zu besänftigen und zu entlasten, die ja die Herrscher der ganzen damals bekannten Welt waren und es noch lange bleiben sollten. Selbst in den Berichten der Evangelien aber werden nur die Juden als schuldig bezeichnet, die tatsächlich anwesend waren. In jüngster Zeit haben einige christliche Ethiker die Frage gestellt, ob es wohl moralisch gerechtfertigt sein könne, jene Schuld auf alle damals lebenden Juden auszudehnen, ganz zu schweigen von der Verurteilung ihrer fernen Nachkommen.

Aber derartige Überlegungen und solche Fragen waren den frühen Christen und den meisten ihrer Nachfolger gänzlich fremd. Nahezu zweitausend Jahre lang ist die Geschichte von Verrat, Anklage und Tod Christi den christlichen Gemütern von Kindheit an eingeprägt worden, durch Katechismus und Sonntagsschule, durch Gebet und Predigt, durch Bilder und Skulpturen, durch Literatur und Musik, durch den ganzen Reichtum und die komplexe Vielfalt der christlichen Zivilisation. Erst im Jahre 1962, nach fast zwei Jahrtausenden, beriet das von Papst Johannes XXIII. einberufene und inspirierte Zweite Vatikanische Konzil eine Resolution über die Entlastung der Juden von der Anklage des Gottesmordes. Die Resolution stieß auf starken Widerstand, insbesondere bei den Bischöfen aus dem Nahen Osten, und wurde dann in modifizierter Form angenommen.[28] Es mag noch viel Zeit vergehen, bis Predigt und Unterricht überall in der christlichen Welt entsprechend abgeändert sind und die von ihnen geprägten Denkgewohnheiten sich wandeln.

Die Kreuzigung wurde als notwendig für die Erfüllung des Gottesplanes zur Erlösung der Menschen angesehen. Dennoch hatten diejenigen, die als verantwortlich für diese Kreuzigung galten, in christlicher Sicht ein Verbrechen begangen, und man betrachtete sie selbst, ihre Landsleute, ihre Glaubensbrüder und ihre Nachkommen bis in alle Ewigkeit gelegentlich als mit einem göttlichen Fluch beladen, den nur die Taufe von ihnen zu nehmen vermochte. Kein geringerer als der heilige Johannes Chrysostomos sprach im vierten Jahrhundert von der Synagoge als dem »Tempel der Dämonen . . . der Höhle der Teufel . . . dem Abgrund des Verderbens«, während St. Augustin darlegte, wie diejenigen, die einst Gottes auserwähltes Volk gewesen waren, nun als Söhne Satans dastanden.[29]

Dieser Fluch wurde vielfältig interpretiert; besondere Bedeutung erlangten Zerstreuung und Unterdrückung, die die Juden nun erleiden mußten. Wer den Juden mißtraute und sie unterdrückte, verrichtete deshalb Gottes Werk. Die Legende vom Ewigen Juden, der ruhelos über die Erde ziehen muß, ohne Rast und ohne Erlösung durch den Tod, bis er schließlich Zeuge des Jüngsten Gerichts wird, symbolisiert diesen Glauben. Der volkstümliche Aberglaube steuerte andere Details zum Fluch der Juden bei, insbesondere den üblen Geruch – *foetor judaicus* –, mit dem Gott sie geschlagen habe. Das allerdings ist ein Beispiel für ein ganz gewöhnliches Vorurteil, da ähnliches auch anderswo geglaubt wird, zum Beispiel glauben es Weiße von Schwarzen und Gelbe von Weißen.

Während des frühen, des sogenannten Finsteren Mittelalters konnten sich die Juden in Europa relativer Ruhe erfreuen. Die Kreuzzüge brachten dann eine neue christliche Militanz. Obgleich diese sich in erster Linie gegen die Moslems richteten, fanden die Kreuzfahrer ihre ersten Opfer in ihren jüdischen Nachbarn. Verschärft wurde die neue Feindschaft durch die unbarmherzigen Angriffe der Franziskaner und der Dominikaner gegen die Juden und das Judentum. Mit den Kreuzzügen beginnt das satanische Element die antijüdische Polemik zu beherrschen. Die Juden werden jetzt als Kinder des Teufels gesehen, denen die Aufgabe zugewiesen ist, das Christentum zu bekämpfen und den Christen Leid zuzufügen. Mit dem Anbruch des zwölften Jahrhunderts werden sie beschuldigt, Brunnen zu vergiften, die geweihte Hostie zu schänden (eine einigermaßen sinnlose Handlungsweise für jemanden, der nicht daran glaubt) und christliche Kinder zu ermorden, um deren Blut für rituelle Zwecke zu verwenden. Die sogenannte Blutverleumdung war ursprünglich von Heiden gegen frühe Christen erhoben worden. Jetzt wurde sie von Christen gegen Juden erhoben, ebenso unberechtigt, aber mit viel tödlicherer Wirkung. Päpste und Bischöfe tadelten von Zeit zu Zeit diese Phantasien, aber die niedere Geistlichkeit scheint sie weithin akzeptiert und weiterverbreitet zu haben. Gelegentlich gelang es diesen Geistlichen auch, ihre Oberen zu überzeugen. Die Vorstellung, die Juden seien im Besitz unbegrenzter diabolischer Kräfte, gewann mit jedem privaten und öffentlichen Unglück in der Christenheit an Überzeugungskraft. Es dauerte nun nicht mehr lange, bis zum erstenmal die Geschichte von einer geheimen jüdischen Regierung aufkam, einer Art Rabbiner-Konzil, das die Christen natürlich im moslemischen Spanien orteten und dem sie unterstellten, einen kosmischen Krieg gegen die Christenheit zu führen.

Gegen so furchtbare Feinde konnten nur die rabiatesten Maßnahmen etwas ausrichten. Es galt, diese Feinde zu isolieren, abzusondern und möglichst zu beseitigen. Von Landwirtschaft, Handel und Handwerk ausgeschlossen, wurden die Juden gezwungen, Wucherer zu sein, und es bildete sich das neue Stereotyp vom Juden als dem gierigen, blutsaugerischen Geldverleiher. Das Geld gesellte sich jetzt der Zauberei als Werkzeug der jüdischen Verschwörung zur Übernahme der Weltherrschaft hinzu.

Mit dem Fortgang des geistigen Reifungsprozesses im christlichen Europa wurde solchen Phantasien allmählich der Boden entzogen, wenngleich sie sich – und vor allem das aus ihnen gespeiste Verhalten – in einigen Regionen als äußerst zählebig erwiesen und beunruhigenderweise von Zeit zu Zeit aufs neue in Erscheinung traten. Der Mythos einer auf die Beherrschung der Welt zielenden jüdischen Verschwörung, die von einer geheimen jüdischen Regierung gelenkt wird, deren Geheimagenten alle Juden sind, tauchte gegen Ende des achtzehnten Jahrhunderts wieder auf und hat sich bis heute gehalten. Diese neue Anschuldigung wurde zuerst von französischen Emigranten erhoben, die Gegner der Revolution und des nachfolgenden napoleonischen Regimes waren. Ein französischer Jesuit namens Barruel veröffentlichte ein umfangreiches Buch, in dem er nachwies, daß die Revolution das Werk einer geheimen Verschwörung von Freimaurern sei. Später – und damit griff er zweifellos der künftigen bedeutenden Rolle der Juden in kontinentaleuropäischen Freimaurerlogen vor – machte er die weitere Entdeckung, daß die Freimaurer selbst nur ein Werkzeug einer tieferen und gefährlicheren Verschwörung seien, der unsichtbaren Regierung der Juden. Die Juden waren es, erkannte Pater Barruel, die die Freimaurerlogen, die Illuminatenbünde und all die anderen antichristlichen Gruppen gegründet hatten. Einige Juden versuchten, sich als Christen auszugeben, um ihre betrügerischen Absichten um so leichter verwirklichen zu können. Sogar in die katholische Kirche seien sie eingedrungen, und allein in Italien seien mehr als achthundert Priester, darunter einige Bischöfe und Kardinäle, in Wirklichkeit jüdische Geheimagenten. Ihre wahre Absicht sei es, »Herren der Welt zu sein, alle anderen religiösen Richtungen und Vereinigungen abzuschaffen, um allein der ihrigen zur Herrschaft zu verhelfen, aus den Kirchen der Christen ebenso viele Synagogen zu machen und den Rest der Christen in eine wirkliche Sklaverei zu führen«.[30]

Pater Barruel machte dann doch seinen Frieden mit dem neuen Regime, dem er so böse Ursprünge zugeschrieben hatte, und nahm die Ernennung zum Kanonikus der Kathedrale von Notre Dame an. Andere aber setzten seinen Feldzug fort. Solch umstürzende Ereignisse wie die französische Revolution, der Aufstieg Napoleons, der Sturz der meisten alten Regime in Europa und die Einsetzung einer neuen und radikal anderen Ordnung an ihre Stelle waren in den Augen einiger minder erleuchteter Gegner dieser Entwicklungen nur durch das Wirken böser und okkulter Kräfte zu erklären. Die Freimaurer, die Illuminaten, die liberalen Philosophen und all die anderen waren sichtbare Manifestationen derselben tiefen Ursache. Die Juden, die soviel Böses zur Zeit der Kreuzzüge angerichtet hatten, sprengten ihre Ketten und waren wieder am Werke. Für einige war Napoleon selbst ein Jude. Häufiger allerdings traf man die Überzeugung an, daß er ein Werkzeug in der Hand jüdischer Verschwörer sei. Solche Argumente verfolgten ihn selbst nach Niederlage und Verbannung; ein deutscher Pamphletist wußte mitzuteilen, daß Napoleon zwar »auf seinem Felsen im Ozean isoliert« sei, daß aber »seine jüdischen Vertrauensleute die Fäden einer Verschwörung in der Hand [halten], die sich nicht nur auf Frankreich, sondern auch auf Deutschland, Italien, Spanien und die Niederlande erstreckt, und deren Ziele in nichts weniger als in der Weltrevolution bestehen«.[31] Ein anderer deutscher Autor warnte in einem 1811 in Nürnberg veröffentlichten utopischen Traktat seine Leser vor dem »philanthropischen Wahn« der Emanzipation, die zum Erscheinen »beschnittener Könige auf den Thronen Europas« führen könne.[32]

Die Feinde der jüdischen Emanzipation konnten auf eine Reihe vielsagender Indizien verweisen. Bis zum achtzehnten Jahrhundert – und noch länger in den rückständigeren Teilen Europas – waren die Juden fast überall verachtete Ausgestoßene gewesen und hatten an den Rändern der europäischen Gesellschaft gelebt, ohne Rechte, ohne Freunde, ohne Ansprüche oder Hoffnungen außerhalb des begrenzten Umkreises ihres eigenen Ghettodaseins. Von sehr wenigen Ausnahmen abgesehen, waren sie von der niedrigsten bis zur höchsten Ebene von allen Formen der Teilnahme am politischen Leben des Landes, in dem sie lebten, ausgeschlossen; sie leisteten keinen Beitrag zu dessen Kultur, und alle Berufe bis auf einige genau spezifizierte und zumeist entwürdigende waren ihnen verboten.

Als es ihnen schließlich in westlichen Ländern gestattet wurde, das Ghetto zu verlassen und am Leben der europäischen Gesellschaft teilzunehmen, legten sie das zusätzliche Maß an Energie und Entschlossenheit an den Tag, das man oft bei heimgesuchten Minderheiten findet, die ums nackte Dasein kämpfen müssen. Sie hatten deshalb beachtliche Erfolge zu verzeichnen. Jüdische Studenten drängten an die Universitäten, von denen sie – mit wenigen Ausnahmen – seit dem Mittelalter ausgesperrt gewesen waren, und strebten danach, sich auszuzeichnen. Oft leisteten sie mehr als die anderen Studenten, für die eine Immatrikulation ohne besondere Anstrengung möglich war und nicht als besonderes Privileg galt. Erfolg schafft Neid in jeder beliebigen sozialen Situation, und das Ressentiment wächst, wenn dieser Erfolg von Menschen errungen wird, die zuvor als Minderwertige und Ausgestoßene gegolten hatten. Die Idee, daß den Juden eine geheime und diabolische Macht zu Gebote stünde, die es ihnen ermöglichte, über brave, ehrliche Christen zu triumphieren, fand jetzt selbst in den fortschrittlicheren Ländern Nord- und Westeuropas ein neues Publikum. Nur auf diese Weise, so meinte man, konnten ein paar Tausend minderwertige Juden sich vielen Millionen überlegener Christen oder Nichtjuden aufzwingen.

Im Mittelalter waren Juden manchmal beschuldigt worden, ihre bösen Absichten mit Hilfe von Zaubersprüchen und Beschwörungen zu verwirklichen. Die wirtschaftlichen Entwicklungen des neunzehnten Jahrhunderts verliehen der Vorstellung von einer anderen Art der Zauberei, der Macht des Geldes, neue Geltung und Verbreitung. Mit dieser Macht, so hieß es nun, beschworen die Juden ungeheure Kräfte herauf, die ihren Befehlen gehorchen und ihre jüdischen Ziele verwirklichen würden. Ausgestattet mit dieser Macht, würden sie imstande sein, die christliche Welt zu besitzen und zu beherrschen.

Nach der festen Überzeugung einer kleinen, aber keineswegs unbedeutenden Zahl europäischer Autoren hätten die Juden ihre Erfolge niemals in offenem und fairem Wettbewerb erringen können. Zu erklären seien diese Erfolge nur durch die mittelalterlichen

Berichte über ein dunkles und heimtückisches Komplott der Kinder Satans, die nach Belieben die Mächte der Hölle zur Hilfe rufen konnten und die, wie der französische katholische Autor Bonald es im Jahre 1806 formulierte, das Ziel anstrebten, »die Christen dahin zu bringen, daß sie nur noch ihre Sklaven wären«. Ein französischer Unterpräfekt sah das Problem im Jahre 1808 als akut an: »Es wäre besser, die Juden aus Europa zu verjagen, als durch sie verjagt zu werden!«[33] Eine derartige Verschwörung mit einem derartigen Ziel setzte offenkundig eine starke zentrale Leitung voraus, und es wurden im Laufe des neunzehnten und zwanzigsten Jahrhunderts etliche verschiedene Ideen zur mutmaßlichen Beschaffenheit der »geheimen jüdischen Regierung« vorgetragen.

Um diese und andere Verdächtigungen zu untermauern oder sie wenigstens plausibel für solche Leute erscheinen zu lassen, die die Mutmaßungen der Antisemiten nicht teilten, bedurfte es der Beweise, ganz gleich, von welcher Qualität sie waren. Man kannte die Juden als hochgebildetes, belesenes Volk, das eine hochgeistige Religion praktizierte. In ihren religiösen Büchern, geschrieben in einer fremdartigen Sprache und versiegelt im Geheimnis einer unbekannten Schrift, suchte man nach der Wahrheit des Bösen. Für Christen war es schwierig, das Alte Testament anzugreifen, da die Kirche es in ihren Kanon aufgenommen hatte. Feindselige Aufmerksamkeit konzentrierte sich deshalb auf diejenigen religiösen Werke, die eindeutig als jüdisch erkennbar waren, nämlich auf die rabbinischen Sammlungen und vor allem auf die berühmteste und wichtigste von ihnen, den Talmud. So nannte man die beiden großen Sammlungen des rabbinischen Gesetzes, die Mischna und die Gemara, die in den frühen Jahrhunderten der christlichen Ära zusammengetragen worden waren, die eine in Babylon, die andere in der römischen Provinz Palästina. In der Sicht der orthodoxen Juden enthalten sie die maßgebliche Formulierung der Halacha, das heißt, des rabbinischen Gesetzes, das Leben und Gottesdienst der Juden regelt. Schon im Mittelalter veranstalteten dominikanische Inquisitoren öffentliche Verbrennungen rabbinischer Texte, vor allem der großen Kodizes des Talmud. Am berühmtesten wurde die Verbrennung zu Paris im Juni 1242. Obwohl einige christliche Gelehrte, unter ihnen auch Geistliche, versuchten, den Talmud zu verteidigen, setzte man die Praxis in anderen katholischen

Ländern fort, und noch im September 1553 wurden der Talmud und andere rabbinische Bücher auf amtlichen Befehl in Rom, Venedig, Cremona und anderen Städten Italiens verbrannt.[34]

Ein neues Stadium begann mit Eisenmengers berühmtem Buch *Entdecktes Judentum*, erschienen im Jahr 1711. Johann Andreas Eisenmenger war Professor für Orientalische Sprachen und scheint dem Talmud einige Aufmerksamkeit geschenkt zu haben. Das Resultat seiner Bemühungen war ein massives zweibändiges Werk, in dem er durch sorgsame Auswahl, gelegentliche freie Erfindung und beständige Fehlinterpretation, die bisweilen auf Unwissenheit, bisweilen auf bösen Willen zurückzuführen war, den Talmud als ein Corpus antichristlicher und in der Tat antimenschlicher Lehren hinstellt. In seinem Text greift er alle Lügen wieder auf, die inzwischen zu Standardwaffen im antisemitischen Arsenal geworden waren – Brunnenvergiftung, Pest, Ritualmord an Kindern und dergleichen mehr –, und versucht sie zu untermauern. Eisenmengers Buch, immer und immer wieder sowohl von christlichen als auch von jüdischen Gelehrten widerlegt, wurde dennoch zu einem Standardwerk der antisemitischen Literatur und ist bis auf den heutigen Tag ein Quellenwerk für antisemitische Anschuldigungen geblieben. Der Gebrauch des Adjektivs talmudisch in einer Vielzahl negativer Bedeutungen wurde zu einem der Merkmale antisemitischer Schriften, und bis heute ist die Verwendung dieses Wortes zur Denunzierung von Handlungen oder Äußerungen führender Israelis ein im allgemeinen zuverlässiger Hinweis darauf, daß der betreffende Redner oder Schreiber von antisemitischem Vorurteil beherrscht ist und nicht einfach nur von Sorge um den Nahen Osten.

Von der Mitte des neunzehnten Jahrhunderts an begannen einige christliche Theologen, einen Angriff gegen das Alte Testament selbst zu führen, trotz seines Ranges als Teil des christlichen Kanons. Besonders beliebt war es, den strengen, rachsüchtigen, skrupellosen jüdischen Gott des Alten Testaments in einen Gegensatz zu dem gütigen, Vergebung gewährenden christlichen Geist des Neuen Testaments zu stellen. Es ist nicht schwer, diese Argumentation zurückzuweisen. Man braucht nur Ermahnungen zur Milde und Güte aus dem Alten und zur Strenge aus dem Neuen Testament zu zitieren. Aber derlei Einwände vermochten es nicht, dieser neuen Angriffslinie

Paroli zu bieten. Verstärkt wurde sie durch den Fortschritt der Archäologie und der Entzifferung der alten Sprachen des Nahen Ostens, die es Gelehrten vor allem in Deutschland ermöglichten, ältere Vorläufer für einige Lehren des Alten Testaments zu finden. Die Herabsetzung des nachbiblischen, das heißt des rabbinischen Judaismus, inzwischen in einem Teil der christlichen Wissenschaft schon zur festgegründeten Tradition geworden, ging weiter; sie wurde jetzt durch die sogenannte Höhere Kritik unterstützt, die in einem Atemzug Theologie, Ethik und sogar Originalität der hebräischen Bibel in Frage stellte. Das griechische Neue Testament blieb vorläufig immun gegen derartige Kritik, und es konnte nicht wundernehmen, daß einige Rabbiner die Höhere Kritik gern als Höheren Antisemitismus bezeichneten. Das war ein zweifellos ungerechter Vorwurf gegenüber vielen hochverdienten Gelehrten der Zeit, von denen einige sich in der Tat größte Mühe gaben, die rabbinische Literatur zu verstehen und zu interpretieren, aber er gewann doch einige Plausibilität durch deren Gepflogenheit, ein Merkzeichen – eine Art bibliographischen gelben Sterns – hinter die Namen von ihnen zitierter jüdischer Autoren zu setzen.[35]

Eisenmengers Buch diente als Grundlage für eines der bedeutendsten Standardwerke der antisemitischen Literatur des neunzehnten Jahrhunderts, *Der Talmudjude* von Kanonikus August Rohling, Professor an der Kaiserlichen Universität zu Prag. Die zahlreichen Falschdarstellungen und Fälschungen, die in diesem Buch versammelt sind, wurden sogleich kritisiert und widerlegt, nicht nur von jüdischen, sondern auch von christlichen Gelehrten, und im Jahre 1885 sah sich Kanonikus Rohling, der als Lügner, Fälscher und Ignorant attackiert worden war, gezwungen, eine Klage wegen Beleidigung anzustrengen, die er aber alsbald unter derart skandalösen Umständen wieder zurückzog, daß er seinen Lehrstuhl aufgeben mußte. Das tat aber dem ungeheuren Erfolg des Buches keinen Abbruch – im Gegenteil. Drei französische Übersetzungen von drei verschiedenen Übersetzern erschienen 1889. Viele neue Auflagen und Übersetzungen folgten, insbesondere während der Hitlerjahre. Die jüngsten Ausgaben sind arabische.

Rohlings Buch, von der halbamtlichen vatikanischen Zeitschrift *Civiltà Cattolica* gutgeheißen, widmet dem Thema des Ritualmords große Aufmerksamkeit und macht es zu einer der Hauptanklagen gegen die Juden. Die weite Verbreitung und die akademische Untermauerung der Blutverleumdung wirkte sich damals praktisch aus. Zwischen 1867 und 1914 wurden vor deutschen und österreichisch-ungarischen Schwurgerichten zwölf Ritualmord-Anklagen gegen Juden verhandelt. Es spricht für die Qualität der damaligen Rechtsordnungen beider Reiche, daß elf der zwölf Prozesse mit Freisprüchen endeten; in dem zwölften, in Österreich geführten Prozeß wurde der Angeklagte des Mordes schuldig gesprochen, doch der Ritualaspekt wurde gestrichen. Dieses Urteil hatte viele Appelle zur Folge, unter anderem von Thomas Masaryk, und der Verurteilte wurde später vom Kaiser begnadigt. Der berühmteste Fall ereignete sich in Tisza-Eszlar in Ungarn, wo im Jahre 1882 fünfzehn Juden des Ritualmordes, begangen an einem christlichen Mädchen, angeklagt wurden. Der Fall wurde zur internationalen Sensation, bevor die Angeklagten am Ende freigesprochen wurden.

Ein anderer Fall, der viel länger dauerte und der noch größere Aufmerksamkeit erregte, war im Jahre 1911 die Verhaftung eines jüdischen Ziegeleiarbeiters namens Mendel Beilis in Kiew in der Ukraine wegen Ritualmordes an einem christlichen Jungen. Die Anklage wurde erhoben, als gerade die Pogrome in Rußland unter starkem internationalen wie innerrussischen Druck zu einem vorläufigen Stillstand gekommen waren, und sie war ein in eine neue Richtung zielender Versuch der Antisemiten, die sich inzwischen auf höchster Ebene in der zaristischen Regierung hatten einnisten können. Man nahm sich zwei Jahre Zeit für die Vorbereitung des Prozesses. Die Anklage wurde von einer antisemitischen Organisation in Zusammenarbeit mit dem Justizminister und der Polizei zusammengestellt. Auf der Gegenseite stand eine imposante Schar russischer Liberaler und Sozialisten, darunter Männer wie der Dichter Maxim Gorki und der Psychologe Iwan Petrowitsch Pawlow. Das Verfahren wurde Ende 1913 eröffnet, und wie in Frankreich der Dreyfus-Prozeß wurde es zu einem Kristallisationspunkt der Auseinandersetzung zwischen entgegengesetzten politischen Kräften in Rußland und zu einem Auslöser verbreiteter Proteste in den demokratischen Ländern des Westens. Zweifellos haben diese Proteste zu einem Teil dazu beigetragen, daß der Prozeß mit einem Freispruch des Angeklagten

»wegen Mangels an Beweisen« und ohne Entscheidung in der Frage des Ritualmordes endete.[36]

Aber während die Anklage des Ritualmordes vor den Gerichten und dem Gesetz niedergeschlagen und zum Teil für nichtig erklärt wurde, kam der Anklagepunkt geheime Verschwörung mit dem Ziel der Weltherrschaft, der sich ja für eine rechtliche Würdigung weniger anbot, wesentlich besser voran. Während die jüdische Emanzipation gegen Ende des neunzehnten und zu Anfang des zwanzigsten Jahrhunderts Fortschritte machte und die Juden im Geschäftsleben und in den Banken, in Kunst und Literatur, im Journalismus und in der Politik immer stärker vertreten waren, begann die Behauptung »Der Jude ist unter der Welt« den vielen Frustrierten und Zornigen als Antwort auf ihre Fragen zu erscheinen und eine Lösung ihrer Probleme anzuzeigen.

Auch für diese Behauptung brauchte man einen Beweistext, und da keiner existierte, nicht einmal als Resultat der Verzerrungen, zu denen die antisemitischen Talmudisten Zuflucht genommen hatten, mußte er erfunden werden. Zu diesem Zweck wurden die berüchtigten *Protokolle der Weisen von Zion* konstruiert. Jeder rationale moderne Leser dieser *Protokolle* muß sich über die Grobschlächtigkeit wundern, mit der die Erfinder dieses Textes zu Werke gingen, und über die Leichtgläubigkeit derjenigen, die sich von ihm überzeugen ließen. Unter den vielen absonderlichen »Geheimnissen«, die in dem Buch enthüllt werden, befindet sich auch die Erkenntnis, daß die Juden die Söhne des Adels zum Studium des Lateinischen und Griechischen veranlassen, weil das die beste Möglichkeit ist, ihre Sitte und Moral zu untergraben, und daß die Juden den Bau von Untergrundbahnen in den wichtigsten Städten Europas anordneten, damit sie, wenn die Zeit gekommen ist, jede Hauptstadt in die Luft sprengen können, die sich ihrer Herrschaft widersetzt. Auch stoßen sich jene, die an die *Protokolle* glauben, nicht daran, daß sich die Juden in ihren eigenen geheimen Schriften in der Rolle von Agenten des Bösen dargestellt haben sollen, noch dazu in der spezifischen Terminologie des christlichen Antisemitismus. Doch trotz dieser und vieler anderer Absurditäten hat das Buch zahllose Neuauflagen erlebt, ist in Millionen Exemplaren verbreitet und dürfte hinsichtlich der Zahl der Sprachen, in die es übersetzt worden ist, einen Rang nahe dem der Bibel einnehmen.[37]

Der Text hat eine kuriose Geschichte. In seiner frühesten bekannten Form hatte er weder mit Juden noch mit Antisemitismus irgend etwas zu tun, sondern bestand aus einem in den sechziger Jahren des neunzehnten Jahrhunderts verfaßten Pamphlet gegen Napoleon III. Die Fälscher nahmen sich dieses Pamphlet vor, setzten das Weltjudentum an die Stelle des französischen Kaisers und bereicherten das Ganze durch eine Anzahl schmückender Details, die sie einem obskuren deutschen Roman entlehnt hatten. Die *Protokolle* erschienen zuerst etwa um das Jahr 1895, und sie waren mit an Sicherheit grenzender Wahrscheinlichkeit das Werk einer in Paris stationierten Gruppe von Mitgliedern der zaristischen Geheimpolizei. Eine Zeitlang wurde das Buch nur in Rußland verbreitet. Selbst dort hatte es nur geringen Einfluß, und außerhalb des Zarenreiches überhaupt keinen. Sein Weltruhm begann mit der russischen Revolution von 1917. Im Laufe des erbitterten Bürgerkrieges, der in den Jahren 1918 bis 1921 über Rußland hinwegtobte, benutzten die Führer der Weißrussen die *Protokolle* ausgiebig, um dem russischen Volk weiszumachen, daß die sogenannte Revolution nichts anderes sei als eine jüdische Verschwörung mit dem Ziel, Rußland eine jüdische Regierung aufzuzwingen als einen Schritt auf dem Wege zur jüdischen Weltherrschaft.

Die *Protokolle* und die mit ihrer Hilfe propagierten Thesen zeitigten ihre Wirkung in den brutalen Judenmassakern während des russischen Bürgerkrieges. Gleichzeitig trugen weißrussische Agenten die *Protokolle* in alle Länder Europas und beider Amerikas als Beweis für ihre Interpretation der wahren Bedeutung der Revolution und der Natur der neuen Regierung in Moskau. Sie waren dabei ganz außerordentlich erfolgreich. In Großbritannien widmeten sowohl die *Times* als auch die *Morning Post* den *Protokollen* ausführliche Berichte, und der *Spectator* forderte gar die Einsetzung einer Kommission zur Untersuchung der Frage, ob die britischen Juden in der Tat »Untertanen einer geheimen Regierung« seien. In Amerika wurden die *Protokolle* unter dem Titel *Die jüdische Gefahr* weit verbreitet, insbesondere durch den Automobilmagnaten Henry Ford, bei dem der Antisemitismus zur Besessenheit geworden war und der eine Artikelserie »The International Jew« (Der internationale Jude) verfaßt hatte, die er später als Broschüre vertrieb.

Im Jahre 1921 veröffentlichte die Londoner *Times* einige Artikel ihres Korrespondenten in Istanbul, der ein Exemplar des ursprünglichen französischen Pamphlets entdeckt und damit die *Protokolle* als Fälschung enthüllt hatte[38]; im Jahre 1927 gab sogar Henry Ford zu, daß seine Anschuldigungen jeder Grundlage entbehrten. Von dieser Zeit an blieben die *Protokolle* in der englischsprachigen Welt auf unbelehrbare Randgruppen beschränkt. In Hitlers Deutschland aber lieferten sie der antisemitischen Propaganda immer neuen Stoff, und wie vor ihnen die weißrussischen Agenten, so sorgten jetzt die nationalsozialistischen Höker des Antisemitismus für die Verteilung der *Protokolle* überall in der Welt.

Die *Protokolle* waren zwar die erfolgreichste, nicht aber die einzige antisemitische Erfindung. Eine weitere, speziell für das amerikanische Publikum zubereitete, ist eine Rede von Benjamin Franklin, in der er die amerikanischen Gründungsväter beschwört, keine Juden in die neue Republik aufzunehmen, und in der er vor den verhängnisvollen Folgen warnt, die eine Mißachtung seiner Worte nach sich ziehen würde. Die Rede ist eine totale Fälschung, aber sie blieb nicht ohne Wirkung. Eine weniger umständliche und weitverbreitete Methode bestand darin, jedem, den man diskreditieren wollte, eine jüdische Abstammung nachzusagen, und dann diese Person zu nehmen, um die Juden zu diskreditieren.

Als der Kapitalismus seinen Einzug hielt, befanden sich die Juden in einer vergleichsweise guten Position, um die neuen Möglichkeiten zu nutzen, die er ihnen bot, was zur Folge hatte, daß sie sowohl wiederaufgelegten als auch gänzlich neuen Anschuldigungen ausgesetzt waren. Als Gemeinschaft, die weder Staat noch Kirche, weder Regierung noch Armee besaß, wurde die ganze Existenz der Juden, ihre Identität selbst, von einem Buch bestimmt; selbst die ärmsten und rückständigsten jüdischen Gemeinden hatten ein Bildungsniveau, das höher war als das der meisten ihrer Nachbarn. Diese Kenntnisse, gepaart mit einem durch Jahrhunderte des talmudischen Studiums geschärften Verstand kamen den Juden in der neuen Ära sehr zustatten. Als Ausgestoßene, die an den Rändern der Gesellschaft lebten und ständig ums nackte Überleben zu kämpfen hatten, waren sie besser gerüstet für die rauhe und ganz und gar unsentimentale Welt des Frühkapitalismus als die verwöhnte Oberschicht und die in den Staub getretenen unteren Klassen der alten gesellschaftlichen Hierarchie. Sie, die Geldverleiher der alten Ordnung, hatten Männer unter sich, die ein Geschick im Umgang mit Geld entwickelt hatten, das sie nun befähigte, sich gegen ihre weniger erfahrenen christlichen Konkurrenten durchzusetzen. Und da sie in ihren eigenen Reihen weder Fürsten noch Prälaten hatten, waren sie schließlich weniger durch machtvolle überkommene Interessen behindert als viele Christen.

Eine stattliche Zahl von Juden begann, Geld – und manchmal sehr viel Geld – mit Handel und Finanzgeschäften zu verdienen. Mit diesem Geld konnten sie ihren Söhnen und – in einem größeren Maße, als das unter Christen der Fall war – ihren Töchtern eine bessere Erziehung und den Zugang zu akademischen Berufen, soweit diese ihnen offenstanden, ermöglichen. Das politische Leben auf praktisch allen Ebenen war den Juden in den meisten Ländern noch immer versperrt. Aber ein aufstrebendes Bürgertum strebt nach politischen Ausdrucksmöglichkeiten. Obwohl es den Juden verwehrt war, Machtpositionen einzunehmen, konnte ihr Geld sie manchmal nahe genug an die Machtinhaber heranführen, um sie beeinflussen zu können. Für einige Christen war jede Verbesserung der bislang demütigenden und verachteten Stellung der Juden in der Gesellschaft eine gegen den Erlöser begangene Schandtat. Andere erblickten in der immer bedeutenderen Rolle, die jüdische Kapitalisten spielten, zumindest eine korrumpierende Kraft, schlimmstenfalls aber einen Versuch, die Weltherrschaft zu übernehmen.

Das Zeitalter des Kapitalismus brachte zwei Hauptbeschuldigungen gegen die Juden mit sich – erstens, daß sie den Kapitalismus geschaffen hätten und ihn aufrechterhielten, zweitens, daß sie versuchten, ihn zu unterminieren und zu zerstören. Die erste dieser beiden Anschuldigungen wurde in zwei Varianten geäußert, zum einen von denjenigen, deren bisherige Vorherrschaft durch den Kapitalismus bedroht und schließlich beendet wurde, zum anderen von denjenigen, die selbst hofften, die kapitalistische Ordnung stürzen und etwas anderes an ihre Stelle setzen zu können. Kirche und Adel waren sich sehr wohl des Niedergangs ihrer Macht bewußt. Zu Recht führten sie diesen unerwünschten Gang der Ereignisse auf den Kapitalismus zurück; das Symptom mit der Ursache verwechselnd, schrieben sie den Aufstieg des Kapitalismus den Juden zu. Es entstand eine umfängliche, meist von Männern der Kirche und des Adels verfaßte Literatur, die sich dieses Themas annahm.

Gleichzeitig entstand unter den sozialistischen Bewegungen, die zu Anfang des neunzehnten Jahrhunderts zum erstenmal hervortraten, eine andere Variante des antikapitalistischen Antisemitismus. Während der Antisemitismus unter den führenden Sozialisten im allgemeinen Sache einer Minderheit war, so war er doch keineswegs bedeutungslos. August Bebel, der 1869 die Sozialdemokratische Partei Deutschlands gründete, soll gesagt haben: »Antisemitismus ist der Sozialismus von Narren.« Wenn dem wirklich so war, dann gab es viele derartige Narren, einschließlich berühmter Vorkämpfer wie Charles Fourier (1772–1837), Alphonse Toussenel (1803–1885), Pierre LeRoux (1797–1871), Pierre-Joseph Proudhon (1809–1865) und, in einigen ihrer Schriften, auch Karl Marx und Friedrich Engels. Für Fourier waren die Juden »Parasiten, Krämer und Wucherer«, die sich ganz und gar »merkantilen Abartigkeiten« hingeben. Fourier war entschieden gegen die Emanzipation der Juden. »Den Juden die Staatsbürgerrechte verliehen zu haben, das war die schändlichste ... aller in jüngerer Zeit aufgetretenen Verirrungen« der modernen Gesellschaft, äußerte er einmal. Aussätzige solle man absondern und fernhalten, und »sind nicht die Juden der Aussatz und Ruin des Staates?« Toussenel, ein Vorkämpfer des Sozialismus und des Antisemitismus in Frankreich, segnete rückwirkend alle Antisemiten der Vergangenheit: »Ich verstehe die Judenverfolgungen der Römer, der Christen, der Mohammedaner. Abscheu und Zurückweisung, die der Jude so lange und so weltumspannend hervorgerufen hat, waren nichts anderes als die gerechte Strafe für seinen unersättlichen Hochmut, und unsere Verachtung ist die legitime Antwort auf den Haß, den er der ganzen übrigen Menschheit gegenüber zu hegen scheint.« Proudhon lieferte in einem 1883 veröffentlichten Buch eine klassische Formulierung des Antisemitismus von Ökonomen des linken Flügels:

> Der Jude ist seiner Veranlagung nach ein Antiproduzent, weder Landwirt noch Gewerbetreibender, nicht einmal wirklicher Kaufmann. Er ist ein Zwischengänger, immer falsch und parasitär, der sich im Geschäft wie in der Philosophie der Fälschung, betrügerischen Nachahmung und Roßtäuscherei bedient. Er kennt

nur Hausse und Baisse, Transportrisiko, ungewisse Ernteaussichten, Unsicherheit von Angebot und Nachfrage. Seine Wirtschaftspolitik ist ganz negativ, ganz wucherisch; das Prinzip des Bösen, Satan, Ahriman, verkörpert in der Rasse des Sem ...[39]

Der Leser wird bemerkt haben, das Proudhon in seiner modernen sozialistischen Abhandlung die mittelalterliche Anklage des Satanismus übernommen, ja, sie sogar fortentwickelt hat, indem er ihr den bösen Geist des alten indoarischen Pantheons, Ahriman, hinzufügte.

Einer der Vorkämpfer des utopischen Sozialismus, der Philosoph Johann Gottlieb Fichte (1762–1814), war ebenfalls alarmiert durch das, was er als die jüdische Gefahr für den Westen ansah. In seinem 1793 veröffentlichten Buch über die französische Revolution sieht er die Juden als eine Hauptursache der Schwierigkeiten Europas an und unterbreitet einen Lösungsvorschlag, der möglicherweise der erste seiner Art gewesen ist: »Um uns vor ihnen zu schützen, dazu sehe ich wieder kein anderes Mittel, als ihnen ihr gelobtes Land zu erobern, und sie alle dahin zu schicken.«[40]

Sogar Juden oder, genauer gesagt, ehemalige Juden in den sozialistischen Reihen waren von den antijüdischen Ideen beeinflußt, die in diesen Kreisen umliefen, und entwickelten ihre eigene Sorte von linkem jüdischen Selbsthaß. Herausragendes Beispiel dafür ist natürlich Karl Marx, der getaufte Enkel eines Rabbiners, dessen berühmter Traktat *Zur Judenfrage*, erschienen 1844, zu einem der Klassiker der antisemitischen Propaganda geworden ist. In dieser Schrift identifizierte Marx den Juden und selbst das Judentum mit all den ganz besonders unangenehmen Merkmalen der gierigen und räuberischen kapitalistischen Ordnung, die er stürzen wollte. Auch er liefert eine Lösung: »Sobald es der Gesellschaft gelingt, ... den Schacher und seine Voraussetzungen aufzuheben, ist der Jude unmöglich geworden.«[41] Selbst dann, wenn sie keine spezifischen Judenfragen behandelten, enthielten die Bemerkungen von Marx und Engels, besonders in ihren journalistischen Veröffentlichungen, viele antisemitische Anspielungen und Äußerungen. In einem Artikel ist die Rede von den polnischen Juden als »jener schmutzigsten aller Rassen«. Als ein deutscher Historiker bemerkte, daß sich die Juden im modernen Polen wie im alten Ägypten rapide vermehrten, paraphrasierte Marx dies mit der Bemerkung, sie vermehrten sich wie Läuse. So wie Marx es sah, waren die Juden nicht nur für den Kapitalismus verantwortlich, sondern selbst für manchmal stark antisemitische kapitalistische Regierungen: »Wir sehen, daß hinter jedem Tyrann ein Jude steht, so wie hinter jedem Papst ein Jesuit. In Wahrheit wären die Sehnsüchte von Unterdrückern aussichtslos und stünde die Durchführbarkeit von Kriegen außer Frage, gäbe es nicht eine Armee von Jesuiten, um das Denken zu ersticken, und eine Handvoll von Juden, die die Taschen plündern.«[42] Engels bediente sich sogar der Sprache des Stammtisch-Antisemitismus, mokierte sich über jüdische Namen und benutzte die jüdische Herkunft als Waffe gegen politische Gegner wie Lassalle, während Marx in einem Brief an Engels vom 30. Juli 1862 zwei verschiedene Arten des Rassismus zu einer höhnischen Bemerkung über Lassalles angeblich negroide Züge zusammenfaßt: »Nun mußte ja diese Vereinigung des Jüdischen mit dem Deutschen auf Negerbasis einen ganz außerordentlichen Bastard hervorbringen. Auch hat die Aufdringlichkeit dieses Burschen etwas Negerhaftes.«[43] Später jedoch scheint Engels, nicht aber Marx, ein Einsehen gehabt zu haben, und im Jahre 1890 veröffentlichte er eine Verurteilung des Antisemitismus.

In Großbritannien und Amerika gab es viel weniger Antisemitismus in der sozialistischen Bewegung als in Frankreich und Deutschland, wenn er auch nicht gänzlich fehlte. Mächtig war er jedoch anderswo auf dem europäischen Kontinent, sogar in Rußland, wo es in der revolutionären Opposition gegen die Zaren von Anfang an starke antijüdische Elemente gegeben hatte. Der Anarchist Michail Aleksandrowitsch Bakunin (1814–1876) war ein erbitterter Antisemit. Er sah die Gesamtheit des Weltjudentums als »eine ausbeuterische Sekte, ein Blutegelvolk, einen einzigen fressenden Parasiten . . ., eng und intim nicht nur über die Staatsgrenzen hin, sondern auch über alle Verschiedenheiten der politischen Meinungen hinweg . . .«[44] In Bakunins Sicht ist der Jude nicht fähig zum Sozialismus, schon gar nicht zu sozialistischer Führung, für die er sich durch seine »Leidenschaft für den Handel«, die einer der Hauptzüge seines nationalen Charakters sei, selbst disqualifiziert habe. Für Bakunin gab es keinen Unterschied zwischen Marx und Rothschild; beide waren sie demselben Stamm von Spekulanten und Parasiten entsprungen.

Bakunins Jünger in Rußland waren konsequent. Als die Judenpogrome ausbrachen, waren sie weit davon entfernt, sie zu verurteilen oder den Versuch zu machen, sie zu verhindern; sie unterstützten sie vielmehr aktiv. Die Angriffe auf die Juden bezeichneten ihrer Ansicht nach den Beginn der sozialen Revolution und waren deshalb ein positiver Schritt nach vorn. Die Juden repräsentierten nach Meinung der Bakunisten in vergrößerter Form alle »Laster und Geschwüre« der Gesellschaft, so daß, »wenn antijüdische Bewegungen einsetzen, man davon überzeugt sein kann, daß dahinter ein Protest gegen diese [gesellschaftliche] Ordnung steht und eine viel tiefere Bewegung beginnt«.[45] Zweifellos in diesem Geiste veröffentlichte das Exekutivkomitee der Bakunisten am 1. September 1881 eine Proklamation, in der die Massen aufgerufen wurden, sich gegen den »Judenzar«, die Juden und den Adel zu erheben: »Nur Blut wird das Leid des Volkes wegwaschen. Ihr habt schon begonnen, euch gegen die Juden zu erheben. Ihr tut gut daran. Denn bald wird im ganzen russischen Land ein Aufstand gegen die Zaren, die Herren und die Juden ausbrechen. Es ist gut, daß auch ihr mit uns sein werdet.«

Solche Ansichten waren weder in Rußland noch anderswo Allgemeingut der sozialistischen Bewegungen und in ihrer Mehrheit waren die sozialistischen Führer entschiedene Gegner dieser Art von Argumentation, ob sie nun aus Bigotterie kam wie bei Proudhon, aus Selbsthaß wie bei Marx oder aus kalter Berechnung wie bei den russischen Bakunisten. Aber das Maß, in dem selbst die sozialistische Führung die Stärke antisemitischer Gefühle in ihrer Anhängerschaft berücksichtigen mußte, wurde durch einen Zwischenfall auf dem Kongreß der Sozialistischen Internationale deutlich, der 1891 in Brüssel stattfand. Abraham Cahan (1860–1951), ein jüdischer Gewerkschaftsführer aus New York, bat den Kongreß, eine Sympathieerklärung für jüdische Arbeiter zu verabschieden, die vom Antisemitismus bedroht waren: »Alle russischen Zeitungen«, begründete er seinen Antrag, »greifen die Juden an und behaupten, daß die sozialistischen Arbeiter die Juden hassen. Man verlangt von euch, zu erklären, daß das nicht wahr ist, daß ihr Feinde aller Ausbeuter, ob Juden oder Christen seid, und daß ihr ebensoviel Sympathie für die jüdischen Arbeiter wie für die christlichen habt.« Einige Delegierte mochten weder besondere Sympathie für Juden bekunden noch vorbehaltlos den

Antisemitismus verurteilen, und schließlich wurde eine Kompromiß-Resolution angenommen, in der der Kongreß »sowohl antisemitische als auch philosemitische Aufwiegelung« verurteilte. Edmund Silberner, der Chronist des linken Antisemitismus, hat bemerkt, daß »die Brüsseler Resolution ... ein einzigartiges Dokument in den Annalen des internationalen Sozialismus« sei. »Niemals sonst hat, soweit wir wissen, eine sozialistische Instanz das Sympathiegefühl für eine verfolgte Nationalität mißbilligt.«[46]

Verletzt durch den fortdauernden Antisemitismus, dem sie in der sozialistischen Anhängerschaft und bisweilen sogar in der sozialistischen Führung begegneten, verloren einige Juden jede Hoffnung auf eine Lösung der jüdischen Probleme durch den sozialistischen Internationalismus und fingen statt dessen an, in jüdisch-nationalen Begriffen zu denken. Sozialistische Ideologien bilden ein wichtiges Element in der Entwicklung des Zionismus im späten neunzehnten und im zwanzigsten Jahrhundert. Es bildeten sich verschiedene Formen eines sozialistischen Zionismus heraus, die sämtlich das Hauptgewicht nicht auf die Schaffung eines souveränen jüdischen Staates legten, sondern auf eine soziale Regeneration des jüdischen Volkes durch eine Rückkehr zu produktiver Arbeit.

Viele Juden blieben jedoch in den sozialistischen Bewegungen, die trotz etlicher antisemitischer Elemente ihnen immer noch eine herzlichere Aufnahme boten als irgendeine andere politische Partei im Europa jener Zeit und die ihnen praktisch den einzigen Weg zu politischer Macht eröffneten. Dieser Umstand wiederum ließ die zweite antisemitische Interpretation der jüdischen Rolle im Kapitalismus entstehen – die des radikalen und subversiven Juden, der das System zerstören will. Diese Sicht wurde im Gefolge des Ersten Weltkrieges ganz erheblich verstärkt, als das bolschewistische Regime in Rußland und gescheiterte kommunistische Revolutionen in Ungarn, Bayern und anderswo eine bedeutende Anzahl jüdischer Führer international bekannt werden ließen. Die weißrussische antisowjetische Propaganda machte sich diese Tatsache sowohl im eigenen Lande als auch im Westen ausgiebig zunutze. Ihre Argumente schienen durch die prominente Rolle von Männern wie Trotzki, Sinowjew und Kamenew in der sowjetischen Führung gestützt zu werden.

Eine Zeitlang spielten Juden tatsächlich eine herausragende Rolle in der sowjetischen Führung und übten große Macht aus. Das alles aber fand ein rasches Ende nach Stalins Aufstieg. Trotzki wurde ins Exil getrieben und später ermordet, Sinowjew und Kamenew und viele andere Juden wurden wegen Verbrechen gegen den Staat hingerichtet. Diese Verfolgungen und Exekutionen waren zwar in erster Linie ideologisch und nicht antisemitisch begründet, aber sie trafen eine unverhältnismäßig große Zahl von Juden und ebneten den Weg für die totale Aussperrung der Juden aus den höheren sowjetischen Führungspositionen und für die Einleitung einer Kampagne gegen das »Weltjudentum«, die in Sprache und Inhalt in auffallender Weise an den älteren Antisemitimus sowohl der Linken als auch der Rechten erinnerte.

Die lange Geschichte antijüdischer Schriften, Reden und Taten in Europa sollte uns nicht dazu verleiten, die andere Seite zu übersehen – die von Christen und Nichtjuden, die in der Lage und bereit waren, dieses Übel in ihrer Mitte zu erkennen und zu bekämpfen. Feindseligkeit gegenüber Juden war im Mittelalter in Westeuropa und viel länger noch in Osteuropa eine akzeptierte Norm, aber selbst dann gab es Prälaten und Magnaten, die bereit waren, die Juden gegen ihre Angreifer und das Judentum gegen seine Verleumder zu verteidigen. In den Jahren des Humanismus und der Aufklärung, des Liberalismus und des Konstitutionalismus hat es viele Menschen gegeben, unter ihnen auch Männer der Kirche, die gewillt waren, für jüdische Rechte zu kämpfen. Alles in allem zeigte sich eine Tendenz zu stetiger Verbesserung. Nach den Vertreibungen aus Spanien und Portugal gegen Ende des fünfzehnten Jahrhunderts ist in Westeuropa keine derartige Maßnahme gegen Juden mehr ergriffen worden; ganz im Gegenteil, Juden gelangten nun in Positionen, von denen man sie zuvor ausgesperrt hatte. Selbst in Osteuropa zeigte sich trotz so fürchterlicher Ereignisse wie der Pogrome in den russischen Städten und der Massaker in der Ukraine ein Gesamtbild, das geprägt war von einem zunehmenden Wunsch nach Toleranz, zumindest unter der politisch sich artikulierenden und aktiven Elite, und von einem allmählichen Zurückweichen der Exponenten von Bigotterie und Verfolgung.

Dieses Zurückweichen endete 1933 mit der Machtübernahme eines erklärten Antisemiten in Deutschland und der Einleitung einer neuen und schrecklichen Kampagne gegen die Juden. Es hatte auch vor Hitlers Nationalsozialisten in Westeuropa schon offen antisemitische Bewegungen gegeben. Aber sie waren zumeist von geringer Bedeutung, und obwohl sie gelegentliche Wahlerfolge erzielten, waren sie gewöhnlich nicht in der Lage, ihre Ideen in die Tat umzusetzen. Es gab Regierungen, die mitunter eine antijüdische Politik verfolgten, und es gab Staatsmänner, die antijüdische Bemerkungen machten, aber daß eine offen antisemitische Regierung, die den Antisemitismus zu einem wichtigen Element ihrer Weltanschauung gemacht hatte, an die Macht kam, geschah 1933 zum erstenmal. Bis dahin ließen sich die Anschuldigungen gegen die Juden im wesentlichen in zwei uns inzwischen vertraute Kategorien einordnen. Auf der einen Seite gab es die Klage, daß die Juden in ihren Ghettos blieben, ihre eigene, höchst absonderliche Lebensweise beibehielten und die christliche Gesellschaft mieden; auf der anderen Seite wurde beklagt, daß sie aus dem Ghetto herausdrängten, daß sie europäische Sitten und Gebräuche annähmen und so die christliche Gesellschaft unterwanderten. In Hitlers *Mein Kampf* sind beide Kategorien zusammengefaßt.[47] Er wurde zum Antisemiten, berichtet er uns, als er in Wien zum erstenmal chassidische Juden aus Osteuropa zu Gesicht bekam; als er ihre schwarzen Hüte, Schläfenlöckchen, Bärte und langen schwarzen Mäntel sah, habe er erkannt, daß es sich bei ihnen um eine fremde Rasse handele, die sich absichtlich vom arischen Europa absonderte. Gleichzeitig verspürte er einen noch leidenschaftlicheren Haß gegen jene Juden, die ihr fremdartiges Gewand abwarfen, sich ihren grotesken Akzent abgewöhnten und sich als Teil der arischen Gesellschaft ausgaben.

Als Hitler an der Macht war, mußte er sich persönlich diesem Dilemma und anderen, daraus folgenden, stellen. Die Juden durften nicht in ihren Ghettos bleiben, weil sie eine fremdartige Erscheinung darstellten, die man in einem arischen Land nicht dulden konnte. Sie durften in die arische Gemeinschaft nicht eintreten, weil sie ein tödlicher Keim waren, der diese zerstören würde. Sie durften nicht in Deutschland bleiben, weil ihre Anwesenheit die reine deutsche Erde schändete. Es war aber gefährlich, sie woanders hinziehen zu lassen, denn wo sie auch hingingen, würden sie Herde der antinationalsozialistischen Hetze bilden. Aus diesem vielfältigen Dilemma konnte es nur einen Ausweg geben. Es war Hitlers historische Leistung, ihn gefunden zu haben und ihn gegangen zu sein.

Die Moslems und die Juden

Es wird bisweilen das Argument vorgebracht, daß die Araber nicht antisemitisch sein könnten, weil sie selber Semiten seien. Eine solche Aussage ist offenkundig absurd, und die Argumentation, die sie stützen soll, ist in doppelter Hinsicht brüchig. Erstens ist der Begriff »Semit« ohne Bedeutung, wenn er auf so heterogene Gruppen wie die Araber oder die Juden angewendet wird; ja, man könnte sogar argumentieren, daß der Gebrauch solcher Begriffe an sich schon ein Zeichen von Rassismus und gewiß von Unwissenheit oder bösem Willen ist. Zweitens hat Antisemitismus niemals und an keinem Ort mit irgend etwas anderem als mit Juden zu tun gehabt und steht deshalb Arabern genauso wie anderen als Option zu Gebote, falls sie sich für ihn entscheiden. Viele moderne Schriften über Juden, in den arabischen Ländern ebenso wie in anderen Teilen der islamischen Welt, könnten die Annahme nahelegen, daß sich in der Tat viele für diese Option entschieden haben.

Während des größten Teils der rund vierzehnhundert Jahre der arabisch-jüdischen Begegnung waren die Araber tatsächlich nicht antisemitisch in dem im Westen gebrauchten Sinne des Wortes – nicht, weil sie selbst Semiten sind, eine Aussage ohne Inhalt, sondern weil sie zum allergrößten Teil keine Christen sind. Im Islam spielen die Evangelien in der Erziehung keine Rolle, und moslemische Kinder werden nicht mit Geschichten vom jüdischen Gottesmord großgezogen. Ja, allein schon die Vorstellung vom Gottesmord wird vom Koran als eine blasphemische Absurdität abgelehnt. Ebenso wie der Begründer des Christentums hatte auch der Begründer des Islams seine Begegnung mit den Juden, aber sowohl die obwaltenden Umstände als auch das Ergebnis waren sehr verschieden voneinander. Mohammed und seine Gefährten waren keine Juden, sie lebten und predigten ihre Botschaft nicht in einer jüdischen Gesellschaft. Die Juden, die sie kannten, gehörten den drei jüdischen Stämmen von Medina an, die in der überwiegend heidnischen arabischen Gemeinschaft eine religiöse Minderheit darstellten. Die Moslems begriffen sich nicht als das neue und wahre Israel und stellten sich auch nicht so dar; sie fühlten sich deshalb auch nicht bedroht oder angegriffen durch das hartnäckige Überleben des alten Israels. Der Koran wurde nicht als Erfüllung des Judentums angeboten, sondern als eine neue Offenbarung, die sowohl die jüdischen als auch die christlichen Schriften ersetzte und überflüssig machte, die beide von ihren unwürdigen Hütern vernachlässigt und entstellt worden waren. Der Islam behielt nicht, wie das Christentum, das Alte Testament bei, es konnte sich deshalb auch kein Konflikt der Interpretation ergeben.[1]

Die Begründer beider Religionen gerieten auf unterschiedliche Weise in Konflikt mit jüdischen Führern. Jesus wurde gekreuzigt; Mohammed triumphierte zu seinen Lebzeiten und wurde zum Oberhaupt sowohl eines Staates als auch einer religiösen Gemeinschaft. Sein Kampf mit den jüdischen Stämmen von Medina endete mit deren Niederlage und Vernichtung, und damit war der Zusammenstoß zwischen Judentum und Islam beigelegt und hatte mit seinem, Mohammeds, Sieg geendet. Es gibt deshalb kein moslemisches Äquivalent zu dem langen und im theologischen Sinne noch ungelösten Disput zwischen der Kirche und Israel. Es gab zudem einen zutiefst kennzeichnenden Unterschied zwischen der jüdischen Verleugnung der christlichen und der moslemischen Botschaft. Mohammed hat nie behauptet, der Messias oder Gottes Sohn zu sein; er wollte nur Gottes Apostel sein. Der jüdische Widerstand gegen sein Apostolat scheiterte noch zu seinen Lebzeiten. Er war ohnehin weniger bedeutsam, weniger verletzend, weniger vorwurfsvoll als die jüdische Zurückweisung der christlichen Ansprüche. Während die Auseinandersetzungen Christi mit der etablierten jüdischen Priesterschaft in Jerusalem einen zentralen Platz in der heiligen Geschichte einnehmen, ist – oder vielmehr war – Mohammeds Konflikt mit den jüdischen Stämmen von Medina von geringer Bedeutung. Neuerdings hat es in dieser Hinsicht eine Änderung gegeben.

In der westlichen Welt ist es zur üblichen Praxis geworden, von der »jüdisch-christlichen Tradition« zu sprechen. Dieser Begriff, der heutzutage viel gebraucht wird, ist offenkundig recht neuen Ursprungs und hätte wahrscheinlich einige Vorfahren sowohl der jüdischen als auch der christlichen heutigen Exponenten dieser Tradition schockiert. Er hat sich jedoch allgemein durchgesetzt, und das mit Recht, da er eine historische und kulturelle Realität bezeichnet. Der Begriff »jüdisch-islamisch« dagegen existiert lediglich als wissenschaftlicher Begriff, wird nur in historischem Zusammenhang gebraucht und bezeichnet eine immer ferner liegende Vergangenheit. In den moslemischen Ländern wurde er weder von Juden noch von Moslems je gebraucht, und beide hätten ihn nicht als Bezeichnung ihrer jeweiligen Anschauungen, Bestrebungen und Lebensweise akzeptiert. Er hat ganz gewiß keine Beziehungen zu den islamischen Ländern der Gegenwart.

Doch in der Vergangenheit, als ein großer Teil des jüdischen Volkes unter der Herrschaft des Islams lebte und bisweilen florierte, wäre der Begriff »jüdisch-islamische Tradition« nicht unpassend gewesen, um die symbiotische Beziehung der beiden Religionen und Kulturen und die Zivilisation, die sie schufen, zu bezeichnen. Im Islam wie im Christentum wurde diese Zivilisation von den Anhängern der Mehrheitsreligion beherrscht, geformt und gelenkt, aber die Juden, die unter ihnen lebten, begannen, viele ihrer Werte zu teilen und eine aktive Rolle zu spielen – nicht als Beitragende, sondern als Teilnehmer am gemeinsamen Bestreben. Obwohl der Begriff in der Vergangenheit nie gebraucht worden ist und in der Gegenwart schwerlich angemessen erscheint, bezeichnet er gleichwohl eine historische Realität im islamischen Mittelalter, in mancher Hinsicht ähnlich, in anderer unähnlich dem Anteil der Juden am modernen Christentum.

Die Position des Judentums, das der Vorläufer – manche würden in der Tat sagen, die elterliche Religion – sowohl des Christentums als auch des Islams ist, entspricht in vieler Hinsicht derjenigen eines Vermittlers zwischen beiden. In mancher Beziehung steht das Judentum, selbst in christlichen Ländern, dem Islam näher; in anderen Ländern wiederum, selbst in moslemischen, steht es dem Christentum näher. Ein Blick auf die Ähnlichkeiten und Unterschiede mag helfen, die kontrastierenden Beziehungen zwischen dem Judentum und den Nachfolgereligionen, zwischen den Anhängern jener Religionen und den Juden zu klären.

Der erste, offenkundigste und wahrscheinlich wichtigste Begegnungspunkt zwischen Juden und Christen ist in den heiligen Schriften zu sehen, die sie beide gemeinsam haben. Die Juden akzeptieren das Neue Testament nicht, aber die Christen akzeptieren das jüdische Alte Testament. Gewiß, sie haben das mit schwankender Begeisterung getan, aber es ist zumindest die formelle Position aller Formen des Christentums, daß das Alte Testament ein Teil von Gottes Buch sei, und es hat in der Tat eine bedeutende Rolle in der Ausformung und Entwicklung der christlichen Zivilisation gespielt; deren Kunst, deren Literatur, ja sogar deren Sprachen sind zutiefst geprägt von den Geschichten, den Ideen, dem Geist und dem Idiom des Alten Testaments. Dies ist eine sehr bedeutende Komponente des jüdisch-christlichen Erbes. Es gibt keine Parallele dazu im Islam, wo beide Testamente als vom Koran ersetzt gelten.

Was nun die Mission und die Kreuzigung Christi angeht, so nimmt der Islam eine mittlere Position zwischen den beiden anderen Religionen ein. Sowohl das Judentum als auch der Islam weisen die Vorstellung zurück, daß Jesus der Sohn Gottes sei; keine der beiden Religionen akzeptiert, daß er die Erlösung und Errettung der Menschheit gebracht habe. Aber während das orthodoxe Judentum ihm überhaupt keinen Platz einräumt, erkennt der Koran Jesus als einen Gesandten Gottes an – nicht als Erlöser, sondern als Prophet, und zwar als einen in der Reihe derjenigen Propheten, deren Wirken in der Mission Mohammeds und in der von ihm gebrachten endgültigen und vollkommenen Offenbarung gipfelte. Viele Einzelheiten der Darstellung in den Evangelien werden im Koran erwähnt, oder zumindest wird auf sie angespielt. Aber neben der Verleugnung der Vaterschaft Gottes findet sich in der moslemischen Darstellung der Kreuzigung eine zweite bedeutungsvolle Abweichung von der christlichen Version. Im Koran wie in den Evangelien weisen die Juden Christus zurück und verlangen, daß er gekreuzigt werde. Aber während sie in den Evangelien mit ihrer Forderung Erfolg haben, scheitern sie damit im Koran. Dort heißt es als Antwort auf die Juden, die behaupteten, daß sie »Jesus, den Sohn der Maria, den Gesandten Gottes« getötet hätten: »Aber sie töteten ihn nicht, auch kreuzigten sie ihn nicht, sondern nur ein Ebenbild, das ihnen als Erscheinung gesandt wurde ... gewißlich töteten sie ihn nicht, sondern Gott erhob ihn zu sich in die Höhe« (Koran, 4:156-157). Moslemische Kommentatoren erläutern, daß Gott Jesus errettete und ihn in den Himmel erhob, während er am Kreuz ersetzt wurde durch einen Doppelgänger oder ein Trugbild. Während also der Islam den christlichen Bericht über die bösen Absichten der Juden gegenüber Christus akzeptiert, sieht er ihre Bestrebungen ganz eindeutig scheitern. »Sie [die Juden] verschworen sich [gegen Jesus], aber auch Gott verschwor sich, und Gott ist der beste Verschwörer« (Koran 3:54). Die Kreuzigung war in moslemischer Sicht eine Sinnestäuschung, und die ganze daraus sich ergebende Theologie und Metaphorik hat keinen Platz im moslemischen Denken und Glauben.

Im allgemeinen sind die jüdische und die moslemische Theologie einander weit näher als beide dem Christentum. Sowohl Juden als auch Moslems bekennen den strengsten Monotheismus; beide haben zuzeiten – zweifellos infolge mangelnden Verstehens des christlichen Dogmas von der Dreifaltigkeit – die Christen im Verdacht gehabt, dem Polytheismus zuzuneigen. Die ersten bedeutenderen Versuche zur Formulierung einer jüdischen Theologie – das heißt, einer systematischen Niederlegung religiöser Prinzipien und Glaubenssätze in philosophischen Begriffen – wurden im Mittelalter in den moslemischen Ländern unternommen und sind zutiefst beeinflußt von moslemischen Denkmustern. Diese Formulierungen sind bis auf den heutigen Tag ein machtvoller Faktor im jüdischen religiösen Leben überall in der Welt geblieben.

Das wichtigste Feld einer moslemisch-jüdischen Konvergenz findet sich wahrscheinlich im heiligen Gesetz und bei den Männern, die seine anerkannten Bewahrer sind. Sowohl das Judentum als auch der Islam sind Gesetzesreligionen, und die jüdische Halacha und die moslemische Scharia haben vieles gemeinsam. Es liegt auf der Hand, daß es in Detailfragen viele Unterschiede gibt. Aber sie werden überragt von der gemeinsamen Idee, daß es ein göttliches Gesetz gibt, das von Gott kommt und durch Offenbarung verkündet wird und das jeden Aspekt sowohl des öffentlichen als auch des privaten, des gemeinschaftlichen als auch des persönlichen Lebens regelt. Dieser Gedanke, den Judentum und Islam teilen, ist dem Christentum fremd. Juden und Moslems befolgten nicht die gleichen Speisengesetze, aber sie stimmten darin überein, daß es Speisengesetze gibt, und beide schauten mißbilligend auf Christen und andere, die derlei Einschränkungen nicht kennen. Ausnahmsweise wird diese Gemeinsamkeit sogar von moslemischer Seite anerkannt. Die jüdischen Speisengesetze, obwohl anders geartet, waren strenger, und moslemische Rechtsgelehrte haben deshalb entschieden, daß von Juden getötetes und zubereitetes Fleisch von Moslems gegessen werden dürfe. Diese Entscheidung war auf den sunnitischen Islam beschränkt, weil für die Schiiten alles, was von Nichtmoslems berührt worden war, gleichgültig ob von Juden oder anderen, unrein war und Verunreinigung hervorrief, wenn Moslems es zu sich nahmen. Aber die Schiiten waren immer eine Minderheit, und die sunnitische Regelung konnte sich weitgehend durchsetzen. Auch praktizierten Juden wie Moslems die Beschneidung; ihre Regeln und Verfahrensweisen unterschieden sich, aber sie teilten eine gemeinsame Abneigung gegenüber den Unbeschnittenen.

Die Konvergenz von Religion und Gesetz im Judentum und im Islam brachte eine weitere Ähnlichkeit hervor – die Herausbildung einer quasi klerikalen Klasse von Männern, die zugleich Theologen und Rechtsgelehrte, nicht aber Priester sind. Seit der Zerstörung des Tempels hat es im Judentum keine Priesterschaft mehr gegeben. Der Islam hatte nie eine. Im Gegensatz zum Christentum gibt es keine Ordination, keine Sakramente, kein priesterliches Amt irgendeiner Art, keine Funktionen, die nicht von jedem beliebigen männlichen Gäubigen ausgeübt werden könnten, der das erforderliche Wissen besitzt. Die Ulemas des Islams sind wie die Rabbiner im Judentum in erster Linie Männer der Gelehrsamkeit, die Gelehrten des heiligen Gesetzes. Irgendwann haben beide Religionen ein System der Bestätigung entwickelt, bei dem es sich jedoch in keiner Weise um eine Ordination in dem Sinne handelt, wie sie in den christlichen Kirchen üblich ist. Die Rabbiner und die Ulemas sind zu einer Geistlichkeit im soziologischen Sinne geworden; eine Priesterschaft im theologischen Sinne sind sie nicht.

Wie haben nun die Moslems im Lichte dieser Ähnlichkeiten und Unterschiede die Juden gesehen und behandelt? Juden haben vierzehn Jahrhunderte lang unter islamischer Herrschaft gelebt, und zwar in vielen Ländern. Es ist deshalb schwierig, ihre Erfahrungen und Erlebnisse zu verallgemeinern. Dies jedoch läßt sich mit einiger Gewißheit sagen – daß sie nie frei waren von Diskriminierung, aber nur selten verfolgt wurden; daß ihre Situation nie so schlimm war wie unter der Christenheit in ihren fürchterlichsten Momenten, und nie so gut wie unter der Christenheit zu ihren besten Zeiten. Es gibt in der islamischen Geschichte keine Parallele zu der spanischen Vertreibung und Inquisition, zu den russischen Pogromen oder zum Holocaust der Nazis; es gibt aber auch nichts, was sich mit der fortschreitenden Emanzipation und gesellschaftlichen Aufnahme der Juden vergleichen ließe, die es im Laufe der vergangenen drei Jahrhunderte im demokratischen Westen gegeben hat.

Bei der Betrachtung dieser Fragen muß ganz klar zwischen verschiedenen Perioden der islamischen Geschichte unterschieden werden. Die erste, die wir als klassischen Islam bezeichnen können, beginnt mit dem Aufkommen des Islams im siebenten Jahrhundert und endet mit dem großen Rückzug angesichts des europäischen Vordringens. Im fernen Westen des Islams vollzog sich dieser Rückzug mit der Rückeroberung Spaniens und Portugals durch die Christen und mit der christlichen Bedrohung Nordafrikas. In den Kernlanden des Nahen Ostens wurde er durch das Osmanische Reich verzögert, das immer noch eine gefürchtete militärische Macht darstellte, und machte sich erst gegen Ende des achtzehnten und im neunzehnten Jahrhundert bemerkbar. Diese erste Periode war eine der Kraft und der Zuversicht, in der die islamische Welt, von einigen regionalen Rückschlägen abgesehen, ihre Macht ausbaute und ihr Territorium erweiterte. Es war auch eine Periode, in der äußere Einflüsse, wenngleich vorhanden und manchmal durchaus bedeutsam, keineswegs dominierten oder den Lauf der Ereignisse bestimmten und in der die islamische Zivilisation sich noch nach den Gesetzen ihrer eigenen inneren Logik fortentwickelte.

Es finden sich viele Stellen im Koran sowie in der Lebensgeschichte und in den in der Sunna gesammelten Aussprüchen des Propheten, wo harte Worte über die Juden gebraucht werden. Diese Stellen befassen sich größtenteils mit dem eigenen Konflikt des Propheten mit den Juden, aus dem er uneingeschränkt siegreich hervorging. Sie werden bis zu einem gewissen Grade ausgeglichen durch andere Passagen, in denen respektvoller von den Juden als Menschen gesprochen wird, denen eine frühere Offenbarung zuteil geworden war, und in denen ein gewisses Maß an Toleranz vorgeschrieben wird, mit dem ihnen zu begegnen sei. Am wichtigsten ist, daß es keine Tradition der Schuld und des Verrats gibt, wie sie die volkstümliche und manchmal auch die kirchliche christliche Einstellung gegenüber der jüdischen Religion und denjenigen gefärbt hat, die sich zu ihr bekennen.

Die Lage der Juden war ebenso wie diejenige anderer Minderheiten unter moslemischer Herrschaft enormen Schwankungen unterworfen und wurde von inneren wie von äußeren Ereignissen stark beeinflußt. Manchmal lebten sie in großem Wohlstand; zu anderen Zeiten hatten sie bittere Verfolgung zu ertragen. Aber selbst im schlimmsten Fall waren diese Verfolgungen immer noch von der Art, die ich eingangs als normal bezeichnet habe, das heißt, sie ergaben sich aus wirklichen Differenzen und spezifischen Umständen. Die meisten charakteristischen, ihn allein kennzeichnenden Züge des christlichen Antisemitismus fehlten. Es gab keine Ängste vor einer jüdischen Verschwörung und Vorherrschaft, keine Anklagen wegen diabolischer Bösartigkeit. Juden wurden nicht beschuldigt, Brunnen zu vergiften oder die Pest zu verbreiten, und selbst die Blutverleumdung tauchte unter Moslems erst auf, als die siegreichen Osmanen im fünfzehnten Jahrhundert von ihren neuen griechischen Untertanen mit ihr vertraut gemacht wurden.

In den islamischen Ländern genossen die jüdischen Gemeinden Toleranz in der von den Gesetzen und Sitten des Islams vorgeschriebenen Form und Weise. Juden genossen ebenso wie andere Nichtmoslems begrenzte Rechte bei gleichzeitiger Festschreibung ihrer Minderwertigkeit – aber diese begrenzten Rechte waren gesetzlich geregelt und garantiert. In diesen Ländern gehörte vor ihrer Durchdringung mit westlichen Vorstellungen von Nationalismus und Patriotismus die Grundloyalität der eigenen religiösen Gemeinde und erst die politische Untertanenpflicht dem Staat, was in der Praxis gewöhnlich bedeutete, den dynastischen Herrschern des Landes. Im Osmanischen Reich zum Beispiel schuldeten und erfüllten die Juden ihre Untertanenpflicht dem Sultan, und einige von ihnen konnten in seinem Dienst sogar sekundäre, aber nicht unwichtige Aufgaben erfüllen. Wie im Falle der Christen verlangte man von ihnen keinen Waffendienst und war ihnen das Führen von Waffen – von einigen Ausnahmen abgesehen – nicht gestattet. Für die Verteidigung oder den Vormarsch des Islams zu kämpfen, war das Privileg und die Pflicht der Moslems; Ungläubige wurden auch dann nicht aufgerufen, diese Pflicht zu teilen, wenn sie dem Moslemstaat untertan waren. Erst verhältnismäßig spät sorgten hier die Übernahme westlicher Vorstellungen von nationaler Identität und patriotischer Loyalität auf der einen, die Einführung der europäischen Rekrutierungspraxis auf der anderen Seite für einen Wandel. Aber auch dann ging er langsam und zögernd vonstatten. Noch lange blieben Juden und Christen vom Militärdienst ausgenommen und hatten statt dessen eine Ausgleichssteuer zu zahlen. Und als sie dann schließlich eingezogen wurden, geschah es gewöhnlich nicht zum Dienst mit der Waffe und, abgesehen von Ärzten und Ingenieuren, unter Verschließung der Offizierslaufbahn. Die volle Integration religiöser Minderheiten in die Streitkräfte moslemischer Länder kam erst in relativ neuer Zeit, und da war es, mit Ausnahme der Türkei, zu spät für die Juden.

Das alles bedeutet natürlich nicht, daß die Juden unter traditioneller moslemischer Herrschaft in dem interkonfessionellen Utopia lebten, das moderne Legendenmacher erfunden haben. Sie waren ebenso wie die Christen in Theorie und Praxis Bürger zweiter Klasse. Aber dieser Zustand war keineswegs so schlimm, wie moderne Bedeutungen dieses Begriffes es nahezulegen scheinen. Als Angehörige einer anerkannten und geschützten Gemeinde genossen die Juden begrenzte, aber substantielle Rechte, die meistens auch wirksam garantiert waren. Man erwartete von ihnen, daß sie ihrem Rang und ihrem Platz in der Gesellschaftsordnung entsprechend zurückhaltend lebten, und die seltenen Gewaltausbrüche gegen Juden oder Christen entsprangen fast immer dem Gefühl, daß sie diese Erwartung nicht erfüllt hatten. In jüngster Zeit ist dies sichtbar nicht der Fall gewesen.

Im Gegensatz zu einigen ihrer christlichen Kollegen haben die meisten moslemischen Theologen und Polemiker dem Judentum sehr wenig Aufmerksamkeit gewidmet; es erschien ihnen von geringer Bedeutung und stellte ihrer Ansicht nach keine ernsthafte Herausforderung dar. Sie richteten statt dessen den Großteil ihrer Polemik gegen das Christentum, in dem sie zu Recht ihren Hauptrivalen als Weltreligion und als Zivilisation erblickten. Antijüdische Polemik in moslemischen Streitschriften ist meistens entweder auf jüdische Konvertiten zurückzuführen, die ihren Übertritt zu einem anderen Glauben zu rechtfertigen suchen, oder auf christliche Konvertiten, die einige ihrer Sorgen von ihrer alten in ihre neue Religion übertragen hatten. Was der Jude unter moslemischer Herrschaft zu leiden hatte, war nicht Haß, Furcht oder Neid, sondern Verachtung; was er empfing, war eine Art herablassender Duldung, die rasch in Unterdrückung ausarten konnte, wenn er die ihm gesetzten Grenzen zu überschreiten schien.

Gewalttätige Verfolgung, erzwungene Konversion und Verbannung waren selten, wenn auch nicht gänzlich unbekannt. Dazu kam es gewöhnlich in Zeiten besonderer Belastungen und Gefahren, wenn die islamische Welt von innen her oder von außen bedroht war, durch Pest oder Hunger, durch religiöse Zwietracht oder ausländische Invasion. Der Krieg gegen die Kreuzfahrer führte zu einer strengeren und repressiveren Einstellung gegenüber Nichtmoslems, die jetzt, zum erstenmal seit dem Aufstieg des Islams, einer Art gesellschaftlicher Absonderung unterworfen wurden. Die großen Nöte des dreizehnten und vierzehnten Jahrhunderts, die sich aus den mongolischen Invasionen und ihren Nachwirkungen ergaben, führten zu einer Woge des Mißtrauens, die sich in Verunglimpfungen von Nichtmoslems und in Versuchen äußerte, ihre wirtschaftliche Rolle zu beschränken. Bei alledem waren die Christen das Hauptziel, aber auch die Juden waren betroffen, vor allem in Nordafrika, wo sie nach der Auslöschung der eingeborenen christlichen Gemeinden wie im christlichen Europa zur einzigen religiösen Minderheit wurden. Das war eine exponierte und verwundbare Position, die sich sehr zu ihrem Nachteil auswirkte.

Im Osten, unter osmanischer Herrschaft, vollzog der Wandel sich langsamer, aber um die Wende vom achtzehnten zum neunzehnten Jahrhundert waren die Juden in den osmanischen Gebieten und mehr noch im Iran auf jenen Stand der Demütigung herabgesunken, den europäische Reisende in so lebhaften Farben beschrieben haben. Gehemmt durch Unwissenheit und Armut, gemieden von Moslems wie von Christen, konnten sie sich nicht einmal in den Positionen behaupten, die sie bislang innehatten, und wurden dort von Griechen, Armeniern und arabischen Christen übertroffen und verdrängt. Erst gegen Ende des neunzehnten Jahrhunderts begannen sie sich wieder zu erholen, als westliche Protektion und Förderung (auch durch jüdische Organisationen) auf der einen Seite und der neue moslemische liberale Patriotismus auf der anderen ihren Aufstieg begünstigten. Aber es war zu spät, und der Kollaps der westlichen Macht in dieser Region, gefolgt vom Rückzug der westlich orientierten Herrscher, wurde zum Verhängnis für alle, die im moslemischen Bewußtsein mit dem äußeren Feind assoziiert wurden.

Von den drei äußeren Feinden, die nacheinander den Islam überfielen, den Kreuzfahrern, den Mongolen und den modernen europäischen Reichen, erwiesen sich die letztgenannten als die tödlichsten und ausdauerndsten. Im Zeitalter des Vordringens Europas vollzog sich ein tiefgreifender Wandel in der moslemischen Gesellschaft. Die Serie von Niederlagen, die ihre europäischen Feinde den Moslems zufügten, ein zunehmendes Gefühl der Ohnmacht, die fortschreitende Unterwerfung moslemischer Länder und Völker durch die europäischen Reiche, die traumatischen wirtschaftlichen, politischen und am Ende sogar kulturellen und gesellschaftlichen Veränderungen, die sich aus der westlichen Vormachtstellung in der moslemischen Welt ergaben, das alles zusammen schwächte das moslemische Selbstbewußtsein und mit ihm die moslemische Bereitschaft, andere zu tolerieren. Man sah die nichtmoslemischen Bevölkerungsteile jetzt in einem anderen Licht, als entfremdete und illoyale Untertanen, deren Sympathien dem europäischen Feind gehörten und die damit eine ernsthafte Gefahr für den Islam darstellten. Der Argwohn wurde verstärkt durch den Reichtum und gesellschaftlichen Rang, den Christen und, in viel geringerem Ausmaß, Juden in den Zeiten europäischer Vormacht oder auch nur europäischen Einflusses erwerben konnten. Das verschaffte ihnen einen Grad an Einfluß, bisweilen sogar an Macht, wie sie ihn in den traditionellen moslemischen Staaten nie hatten erreichen können.

Der Wandel, der gegen Ende des achtzehnten Jahrhunderts begann, beschleunigte sich im neunzehnten, als die islamische Welt sich von den christlichen Reichen bedroht sah, die sich sowohl von Ost- als auch von Westeuropa her ausdehnten und schließlich nahezu die gesamte islamische Welt ihrer Herrschaft oder doch zumindest ihrem Einfluß unterwarfen. Es war eine Zeit, in der Angst und Sorge an die Stelle von Zuversicht und Selbstvertrauen traten, in der neue Vorstellungen und Institutionen in Nachahmung des zuvor verachteten Ungläubigen angenommen wurden und in der das Rinnsal des ausländischen Einflusses zur Flut anschwoll.

Im Laufe des neunzehnten und des zwanzigsten Jahrhunderts vollzog sich ein wichtiger Wandel auch im Wesen der moslemischen Feindseligkeit gegenüber den Juden. Die alte Feindseligkeit war traditionell, man könnte sogar sagen, sie war normal. Es gab natürlich erhebliche Unterschiede zu verschiedenen Zeiten und an verschiedenen Orten, und die Behandlung nichtmoslemischer Minderheiten durch Moslems reichte von nahezu vollständiger Toleranz bis hin zu harter Repression. Im allgemeinen entsprach die Einstellung der Moslems der eines Herrenvolkes gegenüber einem Untertanenvolk, das sie mit einer Art großmütiger Herablassung zu behandeln bereit waren, solange es sich gebührend unterwürfig benahm. Unter den veränderten Umständen in der Ära der europäischen Vorherrschaft hörte der Nichtmoslem auf, in moslemischen Augen verächtlich zu sein, und wurde gefährlich. Im Falle der Juden wurde diese neue Einstellung noch gefördert durch die Einfuhr gewisser Ideen, die für den europäischen Antisemitismus charakteristisch, die aber selbst bei denjenigen islamischen Gegnern von Juden und anderen Nichtmoslems, bei denen die Vorurteile am schärfsten ausgeprägt waren, bis dahin unbekannt gewesen waren.

Zwischen der christlichen und der moslemischen Einstellung zum Judentum und zu den Juden gab es einen Unterschied von grundlegender Bedeutung. Das Christentum erkannte nur einen Vorläufer an, das Judentum; die Christenheit kannte nur eine religiöse Minderheit, die Juden. Der Islam hingegen hatte zwei Vorläufer, von denen das Christentum der jüngere und bedeutendere war; und er kannte mindestens zwei Minderheiten, von denen die Christen die weitaus zahlreichere und einflußreichere waren. Das Christentum war auch die Religion der wichtigsten äußeren Feinde des Islams, erst des byzantinischen Reiches, dann der Kreuzfahrer, schließlich der Staaten der modernen Welt; es war eine rivalisierende Missionsreligion, die mit dem Islam im Bemühen um die Bekehrung der restlichen Welt konkurrierte. Zum Judentum dagegen bekannten sich nur kleine Minderheiten, die längst alle Hoffnung aufgegeben hatten, ihre Zahl durch Bekehrung vergrößern zu können. Seine Anhänger verfügten weder über politische noch über militärische Macht und stellten keine Gefahr für den Islam oder den islamischen Staat dar. Im Gegenteil, Juden konnten manchmal nützlich sein für moslemische Herrscher, weil sie, anders als die Christen, nicht verdächtigt wurden, mit dem äußeren Feind zu sympathisieren.

Das herausragende Merkmal der Juden, wie sie in der klassischen islamischen Welt gesehen und behandelt wurden, ist deshalb ihre Bedeutungslosigkeit. In klassischen islamischen Schriften, seien sie religiöser, philosophischer oder literarischer Natur, findet sich nichts, was mit dem besorgten Interesse vergleichbar wäre, das gewisse christliche Werke von frühester Zeit an bis heute kennzeichnet. Moslemische religiöse Polemiker konzentrieren ihr Bemühen darauf, den Hauptfeind zurückzuweisen – das Christentum. Kaum einer unter ihnen vergeudet seine Zeit damit, das Judentum zu widerlegen; und bei den wenigen, die es tun, handelt es sich, wie schon erwähnt, im wesentlichen um Moslems relativ jungen christlichen oder jüdischen Ursprungs. Mit der einzigen Ausnahme des Spaniers Ibn Hasm (994–1064) findet sich nichts in der moslemischen religiösen Literatur, ob in Theologie oder Homiletik, das vergleichbar wäre mit den Zurückweisungen des Judentums durch Petrus Venerabilis und Raymond Lull, den wilden antijüdischen Schmähschriften Martin Luthers oder den Aktivitäten der franziskanischen Heiligen Johannes von Capistrano und Bernhard von Siena sowie einer ganzen Schar minder bedeutender Gestalten.

Das Gleiche kann von den Philosophen gesagt werden. In Europa ergingen sich selbst im aufgeklärten achtzehnten und neunzehnten Jahrhundert die meisten der großen französischen und deutschen Philosophen von Zeit zu Zeit in antisemitischen Ausfällen. Nichts Vergleichbares findet sich in den Schriften der großen Philosophen im klassischen Islam. Ebenso hat die klassische islamische Literatur, wiewohl sie gelegentlich eine jüdische Gestalt – gewöhnlich eine unbedeutende – porträtiert, keine so dämonischen Ungeheuer zu bieten wie Fagin oder jene anderen jüdischen Schurken, die ihr Unwesen in der literarischen Phantasie Frankreichs, Deutschlands und Rußlands trieben und die inzwischen begonnen haben, in die zeitgenössische arabische erzählende und dramatische Literatur einzudringen.

Der philosophische und literarische Antisemitismus der Christenheit ist Ausdruck gewisser tief verwurzelter und zählebiger Ängste und Anklagen. Auch sie sind der klassischen islamischen Welt zum größten Teil unbekannt. Unter moslemischer Herrschaft wurde den Juden wenig Zuspruch oder auch nur Respekt zuteil, und bisweilen gab man ihnen die Schuld an verschiedenen Missetaten. Sie wurden jedoch nicht beschuldigt, ihrem Wesen nach böse zu sein oder sich verschworen zu haben, die Herrschaft über die Welt an sich zu reißen. Erst viele Jahrhunderte später begann diese Paranoia, die moslemische Welt zu infizieren. Als das geschah, waren die Quellen und Stadien der Infektion klar zu erkennen.

Wenn der Antisemitismus der christlichen Literatur im Islam fehlt, so fehlt auch die philosemitische Reaktion, die er hervorrief. Die moslemische Literatur wendet nicht viel Zeit und Mühe für Verleumdungen der Juden auf; noch weniger hat sie zu ihren Gunsten zu sagen. Aus dem Koran, der Sunna und den Kommentaren sowie aus der späteren Literatur, aus Geschichtsschreibung und volkstümlichen Überlieferungen ist es jedoch möglich, das Stereotyp des Juden zu rekonstruieren, wie er moslemischen Augen erschien.

Die frühesten arabischen Erinnerungen an Juden datieren aus dem Jahrhundert, das dem Aufstieg des Islams voranging, und sind im großen und ganzen positiv. Drei jüdische Stämme lebten in Medina, andere kleine Gruppen von Juden waren über die Oasen Nordarabiens verstreut. Nichts Genaues ist über ihre Ursprünge bekannt, und sie sind mal als arabisierte Juden, dann wieder als judaisierte Araber bezeichnet worden. Dies war für ihre Zeitgenossen ohne Bedeutung. Als das sechste Jahrhundert anbrach, waren sie sowohl in Sprache, Kultur und Lebensweise arabisch als auch in die nordarabische Stammesgesellschaft vollständig integriert, und sie bildeten einen akzeptierten, ja respektierten Teil dieser Gesellschaft. Einer von ihnen, Samaw'al (Samuel) ibn Adija, dessen Blütezeit die Mitte des sechsten Jahrhunderts war, lebt in der Erinnerung fort nicht nur durch seine Gedichte, sondern mehr noch durch seine Beständigkeit und Treue, die sprichwörtlich wurden.

Der Konflikt begann mit der Wanderung des Propheten Mohammed von Mekka nach Medina. Die drei dort lebenden jüdischen Stämme wiesen zum größten Teil sein Apostolat zurück und widersetzten sich seiner politischen und militärischen Führung. Die daraus resultierenden Kämpfe und die Feindschaft, die sie erzeugten, spiegeln sich im Koran, in der Sunna und in den Kommentaren wider, wo der Jude als widerborstig und verschlagen bezeichnet wird, als jemand, der sich gegen die Gebote Gottes auflehnt, der Gottes Propheten zurückweist und sie tötet oder zu töten versucht. In neuerer Zeit ist der Konflikt Mohammeds mit den Juden unter Einflüssen, die ohne Mühe zu erkennen sind, als ein zentrales Thema seiner Lebensgeschichte dargestellt worden, und ihrer Feindschaft ihm gegenüber ist kosmische Bedeutung zugeschrieben worden. Das ist neu und steht in direkter Beziehung zu neuen Situationen und Einflüssen. Die klassische islamische Literatur sieht es gelassener und behandelt den Kampf mit den Juden als eine relativ geringfügige Episode im Leben des Propheten, die ohnehin mit deren vollständiger Niederlage endete. Obwohl der Koran, die eigenen Händel des Propheten mit Juden und Christen widerspiegelnd, ganz eindeutig feststellt, daß unter den Ungläubigen die Juden den Moslems am feindseligsten, die Christen am freundlichsten gegenüberstehen, traf das spätere moslemische Gesetz keine Unterscheidung zwischen den beiden und behandelte beide gleich. Das war auch normale Praxis der moslemischen Regierungen bis in relativ moderne Zeit.

Im Koran und in der heiligen Lebensgeschichte des Propheten ist das Wichtigste hinsichtlich der Juden von Medina nicht so sehr, daß sie sich dem Propheten widersetzten, als vielmehr, daß sie besiegt und gedemütigt wurden. Der koranische Standardtext findet sich in Kapitel 2, Vers 61, wo es von den Kindern Israels heißt: »Sie waren geschlagen mit Demütigung und Armut, und sie fühlten den Zorn Gottes. Dies geschah, weil sie den Zeichen Gottes nicht glaubten und seine Gesandten ungerecht töteten. Dies geschah, weil sie ungehorsam waren und sich vergingen.« Die Begriffe »Demut« und »Demütigung« kommen im Koran und in späteren Schriften häufig mit Bezug auf Juden vor. Das ist in islamischer Sicht die gerechte Strafe für ihre frühere Aufsässigkeit, und sie manifestiert sich in ihrer derzeitigen Ohnmacht zwischen den mächtigen Reichen des Christentums und des Islams. In der arabischen Lyrik und in der volkstümlichen Überlieferung wird die Demut des Juden zum Prototyp und erscheint immer wieder in Gleichnissen und Erzählungen. Manche sehen diese Erniedrigung der Juden als göttliche Bestrafung ihrer Auflehnung und deshalb als einen Zustand, zu dem sie auf ewig und alle Zeiten verdammt sind. Mitunter wird diese fortdauernde Bestrafung mit der Feindschaft in Verbindung gebracht, die sie gegenüber dem Propheten an den Tag gelegt haben und von der angenommen wird, daß sie sich in den Gefühlen der nachfolgenden Juden gegenüber den nachfolgenden Moslems fortsetzt. Diese Anschauung erscheint gelegentlich in den Überlieferungen, stellt aber kein Hauptthema in den moslemischen Schriften dar. Das Thema der Demütigung erlangt besondere Bedeutung, wenn von Zeit zu Zeit in der islamischen Geschichte einzelne Juden prominent hervortraten und nach vorherrschender Meinung allzu sichtbar Reichtum und Macht genossen, was dann eine scharfe und manchmal gewalttätige Reaktion auslöste. Aber das geschah häufiger mit Christen als mit Juden.

In den grundlegenden islamischen wie christlichen Erzählungen ist der Jude feindselig, sogar böswillig. Der große Unterschied liegt darin, daß seine Feindseligkeit in den islamischen Texten ohne Wirkung bleibt, daß seine Böswilligkeit mit seiner Niederlage endet. Im Koran sind die Juden ungehorsam gegenüber Moses und werden geschlagen; sie versuchen, Jesus zu kreuzigen, und scheitern – ihnen wird durch Täuschung der Glaube eingegeben, sie hätten ihn tatsächlich getötet. In der Lebensgeschichte des Propheten widersetzen sich die Juden ihm, aber sie werden überwunden und gebührend bestraft, einige durch Vertreibung, andere durch Versklavung oder Tod. Das gleiche Bild erscheint in der Sunna, den Kommentaren und anderen, späteren religiösen Schriften: der Jude als Feind, aber ohne die Stärke oder die Macht, um seine Feindseligkeit wirksam werden zu lassen.

Dieser grundlegende Unterschied zwischen dem Erfolg des Juden gegen Christus und seinem Mißerfolg gegen Mohammed wirkte sich entscheidend auf die Einstellung der Judenhasser beider Religionen aus. Für den Christen stellte er eine dunkle und tödliche Macht dar, fähig zu Taten von kosmischer Bosheit. Für den Moslem mochte er feindselig, verschlagen und rachsüchtig sein, aber er war schwach und unwirksam – ein Objekt der Lächerlichkeit, nicht der Furcht. Dieses Bild der Schwäche und der Bedeutungslosigkeit konnte durch die weitere Geschichte des jüdischen Lebens in den moslemischen Ländern nur bestätigt werden.

Wie dem Christen unter moslemischer Herrschaft, so war es auch dem Juden nicht erlaubt, Waffen zu tragen oder auch nur auf einem Pferd zu reiten. Im Gegensatz zum Christen war dies aber überall sein Schicksal. Das Stereotyp der Demut geht deshalb einher mit einem Stereotyp der Feigheit, das den Juden unter den kriegerischen Völkern des Islams ganz besonderer Lächerlichkeit aussetzt. In volkstümlichen humorvollen Anekdoten, in denen man seinen Spaß treibt mit den Besonderheiten der verschiedenen ethnischen und religiösen Gruppen in der islamischen Welt, ist die Feigheit die Eigenschaft, die dem Juden am häufigsten zugeschrieben wird. Ein Beispiel aus der Türkei in den letzten Jahren des Osmanischen Reiches möge genügen. Unter dem Einfluß sowohl liberaler Ideologie als auch praktischer Notwendigkeit wurden endlich auch Nichtmoslems zum osmanischen Militärdienst zugelassen. Aus Gründen, die auf der Hand liegen, vertraute man den Juden mehr als ihren christlichen Landsleuten, aber man respektierte sie weniger. Nach einer zu jener Zeit umlaufenden Geschichte hatten einige türkische Juden, während der Balkankriege beflügelt von patriotischer Leidenschaft, ein Freiwilligenbataillon zur Verteidigung des Vaterlandes aufgestellt. Als sie ausgebildet und ausgerüstet waren und bereit zum Aufbruch an die kämpfende Front, ersuchten sie die Regierung, ihnen einen Gendarmen als Eskorte mitzugeben, weil es unterwegs Banditen gebe.

Vor diesem Hintergrund der Demut und der Ohnmacht wirkte das Erscheinen einer jüdischen Militärmacht, die imstande war, gewaltige Siege zu erringen, als furchtbarer Schock. Eine partielle Antwort auf die quälenden Fragen, die diese Umwälzung aufwarf, fand sich in einem anderen frühen Stereotyp, das gewöhnlich mit Schwäche und Unterwürfigkeit in Verbindung gebracht wird, dem der Täuschung. Ibn Chaldun (1332–1406), der größte der mittelalterlichen arabischen Historiker, bot eine soziologische Erklärung für dieses Stereotyp an: »[Leid ist zugefügt worden] jeder Nation, die von anderen beherrscht und streng behandelt worden ist. Ein Gleiches sieht man deutlich bei allen jenen Personen, die dem Willen anderer unterworfen sind und über ihr eigenes Leben nicht frei bestimmen können. Man betrachte zum Beispiel die Juden, deren Charakter infolge einer derartigen Behandlung degenerierte, so daß sie zu allen Zeiten und in allen Breitengraden bekannt sind wegen ihrer Bösartigkeit und Tücke. Der Grund dafür ist in den oben erwähnten Ursachen zu finden.«[2] Andere, denen Ibn Chalduns soziohistorische Einsichten nicht zu Gebote standen, sahen diese Eigenschaft der Verschlagenheit und Täuschung als angeboren jüdisch an. In früherer Zeit war dies ein minder wichtiges Thema bei der Erörterung jüdischer Angelegenheiten. In unserer Zeit bietet es eine brauchbare Erklärung für erlittene militärische Niederlagen.

In ihrer Behandlung nichtmoslemischer Untertanenvölker machten die moslemischen Herrscher und die moslemische Bevölkerung im allgemeinen keinen Unterschied zwischen Christen und Juden; beiden gegenüber zeigte man ein gleiches Maß an Toleranz. Von Zeit zu Zeit brachen Verfolgungen aus, gewöhnlich in Verbindung mit bestimmten Vorkommnissen – zum Beispiel der Bedrohung durch einen äußeren Feind oder, was häufiger der Fall war, dem Gefühl, daß es den Nichtmoslems gar zu gut gehe und daß es an der Zeit sei, ihnen einen Dämpfer zu verpassen. Solche Vorkommnisse waren jedoch eher die Ausnahme als die Regel, und die Lage der Nichtmoslems war insgesamt erträglich, wenn auch niemals ganz gesichert.

Im allgemeinen kam es nicht zu Vertreibungen von Juden und Christen. Die einzige bedeutendere Ausnahme scheint Arabien gewesen zu sein. Nach gängiger Darstellung vertrieb der Kalif Umar unter Berufung auf die Tradition, daß »zwei Religionen nicht sein sollen im Lande der Araber«, alle Juden und Christen aus Arabien, das ein ausschließlich islamisches Land werden sollte. Tatsächlich aber scheinen Juden und Christen in Südarabien geblieben zu sein, und die Vertreibung beschränkte sich auf den westarabischen Hedschas. Beide Minderheiten waren dort zu Lebzeiten des Propheten noch ansässig, aber unter seinen Nachfolgern wurde die Ausschließlichkeitsregel mit zunehmender Strenge angewendet.[3] Bis auf den heutigen Tag ist Nichtmoslems im Prinzip der gesamte Hedschas mit Ausnahme von Dschidda und Taif verboten, und Juden sind darüber hinaus aus Saudi-Arabien ausgeschlossen.

Im Gegensatz zu den Juden und Ketzern der Christenheit sind Nichtmoslems unter moslemischer Herrschaft selten vor die Entscheidung gestellt worden, entweder ins Exil zu gehen oder den Märtyrertod zu sterben oder unter Zwang zu konvertieren. Anders als in Europa waren die Juden des Islams – mit gewissen Ausnahmen, zum Beispiel im Iran und in Marokko – weder gebietsmäßig noch beruflich auf Ghettos beschränkt, sondern sie waren im wesentlichen frei in ihrer Wahl des Wohnortes und des Berufes. Sie genossen Freiheit der Religionsausübung und eine gewisse Autonomie in ihren eigenen kommunalen Angelegenheiten. Sie unterlagen einer ganzen Reihe von gesellschaftlichen, politischen und fiskalischen Benachteiligungen, aber deren Ausmaß variierte beträchtlich je nach Zeit und Ort. Am drückendsten war die höhere Steuerlast, eine Bürde, die nie erleichtert wurde, bis die modernen, unter westlichem Einfluß eingeführten Reformen sich auszuwirken begannen. Am demütigendsten – auch wenn die Durchsetzung dieser Auflagen höchst unterschiedlich gehandhabt wurde – war das Tragen besonderer Kleidung und Abzeichen, damit man sie auch äußerlich sofort von den wahren Gläubigen unterscheiden konnte. Das gelbe Abzeichen, das noch eine so lange Geschichte im christlichen Westen haben sollte, war im frühmittelalterlichen Bagdad zuerst eingeführt worden. Es war ein Fall, wo einmal der Westen Intoleranz vom Orient lernte.

Ein Aspekt des späteren europäischen Antisemitismus fehlte gänzlich in der islamischen Welt, auch im Gefüge der von ihr durchgesetzten Diskriminierungen, und das war der Rassismus. Es gab im alten Arabien sowohl Christen als auch Juden, und beide wurden als Teil der arabischen Familie angesehen. Judentum wie Christentum wurden als Religion betrachtet, der man sich anschließen oder die man verlassen konnte, nicht als angeborene und unveränderliche rassische Identität. Ein Gefühl für rassische Identität fehlte den Arabern keineswegs. Sehr früh schon drückte es sich in der Doktrin von der Überlegenheit der Araber gegenüber Nichtarabern aus, später in den Beziehungen zu Weißen und Schwarzen. Es mag rassische Obertöne in einigen Auslassungen über die Juden gegeben haben, zum Beispiel, wenn der im neunten Jahrhundert lebende arabische Autor al-Dschahis von der Verschlechterung der jüdischen Substanz durch exzessive Inzucht sprach oder wenn ein streitbarer Polemiker wie Ibn Hasm aus Cordoba in seinen Attacken gegen Juden das Vorhandensein rassischer Besonderheiten andeutet, allerdings nicht definitiv behauptet. Aber Ibn Hasm schrieb in Spanien, wo andere Umstände herrschten, und im arabischen Orient hatte er weder Vorläufer noch Nachfolger. Erst in relativ neuer Zeit wurde aus Europa der Gedanke importiert, daß die Juden eine besondere Rasse mit bösen und unabänderlichen rassischen Merkmalen seien.

Die Lage der nichtmoslemischen Minderheiten in den klassischen islamischen Staaten blieb sehr weit hinter dem Standard zurück, der in den heutigen Demokratien gesetzt und im allgemeinen gewahrt wird. Sie war jedoch wesentlich günstiger im Vergleich zu den Bedingungen, die im Mittelalter in Westeuropa und sehr viel länger noch in Osteuropa herrschten. Dieser Zustand war jedoch nicht von Dauer. In dem Maße, wie die Moslems sich schwach, bedroht und umzingelt fühlten, wuchs ihr Mißtrauen gegenüber ihren eigenen nichtmoslemischen Untertanen, bei denen es sich hauptsächlich um Christen handelte und die deshalb in Verdacht gerieten, mit dem Feind zumindest zu sympathisieren. Und von eben diesem Feind sollten die Moslems bald neue Ideologien des Hasses und neue Methoden der Unterdrückung lernen.

Das Einsickern der eindeutig christlichen Variante der Feindschaft gegen Juden in die islamische Welt läßt sich durch mehrere Stadien hindurch verfolgen. In gewissem Sinne begann es im Hochmittelalter mit christlichen Konvertiten zum Islam. Das zweite Stadium kam mit der osmanischen Expansion nach Europa und der Eroberung von Konstantinopel, was beides dazu führte, daß griechisch-orthodoxe Christen in großer Zahl unter moslemische Herrschaft gerieten. Die Blutverleumdung war endemisch in diesen Gebieten und gelangte durch die periodischen Unruhen, die sie um die Osterzeit verursachte, zur Kenntnis der osmanischen Behörden. Es war das erstemal, daß diese spezielle Mär in moslemischen Landen bekannt wurde.

Das wirkliche Eindringen des Antisemitismus modernen Stils in die Welt der Moslems datiert jedoch aus dem neunzehnten Jahrhundert.[4] Seine Wegbereiter waren die christlichen osmanischen Minderheiten, die von allen Religionsgemeinschaften im Nahen Osten die engsten Kontakte zum Westen unterhielten. Aktiv gefördert wurde dieser Prozeß von westlichen Abgesandten verschiedener Art, darunter konsularische und kommerzielle Repräsentanten auf der einen, Priester und Missionare auf der anderen Seite. Die christlichen Minderheiten hatten gute Gründe, gegen die Juden zu opponieren, denn sie waren ihre schärfsten kommerziellen Konkurrenten, und es ist bezeichnend, daß Ausbrüche antijüdischer Agitation ohne Ausnahme von Boykottaufrufen begleitet waren. Im Laufe des neunzehnten Jahrhunderts wurden Ritualmord-Anklagen beinahe zu etwas Alltäglichem im Osmanischen Reich; überall tauchten sie auf, in den arabischen ebenso wie in den griechischen und türkischen Provinzen.

In der zweiten Hälfte des neunzehnten Jahrhunderts wurden die ersten arabischen Fassungen europäischer antisemitischer Schriften veröffentlicht. Bei den frühesten antisemitischen Traktaten in arabischer Sprache handelte es sich ausnahmslos um Übersetzungen, meistens, wenn auch nicht immer, aus dem Französischen, angefertigt von christlichen arabischen Übersetzern. Das allererste Werk dieser Art scheint ein 1869 in Beirut veröffentlichter Text zu sein; es war die Übersetzung einer damals in antisemitischen Kreisen verbreiteten Fälschung. Angeblich handelte es sich um die Bekenntnisse eines zum Christentum bekehrten moldauischen Rabbiners über die Schrecknisse der jüdischen Religion.[5] Der zweite antisemitische Traktat in arabischer Sprache war eine freie Übersetzung eines umfangreichen französischen Buches von einem gewissen Georges Corneilhan, das 1889 in Paris erschienen war und sich als eine Arbeit über die Juden in Ägypten und Syrien ausgab. Eine arabische Fassung erschien 1893 in Kairo.[6] Der Übersetzer war der dortige Korrespondent der englischsprachigen Zeitung *The Levant Herald*. Dieses Buch ist ein gutes Beispiel für die französische antisemitische Literatur jener Zeit; es verurteilte die Juden als Quelle aller Korruption, die Frankreich, ja die ganze Welt zerstöre, und schlug ihre totale Vertreibung vor.

Eine neue Phase in der Verbreitung von antisemitischer Literatur begann mit dem Prozeß und der Verurteilung des Hauptmanns Dreyfus und die Kontroverse, die sich daran anschloß. Die leidenschaftlichen antisemitischen Ausbrüche im französischen Mutterland hatten Auswirkungen im gesamten französischen Einflußgebiet. Das Verhältnis zwischen Frankreich und den mit Rom unierten maronitischen Christen im Libanon war besonders eng, und die Maroniten, zunehmend beeinflußt von französischer Bildung und

Kultur, wurden von diesen wie von anderen Ereignissen unmittelbar berührt. Ein Teil der moslemischen Presse, der türkisch- ebenso wie der arabischsprachigen, zeigte Sympathien für den zu Unrecht beschuldigten Hauptmann und nutzte die Gelegenheit, um die vielgepriesene liberale Zivilisation Europas zu attackieren.[7] Kein Geringerer als Raschid Rida, einer der herausragenden religiösen und intellektuellen Führer der moslemischen Welt jener Zeit, wies mit ätzender Schärfe auf die Demütigung und Verfolgung der Juden in Frankreich hin. Diese Vorkommnisse seien nicht, wie er bemerkte, religiösem Fanatismus geschuldet, denn die Franzosen hätten sich sehr weit von religiösen Überzeugungen entfernt. Er schrieb sie vielmehr rassischem Vorurteil und heftigem Neid auf jüdische Erfolge zu. Raschid Rida bemerkt mit einigem Recht, daß, hätten diese Ereignisse sich im Orient abgespielt, dieselben Journalisten, die jetzt Dreyfus und die Juden peinigten, die Völker des Orients giftig verurteilt und »nach bedingungsloser Freiheit und allgemeiner Gerechtigkeit geschrien« haben würden. Es ist aufschlußreich, daß er einige ägyptische Journalisten verurteilte, weil sie der französischen Linie gefolgt seien und die Juden angegriffen hätten.[8] Die Unterstützung für die Anti-Dreyfusards beschränkte sich im wesentlichen auf die christliche Minderheit, und selbst dort zeigte sie wenig Wirkung; sie war eindeutig vom Ausland inspiriert. Aber sie öffnete den Weg für den ersten Schub von arabischen Übersetzungen europäischer antisemitischer Literatur.

Die Einführung des talmudischen Themas in die moslemische antijüdische Polemik geht auf diese Zeit zurück, und sie war anfangs rein christlich nach ihrem Ursprung ebenso wie nach ihrer arabischsprachigen Verbreitung. Schon 1890 veröffentlichte ein christlicher Autor namens Habib Faris in Kairo ein Buch mit dem Titel *Surakh al-Bari'fi Buq al-Hurriyya* (Der Ruf der Unschuldigen mit der Trompete der Freiheit), später neu aufgelegt als *al-Dhaba'ih al-Bashariyya al-Talmudiyya* (Die talmudischen Menschenopfer). Es handelt sich dabei um eine Zusammenstellung antisemitischer Legenden – im wesentlichen, aber nicht ausschließlich, aus europäischen Quellen geschöpft –, in denen die Juden der Ritualopfer beschuldigt werden und diese Praxis auf talmudische Lehren zurückgeführt wird. Dem europäischen Standardmaterial fügte der Autor eine Anzahl von Beispielen aus dem Nahen Osten hinzu, um alsdann detailliert die verschiedenen Ritualmord-Anklagen im Syrien des neunzehnten Jahrhunderts, in Damaskus, Antiochia und anderswo abzuhandeln. Das Buch wurde 1962 in Kairo neu aufgelegt, versehen mit Einführung und Anmerkungen. Ein weiteres frühes Werk gleicher Provenienz war *al-Kanz al-Marsud fi qawa'id al-Talmud*. Hier handelt es sich um eine Übersetzung des wohlbekannten antisemitischen Textes des Kanonikus Rohling, ursprünglich in deutscher Sprache erschienen. Die arabische Version ist nach einer französischen Übersetzung angefertigt worden, und zwar von einem gewissen Yusuf Nasrallah. Die erste Ausgabe wurde 1899 in Kairo veröffentlicht, die zweite in Beirut im Jahre 1968. In beiden genannten Fällen war die Erstausgabe nahezu unbemerkt geblieben, selbst unter den christlichen Minderheiten; die zweite erregte erhebliche Aufmerksamkeit. Das gleiche gilt für einige andere, ähnliche Schriften, die in derselben Periode produziert wurden.

Diese frühen Versuche, antisemitische Literatur in arabischer Sprache zu verbreiten, blieben keineswegs ohne Widerspruch. In den osmanischen Ländern sorgten die Behörden dafür, daß der 1869 veröffentlichte Traktat keine weitere Verbreitung fand, und von Zeit zu Zeit schlossen sie Zeitungen, weil sie antijüdische Zitate brachten, die als Gefahr für die öffentliche Ordnung angesehen wurden. Hervorragende christlich-arabische Autoren und Journalisten jener Zeit verurteilten in ihren Schriften derartige Angriffe auf Juden und plädierten für ein besseres Verständnis zwischen den drei Religionen.[9]

Dieses Verständnis stellte sich nicht ein, und in den folgenden Jahren kam es zu einer stetigen Verschlechterung der Situation. Die wachsende Feindschaft gegen Juden und das Hinwegfegen der uralten arabisch-jüdischen Gemeinden müssen vor dem Hintergrund der größeren Ereignisse jener Zeit gesehen werden. Das folgenreichste und in seinen Auswirkungen am Ende verheerendste davon war die Veränderung des Kräftegleichgewichts zwischen dem Islam und Europa. Schon seit einigen Jahrhunderten war der Islam immer schwächer und Europa immer stärker geworden. Eine Zeitlang konnten die Moslems in den Kerngebieten des Nahen Ostens noch die Augen vor den Realitäten dieses Wandels verschließen. Aber gegen Ende des neunzehnten Jahrhunderts, vom zwanzigsten zu schweigen, blieben nur noch wenige Illusionen. Ein großer Teil der islamischen Welt war von den vier großen europäischen Reichen Britannien, Frankreich, Holland und Rußland erobert und einverleibt worden, und selbst die beiden noch verbliebenen Staaten, das Osmanische Reich und der Iran, sahen sich einem immer stärkeren politischen und wirtschaftlichen Einfluß Europas ausgeliefert.

Politische Gewalt und wirtschaftlicher Druck ebneten auch geistigen Einflüssen den Weg. Zum erstenmal begannen moslemische Araber, Perser und Türken, europäische Sprachen zu lernen, europäische Bücher zu lesen, ja sogar europäische Schulen zu besuchen. Die überwältigende Gefahr, die der ganzen islamischen Welt drohte, war die Beherrschung durch Europa. Um sich dieser Gefahr entgegenzustellen, war es erforderlich, den Feind zu verstehen; viele hielten es auch für nötig, ihn nachzuahmen.

Das Europa jener Zeit bot in seiner ganzen Ausdehnung von Ost nach West eine Fülle verschiedenster institutioneller Modelle und politischer Ideologien. Sie fanden Anhänger sowohl unter den Beamten als auch unter den Kritikern der nahöstlichen Regierungen. Einerseits wurden die Formen und Prozeduren der Verwaltung nach europäischem Vorbild umgebildet; andererseits begannen die kleinen, verwestlichten Eliten, die die nahöstlichen Staaten beherrschten, über sich selbst, ihre Nationen und ihre Länder in den neuen und bis dahin unbekannten Begriffen des Patriotismus und des Nationalismus zu denken und zu sprechen.

Das alles führte zu bedeutenden Veränderungen im Status der nichtmoslemischen Minderheiten sowie in der Art und Weise, wie diese von ihren moslemischen Landsleuten gesehen wurden. Das alte, von Gesetz und Sitte des Islams vorgeschriebene Verhältnis, in dem Toleranz mit Ungleichheit gepaart war, hatte ein Jahrtausend lang recht gut funktioniert. Aber für das aufgeklärte neunzehnte Jahrhundert war es nicht mehr annehmbar – weder für die Mächte Europas noch für die christlichen Untertanen des Osmanischen Reiches, die in zunehmendem Maße zu Schutzbefohlenen jener Mächte wurden.

Während die alte Ordnung Schritt um Schritt aufgegeben wurde, war das, was an ihre Stelle trat, nicht immer eine Verbesserung. Auf dem Papier waren die religiösen Minderheiten nun viel besser gestellt als vorher. Anstatt unterworfene Gemeinschaften in einem vom Islam bestimmten Staat zu sein, waren sie jetzt Angehörige einer Nation und Staatsbürger eines Landes. Nach der alten Ordnung waren Nationen Unterteilungen einer Religion; in der neuen Ordnung waren Religionen Unterteilungen der Nation, an der Anhänger aller Religionen einen im Prinzip gleichen Anteil zumindest beanspruchen konnten. Unter Christen und Juden weckten diese Veränderungen große Hoffnungen, und selbst unter den Moslems – vor allem in den arabischen Provinzen, die weniger direkt der osmanischen Oberherrschaft unterstanden hatten – teilten viele die Bestrebungen der liberalen Patrioten sowie ihren Glauben an eine gemeinsame nationale Identität, die größere Bedeutung habe als die religiösen Gegensätze.

Aber die Favorisierung der Christen und, in viel geringerem Maße, der jüdischen Minderheiten durch die europäischen Mächte und der rapide Fortschritt, den die beiden Glaubensgemeinschaften an Bildung, Wohlstand und schließlich sogar an Macht erzielten, weckten unweigerlich Ressentiments bei den Moslems, die überhaupt keinen Grund sahen, diejenigen als Gleichberechtigte zu akzeptieren, die als Minderwertige zu betrachten sie so lange gewohnt gewesen waren. Noch größer wurden die Ressentiments, wenn diese einst Unterlegenen unter ausländischer Protektion und Förderung eine Art Überlegenheit zu erlangen schienen. Selbst die Christen waren nicht immer ganz glücklich mit dieser neuen Gleichmachung, die auch die Nivellierung nach unten, nicht nur nach oben, bedeutete. In einer zeitgenössischen Denkschrift eines hohen osmanischen Beamten über das große Reformdekret von 1856, mit dem die Gleichheit von Moslems und Nichtmoslems proklamiert wurde, werden einige Reaktionen der beiden Gemeinschaften festgehalten.

> ... Nach diesem Erlaß sollten alle moslemischen und nichtmoslemischen Untertanen in allen Rechten gleichgestellt werden. Das löste bei den Moslems eine sehr ungute Wirkung aus ... Viele Moslems begannen zu murren: »Heute haben wir unsere geheiligten nationalen Rechte verloren, die mit dem Blute unserer Väter und Vorväter erworben wurden. In einer Zeit, in der die islamische Gemeinschaft die herrschende Gemeinschaft ist, hat

man ihr das geheiligte Recht genommen. Dies ist ein Tag der Tränen und der Trauer für die Menschen des Islams.«

Was nun die Nichtmoslems anbetraf, so war dieser Tag, an dem sie ... die Gleichheit mit der herrschenden Gemeinschaft erlangten, ein Tag des Jubels. Aber die Patriarchen und die anderen geistlichen Führer waren nicht erfreut ... Während in früheren Zeiten, im osmanischen Staat, die Gemeinden dem Range nach geordnet waren, mit den Moslems an erster Stelle, dann den Griechen, dann den Armeniern, dann den Juden, waren jetzt alle auf das gleiche Niveau gesetzt. Gewisse Griechen erhoben Einspruch dagegen und sagten: »Die Regierung hat uns mit den Juden zusammengeworfen. Wir waren zufrieden mit der Vorherrschaft des Islams.« [10]

Zwar richteten sich die neuen moslemischen Ressentiments in erster Linie gegen die Christen, die Hauptnutznießer der Neuerung, aber auch die Juden waren betroffen. Und weil sie kaum etwas von den Vorteilen der Christen an Zahl, an Reichtum, an Waffen und an ausländischer Protektion vorzuweisen hatten, wurden sie gelegentlich zu den Sündenböcken, die am leichtesten greifbar waren. Die einheimischen Christen trugen das ihre hierzu bei, indem sie – teils aus alter kommerzieller Konkurrenz, teils, um den Zorn der Moslems von sich selbst abzulenken – antijüdische Gefühle schürten. Dabei wurde ihnen nicht selten die Unterstützung ihrer europäischen Freunde und Protektoren zuteil.

Es gab mehr als nur ein europäisches Modell, an dem sich aufstrebende Menschen des Nahen Ostens orientieren konnten. Sehr lange bewunderte man am meisten das westeuropäische Modell der liberalen Demokratie, der in ihren Machtbefugnissen klar eingegrenzten konstitutionellen Regierung und der Gleichberechtigung der Bürger ohne Diskriminierung nach Rasse oder Bekenntnis. Aber es gab auch die Modelle der religiösen Bigotterie und des in Rassismus einmündenden ethnischen Nationalismus, die mächtige Exponenten in Europa sowie bereitwillige Anhänger im Nahen Osten hatten. Die Anfänge des Antisemitismus neuer Prägung im Nahen Osten können ausländischen Lehrmeistern und ihren einheimischen Jüngern zugeschrieben werden. Dabei bediente man sich in der Regel zweier Kanäle – des kirchlichen und des amtlichen. Die griechische und die katholische Geistlichkeit scheuten keine Mühe, um ihre Anhänger unter den Untertanen des Osmanischen Reiches zu mobilisieren, die einen im Interesse Rußlands, die anderen im Interesse der katholischen Mächte und insbesondere Frankreichs.

In nahöstlichen Städten gegen Juden erhobene Ritualmord-Anklagen gingen noch sehr lange ausschließlich auf christliche Urheber zurück. Die berühmteste von allen, die Damaskus-Affäre des Jahres 1840, hatte ihren Ursprung bei einigen Kapuzinermönchen und wurde energisch vom französischen Konsul vorangetrieben. Konsularische und geistliche Interventionen lassen sich in einer Anzahl ähnlicher Fälle erkennen. Gegen Ende des neunzehnten Jahrhunderts kamen solche Anklagen dann schon aus moslemischen Quellen; im Laufe des zwanzigsten Jahrhunderts wurden sie zur Alltäglichkeit. Ein neues Thema war der Ruf nach einem christlich-moslemischen Bündnis, um sich des gemeinsamen jüdischen Feindes zu erwehren. Diese Anregung taucht noch immer von Zeit zu Zeit auf, hat aber nur sehr begrenzte Unterstützung gefunden.

Ein weiterer wichtiger Schritt in der Verbreitung des Antisemitismus europäischen Stils im Nahen Osten erfolgte nach der Revolution der Jungtürken im Jahre 1908, die dem Despotismus des Sultans Abdul Hamid II. ein Ende bereitete und ein konstitutionelles Regime einsetzte. Damals wurde die Revolution von vielen Moslems ebenso begrüßt wie von den meisten Christen und Juden. Man sah sie als Anbruch eines neuen Zeitalters der Freiheit und der Zusammenarbeit. Es gab jedoch auch zahlreiche konservative Moslems, die sich zutiefst von diesem Umsturz abgestoßen fühlten und die in der Absetzung des Sultans und in der Einschränkung der Machtbefugnisse seines Nachfolgers einen Schlag gegen den Islam erblickten. Besonders empört waren sie über die Gleichstellung der Religionen, die die Jungtürken versprachen, und obwohl dieses Versprechen niemals ganz eingelöst worden ist, gingen die Veränderungen doch weit genug, um ernste Widerstände in der Hauptstadt und vor allem in den arabischen Provinzen auszulösen.

Schon in einem recht frühen Stadium behaupteten die Gegner der Jungtürken, daß die Revolution auf jüdische Machenschaften zurückgehe. Das war nichts Neues in islamischen Ländern, wo es seit Jahrhunderten anerkannte Praxis war, einer neuen Bewegung, die man diskreditieren wollte, jüdische Ursprünge zuzuschreiben.[11] In der Vergangenheit war man solchen Anschuldigungen nur höchst selten nachgegangen, und sie waren kaum mehr als ein Teil der allgemeinen Schmähungen gewesen. Diesmal war es anders. Die Anklage wurde raffinierter abgesichert und konsequenter vorgetragen, und sie beruhte jetzt auf den antisemitischen Doktrinen und Überzeugungen, die inzwischen aus Europa importiert worden waren. Einige europäische Journalisten und Diplomaten griffen das Thema auf, vor allem der britische Botschafter Sir Gerald Lowther und sein Chefdolmetscher Gerald H. Fitzmaurice, die beide ganz süchtig waren nach Theorien über jüdische Verschwörungen. Geschichten dieser Art begannen in Ausländerkolonien zu kursieren. Sie erschienen in den christlichen Lokalzeitungen – griechischer, armenischer und christlich-arabischer Provenienz – und fanden von 1911 an sogar Eingang in die türkische Presse. Im Ersten Weltkrieg gewannen sie neues Leben, als die imperialen Mächte sich plötzlich der Türkei als Kriegsgegner gegenübersahen und fürchteten, daß ihre eigenen moslemischen Untertanen von ihnen abfallen könnten. Man ließ deshalb nichts unversucht, um das Osmanische Reich und insbesondere das jungtürkische Regime, das nun die Macht innehatte, in Verruf zu bringen. Das Argument, das Jungtürken-Regime sei nicht wahrhaft islamisch, sondern werde von Juden und Freimaurern beherrscht, war von einem gewissen Wert für die alliierte Propaganda, die sich an die Araber und ganz allgemein an die islamische Welt wandte.

Zeitgenössische Berichte lassen erkennen, daß die Reaktionen gegen die Revolution der Jungtürken in den arabischen Provinzen und anderswo der Gleichstellung von Nichtmoslems im allgemeinen galten und nicht spezifisch gegen die Juden gerichtet waren. Aber die Verbreitung antisemitischer Vorstellungen und Schriften im Nahen Osten hatte begonnen. Zunächst blieben diese Erscheinungen auf kleine, unbedeutende Randgruppen beschränkt und hatten geringe oder keine Auswirkungen auf die politische oder intellektuelle Hauptströmung jener Zeit. Aber etliche Grundsatztexte der antisemitischen Literatur und die Ideen, die sie enthielten, lagen jetzt in arabischer Sprache vor, bereit, genutzt und weiterverbreitet zu werden, sobald die Zeit reif war.

Das spätere Anschwellen des arabischen Antisemitismus zu seinen derzeitigen Ausmaßen hat viele Ursachen – die imperialistische Herausforderung und die nationalistische Reaktion darauf, die Vermengung von importiertem Chauvinismus mit einheimischem Fanatismus, das Aufkommen einer neuen Intoleranz in einer Zeit der heftigen und schmerzhaften Veränderungen und die damit einhergehende Verschärfung von Haßgefühlen aller Art und Gefährdung von Minderheiten aller Couleur. Für die Juden waren zwei Entwicklungen von entscheidender Bedeutung: zum einen die Machtübernahme Adolf Hitlers und der NSDAP in Deutschland und die ungeheuren propagandistischen Anstrengungen, die sie unternahmen; zum anderen der Beginn der zionistischen Ansiedlung in Palästina, die zur Herausbildung des Staates Israel und zu der Serie der arabisch-israelischen Kriege führte.

Die Nazis und die Palästina-Frage

Die engen und zuzeiten aktiven Beziehungen, die sich zwischen dem nationalsozialistischen Deutschland und Teilen der arabischen Führung in den Jahren von 1933 bis 1945 entwickelten, waren nicht auf einen deutschen Versuch zurückzuführen, die Araber für sich zu gewinnen, sondern vielmehr auf eine Serie arabischer Annäherungsversuche gegenüber den Deutschen. Sehr lange legte die NS-Regierung einen überraschenden Mangel an Interesse an der arabischen Welt und ihren Angelegenheiten an den Tag. Es gab dafür mehrere Gründe. Ein Grund, dessen Bedeutung aber nicht überschätzt werden sollte, war ideologischer Natur. Die Araber waren nach deutscher Klassifizierung Semiten und teilten als solche die Minderwertigkeit, die die NS-Ideologie den Juden zuwies. Solcherlei Ansichten finden sich tatsächlich von Zeit zu Zeit in NS-Schriften, und Adolf Hitler selbst verlieh ihnen in dramatischer Weise Ausdruck, als er in einer Ansprache, die er im August 1939, kurz vor Ausbruch des Krieges, vor seinen Wehrmacht-Generalen hielt, die Völker des Nahen Ostens neben anderen Nichteuropäern als »bemalte Halbaffen« bezeichnete, »die die Peitsche spüren wollen«.[1]

Wichtiger als die ideologischen Gesichtspunkte war die durchweg geringe Einschätzung des arabischen Potentials durch deutsche Experten. Die überraschend negative deutsche Politik gegenüber den Arabern wurde jedoch im Grunde nicht so sehr von ideologischen oder praktischen Urteilen bestimmt als vielmehr von den Prioritäten der Deutschen. Zweifellos war die Weltherrschaft das Endziel der Nazis. Ihr Nahziel jedoch war Europa, und alle anderen Erwägungen waren bis auf weiteres der Notwendigkeit untergeordnet, die Vorherrschaft auf dem europäischen Kontinent zu erringen. Den Nahen Osten sah man als relativ unwichtig an – gewiß nicht wert, dafür andere Interessen zu opfern oder andere Bündnismöglichkeiten aufs Spiel zu setzen. Solange die Deutschen noch einen Rest Hoffnung hegten, auf gutem Fuße mit Großbritannien bleiben zu können, vermieden sie sorgfältig jeden offenen antibritischen Akt. Zu Anfang wichen die Nazis nicht sehr von der traditionellen Ansicht ab, die Bismarck in die berühmt gewordenen Worte faßte, die ganze orientalische Frage sei »die gesunden Knochen eines einzigen pommerschen Musketiers« nicht wert.

Angesichts der internationalen Krisen von 1933 und 1939 sah man keine Möglichkeit eines Arrangements mit Großbritannien mehr, aber es bestand kein Mangel an anderen Interessenten, denen Deutschland zumindest Teile des Nahen Ostens zu überlassen bereit war. Nach der französischen Kapitulation im Juni 1940 waren die Nazis bereit, die französische Vichy-Regierung in Syrien und in Nordafrika weiterhin die Macht ausüben zu lassen. Beim Treffen zwischen Hitler und Molotow im November 1940 akzeptierten sie die sowjetische Forderung nach deutscher Anerkennung »des Gebietes südlich von Batum und Baku in der allgemeinen Richtung auf den Persischen Golf ... als Zentrum der Bestrebungen der Sowjetunion«.[2] Wichtiger noch als diese beiden Punkte waren die Ansprüche, die Deutschlands Achsenpartner, das faschistische Italien, erhob. Die deutsche Außenpolitik erkannte konsequent die Priorität der italienischen Interessen und Ansprüche im Nahen Osten an und vermied sorgsam jede Handlung oder Unternehmung, die zu einer Kollision Deutschlands mit seinem italienischen Verbündeten hätte führen können. Deutsche Nahostexperten waren sich zweifellos vollauf der Schwierigkeiten bewußt, denen die Briten sich in der Zeit zwischen den Kriegen als Resultat einiger ziemlich voreiliger politischer Versprechungen gegenüber den Arabern, aber auch infolge ungenügender Rücksichtnahme auf die Interessen und Empfindlichkeiten ihrer französischen Verbündeten, ausgesetzt gesehen hatten. Die Deutschen waren entschlossen, diesen Fehler nicht zu wiederholen.

Mehrere verschiedene Faktoren spielten eine Rolle bei der Formulierung der Haltung der Nazis gegenüber dem Nahen Osten, und sie wurden durch verschiedene Gruppen oder Fraktionen innerhalb des NS-Machtapparates repräsentiert. Hier wie in anderen Angelegenheiten waren Meinungsverschiedenheiten, ja sogar Streitigkeiten zwischen verschiedenen Interessengruppen und Auffassungen innerhalb des NS-Staates möglich, aber nur solange, bis Hitler sich so oder so entschieden hatte, und von da an war sein Wille Gesetz und durfte nicht in Frage gestellt werden.

In den ersten Jahren des NS-Regimes war es ein vorrangiges Interesse der Führung, und damit der Regierung, die Juden loszuwerden. Die Vorstellung, dies auf dem Wege der physischen Vernichtung zu erreichen, war bereits von einigen NS-Führern vorgeschlagen worden, aber man sah das noch nicht als praktisch gangbaren Weg der offiziellen Politik. Statt dessen war die Wahl auf Emigration gefallen, und alles, was geeignet erschien, diesen Prozeß zu beschleunigen und Deutschland dem erwünschten Ziel, »judenrein« zu sein, näherzubringen, wurde mit Nachdruck gefördert. Aber in der von der Weltwirtschaftskrise geplagten Welt der dreißiger Jahre waren nur wenige Länder bereit, mittellose Einwanderer aufzunehmen, und die Möglichkeiten für deutsche Juden waren äußerst beschränkt. Die Deutschen erblickten deshalb im Mandatsgebiet Palästina einen nützlichen Abladeplatz für ihre unerwünschten Juden, und sie waren sogar bereit, einige praktische Schritte in dieser Richtung zu unternehmen. Wenn das dem zusätzlichen Zweck diente, den Briten Schwierigkeiten zu bereiten und antijüdische Gefühle zu schüren, so war das in der Sicht der Nazis nur um so besser.

Die Einstellung der Nazis gegenüber dem Zionismus und der Idee eines jüdischen Staates war anfangs von Hohn und Verachtung geprägt, später von Feindseligkeit. Nach den Rassentheorien der Nazis hatten nur Arier ein Recht auf politische Souveränität; nur sie waren fähig, sie auszuüben. Den Juden fehlte es sowohl an schöpferischer Kraft als auch an dem erforderlichen Idealismus, um einen Staat zu errichten und zu erhalten. Für Alfred Rosenberg war der Zionismus »ein von Spekulanten unternommener Schritt, um sich ein neues Betätigungsfeld für die Ausbeutung der Welt zu erschließen«.[3] Überließe man die Juden sich selbst, meinte Hitler, so würden sie wie die Ratten übereinander herfallen und sich gegenseitig umbringen: »Wären die Juden allein auf der Welt, sie würden im eigenen Dreck ersticken.« Eine typische Nazi-Meinung drückte der Chefredakteur der Parteizeitung *Angriff* aus, der 1937 Palästina bereiste. In einem Brief an den Leiter der Nahost-Abteilung des Reichsaußenministeriums bemerkte er: »Es ist gut, daß die Juden von Deutschland nach Palästina gegangen sind und hier ihr Vermögen ausgegeben haben ... Palästina ist ein geeigneter Raum für eine deutsch-jüdische Einwanderung. Sie werden dort keine Wurzeln schlagen, ihr Vermögen wird ausgegeben, und die Araber werden sie liquidieren ... Der Untergang erwartet die Juden in Palästina; sie kommen dort vom Regen in die Traufe.«[4]

Wer eine solche Meinung vertrat, für den war es selbstverständlich, daß die Idee eines jüdischen Staates sich nie und nimmer würde verwirklichen lassen und daher für Deutschland auch nicht zu einem Problem werden konnte. Aber inzwischen hatte eine andere Denkrichtung sich zu entwickeln begonnen, speziell im Reichsaußenministerium, und sie fand ihren Niederschlag in zwei wichtigen, im Juni 1937 herausgegebenen Denkschriften. Die eine, verfaßt vom Reichsaußenminister von Neurath, wurde am 1. Juni an die deutsche Botschaft in London, an das Generalkonsulat in Jerusalem und an die Gesandtschaft in Bagdad gerichtet. Die andere mit dem Datum des 22. Juni wurde im Referat Deutschland, der NS-Abteilung im Reichsaußenministerium, verfaßt und an alle diplomatischen und konsularischen Vertretungen des Reiches im Ausland verteilt. Nicht zuletzt wegen der Verfolgung durch die Nazis war die jüdische Ansiedlung in Palästina Mitte der dreißiger Jahre erheblich an Zahl und Wirtschaftskraft gestiegen. Darüber hinaus war die von Lord Peel geleitete britische Royal Commission im Begriff, ihren Bericht abzuschließen, nachdem sie das Palästinaproblem ausgiebig und lange untersucht hatte. Obwohl der Bericht der Peel-Kommission erst im Juli veröffentlicht wurde, kannte man schon seinen allgemeinen Inhalt. Der Bericht war bemerkenswert wegen des mitfühlenden Verständnisses, das er sowohl für den Zionismus als auch für den arabischen Nationalismus aufbrachte. Seine wichtigste Empfehlung bestand darin, beide partiell zu befriedigen durch eine Teilung des Mandatsgebietes Palästina und durch die Schaffung zweier getrennter Staaten, eines jüdischen und eines arabischen. Dem Teilungsgedanken, der seit langem alle Erörterungen des Palästinaproblems beherrschte, wurde hier zum erstenmal amtlich Ausdruck verliehen. Angesichts dieser Empfehlungen war der Gedanke eines jüdischen Staates nicht mehr nur ein zionistisches Phantasieprodukt. Er war zu einem praktischen Vorschlag gediehen, enthalten in der Empfehlung eines britischen, das heißt arischen, Regierungsberichtes.

Das deutsche Auswärtige Amt verlor keine Zeit, um diese Veränderung in Rechnung zu stellen. In den Anweisungen von Neuraths heißt es: »Bisher war es das primäre Ziel der deutschen Judenpolitik, die Auswanderung der Juden aus Deutschland nach Möglichkeit zu fördern. Um dieses Ziel zu erreichen, werden sogar devisenpolitische Opfer gebracht.« (Letzterer Hinweis galt den Geldüberweisungen, die Juden vornehmen durften, welche Deutschland mit dem Ziel Palästina verließen.)[5] In dieser neuen Situation, heißt es in dem Neurath-Memorandum, könne die deutsche Haltung gegenüber Palästina-Angelegenheiten nicht mehr von innenpolitischen Erwägungen bestimmt werden: »Bildung eines Judenstaates oder jüdisch geleiteten Staatsgebildes unter britischer Mandatshoheit liegt nicht im deutschen Interesse, da ein Palästina-Staat das Weltjudentum nicht absorbieren, sondern zusätzliche völkerrechtliche Machtbasis für internationales Judentum schaffen würde, etwa wie Vatikan-Staat für politischen Katholizismus oder Moskau für Komintern.« Die Ablehnung eines jüdischen Staats implizierte offenkundig die Unterstützung für seine arabischen Gegner: »Es besteht daher ein deutsches Interesse an Stärkung des Arabertums als Gegengewicht gegen etwaigen solchen Machtzuwachs des Judentums.« Die deutsche Opposition gegen einen jüdischen Staat findet in ähnlichen Wendungen auch in dem Rundschreiben vom 22. Juni Ausdruck, hier ergänzt durch ein ideologisches Argument: »In Wirklichkeit besteht aber ein größeres deutsches Interesse daran, die Zersplitterung des Judentums aufrechtzuerhalten. Denn die Judenfrage wird für Deutschland nicht gelöst sein, wenn kein Angehöriger der jüdischen Rasse mehr auf deutschem Boden seßhaft ist. Vielmehr hat die Entwicklung der letzten Jahre gelehrt, daß das internationale Judentum zwangsläufig stets der weltanschauliche und damit politische Gegner des nationalsozialistischen Deutschlands sein wird. Die Judenfrage ist daher zugleich eines der wichtigsten Probleme der deutschen Außenpolitik.«[6]

Die deutschen diplomatischen Vertretungen im Nahen Osten

wurden deshalb angewiesen, gegenüber den Arabern eine wohlwollendere, gleichzeitig aber weiterhin vorsichtige Haltung einzunehmen. Fritz Grobba, der deutsche Gesandte in Bagdad, wurde aufgefordert, »dem deutschen Verständnis für die arabische nationale Sache deutlicher als bisher Ausdruck zu verleihen, jedoch ohne irgendwelche definitiven Versprechungen zu machen«. Der Grund für diese andauernde Vorsicht war immer noch die Hoffnung, einen endgültigen Bruch mit England vermeiden zu können. Sogar die finanzielle Hilfe für arabische Rebellen, die über deutsche Geheimdienstkanäle gezahlt wurde, blieb gering und floß unregelmäßig. Deutschland war bereit, arabischen Gegnern der britischen Macht allgemeinen Zuspruch und auch einige heimliche Hilfe zu gewähren, aber bis München blieben diese Maßnahmen weit hinter dem Punkt zurück, an dem sie die deutsch-britischen Beziehungen hätten gefährden können.

Im Gefolge des Münchener Abkommens von 1938 und insbesondere nach dem Einmarsch in die Tschechoslowakei vom März 1939 war es in Berlin, wenn vielleicht auch noch nicht in London, klar, daß Deutschland und Großbritannien in dem heraufziehenden Krieg auf entgegengesetzter Seite stehen würden. Die an die arabische Welt gerichtete deutsche Propaganda wurde dementsprechend aktiver und deutlicher. Rundfunksendungen in arabischer Sprache wurden seit dem Sommer 1938 ausgestrahlt und erwiesen sich als ungeheuer wirkungsvoll. Ergänzt durch viele andere Formen der Propaganda, weckten sie ein machtvolles Echo. Aber auch jetzt bekamen die Araber noch immer nicht die konkreten Zusagen und die greifbare Hilfe, die sie von Deutschland wünschten und erwarteten. Mochten auch die Gefühle der Briten nach Ansicht derjenigen, die die deutsche Politik formulierten, keine Rücksichtnahme mehr erfordern, so gab es doch auch noch andere Mächte mit Interessen im Nahen Osten, deren Sympathie wichtiger war als die der Araber.

Die deutschen Politiker und Beamten, die sich mit arabischen Angelegenheiten befaßten, mußten sich deshalb in einer Reihe von Punkten Zurückhaltung auferlegen. Das galt nicht für jene arabischen Sprecher, die ein Bündnis mit den Deutschen einzugehen wünschten. Immer wieder beteuerten sie gegenüber hochgestellten Deutschen, einschließlich des Führers selbst, daß die Araber das

Deutsche Reich unterstützten und ihm vertrauten, weil man gegen dieselben Feinde kämpfte. Zu Anfang waren damit die Briten, die Franzosen und die Juden gemeint. Später, angesichts der Neuordnungen der Fronten im Kriege, verschwanden die Franzosen von der Liste. Ihre Stelle nahmen zunächst die Sowjets und dann auch die Amerikaner ein.

Gegen dieselben Feinde zu kämpfen, ist sicherlich ein starker Beweggrund, gemeinsame Sache zu machen. Aber es gab andere, tiefere Faktoren, die die deutsche Propaganda in den arabischen Ländern begünstigten und ihr zu wohlwollender Aufnahme verhalfen. Großbritannien und Frankreich waren ja nicht nur die Reiche, die eine Zeitlang die Vorherrschaft im Nahen Osten innehatten. Es handelte sich bei ihnen um alte und in sich gefestigte Nationen, und ihre Eigenschaft als Nation drückte sich in Nationalstaaten aus, die die nationalen und territorialen Bestrebungen ihrer Völker befriedigten. Der unaufdringliche Patriotismus Westeuropas und seine Bindung an eine eher legalistische Definition der Nationalität hatte wenig gemein mit dem emporstrebenden Nationalismus der arabischen Welt. Im Gegensatz zu den Engländern und Franzosen hatten die Araber keinen einheitlichen Nationalstaat, sondern waren gespalten in eine große Zahl politischer Einheiten, die nahezu alle mehr oder minder starker ausländischer Kontrolle unterworfen waren. Ihr Nationalgefühl war alt und tief verwurzelt, hatte sich aber in seinen traditionellen Formen Ausdruck in Sprache, Kultur und manchmal Abstammung gesucht. Viele zurückliegende Jahrhunderte lang hatte sich das arabische Nationalgefühl weder auf die politische Identität oder Loyalität ausgewirkt, noch war es von ihnen beeinflußt worden. Erst in jüngster Zeit und unter dem Einfluß sich ändernder Umstände und neuer Ideen hatten arabische Intellektuelle und, in geringerem Maße, arabische Politiker angefangen, in Begriffen einer arabischen Nation zu denken, die politische Rechte und gemeinsame politische Ziele besaß und die berechtigt war, ihre Eigenschaft als Nation in staatlicher Form auszudrücken.

Für die arabischen Nationalisten waren die Erfahrungen der britischen und der französischen Nation von geringer Relevanz und deren Vorstellungen von Nationalität und Patriotismus fremdartig und verwirrend. Im Gegensatz dazu bot die jüngere Geschichte Italiens und mehr noch Deutschlands eine viel näherliegende Parallele zu ihren eigenen Bestrebungen. Auch die deutsche Nation war wie die der Araber aufgespalten gewesen in eine große Zahl einzelner Staaten und Fürstentümer, von denen einige nichtdeutschen Königreichen eingegliedert gewesen waren. Der erfolgreiche Kampf, durch den Preußen die Vereinigung der meisten Deutschen erreicht hatte, bot ein Beispiel, ja ein Modell; und nun schien Adolf Hitler das Werk, alle Deutschen in einem einzigen, machtvollen pangermanischen Staat zu vereinigen, fortzusetzen und zu vollenden.

Hier ging es um mehr als um eine Strategie der politischen Vereinigung. Im Gegensatz zum britischen und französischen war das deutsche Nationalgefühl nicht in Begriffen der Staatsbürgerschaft und der Loyalitätspflicht definiert – im Sinne der Zugehörigkeit zu einer politischen Gemeinschaft und der Loyalität, die man ihren rechtmäßigen Herrschern schuldete. Die deutsche Identität war nicht durch Grenzen und durch Souveränität definiert, sondern durch Sprache, Kultur, Geschichte und, für die Nazis, durch Blut. Die Situation in Deutschland, speziell im neunzehnten Jahrhundert, entsprach sehr viel mehr der ethnischen Konfusion und der politischen Zersplitterung des Nahen Ostens; der Nationalismus deutscher Prägung war aus den gleichen Gründen für die Araber viel verständlicher und ansprechender als der Patriotismus britischer oder französischer Prägung.

Schon bevor die Deutschen anfingen, eine Propaganda großen Stils an die arabische Welt zu richten, war die Auswirkung ihrer Ideologie dort zu spüren. Das antijüdische Thema, das in älteren Ausprägungen des deutschen Nationalismus bestenfalls ein untergeordnetes Element gewesen war, hatte sich nun in der nationalsozialistischen Ideologie zu einem Leitmotiv ausgewachsen und verlieh ihr besondere Attraktivität für ein Volk, das sich durch die Entwicklung einer jüdischen nationalen Heimstatt in seiner Mitte und die Aussicht auf die Schaffung eines jüdischen Staates bedroht fühlte. Die Feindschaft gegenüber den Juden wurde sowohl in der deutschen, an die Araber gerichteten Propaganda als auch in arabischen Appellen an die Deutschen betont. Deutsche Geschäftsträger, die über arabische Angelegenheiten berichteten, wiesen wiederholt auf den Wert antijüdischer Gefühle bei der Förderung ihrer eigenen Sache hin.

Im Prinzip waren die Deutschen natürlich nicht nur antijüdisch, sondern antisemitisch, und theoretisch waren die Araber ebenso wie die Juden Objekte der Feindseligkeit und der Verachtung, die ihnen nach der nationalsozialistischen rassistischen Ideologie gebührten. Einige Deutsche, unter ihnen Hitler selbst, sahen die Araber tatsächlich in diesem Licht, und es mangelt in den deutschen Dokumenten nicht an abfälligen Bemerkungen über arabische rassische Ursprünge und Attribute. Aber diese rassistische Doktrin scheint bemerkenswert geringe Auswirkungen auf die deutsch-arabischen Beziehungen gehabt zu haben. Beide Seiten bemühten sich insbesondere vom Sommer 1937 an, als eine neue und aktivere deutsche Politik gegenüber den Arabern eingeleitet wurde, diese peinliche Angelegenheit zu umgehen. Deutsche Arabisten engagierten sich intensiv für die arabische Sache und versuchten in einigen Fällen sogar, die NS-Partei zu bewegen, die rassische Klausel in ihren Statuten zu revidieren und sie auf die Juden zu beschränken. Es gab sogar Vorschläge von deutschen Gesandten und Konsuln in den arabischen Ländern, die antisemitischen Passagen in *Mein Kampf* zu revidieren, so daß sie nur noch antijüdischer Ausrichtung sein würden. Diese Vorschläge, den geheiligten Text anzutasten, wurden natürlich zurückgewiesen, aber es gab in NS-Kreisen noch Anzeichen für die Bereitschaft, zumindest einigen Arabern den Status von Ariern ehrenhalber zu verleihen.

Ein für diese Ehrung ausersehener Kandidat war der Großmufti von Jerusalem, der Führer des Hohen Arabischen Komitees für Palästina, Amin al-Hussaini, führender Architekt der im Kriege zustande gekommenen Allianz zwischen dem deutschen Nationalsozialismus, dem italienischen Faschismus und dem arabischen Nationalismus. Er unternahm seinen ersten Vorstoß im Jahre 1933, kurz nach Hitlers Machtübernahme, gegenüber dem deutschen Konsul in Jerusalem. Wie er bei zahlreichen Anlässen gegenüber deutschen Repräsentanten erläuterte, verfolgte er sehr weitreichende Pläne. Sein Nahziel war die Beendigung der jüdischen Einwanderung nach Palästina. Darüber hinaus verfolgte er jedoch viel höher gesteckte Ziele, die nicht so sehr panarabischer als vielmehr panislamischer Natur waren. Ihm ging es um einen Heiligen Krieg des Islams im Bündnis mit dem Deutschen Reich gegen das Weltjudentum, um die Endlösung des Judenproblems weltweit zu verwirklichen.[7]

Ein Autor der NS-Parteizeitung *Völkischer Beobachter* weist am 4. Dezember 1933 den Gedanken zurück, daß die Araber reine Semiten seien, und spricht von einer partiellen Arisierung durch armenische und zirkassische Elemente. Als ein Beispiel führt er den Mufti von Jerusalem an, dessen roter Bart und blaue Augen den dominanten zirkassischen Einschlag seiner Mutter zeigten. Noch überzeugender als seine Gesichtsmerkmale war nach Ansicht dieses Autors sein Charakter: »Wäre der Mufti rein arabisch, hätten ihm der Wille und die Standhaftigkeit gefehlt, einen langen Kampf gegen die Briten durchzuhalten, und er wäre dann ganz gewiß empfänglich gewesen für Bestechung.«[8] Solche zweifelhaften Komplimente von Nazi-Ideologen scheinen ihre arabischen Adressaten nicht weiter bekümmert zu haben, die im Antisemitismus der Nazis zu Recht einen Krieg gegen die Juden und allein gegen die Juden sahen. Sie erkannten sehr bald, daß Hinweise auf andere Semiten nicht mehr waren als ideologisches Geschwätz ohne jede Bedeutung für die politischen und militärischen Realitäten der beiderseitigen Beziehungen.

Ein erster Versuch, eine arabische nationalsozialistische Bewegung zu gründen, scheint auf den Sommer des Jahres 1933 zurückzugehen, als der in Jaffa stationierte Korrespondent der Kairoer Zeitung *al-Ahram* sich mit der Bitte um Hilfe an den deutschen Konsul wandte. Die Hilfe fand nicht statt. Trotz dieser Abfuhr – eine Folge weiterreichender strategischer Überlegungen – wuchs der Einfluß der Nazi-Ideologie weiter. Die Stimmung der dreißiger Jahre wird anschaulich geschildert von dem Syrer Sami al-Jundi, einem frühen Führer der Baath-Partei. In seiner Autobiographie schreibt er:

> Wir waren Rassisten, wir bewunderten den Nationalsozialismus, lasen seine Bücher und die Quellen seiner Ideen, insbesondere Nietzsche ... Fichte und H.S. Chamberlains *Grundlagen des neunzehnten Jahrhunderts,* das sich ganz um das Thema Rasse dreht. Wir dachten als erste daran, *Mein Kampf* zu übersetzen.
>
> Wer in dieser Zeit in Damaskus lebte, kann die Neigung des arabischen Volkes zum Nazismus verstehen, denn er war die Macht, die Vorkämpfer der arabischen Sache sein konnte, und wer besiegt ist, liebt von Natur aus den Siegreichen.[9]

Später schildert al-Jundi, wie er im Jahre 1940 in Damaskus nach einem Exemplar von Rosenbergs *Der Mythus des 20. Jahrhunderts* suchte, und wie er schließlich eine französische Kurzfassung des Buches fand, die Michel Aflaq gehörte, einem der beiden Gründer der Baath-Partei.

Mehrere um diese Zeit gegründete politische Parteien offenbaren den Einfluß, den das NS-Modell ausübte. Als 1935 die Nürnberger Rassengesetze verkündet wurden, erhielt Hitler aus der ganzen arabischen und islamischen Welt Glückwunschtelegramme, insbesondere aus Marokko und Palästina, wo die deutsche Propaganda besonders aktiv gewesen war. Als im September 1937 ein bedeutender panarabischer Kongreß in Bludan stattfand, dessen Hauptthema der Kampf gegen den Zionismus war, nahm als einziger Europäer ein Deutscher daran teil.

Es dauerte nicht lange, bis Parteien des nationalsozialistischen und faschistischen Typs auf dem Plan erschienen, komplett mit paramilitärischen Jugendorganisationen, Braunhemden, strenger Disziplin und mehr oder minder charismatischen Führern. Sogar einige der älteren Parteien wurden von diesen Tendenzen beeinflußt. Unter den neuen Parteien fiel besonders die Syrische Volkspartei auf, bekannt auch unter dem Namen Syrische Nationalsozialistische Partei (in neuerer Zeit umbenannt in Sozialnationalistische Partei), die während der dreißiger Jahre eine mächtige Anziehungskraft auf die arabische Jugend in Syrien und im Libanon ausübte. Sie wurde beizeiten von den französischen Mandatsbehörden und anschließend von den Nachfolgestaaten unterdrückt, aber ihr Geist lebt weiter in der Kawmijun al-Arab, der arabischen nationalistischen Partei der Nachkriegsjahre. Offener nationalsozialistisch in ihrer Erscheinung war die im Oktober 1933 gegründete Jungägyptische Gesellschaft. Vom Volksmund »Grünhemden« genannt, bestand sie aus einer paramilitärischen Hierarchie von Gruppen, Zügen, Schwadronen und Brigaden, allesamt dem Kommando eines »Generalstabes« unterstehend. Die bedeutendste ägyptische politische Partei, die Wafd, sah sich gezwungen, ihrer Popularität durch den Aufbau eines eigenen Jugendkorps, der Blauhemden, entgegenzuwirken.

Die Sympathien, die Ahmad Husain, Gründer und Führer der Jungägyptischen Partei, für den Nationalsozialismus hegte, waren von Anfang an klar erkennbar. Im Juni 1934 suchte er den deutschen Gesandten in Ägypten auf, um ihm gegenüber »seinen Sympathien für das neue Deutschland Ausdruck zu verleihen«. Im Jahre 1936 schickte er eine Delegation zum Nürnberger Reichsparteitag, und im Sommer 1938 reiste er selbst nach Deutschland. Ihm wurde ein wohlwollender Empfang zuteil, und voller Begeisterung kehrte er nach Hause zurück. Diese Begeisterung fand im September 1938 durch die München-Krise ein plötzliches Ende; hinfort verurteilten die Führer der Jungägypter die Achsenmächte wegen ihrer Aggression gegen kleine Nationen. Doch blieben sie in ihrer Ideologie, ihren Organisationsformen und ihrer Tätigkeit von Grund auf nationalsozialistisch; sie bewahrten sich Merkmale wie Faschistengruß, Fackelzüge, Führerkult (ihre Parole lautete »Eine Partei, ein Staat, eine Führung«) und in Sonderheit ihre Schlägertrupps, die sie einsetzten, um ihre politischen Gegner zu terrorisieren und zum Schweigen zu bringen.

Nicht die geringsten unter den Anleihen, die das junge Ägypten beim jungen Deutschland machte, waren Rassismus und Antisemitismus. Dazu gehörten die Unterstützung der NS-Weltanschauung, eine wilde antijüdische Propaganda in der Parteipresse sowie gegen die jüdische Gemeinde in Ägypten gerichtete Schikanen und Boykotte.

Trotz des öffentlichen Bruchs mit den Deutschen nach deren Einmarsch in der Tschechoslowakei blieb der um den König versammelte innere Kreis achsenfreundlicher Politiker unter Ali Mahir Pascha, der 1939/40 Regierungschef war, in Fühlung mit den Jungägyptern, die von diesem Kreis politisch und finanziell unterstützt wurden. General Aziz Ali al-Masri, ein führender Mann unter den ägyptischen Freunden Deutschlands und enger Vertrauter des Jungägypten-Führers, schuf und leitete ein für den deutschen Geheimdienst arbeitendes Spionagenetz. Etliche der hier mitwirkenden Offiziere scheinen Verbindung zu den Jungägyptern gehalten zu haben. Der Einfluß der Jungägyptischen Partei auf die ägyptische Politik war vor Kriegsausbruch 1939 gleichwohl verhältnismäßig gering, und die Spionageleistungen der um den General al-Masri gescharten jungen Offiziere scheinen nicht sehr imposant gewesen zu sein. Den Deutschen jedenfalls können sie nicht viel genützt haben. Die Partei hatte jedoch einen beträchtlichen intellektuellen Einfluß auf die Gruppe der jungen Offiziere, die dann im Jahre 1952 die Militärrevolte ins Werk setzte und das Nasser-Regime in den Sattel hob. Sowohl Gamal Abd el Nasser als auch Anwar el Sadat entstammten diesem Kreis, ebenso wie etliche der anderen Offiziere, die sich mit ihnen gegen König Faruk verschworen und nach ihrem erfolgreichen Coup Ägypten regierten.

Im Sommer 1940 ließen die verheerende alliierte Niederlage auf dem westeuropäischen Festland, der Eintritt Italiens in den Krieg und die Unterzeichnung eines Separatfriedens durch Frankreich viele arabische Führer verständlicherweise glauben, daß ihre Zeit endlich gekommen sei und daß sie nun das verhaßte britische und französische Joch würden abwerfen können. Dazu aber brauchten sie deutsche Hilfe, weil die Briten, ja selbst die Vichy-Franzosen noch über ausreichende militärische Stärke im Nahen Osten verfügten, um jeden arabischen Aufstand niederwerfen zu können. Großmufti al-Hussaini organisierte eine interarabische Mission, die er über die neutrale Türkei mit dem Auftrag nach Berlin schickte, auf höchster Ebene Kontakt mit der deutschen Regierung aufzunehmen. Dieser Mission gehörten von den Regierungen ernannte Vertreter derjenigen Staaten an, die, wie der Irak und Saudi-Arabien, schon über den dafür erforderlichen Grad von Unabhängigkeit verfügten, sowie Delegierte von Nationalkomitees derjenigen Länder, die noch von den alliierten Mächten beherrscht wurden.

Der Mufti hatte sich inzwischen vom britisch beherrschten Palästina in den Libanon zurückgezogen und von dort im Oktober 1939 in den Irak, von wo er seine Aktivität fortsetzte. Er spielte eine gewisse Rolle bei der Errichtung und den Aktivitäten des stark prodeutschen Regimes von Raschid Ali al-Gailani, der im März 1940 irakischer Ministerpräsident wurde. Raschid Ali und der Mufti erbaten und erhielten Unterstützungszusagen der Achse, und im April 1941 veranstalteten sie einen antibritischen und prodeutschen Staatsstreich. Vom Irak aus bemühten sie sich um eine Ausweitung ihres Einflusses auf andere arabische Länder, vor allem auf Syrien, das damals der französischen Vichy-Regierung unterstand. In Damaskus gründeten zwei Lehrer, Michel Aflaq und Sala al-Din al-Bitar, eine »Gesellschaft für Irak-Hilfe«. Das war die Urzelle der späteren Baath-Partei. Die deutsche Hilfe war zu karg und kam zu spät, um Raschid Ali vor der Niederlage zu retten, die ihm eine kleine, eilig zusammengewürfelte Schar britischer, jordanischer und einiger anderer Soldaten zufügte. Der Mufti floh zusammen mit Raschid Ali und verschiedenen Mitgliedern seines Regimes in den Iran.

Der Iran wurde allmählich unsicher für Freunde der Achse, die jedoch für ihre Anhänger zu sorgen wußte. Im August 1941 wurde der Mufti zuerst in die japanische und dann in die italienische diplomatische Vertretung gebracht, wo er sich eine Zeitlang versteckte. Am 8. Oktober 1941, als die neuen Herren des Irans, die Russen und die Briten, einen Abbruch der Beziehungen zu den Achsenmächten erzwangen, reiste der Mufti – mit glattrasiertem Gesicht, gefärbtem Haar und einem italienischen Diplomatenpaß – zusammen mit dem italienischen Botschaftspersonal nach Italien ab. Bei seiner Ankunft in Rom am 11. Oktober nahm er sofort Kontakt zum italienischen militärischen Geheimdienst auf und bald darauf zu Mussolini selbst, der ihm – zweifellos in der Hoffnung, ihn für seine eigene Arabienpolitik einspannen zu können – einen herzlichen Empfang bereitete. Der Mufti behauptete, Chef einer arabisch-nationalistischen Geheimorganisation mit Zweigstellen in allen arabischen Ländern zu sein. Seine Organisation, sagte er, wäre bereit, sich den Achsenmächten in ihrem Krieg gegen Großbritannien anzuschließen, »unter der einzigen Bedingung, daß sie grundsätzlich die Einheit, Unabhängigkeit und Souveränität eines arabischen Staates faschistischer Prägung unter Einbeziehung des Iraks, Syriens, Palästinas und Transjordaniens anerkennen«.[10] Als Gegenleistung würden die Araber, wie der Mufti erklärte, bereit sein, über politische und militärische Fragen von Interesse für die Achsenmächte im allgemeinen und Italien im besonderen zu reden, etwa über »die Heiligen Stätten, den Libanon, den Suezkanal und Akaba«.

Der Vorschlag des Muftis fand die Zustimmung des italienischen Außenministeriums, das empfahl, ihm eine erste Zuwendung von einer Million Lire (damals ungefähr $ 40 000) zu gewähren. Auch der Duce erteilte seinen Segen und erklärte sich bereit, den Mufti zu empfangen. Die beiden Männer trafen sich am 27. Oktober 1941 in Rom, nur zwei Wochen nach der Ankunft des Muftis in Italien. Nach dem Bericht des Muftis über diese Begegnung, dem einzigen, der bisher ans Licht gekommen ist, äußerte sich der Duce feindselig über die

Juden, die er als Spione, Agenten und Propagandisten der Briten bezeichnete. »Sie sind unsere Feinde . . . und es wird keinen Platz für sie geben in Europa, auch in Italien nicht, wo es höchstens 45 000 von ihnen gibt, bei einer Gesamtbevölkerung von 45 Millionen. Es sind nur wenige. Dennoch werden nur diejenigen von ihnen bleiben, die es sich verdient haben. Nicht mehr als 2500.« Nach diesem Bericht stimmte Mussolini, »ein altbewährter Antizionist«, uneingeschränkt mit dem Widerstand des Muftis gegen »einen zionistischen Staat in Palästina« überein; auch teilte er die Ansicht des Muftis, daß die Juden ». . . keinen historischen, rassischen oder sonstwie gearteten Grund [haben], einen Staat in Palästina zu errichten . . . Wenn sie einen Staat wollen, sollen sie doch Tel Aviv in Amerika gründen.«

In der Sicht des Muftis war das Treffen mit Mussolini gut verlaufen und hatte allgemeine Übereinstimmung zwischen beiden Seiten herbeigeführt. Aber es blieb noch viel zu tun. Die Deklaration, die die Achse zur Unterstützung der Araber veröffentlichen sollte, war noch nicht formuliert; vor allem aber mußte Deutschland, ganz entschieden der Seniorpartner der Achse, erst noch seine Zustimmung erteilen. Am 3. November, wenige Tage nach seiner Unterredung mit dem Duce, arbeitete der Mufti einen weiteren Entwurf der anhängigen Deklaration aus. Nach einigen geringfügigen Änderungen durch das italienische Außenministerium wurde er Mussolini vorgelegt und dann, mit dessen Zustimmung versehen, am 6. November an die deutsche Botschaft in Rom weitergeleitet. Am selben Tag traf der Mufti in Berlin ein, wo er Ernst von Weizsäcker aufsuchte, den Staatssekretär im Reichsaußenministerium. Mit ihm und anderen deutschen Beamten erörtete er seinen Entwurf, der alsdann, mit kleinen Änderungen versehen, die ihrerseits von den Italienern akzeptiert wurden, allgemeine Billigung fand. Bei der Deklaration handelte es sich, nach dem veröffentlichten Resümee zu urteilen[11], um nicht mehr als eine allgemein gehaltene Grundsatzerklärung. Sie enthielt jedoch eine Passage, in der die Achsenmächte sich bereit erklärten, ihre Zustimmung zur »Beseitigung der jüdischen nationalen Heimstatt« in Palästina zu erteilen. Diese Absichtserklärung sollte »in nächster Zukunft in einem feierlichen Akt niedergelegt werden, der die aufrichtige Freundschaft und die enge Zusammenarbeit für die Zukunft zwischen den Achsenmächten und den Arabern besiegeln soll.

Die Verhandlungen zum Abschluß eines solchen Vertrages werden sobald als möglich aufgenommen werden«.[12]

Die Situation schien also vom Standpunkt des Muftis aus betrachtet sehr verheißungsvoll, als er am 28. November 1941 seine Zusammenkunft mit Hitler hatte. Tatsächlich aber war er dann einigermaßen enttäuscht von dem, was er zu hören bekam. Über Hitlers Erwiderung auf die eröffnenden Worte des Muftis darüber, was die Araber zur deutschen Sache beizutragen willens und in der Lage seien und was sie sich als Gegenleistung erhofften, heißt es im amtlichen Protokoll:

> Der Führer erwiderte, daß die grundsätzliche Einstellung Deutschlands zu diesen Fragen, wie das vom Mufti bereits selbst ausgesprochen sei, klar wäre. Deutschland trete für einen kompromißlosen Kampf gegen die Juden ein. Dazu gehöre selbstverständlich auch der Kampf gegen die jüdische Heimstätte in Palästina, die nichts anderes sei als ein staatlicher Mittelpunkt für den destruktiven Einfluß der jüdischen Interessen. Deutschland wisse auch, daß die Behauptung, das Judentum übe die Rolle eines Wirtschaftspioniers in Palästina aus, eine Lüge sei. Dort arbeiteten nur die Araber, nicht aber die Juden. Deutschland sei entschlossen, Zug um Zug eine europäische Nation nach der anderen zur Lösung des Judenproblems aufzufordern und sich im gegebenen Augenblick mit einem gleichen Appell auch an außereuropäische Völker zu wenden.[13]

Aber während der Führer sehr großzügig war, was antijüdische Erklärungen betraf, so war er sehr viel vorsichtiger, als es darum ging, die proarabischen Äußerungen zu machen, die der Mufti sich wünschte. Platonische Beteuerungen, erklärte ihm Hitler, wären vollkommen unnütz; nur Zusicherungen, die von einer siegreichen Macht gestützt werden, hätten einen realen Wert. Die eigentliche Frage werde in den großen Schlachten in Osteuropa entschieden. Inzwischen würden Zusicherungen an die Araber, nicht gegründet auf wirkliche Macht, nur eine Stärkung der Gaullisten gegenüber den Vichy-Franzosen bedeuten. Eine jetzt abgegebene Erklärung würde von keinem Nutzen für die Araber sein und könne der gemeinsamen Sache sogar schaden.

Auf den Vorschlag des Muftis, daß Hitler ihm oder Raschid Ali eine schriftliche Geheimerklärung geben möge, erwiderte dieser, daß eine Erklärung, von der mehrere Personen Kenntnis hätten, nicht mehr geheim, sondern öffentlich sei. Er habe wenige Erklärungen in seinem Leben abgegeben, die Engländer dagegen viele. Wenn er eine Erklärung abgebe, dann halte er sich auch daran. Inzwischen werde er den Kampf fortsetzen, bis das jüdisch-kommunistische Reich in Europa vollkommen vernichtet sei. Im Verlaufe dieses Kampfes würden deutsche Truppen in nicht allzu ferner Zukunft die Südhänge des Kaukasus erreichen. Dann werde er bereit sein, eine solche Erklärung abzugeben, denn dann werde die Stunde der arabischen Befreiung geschlagen haben. Deutschland habe dort kein anderes Interesse als die Vernichtung des unter der Protektion der britischen Macht lebenden Judentums. Mit diesem deutschen Vorstoß werde die Zerschlagung des britischen Empire beginnen. Und dann werde es ihm völlig gleichgültig sein, was Westeuropa sagt. Er erinnerte seinen Zuhörer daran, daß der Weg von Rostow zum Iran oder Irak kürzer sei als der Weg von Berlin nach Rostow. Er schloß seine Ausführungen mit freundlichen Worten über den Mufti und dessen Sache.[14]

Wenige Tage später unterrichteten die Deutschen ihre italienischen Bundesgenossen über dieses Treffen und über die Entscheidung des Führers, die erbetene Deklaration »aus militärischen Gründen« zu verschieben. Die Italiener waren anderer Meinung, beugten sich aber den deutschen Wünschen. Der Mufti war zwar enttäuscht, versuchte es jetzt aber mit einem neuen diplomatischen Kurs. Er bat die Achsenmächte, zwei Erklärungen herauszugeben, die eine an Raschid Ali gerichtet, mit der die Unabhängigkeit des Iraks anerkannt werden solle, die andere sowohl an ihn selbst als auch an Raschid Ali gerichtet mit der Zusicherung, die Unabhängigkeit und Einheit der arabischen Länder des Fruchtbaren Halbmonds zu garantieren. Nach neuen Verhandlungen mit beiden Achsenmächten erzielte der Mufti schließlich einen sehr begrenzten Erfolg. Die Außenminister des Deutschen Reiches und Italiens schickten zwei Briefe an die beiden arabischen Führer. Einer von ihnen ging unter dem Datum des 31. März an Raschid Ali und enthielt das Versprechen, die irakische Unabhängigkeit anzuerkennen; der andere, datiert vom 28. April 1942, war sowohl an Raschid Ali als auch an den

Mufti adressiert und versprach die Unterstützung der Achse für die souveräne Unabhängigkeit der arabischen Länder des Nahen Ostens sowie für ihre Vereinigung, wenn sie gewünscht werde. Außerdem versprach er die »Beseitigung der jüdisch-nationalen Heimstätte in Palästina«.[15] Die Texte dieser Briefe strotzen von sorgfältig formulierten Ausfluchts-Klauseln und sollten überdies als geheim zu betrachten sein. Wie der polnische Wissenschaftler Hirszowicz bemerkt hat: »Nur das Versprechen zur Liquidierung der jüdischen Heimstatt in Palästina ist unzweideutig.«[16]

Die Achsenmächte scheinen diesen Dokumenten keine sehr große Bedeutung beigemessen zu haben, und der Mufti und seine Gefährten können sich keinen großen Illusionen hingegeben haben, was ihren Wert betraf. Aber sie blieben bei ihrer nachdrücklichen Unterstützung der Achse, in dem wahrscheinlich wohlbegründeten Glauben, daß ein Sieg der Achsenmächte eine ihren Zielen und Bestrebungen kongenialere Welt schaffen würde als ein Sieg der Westalliierten. In den folgenden Jahren pendelten der Mufti und Raschid Ali weiter zwischen Rom und Berlin hin und her, immer in der Hoffnung, die von ihnen ersehnte öffentliche Deklaration über eine Unterstützung der arabischen politischen Ziele zu erlangen. Kurioserweise empfingen sie von den Italienern mehr Sympathie und Zuspruch als von den Deutschen. Die italienische faschistische Regierung, die eigene imperiale Pläne für die arabische Welt verfolgte, war sich stärker des potentiellen Wertes des Muftis bewußt und eher bereit, ihn sich zunutze zu machen. Weniger behindert durch rassistische Ideologien als die Nazis, mag sie der Nützlichkeit der Araber als Verbündete oder als Agenten höheren Wert beigemessen haben. Am Ende aber widerstrebte es beiden Achsenmächten in gleichem Maße, sich öffentlich, oder auch nur geheim und vertraulich, auf eine rückhaltlose Unterstützung der panarabischen und panislamischen Pläne des Muftis festzulegen oder ihm auch nur die von ihm ersehnte uneingeschränkte persönliche Anerkennung als Führer der gesamten arabischen Nation zu gewähren.

Neben seiner Arbeit unter den Arabern, die er im wesentlichen über das »Arabische Büro« in Berlin abwickelte, machte sich der Mufti seinen deutschen Gastgebern auf andere Weise nützlich, vor allem dadurch, daß er Unterstützung für sie unter den sowjetischen und balkanischen Moslems organisierte. Das war militärisch wie politisch von Interesse. Die deutsch-arabische Legion, die ihren Standort in Griechenland hatte, spielte nie eine bedeutsame Rolle. Sehr viel wichtiger waren die moslemischen Einheiten in der deutschen Wehrmacht, die sich hauptsächlich aus sowjetischen Moslems rekrutierten, aus Kriegsgefangenen und anderen. Der Mufti spielte eine gewisse Rolle bei der Inspiration und Organisation dieser Truppe sowie als Verbindungsmann zwischen den Deutschen und antisowjetischen Moslemgruppen auf der Krim, in den kaukasischen Gebieten und in Zentralasien. Er scheint sich besonders eingesetzt zu haben für die Aufstellung einer Freiwilligen-Gebirgsjägerdivision der Waffen-SS, angeworben unter den Moslems von Bosnien und der Herzegowina. Diese Verbände haben eine gewisse Rolle bei der Vernichtung der jugoslawischen Juden gespielt.[17]

Während die diplomatischen Bemühungen des Muftis um die arabische Sache selbst im Kontext eines möglichen Sieges der Nazis ein Fehlschlag waren, erwiesen sich seine Propagandabemühungen für die Sache der Achsenmächte als bemerkenswert wirksam. Der einzige Punkt, in dem er und seine NS-Gastgeber vollkommen und unzweideutig übereinstimmten, war die Judenfrage, und auf diesen Punkt konzentrierte sich der Mufti in seinem gewaltigen Propaganda-Sperrfeuer, mit dem er die arabische Welt im besonderen und die islamische Welt im allgemeinen eindeckte. Seine Sicht des Krieges brachte er besonders anschaulich in einer Rundfunkrede zum Ausdruck, die er am 11. November 1942 zum Gedenken an die Märtyrer der arabischen Sache hielt:

> Vor dem Ausbruch dieses Krieges, und bevor die Achse zu den Waffen griff, um der angelsächsisch-jüdischen Gier Einhalt zu gebieten, gab es eine Nation, die mehr als zwanzig Jahre lang alleine gegen diese Kräfte gekämpft hatte.
>
> Diese Nation ist unsere eigene arabische Nation, die gegen die Engländer und die Juden in Ägpyten gekämpft hat, in Palästina, im Irak, in Syrien und in allen Teilen der arabischen Halbinsel. Nach Ausbruch des gegenwärtigen Krieges hat unsere Nation diesen Kampf fortgesetzt, entschlossen, ihre Ziele zu erreichen, nämlich Freiheit, Unabhängigkeit, Einheit und Souveränität . . .

Vom Ausbruch dieses Krieges an hatte die arabische Nation weder Frieden noch Neutralität. Sie stand alleine da in dem allerschwersten Kampf gegen die angelsächsisch-jüdische Politik. Dieser Krieg war für das arabische Volk nichts anderes als die Fortsetzung des ununterbrochenen Kampfes, den es alleine zwanzig Jahre lang durchgestanden hat. Heute hat das arabische Volk die mächtigen Feinde seines eigenen Feindes an seiner Seite. In diesem Krieg sind die Araber nicht neutral. Sie können nicht neutral sein, aus den Gründen, die ich genannt habe, und wegen des Interesses, das sie am Ausgang dieses Krieges haben. Wenn, was Gott verhüten möge, England siegreich sein sollte, werden die Juden die Welt beherrschen. England und seine Verbündeten würden den Arabern jede Freiheit und Unabhängigkeit verweigern, sie würden das arabische Vaterland bis ins Herz treffen, und sie würden Teile davon herausreißen, um ein jüdisches Land zu schaffen, dessen Ehrgeiz nicht auf Palästina begrenzt bleiben, sondern sich auf andere arabische Länder erstrecken würde ...

Wenn aber das Gegenteil geschieht, wenn England verliert und seine Verbündeten besiegt werden, dann wäre die jüdische Frage, die für uns die größte Gefahr darstellt, endgültig gelöst; alle Drohungen gegen die arabischen Länder würden hinfällig, Millionen von Arabern würden befreit, und viele Millionen Moslems in Asien und Afrika wären gerettet.[18]

Die Frage, die sich unweigerlich aus diesen Bemerkungen ergibt, lautet natürlich, wie weit sich der Mufti der vollen Tragweite seines Hinweises auf eine »Endlösung« der jüdischen Frage bewußt war. In seinen nach dem Krieg verfaßten Memoiren behauptet er, daß es nicht sein Ziel gewesen sei, das europäische Judentum zu vernichten, sondern nur, die Auswanderung der Juden zu verhindern. Im Gegensatz zu so vielen seiner deutschen Kriegskameraden behauptet er nicht, keine Kenntnis von der Existenz der Todeslager gehabt zu haben.

Für den Mufti war der Kampf gegen die Juden das Hauptmotiv des Zweiten Weltkrieges, worauf er in Rundfunkreden und anderen Erklärungen immer wieder hinwies. Er leistete seinen eigenen, nicht unbedeutenden Beitrag zur Vernichtung des europäischen Judentums. Das geschah auf unterschiedliche Weise. Zum einen tat er es, indem er die jüdische Auswanderung aus Europa behinderte. Die Juden Ungarns, Rumäniens, Bulgariens und Italiens unterstanden Regierungen, die mit Deutschland verbündet waren. Das war schlimm genug, aber nicht annähernd so schlimm wie die Lage der Juden in denjenigen Ländern, die von den Deutschen erobert und direkt verwaltet wurden. Die Achsenpartner der Deutschen zeigten einige Bereitschaft, sich von ihren Juden durch Auswanderung zu befreien, nicht durch Ausrottung. Im Mai und Juni 1943 schickte der Mufti Briefe an alle vier Regierungen, in denen er verlangte, daß sie ihre Genehmigung der jüdischen Auswanderung zurücknähmen, und sie mit allem Nachdruck aufforderte, ihre Juden nach Polen zu schicken, »wo sie unter aktiver Kontrolle sind«.[19]

Wie weit der Mufti die wahre Natur dieser »aktiven Kontrolle« kannte, ist nicht mit Sicherheit zu sagen. Im Laufe der Nürnberger Kriegsverbrecherprozesse machte einer der Angeklagten, Dieter Wisliceny, einige Aussagen zu diesem Punkt. Wisliceny war ein Mitarbeiter Adolf Eichmanns, eines der Chefvollstrecker Hitlers bei der Ausrottung der Juden. Nach Wisliceny war der Mufti ein Freund Eichmanns und hatte, von ihm begleitet, incognito die Gaskammer von Auschwitz besucht. Wisliceny bezeichnete den Mufti als einen »Initiator« der Ausrottungspolitik. Das wurde sowohl von Eichmann während seines Prozesses in Jerusalem im Jahre 1961 als auch von dem Mufti bei einer Pressekonferenz bestritten, die er etwa um die gleiche Zeit gab. Es gibt keinen unabhängigen dokumentarischen Beleg für Wislicenys Aussagen, und es dürfte wenig wahrscheinlich sein, daß die Nazis einer derartigen zusätzlichen Ermutigung von außen bedurft hätten.

Einige Punkte sollten jedoch vermerkt werden. Der Mufti hatte im Gegensatz zu den deutschen Führern ein zwingendes Motiv dafür, sich gegen die Auswanderung als Mittel zur Beseitigung der Juden Europas zu stemmen, und er hat auch aktiv interveniert – wofür es reichlich schriftliche Belege gibt –, um die Ausreise von Juden zu verhindern. Das eigene Zeugnis des Muftis, enthalten in seinen veröffentlichten Memoiren, ist von einigem Interesse. Die Briefe, die er an verschiedene europäische Regierungen richtete, hätten, wie er anmerkt, »positive und nützliche Resultate für die palästinensische Sache« gezeitigt. Sie dienten jedoch als Grundlage einer 1947 an die

UNO gerichteten jüdischen Klage und eines erfolglos gebliebenen Versuchs von jüdischer Seite, ihm, zusammen mit den anderen Angeklagten in Nürnberg, den Prozeß als Kriegsverbrecher zu machen. Dieses Anklagebegehren, so vermerkt der Mufti in seinen Memoiren, gründete sich auf die Aussage von Krumey, eines anderen Eichmann-Mitarbeiters: »Sie versprachen ihm, daß sie ihn vor der Todesstrafe bewahren würden, wenn er ihre falsche Aussage unterschriebe. Sie aber – die notorisch sind für Perfidie und Fälschung und Verzerrung und Grausamkeit, wofür der edle Koran das stärkste Zeugnis wider sie ablegt – haben noch nie die Versprechen eingehalten, die sie gegeben haben, und er wurde in Nürnberg zum Tode verurteilt.« Der Mufti erwähnt Wisliceny nicht, während er Eichmann als »tapfer und edel« preist, weil er in israelischer Haft bestritt, daß irgendeine Verbindung zwischen beiden Männern bestanden habe. Über seine eigene Rolle hat der Mufti dies zu sagen: »Die Wahrheit ist, daß ich, als ich diese Memoranden an die verantwortlichen Stellen des Deutschen Reiches und der oben erwähnten Staaten richtete, nicht auf die Ausrottung der Juden abzielte; mir ging es darum, die Flut der aggressiven jüdischen Einwanderung zu bannen, die darauf gerichtet war, Palästina zu überschwemmen und seine Bevölkerung zu vertreiben, wie es dann später mit Hilfe Großbritanniens und der USA geschehen ist.«[20]

In einer Rundfunkansprache am 21. September 1944 in Berlin sprach er von »den elf Millionen Juden der Welt«. Der Mufti muß bei seiner obsessiven Beschäftigung mit jüdischen Angelegenheiten gewußt haben, daß es 1939 ungefähr siebzehn Millionen Juden auf der Welt gegeben hatte. Die Differenz hat etwas schauerlich Präzises.

In ihren Diskussionen mit deutschen Regierungsbeamten legten der Mufti und andere arabische Führer eine ganze Serie von Entwürfen einer Deklaration zur Unterstützung arabischer Ziele und Bestrebungen vor, deren Veröffentlichung sie bei der deutschen Regierung zu erreichen versuchten. Mit einer solchen Deklaration, glaubten sie, ließe sich eine massive arabische Parteinahme gegen Großbritannien und zugunsten des Deutschen Reiches mobilisieren. Eine der Klauseln des ersten Deklarationsentwurfes, den die vom Mufti entsandte interarabische Mission 1940 der deutschen Regierung zur Billigung und Veröffentlichung vorlegte, ist besonders aufschlußreich: »Deutschland und Italien anerkennen das Recht der arabischen

Länder, die Frage der jüdischen Elemente, die sich in Palästina und in den anderen arabischen Ländern befinden, so zu lösen, wie es den nationalen und völkischen Interessen der Araber entspricht, und wie die Judenfrage in den Ländern Deutschland und Italien gelöst worden ist.«[21]

Im Sommer 1940 waren die Gaskammern noch nicht gebaut, und die systematische Ausrottung der Juden war auf Polen beschränkt. Aber den Juden in Deutschland und in den Ländern, die deutscher Kontrolle oder deutschem Einfluß unterlagen, waren längst alle bürgerlichen, politischen und Menschenrechte entzogen worden, und das war der arabischen Mission mit Sicherheit gut bekannt. Es ist bezeichnend, daß die vorgeschlagene Klausel sich nicht nur mit den zionistischen Siedlungen in Palästina befaßte, sondern daß sie ganz allgemein ausgeweitet wurde auf alle Juden in arabischen Ländern, die das gleiche Schicksal teilen sollten – wie es dann auch einige von ihnen taten. Sowohl Sprache als auch Inhalt der Klausel lassen den Einfluß der Nazis auf die Formulierung der arabischen Vorschläge deutlich erkennen.

Die Deutschen gaben aus einer Vielzahl von Gründen, nicht zuletzt wegen ihrer Geschäfte mit anderen Mächten, die in ihren Augen wichtiger waren als die Araber, ausweichende Antworten, wenn nach der Deklaration gefragt wurde. Eine revidierte Fassung wurde im Februar 1941 dem Führerhauptquartier vorgelegt und wiederum keiner definitiven Antwort gewürdigt. In dieser Fassung war die Judenklausel geändert und las sich jetzt so:

> Deutschland und Italien anerkennen die Illegalität des »Jewish National Home« in Palästina. Sie anerkennen das Recht Palästinas und der anderen arabischen Länder, die Frage der jüdischen Elemente in Palästina und in den anderen arabischen Ländern zu lösen, wie es dem nationalen arabischen Interesse entspricht und in der gleichen Weise, wie die Judenfrage in den Ländern der Achse gelöst wird. Daraus folgt, daß keine jüdische Einwanderung nach den arabischen Ländern erlaubt ist.[22]

Dieser Text unterschied sich in zwei bedeutsamen Punkten von der Fassung vom Juni 1940. Zum einen war man beim Hinweis auf die

Lösung der Judenfrage »in den Ländern der Achse« – und nicht mehr nur in Deutschland und Italien – von der Vergangenheits- zur Gegenwartsform übergewechselt. Zum anderen, und damit verbunden, war jetzt die Rede von einem Verbot jüdischer Auswanderung in die arabischen Länder.

Der erste Angriff auf eine jüdische Gemeinde in einem arabischen Land im Stile der Achsenpolitik ereignete sich am 1. und 2. Juni 1941 in Bagdad, also in dem kurzen Interregnum zwischen dem Zusammenbruch des prodeutschen Raschid-Ali-Regimes und dem Eintreffen der britischen Truppen. In diesem Fall war der Pöbel zur Tat übergegangen, nicht die Behörden. Nach amtlichen Quellen wurden 600 Juden getötet und 240 verletzt, 586 Geschäfte geplündert und 911 Häuser zerstört. Inoffizielle Schätzungen lagen viel höher. Das Massaker wurde von Soldaten, Polizisten und anderen Elementen verübt, die von dem gestürzten Raschid-Ali-Regime aufgehetzt worden waren und die sich für dessen Niederlage rächen wollten. Zwei Tage dauerte das Massaker ungehindert an, während die britische Armee, der die Stadt inzwischen wehrlos ausgeliefert war, nichts unternahm, sondern in den Außenbezirken wartete. Somerset de Chair, der als Nachrichtenoffizier bei der britischen Truppe diente, schilderte später die Vorgänge:

> Reading kam zu mir. »Warum gehen unsere Truppen nicht nach Bagdad hinein?« fragte er. »Vielleicht plündern die da schon. Ich weiß, daß man viele Leute umbringen wird, wenn unsere Truppen nicht hineingehen.«
>
> Das war auch meine Meinung, und die Wege des Foreign Office waren mir unfaßlich. Von der Stunde des Waffenstillstandes an hatte dessen Wort gegolten. Nachdem wir uns Schritt um Schritt den Weg bis an die Schwelle der Stadt erkämpft hatten, mußten wir nun brav draußen bleiben und abwarten. Offenbar hätte es der Würde unseres Verbündeten, des Regenten, Abbruch getan, wenn er bei seinem Eintreffen sichtbar von britischen Bajonetten unterstützt worden wäre.[23]

Der britische Botschafter im Irak, Sir Kinahan Cornwallis, hatte schon seine Ansicht kundgetan, daß die britischen Streitkräfte

Bagdad nicht besetzen sollten, »es sei denn vorübergehend, um die Einsetzung einer wohlgesonnenen Regierung sicherzustellen, oder auf Ersuchen der irakischen Regierung«. Die Juden von Bagdad hatten in diesen beiden Schreckenstagen erfahren müssen, daß sie ihren Nachbarn und Herren auf Gnade und Barmherzigkeit ausgeliefert waren. Sie hatten auch erfahren müssen, daß westliche Regierungen, um gute Beziehungen zu eben diesen Herren buhlend, wenig oder nichts zu tun bereit waren, um ihnen zu helfen. Unnötig zu erwähnen, daß diese Lektion auch auf die Herren selbst ihre Wirkung nicht verfehlte.

Während der Mufti und seine Gefährten in Deutschland unermüdlich für ihre Sache wirkten, gab es in den arabischen Ländern des Nahen Ostens und Nordafrikas viele, die mit derselben Sache zumindest sympathisierten, manchmal auch aktiv für sie eintraten. Die damalige Stimmung der jungen Offiziere in Ägypten wird anschaulich von einem von ihnen, Anwar el Sadat, beschrieben:

> 1941, ein für England tragisches Jahr, war für Ägypten das Jahr der Hoffnung. Das Britische Empire befand sich in noch nie gekannter Gefahr. Im Osten stand der Irak in den Flammen der Revolte des Raschid Ali El Kilani; im Westen drohten die Achsenmächte; und dazwischen rührte sich schon Ägypten und konnte jeden Augenblick in den Konflikt eintreten. Es stand böse für Churchill ... Die Deutschen hielten das Steuer der faschistischen Kriegsmaschine in festen und geübten Händen. England drohte die Niederlage. All diese günstigen Umstände mußte Ägypten für sich nutzen. Die Moral unserer Truppen war sehr hoch, und ihr Augenblick, in die Schranken zu treten, schien gekommen.
>
> Wir hatten mit dem deutschen Hauptquartier in Libyen Kontakt aufgenommen, denn wir wollten nur in voller Übereinstimmung mit ihm zu Werke gehen. Der Eintritt Ägyptens in die Kampfhandlungen durfte ja nicht den Anschein eines innerpolitischen Aufruhrs erwecken. Wenn aber die aufständischen Truppen mit den Truppen der Achse zusammenarbeiteten, würde die Angelegenheit einen internationalen Aspekt erhalten. Wir waren nämlich nicht in der Lage, für uns allein zu handeln. Ein planmäßiger Krieg gegen die Briten kam gar nicht in Frage; wir

konnten England höchstens mit einer Art Guerillakrieg zu Leibe rücken, und auch dies nur auf Grund unserer zahlenmäßigen Überlegenheit; denn so geschwächt die Engländer auch waren, gerüstet waren sie ausgezeichnet. Wir verfolgten also Tag um Tag den Verlauf der Dinge und konnten in der Wartezeit nichts anderes tun, als unsere Vorbereitungen vorantreiben und die Mittel, über die wir verfügten, zum Einsatz bringen.[24]

Anwar el Sadat wurde gefaßt und eingesperrt, ebenso wie etliche seiner Gefährten.[25] Andere hatten mehr Glück, ohne mehr zu erreichen. Viele nach außen hin neutrale oder gar mit den westlichen Alliierten sympathisierende Politiker behielten insgeheim einen Draht zu der einen oder anderen der Achsenmächte, zumindest solange sie noch eine Chance zu haben schienen, den Krieg zu gewinnen, und manchmal noch sehr viel länger. König Faruk und einige seiner Minister standen in regelmäßiger Verbindung mit der Achse, und selbst so alte und hochgeachtete Verbündete Großbritanniens wie Ibn Saud, der Gründer des Königreiches Saudi-Arabien, und Nuri al-Said, der Premierminister des Iraks, standen zeitweilig in Verbindung mit Berlin. Nuri al-Said ging sogar so weit, den Deutschen seine Dienste anzubieten, und er erlebte die Demütigung, von ihnen einen Korb zu bekommen. Sie trauten ihm nicht. Ganz zu Unrecht witterten sie hinter dem Ansinnen einen britischen Trick.[26]

So stark waren die prodeutschen Gefühle, daß sie selbst nach der endgültigen Niederlage des Dritten Reiches sich nicht verflüchtigten, und – was vielleicht noch bedeutsamer ist – es wurde überhaupt kein Hehl aus dem Vorhandensein dieser Gefühle gemacht. Im Gegenteil, eine pronationalsozialistische Vergangenheit war eine Quelle des Stolzes, nicht der Scham. Der Mufti entkam zusammen mit anderen Angehörigen des Hussaini-Clans vor dem Debakel aus Deutschland und reiste über Paris in den Nahen Osten, wo es ihm gelang, in den Nachkriegsjahren eine gewisse Rolle zu spielen. Während die Briten ihm die Einreise in das Mandatsgebiet Palästina verweigerten, hieß die ägyptische Regierung ihn willkommen. Im Jahre 1951 führte er den Vorsitz bei einer moslemischen Weltkonferenz, und im Jahre 1955 nahm er an der ersten afroasiatischen Konferenz in Bandung teil. Zu keiner Zeit widerrief oder modifizierte er seine Ansichten über die

Juden, wenn er auch 1961 zur Zeit des Eichmann-Prozesses bestritt, persönlich mit Eichmann bekannt gewesen zu sein und die Todeslager besucht zu haben.

In den frühen Jahren des Nasser-Regimes, bevor der sowjetische Einfluß Zugang nach Ägypten gefunden und sich dort konsolidiert hatte, machten die neuen Herrscher Ägyptens überhaupt kein Hehl aus ihren Nazi-Sympathien. Man erinnert sich, daß Ägypten in diesen Jahren mit dem faschistischen Spanien, dem rassistischen Südafrika und den Militärdiktaturen Lateinamerikas darin wetteiferte, flüchtigen NS-Kriegsverbrechern eine sichere Zuflucht und ein neues Tätigkeitsfeld zu bieten. In Südafrika konnten NS-Emigranten das Leben als Mitglieder einer privilegierten Herrenrasse wiederaufnehmen; in Spanien und Südamerika konnten sie die kongeniale Atmosphäre einer faschistischen Diktatur und Ideologie genießen. In Ägypten konnten sie ihren Krieg gegen die Juden fortsetzen. Diejenigen von ihnen, die sich für diese Wahl entschieden, erhielten einen herzlichen Empfang und ein neues Betätigungsfeld.

Der Gebrauch des Wortes »Nazi« im abwertenden, beleidigenden Sinn ist in den arabischen Ländern verhältnismäßig jungen Datums und geht auf die Zeit der Herrschaft von General Kassem im Irak zurück. Sein Gebrauch des Wortes »hitleristisch« als eine auf Präsident Nasser gezielte Beleidigung während des Streits zwischen ihnen wurde damals als Zeichen der sowjetischen Durchdringung des Iraks gewertet. Arabische Liberale und Sozialisten – im konventionelleren Sinn dieser Wörter – waren ebenso entsetzt über den Nazismus wie ihre westlichen Gesinnungsgenossen. Aber die militanten Führer des arabischen Nationalismus der Rechten ebenso wie der Linken sahen in Hitlers Drittem Reich das Modell für einen erfolgreichen Nationalismus oder Nationalsozialismus sowie einen inspirierenden Führer und Helfer im Kampf gegen ihre beiden großen Feinde, den Westen und die Juden. Als diese Rolle von Sowjetrußland übernommen wurde, mußte die politische Terminologie in manchen Bereichen den neuen Gegebenheiten angepaßt werden. Aber das Bild Hitlers blieb lebendig in der Erinnerung, und seine Werke, wie auch diejenigen seiner Jünger und Vorläufer, wurden weiterhin übersetzt und gelesen, sogar – oder vielleicht gerade – in den sogenannten revolutionär-sozialistischen arabischen Ländern.

Einige Zeichen dieser Affinität mit dem Dritten Reich blieben erhalten, lange nachdem der sowjetische Einfluß die Begriffe »Nazi« und »hitleristisch« zu Schimpfwörtern gemacht hatte. Sowohl Gamal Abd el Nasser als auch Anwar el Sadat stehen mit Ausdrücken der Bewunderung – letzterer sogar mit Gelöbnissen aktiver Unterstützung – für Hitler zu Protokoll sowie mit Äußerungen ihres tiefsten Bedauerns angesichts der Niederlage des Nationalsozialismus. Als im Jahre 1953 ein Gerücht um die Welt ging, daß Hitler noch am Leben sei und sich in Brasilien aufhalte, fragte die Kairoer Wochenzeitung *al-Musawwar* einige Persönlichkeiten des ägyptischen öffentlichen Lebens, was sie ihm schreiben würden, falls die Nachricht sich als wahr erweisen sollte.[27] Die meisten Antworten waren nicht schmeichelhaft. So herrschte ihn der Schriftsteller und Journalist Ihsan Abd al-Kuddus an: »Kriechen Sie in Ihr Versteck zurück, denn die freie Welt hat keinen Platz für einen Diktator; erinnern Sie sich noch an die Millionen, die Sie getötet haben, erinnern Sie sich an die Gaskammern?« Aber einer hatte etwas anders geartete Empfindungen:

> Ich gratuliere Ihnen von ganzem Herzen, denn obwohl Sie allem Anschein nach besiegt worden sind, waren Sie doch der wahre Sieger. Ihnen ist es gelungen, Zwietracht zu säen zwischen dem alten Churchill und seinen Alliierten auf der einen Seite und deren Verbündetem, dem Teufel, auf der anderen. Deutschland ist siegreich, weil es um der Aufrechterhaltung des Kräftegleichgewichts in der Welt willen erforderlich wurde, Deutschland neu zu schaffen, egal was Ost und West denken mochten. Es wird keinen Frieden geben, bis Deutschland wiederhergestellt ist als das, was es war, und genau das werden West und Ost sich selbst zum Trotze auch vollbringen ... Was die Vergangenheit anbetrifft, so glaube ich, daß Sie einige Fehler gemacht haben, daß Sie zum Beispiel zu viele Fronten eröffnet haben, oder Ribbentrops Kurzsichtigkeit gegenüber der Diplomatie von Großbritanniens altem Mann. Aber das alles ist Ihnen verziehen wegen Ihres Glaubens an Ihr Land und Ihr Volk. Daß Sie in Deutschland unsterblich geworden sind, ist Grund genug, stolz zu sein. Und wir sollten nicht überrascht sein, wenn wir Sie wieder in Deutschland sehen, oder einen neuen Hitler an Ihrer Stelle. – Anwar el Sadat.

Sadat sprach in diesem fiktiven Brief weder im positiven noch im negativen Sinne von der Judenverfolgung, und später machte er deutlich, daß er zu einem besseren und tieferen Verständnis dessen gelangt sei, was den Juden in den Hitlerjahren im deutschbesetzten Europa widerfahren war. Andere bewahrten dem Andenken Hitlers und seiner Grundsätze mehr Treue. Am 26. Juni 1974 berichtete die Beiruter Zeitung *al-Bayraq* über ein Gespräch, das in Damaskus zwischen dem Führer der Libanesischen Sozialistischen Fortschrittspartei, Kamal Dschumblatt, und dem syrischen Präsidenten Hafiz al-Assad stattgefunden hatte. Assad befand sich in Begleitung seines Außenministers und von Führern der syrischen Baath-Partei. Im Verlauf des Gespräches sagte einer der Syrer: »Heute erinnern sich die Araber Hitlers in positivem Sinne.« Worauf Dschumblatt erwiderte: »Zumindest hätte er uns vor den Zionisten bewahrt. Wir dürfen keine starke Position gegen den Nationalsozialismus beziehen, ebenso wie wir nicht allem zustimmen dürfen, was die Linken sagen. Der Nationalsozialismus sollte ein wenig wiederbelebt werden ... Aus einigen Studien geht hervor, daß die Zahl der von den Nazis getöteten Juden kraß übertrieben sei. Es gibt enorm große Gruppen, denen es gelang, aus Deutschland zu entkommen.«

Das Leugnen des Holocaust ist natürlich ein Lieblingsmotiv der nazifreundlichen und neonazistischen Propaganda. Es kommt häufig in arabischen Schriften zu diesem Thema vor und spielt gelegentlich auch in offiziellen Erklärungen eine Rolle. Nasser selbst bemerkte in einem Interview der rechtsextremen *Deutschen Nationalzeitung*, das am 1. Mai 1964 veröffentlicht wurde, daß »während des Zweiten Weltkrieges unsere Sympathien den Deutschen gehörten«, und fuhr dann fort: »Die Lüge von den sechs Millionen ermordeten Juden wird von niemandem ernst genommen.« Das mochte durchaus zutreffen auf die Kreise, in denen der ägyptische Präsident sich bewegte. Zur Zeit von Eichmanns Gefangennahme und Prozeß in Jerusalem im Jahre 1961 waren die Kommentare der arabischen Medien gemischt. Eine recht typische feindselige Reaktion war ein Artikel in der saudischen Tageszeitung *al-Bilad* vom 31. Mai 1960 unter der Überschrift »Die Gefangennahme Eichmanns, der die Ehre hatte, fünf Millionen Juden zu töten«.

Allmählich aber begann das stetige Wachsen des sowjetischen Einflusses Inhalt und Klang des Begriffes »Nazi« in den arabischen Ländern zu verändern. Die Sowjets hatten aus wohlerwogenen Gründen systematisch die antijüdische Komponente des Nationalsozialismus bagatellisiert oder nach Möglichkeit sogar verschwiegen; zum Beispiel ließen sie unerwähnt, daß so viele ihrer eigenen Staatsbürger in Babi Jar und anderswo allein deshalb hingemordet wurden, weil sie Juden waren. Die Nazis allzu deutlich als Antisemiten zu malen, hätte unerwünschte Konsequenzen haben können. Es hätte bei etlichen Sowjetmenschen Sympathien für die Nazis, bei anderen dagegen Sympathien für die Juden wecken können, was beides vom Standpunkt der sowjetischen Machthaber aus gesehen unerwünscht war. »Nazi« wurde daher zu einem eher allgemeinen Schimpfwort von geringer oder gar keiner antijüdischen Bedeutung.

In den arabischen Ländern ging man, nachdem der Nazismus unter sowjetischem Einfluß zu einer bösen Sache geworden war, dazu über, die Juden selbst als Nazis hinzustellen. Diese Änderung wurde um so notwendiger, als es galt, ein ideologisches Vakuum zu füllen. Von 1917 bis 1945, und in einigen Regionen noch sehr viel länger, waren die Juden im allgemeinen und die Zionisten im besonderen in der arabischen Propaganda als Kommunisten, Bolschewiken und sowjetische Agenten dargestellt worden. Der Kommunist war sozusagen der Lieblingsfeind nicht nur in Nazi-Deutschland, sondern auch im demokratischen Westen, und der Vorwurf des Kommunismus war der schnellste und wirksamste Weg zur Diskreditierung eines Gegners. Sogar Nasser selbst benutzte vor seiner Hinwendung zu den Sowjets gelegentlich dieses Etikett gegen seine Gegner. Aber im Zuge der Konsolidierung des sowjetischen Einflusses und der allgemeinen Einführung einer Form des Sozialismus oder der Linkspolitik in die neue staatliche Orthodoxie waren Wörter wie »Kommunist« und »Sozialist« keine Beleidigungen mehr, sondern Komplimente und deshalb völlig ungeeignet dafür, auf Juden angewendet zu werden. Der jetzt diskreditierte Begriff »Nazi« schuf einen nützlichen Ersatz, und der Welt wurde somit das absonderliche Schauspiel geboten, daß Hitlers vormalige Verbündete jetzt Hitlers hauptsächliche Opfer angriffen, indem sie sie als Nazis und Rassisten beschimpften.

In jüngerer Zeit ist das Kommunismus-Etikett wieder in Gebrauch gekommen, nicht nur in Saudi-Arabien, wo man nie völlig darauf verzichtet hatte, sondern auch in Ägypten, wo mit der Verlagerung von der prosowjetischen zur prowestlichen Ausrichtung der Antikommunismus wieder zu neuem Ansehen gelangt ist und »Kommunist« wieder ein Beiwort ist, das als Mittel zur Verunglimpfung eines Gegners wertvolle Dienste leistet.

Der Krieg gegen den Zionismus

Die Einflüsse Europas und speziell des europäischen Antisemitismus haben sowohl durch ihr Beispiel als auch durch planmäßige Propaganda den Boden für den neuen arabischen Antisemitismus bereitet und seine Saat ausgestreut. Die im Wandel begriffenen Anschauungen von der religiösen, nationalen, ethnischen und selbst rassischen Identität nährten sein Wachstum und Erblühen. Die neuen Definitionen der Loyalität, die sich in einer Zeit ausländischer Vorherrschaft und nationalistischen Kampfes entwickelten, brachten eine neue Intoleranz gegenüber Andersartigem, die die Position nicht nur der Juden, sondern auch anderer religiöser und ethnischer Minderheiten schwächte und unterminierte. Aber der wichtigste die Juden berührende Einzelfaktor war zweifellos die Palästinafrage, und die Änderung der arabischen und am Ende insgesamt der moslemischen Einstellung ihnen gegenüber muß vor dem Hintergrund der aufeinanderfolgenden Phasen des arabisch-zionistischen und des arabisch-israelischen Konflikts gesehen werden.

Die Evolution dieses Konflikts teilt sich in vier deutlich voneinander geschiedene Perioden, die von vier entscheidenden Ereignissen geprägt sind: Vom Beginn der zionistischen Siedlungen im osmanischen Palästina im Jahre 1882, von der Ablösung der osmanischen durch die britische Herrschaft im Jahre 1918, von der Geburt Israels im Jahre 1948 und vom israelischen Sieg von 1967, der die israelische Herrschaft auf das gesamte ehemalige Mandatsgebiet Palästina ausweitete.

Im Laufe der Jahrhunderte hatte es eine stetige Wanderung von Juden ins Heilige Land gegeben, manchmal in größerer, manchmal in geringerer Zahl, je nach den sich ständig ändernden Gegebenheiten. Aber diese Wanderungen waren immer von religiösen Motiven und solchen, die man als kulturell bezeichnen könnte, inspiriert gewesen, nie von politischen Zielsetzungen. Manchmal kamen beträchtliche Zahlen zusammen, so im sechzehnten Jahrhundert, als die Einbeziehung Palästinas in das Osmanische Reich neue Sicherheiten und Möglichkeiten für Juden schuf und sie in die Lage versetzte, neue jüdische Bevölkerungszentren in Jerusalem, Safed und an anderen Orten zu errichten. Im späten achtzehnten und im frühen neunzehnten Jahrhundert begannen Juden aus Osteuropa nach Palästina zu ziehen, und schon 1851 bezeichnete der britische Vizekonsul in Jerusalem sie als ein wichtiges Element der dortigen Bevölkerung. Obwohl ihre Gründe für die Ansiedlung im Heiligen Land religiöser Art waren und einige von ihnen in der Tat geistlichen Berufen der einen oder anderen Art nachgingen und von Spenden ihrer Glaubensbrüder im Ausland lebten, übten viele Juden wirtschaftliche Berufe aus. 1851 berichtete der Jerusalemer Vizekonsul, daß »die Juden beinahe die einzigen Handwerker« seien, und hielt es für »bemerkenswert, daß die Glaser, Schuhmacher, Buchbinder usw. fast ausschließlich Juden sind«.[1] Dem fügte die zionistische Besiedlung eine neue Dimension hinzu, nämlich die Landwirtschaft, die in der nun folgenden Entwicklung der jüdischen Gemeinde und der jüdisch-arabischen Beziehungen in Palästina entscheidende Bedeutung erlangen sollte. Als im Jahre 1882 die zionistische Besiedlung begann, hatten die Juden von Palästina eine Zahl von schätzungsweise 24 000 Menschen erreicht, was rund zehn Prozent der Gesamtbevölkerung ausmachte. Ihre Lage war nicht schlechter als man erwarten konnte für eine religiöse Minderheit in einer entlegenen Provinz eines im Niedergang befindlichen Reiches. Einigen von ihnen, die den Schutz durch ausländische Regierungen ebenso wie die Toleranz der osmanischen Behörden genossen, ging es sogar recht gut.

Der Gedanke eines jüdischen Pufferstaates zwischen Ägypten und dem türkischen Reich, zuerst von Napoleon vorgeschlagen und rasch wieder aufgegeben, tauchte während des neunzehnten Jahrhunderts von Zeit zu Zeit wieder auf, rief aber geringe oder gar keine ernsthafte Resonanz hervor, am allerwenigsten bei den Juden. Die ersten Schritte zur Verwirklichung des Zieles eines jüdischen Staates wurden 1882 unternommen – mit der Ankunft von drei- bis viertausend Juden aus dem Russischen Reich. Im Gegensatz zu denen, die vor ihnen gekommen waren, handelte es sich bei ihnen nicht um alte Männer, die nach Palästina kamen, um dort zu studieren, zu beten und zu sterben, sondern um junge Männer und Frauen, die kamen, um zu arbeiten, zu bauen und zu leben. Das war die erste einer ganzen Reihe von Einwanderungswellen, die überwiegend aus Osteuropa kamen und bis zum Ausbruch des Ersten Weltkrieges im Jahre 1914 die jüdische Bevölkerung Palästinas auf eine Zahl von 85 000 bis 90 000 gebracht hatten. Ein erheblicher Teil dieser Menschen siedelte sich auf dem Lande an. Während der Hauptanstoß zu dieser neuen Einwanderung und die Mehrheit der Einwanderer aus Osteuropa kamen, war das nicht der einzige Ursprungsort. Im selben Zeitraum kamen etwa fünftausend Juden aus dem Jemen, andere aus Nordafrika und Zentralasien sowie aus osmanischen Provinzen, sowohl vom Balkan als auch aus den arabischen Ländern.

Diese Bewegung war schon vor der Veröffentlichung von Herzls *Judenstaat* und der Gründung der zionistischen Organisation im Gange, und ein großer Teil dieser neuen Einwanderung, speziell aus den islamischen Ländern, war der älteren, religiös inspirierten Art zuzurechnen. Hingegen war die neue Einwanderung aus Rußland, obwohl auch sie schon vor dem Erscheinen des politischen Zionismus einsetzte, unverkennbar von den gleichen Bedürfnissen getrieben und von den gleichen Hoffnungen inspiriert, die Theodor Herzl veranlaßten, sein Buch zu schreiben und seine neue Bewegung zu gründen. Die neue russische Einwanderung begann mit den »Mai-Gesetzen«, jenen strengen antijüdischen Gesetzen, die als Reaktion auf die Ermordung von Zar Alexander II. im Jahre 1881 verkündet wurden; und auch jeder weiteren Einwanderungswelle ging irgendeine neue Maßnahme oder Aktion gegen die Juden, irgendeine neue Enttäuschung ihrer Hoffnungen auf Emanzipation im Lande ihrer Geburt voraus. Die neuen Einwanderer aus Rußland gehörten zu einer Bewegung, deren Mitglieder sich die »Geliebten Zions« nannten, die unmittelbaren Vorläufer der Zionisten. Entstanden unter jüdischen Studenten im Russischen Reich, war diese Bewegung stark von den romantischen, nationalistischen, populistischen und sozialistischen Ideologien jener Epoche geprägt. Ihr unmittelbares Ziel war die Erlösung der jüdischen Gesellschaft durch schöpferische Arbeit; ihr längerfristiges Ziel, in jenem Stadium noch nicht klar formuliert, war die Schaffung einer jüdischen »Nationalen Heimstatt« und am Ende eines jüdischen Staates. Als dann die zionistische Bewegung ins Leben gerufen wurde, war es nur natürlich, daß sie sie voller Begeisterung unterstützten.

Von Anfang an war sich die Regierung des Osmanischen Reiches, zu dem damals Palästina gehörte, des Wesens dieser neuen Bewegung bewußt, und sie empfand die möglichen Folgen als alarmierend.[2] Aus den Dokumenten wissen wir, daß die Osmanen durch ihre Gesandtschaften und Konsulate im Ausland und durch ihre Kontakte zu jüdischen Führern sehr gut über den Zionismus und über die Ziele seiner führenden Politiker und seiner Landwirtschaftspioniere informiert waren. Die offizielle osmanische Politik war gegen die zionistischen Pläne gerichtet und unternahm, was sie konnte, um ihre Verwirklichung zu verhindern.

Viel konnte sie nicht tun. Es gibt keine Hinweise darauf, daß die osmanische Opposition gegen die zionistische Siedlung von antisemitischen oder gar antijüdischen Gefühlen inspiriert war. Die Politik der Osmanen war vom politischen Kalkül bestimmt, nicht von Vorurteilen, und die Motive ihrer Politik waren klar erkennbar. Die beiden politischen Hauptprobleme des Osmanischen Reiches im ausgehenden neunzehnten Jahrhundert waren die nationalistischen und separatistischen Bewegungen unter den unterworfenen Völkern sowie die Einmischung der europäischen Großmächte in seine Angelegenheiten. Die zionistische Siedlung in Palästina drohte beide Probleme zu verschärfen. War sie erfolgreich, würde sie in einer ohnehin schon unruhigen Grenzprovinz eine neue nationale Minderheit mit eigenem autonomistischen und am Ende gar separatistischem Ehrgeiz schaffen – ein zweites Armenien sozusagen oder ein zweites Mazedonien, wie einige hohe osmanische Beamte damals meinten. Und da es sich bei den meisten jüdischen Einwanderern um geschützte Bürger europäischer Mächte handelte, die deshalb nach den geltenden Kapitulationsverträgen exterritoriale Privilegien genossen, würden sie neue und schier endlose Anlässe zu Einmischungen der Großmächte schaffen.

Es waren im wesentlichen zwei Methoden, mit denen die Osmanen der zionistischen Ansiedlung entgegenzuwirken suchten; sie verboten die jüdische Einwanderung nach Palästina, und sie verboten oder beschränkten Landverkäufe an ausländische, das heißt nichtosmanische Juden. Das Einwanderungsverbot war alles andere als umfassend. Es galt nur für Palästina und nicht für andere Provinzen des Osmanischen Reiches, die für Juden ebenso wie für alle anderen weiterhin offenstanden, kamen sie nun als Besucher oder als Einwanderer; und selbst für Palästina untersagte es nur die Dauerniederlassung, gestattete aber Juden die Einreise zu geschäftlichen Zwecken oder als Pilger. In der bürokratischen Konfusion der späten osmanischen Zeit reichten diese Schlupflöcher aus, um alle Juden, die kommen wollten, ins Land hereinzulassen und ihnen zu ermöglichen, sich dort so lange aufzuhalten, wie sie wollten. Die Osmanen erkannten das ebenfalls, und im Jahre 1901 gewährten sie in einer Art Amnestie allen bereits längere Zeit ansässigen illegalen Einwanderern die Aufenthaltsrechte, in der Hoffnung, daß diese Maßnahme es den Behörden erleichtern werde, jede weitere Einwanderung zu regulieren. Das war nicht der Fall.

Ähnliche Schwierigkeiten behinderten die Durchsetzung der Vorschriften gegen den Verkauf von Land an Ausländer. Auch hier gelang es bürokratischer Konfusion, der bereitwilligen Komplizenschaft arabischer Verkäufer und Zwischenhändler sowie der Einmischung ausländischer Konsuln zum Schutze der »Rechte« ihrer »Staatsbürger«, die Wirksamkeit der osmanischen Landverordnungen zu verringern, wenn auch nicht ganz hinfällig zu machen. Die Konsuln der europäischen Mächte ließen es nicht an Eifer fehlen, wenn es galt, das ihnen gemäß den Kapitulationsverträgen zustehende Recht zu verteidigen, zum Schutze ihrer Staatsbürger zu intervenieren. Selbst die Russen, die zunächst keine Anstalten machten, sich den osmanischen Landverordnungen zu widersetzen, und die bei einigen sogar im Verdacht standen, die Osmanen überhaupt erst dazu angestiftet zu haben, steuerten nach 1880 einen anderen Kurs und wiesen ihre Konsuln an, im Interesse ihrer jüdischen Bürger in Palästina tätig zu werden; diese erhielten dadurch einen Grad an Schutz seitens der russischen Behörden, wie sie ihn in Rußland selbst nie genossen hatten. Während sich die Osmanen des offiziellen russischen Antisemitismus wohl bewußt waren, mußten sie mit tiefer Beunruhigung in einer ihrer Provinzen das Anwachsen einer bedeutenden Minderheit beobachten, die unter dem Schutz derjenigen europäischen Macht stand, die jahrhundertelang der tödlichste und gefährlichste Feind des Osmanischen Reiches gewesen war.

Die Revolution der Jungtürken von 1908 führte zu keiner bedeutenden Veränderung der Situation. Gewiß waren die Jungtürken liberaler und aufgeschlossener für westliche Ideen als die alten Türken, die sie gestürzt hatten, und einige von ihnen zeigten sogar ein wohlwollendes Interesse für jüdische Probleme und für den Zionismus. Aber sie waren auch Nationalisten und Zentralisten, und sie waren sich klarer als der abgesetzte Sultan der Gefahren bewußt, die Autonomie, Sezession und ausländische Annexion bedeuteten. Während sie der von ihren Feinden in Umlauf gesetzten Propaganda zufolge von jüdischen Verschwörern beeinflußt oder gar beherrscht waren, ergriffen sie tatsächlich schärfere Maßnahmen gegen zionistische Einwanderung und Ansiedlung in Palästina als irgendeiner ihrer Vorgänger, und im Jahre 1911 wurde die zionistische Frage sogar zu einem parlamentarischen Streitpunkt in der Hauptstadt. Die wenigen osmanischen Juden, die eine – unbedeutende – Rolle in der Jungtürken-Politik spielten, standen dem Zionismus entweder gleichgültig oder sogar ablehnend gegenüber. Der Hauptgrund für die neue antizionistische osmanische Politik war die Tatsache, daß es unter dem von den Jungtürken geschaffenen konstitutionellen Regime nun ein gewähltes Parlament in Istanbul gab, in dem eine beträchtliche Zahl arabischer Abgeordneter saß, darunter etliche aus den Gebieten, die direkt von der zionistischen Einwanderung betroffen waren. Es gab auch eine relativ freie Presse in Palästina, in der alle diese Probleme erörtert werden konnten.

Der arabische Widerstand gegen den Zionismus wurde in seinen frühesten Stadien weit eher von örtlichen Reibungen erzeugt als von übergreifenden politischen Erwägungen. Die osmanischen Türken waren die Herrscher über ein großes Reich, von dem die von Zionisten besiedelte Region ein kleiner und in vieler Hinsicht gänzlich unbedeutender Teil war. Für die Türken war sie nur deshalb von Bedeutung, weil sie an die britisch besetzte Provinz Ägypten grenzte, und weil sie eine Anzahl christlicher religiöser Stätten und Institutionen beherbergte, die sie zu einem Objekt des aktiven Interesses der christlichen Mächte werden ließen. Für die Araber war es der Ort, an dem sie lebten und zu Hause waren. In den Frühstadien war ihr Widerstand gegen den Zionismus nicht nationaler und nur in begrenztem Sinne religiöser Natur. Der Name Palästina[3], den die Römer dem eroberten und unterworfenen Land Judäa gegeben hatten, war eine Zeitlang von den arabischen Eroberern beibehalten worden, um einen Verwaltungsbezirk ihrer syrischen Provinz zu bezeichnen. Aber schon vor der Ankunft der Kreuzfahrer vor neun Jahrhunderten war der Name aus dem Lande verschwunden. Mit der Wiederbelebung der klassischen Gelehrsamkeit in der Renaissance in Europa war er wieder aufgetaucht und wurde von europäischen Christen hinfort auf das Gebiet angewandt, das sie zuvor als Heiliges Land bezeichnet hatten. Zu Anfang des zwanzigsten Jahrhunderts wurde als Folge des vorherrschenden europäischen Einflusses und damit auch der europäischen Sprachregelung der Name Palästina schließlich auch im Lande selbst gebraucht. Doch beschränkte sich dieser Gebrauch im wesentlichen auf Christen und auf eine sehr kleine Schar westlich orientierter Moslems. Offiziell fand der Name keine Verwendung, und er hatte keine präzise territoriale Bedeutung, bis die Briten ihn als Bezeichnung des Gebietes übernahmen, das sie am Ende des Ersten Weltkrieges eroberten und anschließend unter einem Mandat des Völkerbundes verwalteten.

Deshalb widersetzten sich die Araber des osmanischen Palästinas auch nicht als palästinensische Nation dem, was sie als Übergriffe zionistischer Einwanderer und Siedler ansahen, da allein schon die Idee einer derartigen Nation zu jener Zeit gänzlich fehlte und erst sehr viel später auftreten sollte. Selbst die Idee eines arabischen Nationalismus im modernen Sinne des Begriffs war noch verhältnismäßig neu. Obwohl sie ein immer wichtigeres Element im politischen Denken und Handeln der arabischen Provinzen des Osmanischen Reiches wurde, hatte sie vor dem Ausbruch des Ersten Weltkrieges noch keine nennenswerte Bedeutung erlangt.

Der früheste arabische Widerstand gegen die jüdische Einwanderung erwuchs aus der Gründung jüdischer landwirtschaftlicher Siedlungen an einigen wenigen Orten des Landes und den damit einhergehenden Streitereien um Angelegenheiten wie Weiderecht oder Landbesitz. Auch die Verschiedenheit von Sitten und Gebräuchen führte unweigerlich zu Auseinandersetzungen; von großer Bedeutung waren sie jedoch nicht. Relativ wenige Gebiete des Landes hatten überhaupt Kontakt mit zionistischen Siedlern, und diese wenigen entwickelten schon nach kurzer Zeit eine Art Modus vivendi mit ihren jüdischen Nachbarn.

Im allgemeinen aber sahen die Araber die Aktivitäten der Neuankömmlinge mit Mißfallen und suchten nach Wegen, ihnen Einhalt zu gebieten, zumal, als ihre politischen Ziele bekannt wurden. Die erste formelle arabische Aktion gegen die jüdische Ansiedlung scheint ein Telegramm mit dem Datum des 24. Juni 1891 gewesen zu sein. Eine Gruppe arabischer Notabeln in Jerusalem hatte es dem osmanischen Großwesir in Istanbul geschickt. Das war neun Jahre nach dem Eintreffen der ersten Welle säkularer russisch-jüdischer Einwanderer. Man hatte erfahren, daß die Ankunft einer neuen und noch größeren Welle von Juden aus Rußland bevorstehe. Besorgt ersuchten die Notabeln den Großwesir, die russischen Juden an der Einreise nach Palästina und am Erwerb von Grund und Boden in diesem Land zu hindern. In den folgenden Jahren wurde der arabische Widerstand aktiver und politischer, besonders nach der Revolution der Jungtürken von 1908 und der Meinungs-, ja der Oppositionsfreiheit, die sie für eine Weile ins Land brachte.

Das von den arabischen Notabeln vorgeschlagene Rezept war im Grunde das gleiche wie jenes, mit dem die osmanische Verwaltung es schon versucht hatte – Verbot der jüdischen Einwanderung und des jüdischen Landkaufs. Das blieben die grundlegenden arabischen Forderungen bis zum Ende der osmanischen Herrschaft und danach während der gesamten Zeit des britischen Mandats, also bis zum Jahre 1948. Mit beiden Forderungen erzielten die Araber gewisse Erfolge, vor allem in den späteren Jahren des britischen Mandats; aber es gelang ihnen nicht, das Wachsen der jüdischen Gemeinde, vor allem nach dem Triumph des militanten Antisemitismus in Europa, und die Gründung des Staates Israel zu verhindern.

Die Art und Weise, wie sich der arabische Protest artikulierte, zeigte einige Variationen. Einige der frühesten Protestäußerungen waren, wie sich denken läßt, in die Sprache loyaler Osmanen gekleidet. Man suchte die Aufmerksamkeit auf die Gefahr zu lenken, die das jüdische Vordringen für die osmanischen Interessen darstelle, und man wußte, damit bei aufeinanderfolgenden osmanischen Regierungen auf offene Ohren zu treffen. Andere sprachen in religiösen Begriffen und wiesen auf die Notwendigkeit hin, den islamischen Charakter eines – wie sie es sahen – alten islamischen Landes zu wahren. Das nationalarabische Argument erwähnte man aus naheliegenden Gründen sowohl in Jerusalem als auch in Istanbul kaum. Den arabischen Nationalismus betrachteten die osmanischen Herrscher mit wenig Wohlwollen, denn sie sahen ihn – wie spätere Ereignisse zeigen sollten, mit vollem Recht – als eine Gefahr für die Einheit und Integrität des Reiches. In den Schriften arabischer Emigranten in Europa tauchte das nationalistische Argument gelegentlich auf; in der Zeit zwischen den beiden Weltkriegen trat es dann immer mehr in den Vordergrund.

Variationen gab es auch hinsichtlich der Definition des jüdischen Vordringens, gegen das man protestierte. Die arabischen Notabeln in Jerusalem hatten im Gegensatz zu den osmanischen Regierungsbeamten in Istanbul nur geringe Kenntnis von dieser neuen jüdischen Bewegung in Europa, von ihrem Denken und Handeln; ihnen war es in erster Linie darum zu tun, was an der arabischen Türschwelle geschah. Die arabische Presse zeigte sich selbst in der relativ großen Freiheit des britisch besetzten Ägyptens nicht sehr an der Tätigkeit der zionistischen Organisation und ihrer verschiedenen Kongresse interessiert. Erst als die öffentlichen Debatten der Jungtürken-Zeit einsetzten, fingen arabische Autoren an, dem Zionismus einige Aufmerksamkeit zu schenken; aber selbst dann noch blieb das Interesse begrenzt und ging nicht immer mit einer feindseligen Haltung einher.

Der erste, der die palästinensischen Araber und das arabische Volk im allgemeinen vor der »zionistischen Gefahr« warnte, war Najib Nassar, ein christlich-protestantischer Araber mit griechisch-orthodoxem Hintergrund. Er gründete 1909 in Haifa eine Wochenzeitung namens *al-Karmal*, die sich vornehmlich antizionistischer Polemik widmete. Sie wurde von den türkischen Behörden verboten, aber Nassar setzte seine Aktivität fort und veröffentlichte im Jahre 1911 das wahrscheinlich erste arabische Buch über den Zionismus. Es hieß *Die Geschichte der zionistischen Bewegung, ihre Ziele und ihre Entwicklung bis zum Jahre 1905* und bestand aus einer redigierten und adaptierten

Übersetzung des Textes »Zionismus« aus der amerikanischen *Jewish Encyclopedia* mit scharf pointierten Kommentaren und einem abschließenden Essay aus der Feder des Übersetzers.[4] Nassars Essay, in dem er auf die zionistische Gefahr für das Osmanische Reich hinwies, war zu einem Teil ein Beitrag zu der Debatte, die sich unter jungtürkischen Politikern und Publizisten an der Frage des Zionismus entzündet hatte; er bekräftigte einige der Thesen, die die antizionistischen Teilnehmer an der Debatte vorgebracht hatten.

Zu den wichtigsten dieser Antizionisten gehörte der einflußreiche türkische Journalist Yunus Nadi, der im April 1909 in einer von ihm herausgegebenen Zeitung in Istanbul einen Artikel unter der Überschrift »Nieder mit dem Zionismus, auf immer und ewig« veröffentlicht hatte. In diesem Artikel trug er zum wahrscheinlich erstenmal ein Argument vor, das später zum Standardarsenal der antizionistischen Propaganda gehören sollte. Die Zionisten, so argumentierte er, würden sich nicht mit einem jüdischen Staat in der Heimat ihrer Vorväter zufriedengeben, sondern sie strebten ein viel größeres Ziel an – »den Traum von einem israelitischen Königreich, das die antiken Staaten Babel und Ninive einschließt und dessen Mittelpunkt Jerusalem ist«.[5] Im Gegensatz zu den meisten anderen türkischen Autoren, die sich mit dem Thema befaßten, tat Yunus Nadi dieses angebliche zionistische Ziel nicht als leeren Traum ab, sondern erblickte darin eine ernstzunehmende Gefahr, und zwar deshalb, weil »hinter ihnen die stärkste Macht der Welt steht – die Macht des Geldes«. Zur Vervollständigung seines Bildes fügte Nadi, allem Anschein nach vom französischen Konsul in Saloniki angestiftet, hinzu, daß der Zionismus vor allem von deutschen Juden gefördert werde und als Vorhut des deutschen Einflusses im Orient fungiere. Die These, daß der Zionismus keine jüdische »Nationale Heimstatt« wolle, sondern ein jüdisches Großreich, ist von späteren Polemikern oft wiederholt worden. Auch das Argument, daß der Zionismus und die jüdische »Nationale Heimstatt« Marionetten oder Agenten der einen oder anderen imperialen Macht seien, wurde zu einem Gemeinplatz, wenn auch die Identität der so angeklagten Macht je nach den Absichten des Anklägers wechselte – zu Anfang waren es entweder Frankreich oder Deutschland, später Großbritannien oder die Sowjetunion, in der Gegenwart sind es die Vereinigten Staaten.

Das Geldthema – der Jude als Gebieter über eine ungeheure finanzielle Macht, mit deren Hilfe er die Geschicke der Völker zu lenken versucht – war ein vertrautes Motiv der europäischen antisemitischen Literatur. Neu war es für die islamische Welt, hielt dort aber raschen Einzug und erschien bald in einer Anzahl zeitgenössischer türkischer und arabischer Schriften. Selbst in dieser frühen Epoche tauchten gelegentlich bereits antisemitische Klänge bei der Diskussion um die jüdische Einwanderung auf, aber in diesem Stadium war der wirkliche Antisemitismus weitgehend europäischer und christlicher Natur. Christliche Geistliche und Missionare aller Art waren unter der ausländischen Einwohnerschaft Palästinas und der umliegenden Gebiete stark vertreten und übten einen beträchtlichen Einfluß zumindest auf ihre Glaubensgenossen aus.

Die griechisch-orthodoxen arabischen Christen scheinen deutlich weniger stark vom Antisemitismus beeinflußt gewesen zu sein als die maronitischen und unierten Katholiken, aber dieses Defizit wurde sehr bald von ihren moskowitischen Schutzherren korrigiert. Die Kaiserlich-Russische Orthodoxe Palästina-Gesellschaft, die ihre Arbeit im Jahre 1882 aufnahm, unterhielt mehr als hundert Institutionen – zumeist Schulen – in Syrien und Palästina und trug erheblich zur Erziehung der neuen Generation der orthodoxen Jugend bei. Ihre Einstellung zu den Juden entsprach, was nicht überraschen konnte, exakt derjenigen der kaiserlich-russischen Regierung. Die Kliniken und medizinischen Zentren der Gesellschaft arbeiteten zum Beispiel nach dem Prinzip der berühmten Einladung zur Ansiedlung in Rußland, die Katharina die Große ausgesprochen hatte und die für alle galt – »mit Ausnahme der Juden«.

Selbst die amerikanischen protestantischen Missionare am Syrischen Protestantischen College, aus dem später die Amerikanische Universität in Beirut wurde, leisteten ihren eigenen, höchst dezenten Beitrag durch eine 1897 veröffentlichte arabische Übersetzung des Romans *Ben Hur*. Es war einer der ersten in arabischer Sprache veröffentlichten Romane, und ein zeitgenössischer jüdischer Autor in Jerusalem notierte den tiefen Eindruck, den die lebhafte und anschauliche Schilderung der Tötung Jesu durch die Juden auf die arabischen Leser machte.[6] In den 1960er Jahren war dann die Kreuzigung – die nach dem Koran nie stattgefunden hatte – zu einem bedeutenden

Thema der antijüdischen Propaganda sogar unter Moslems geworden, und einige moslemische Autoren haben die alte christliche Version der kollektiven und erblichen jüdischen Schuld übernommen – unter Mißachtung sowohl des christlichen Modernismus als auch der moslemischen Überlieferung.

Von allen arabischen Autoren, die sich in der spätosmanischen Zeit mit zionistischen Angelegenheiten befaßten, kann nur ein einziger, nämlich Negib Azoury, fairerweise als antisemitisch bezeichnet werden. Seine Schriften lassen einen eher milden Fall von Ansteckung erkennen, die er sich offenbar bei seinen französischen Gastgebern und Lehrern geholt hat. Während einige besonders beliebte antisemitische Themen wie die »jüdische Weltgefahr« und die »jüdischen Weltherrschaftspläne« von Zeit zu Zeit in seinen Schriften auftauchen, scheinen sie doch nicht zu seinen wichtigsten Anliegen zu gehören. Negib Azoury war weder Moslem noch Palästinenser, sondern maronitischer Christ, wahrscheinlich aus dem Gebiet stammend, das jetzt die Republik Libanon ausmacht. Er war Absolvent der Beamtenhochschule in Istanbul und zeitweiliger Student der École des sciences politiques in Paris, trat als Beamter in den osmanischen Staatsdienst ein und wurde nach Jerusalem geschickt. Nach einigen geschäftlichen und politischen Abenteuern, die nicht gut ausgingen, floh er nach Kairo und von dort nach Paris, wo er eine neue Karriere als arabischer Nationalist begann. Seine Attacken auf die Osmanen trugen ihm ein in Abwesenheit gefälltes Todesurteil ein; seine Ideen verschafften ihm wohlwollende Unterstützung in gewissen französischen Kreisen. Sein Denken und seine Sprache erinnern stark an die Anti-Dreyfusards, unter denen er sich bewegt zu haben scheint.

Azoury war einer der ersten, die im Zionismus eine ernsthafte Gefahr für die sich herausbildende arabische Nation erblickten:

> Zwei bedeutende Phänomene gleicher Natur, doch entgegengesetzter Wirkung, die noch immer keine Aufmerksamkeit finden, werden derzeit in der asiatischen Türkei sichtbar. Es handelt sich um das Erwachen der arabischen Nation und um den latenten Versuch der Juden, in großem Maßstab das antike Königreich Israel wiederzuerrichten. Beide Bewegungen sind vom Schicksal

dazu bestimmt, einander so lange zu bekämpfen, bis eine der beiden obsiegt. Das Schicksal der gesamten Welt wird von dem Endergebnis des Kampfes dieser beiden Völker abhängen, die zwei einander entgegengesetzte Prinzipien verkörpern.[7]

Trotz dieser bemerkenswerten prophetischen Leistung war Azoury keine wichtige Gestalt. Er schrieb französisch, nicht arabisch, und übte zu jener Zeit nur geringen Einfluß aus. Sein 1905 in Paris veröffentlichtes Buch rief eine kuriose Entgegnung hervor, ebenfalls in französischer Sprache, geschrieben von einem anderen osmanischen Christen, einem griechisch-orthodoxen Araber aus Beirut, der in Frankreich Zahnheilkunde studierte. Er hieß Farid Kassab. Kassab antwortete Azoury mit einem Pamphlet, in dem er den Gedanken eines unabhängigen arabischen Staates attackierte und – zweifellos aus gutem Grund – die osmanische Lebensweise gegen diejenigen in Schutz nahm, die sie herabzusetzen versuchten. Er fand einige Worte des Lobes für die jüdischen Siedler in Palästina, die er als friedlich und umgänglich bezeichnete; durch ihre Wiederbelebung von Handwerk und Landwirtschaft hätten sie dem Lande und dem Reich im allgemeinen Nutzen gebracht. Sodann beschuldigte er Azoury, ein »bigotter Katholik und ein Jesuit« zu sein, ein Mensch, der »nicht nur antijüdisch vom religiösen Standpunkt aus ist, sondern auch antisemitisch«.[8]

Im allgemeinen gibt es in dieser frühen Periode kaum Zeichen von Antisemitismus und nur wenige Zeichen von Antizionismus bei denjenigen, die die arabische Sache gegen die zionistische Einwanderung und Ansiedlung vertraten. Einige moslemische Autoren sprachen sogar mit Hochachtung vom Zionismus. Sie erblickten in ihm ein Vorbild an religiösem Glauben, nationaler Loyalität und aktiver Selbsthilfe, wohlgeeignet, von Arabern und Moslems nachgeahmt zu werden. Die Unterscheidung zwischen Juden und Zionisten, die in späteren Debatten zu einem so wichtigen Punkt werden sollte, wurde selten bemüht, und wenn, dann ohne große Präzision. Eine Unterscheidung, die türkische und arabische Autoren dagegen häufig und präzise trafen, war die zwischen osmanischen und ausländischen Juden. Die osmanischen Juden galten, besonders in der Zeit der jungtürkischen Revolution, als Landsleute und teilten im Prinzip die gleichen Rechte und Loyalitätspflichten. Die anderen Juden waren Ausländer und Eindringlinge – Untertanen ausländischer und meistens feindlicher Mächte, und sie dienten als Speerspitze ausländischer Einmischung. Nach der Literatur jener Zeit zu urteilen, hat es den Anschein, daß man die Neuankömmlinge nicht als Juden, nicht einmal als Zionisten fürchtete und haßte, sondern als Ausländer und besonders als Europäer. Juden als Juden mochten eine Belästigung sein, aber sie stellten schwerlich eine Gefahr dar, und ihre politischen Ambitionen waren lächerlich. In ihrer Eigenschaft als Bürger – selbst noch als Bürger zweiter Klasse – der europäischen Mächte wurden sie von Türken und Arabern gleichermaßen als Gefahr angesehen, von den einen als Gefahr für ihr Reich, von den anderen als Gefahr für ihre Heimat.

Einige Verlautbarungen der zentral- und westeuropäischen Juden, die die zionistische Bewegung in ihrer Anfangszeit dominierten, gaben der Auffassung von der jüdischen Siedlung in Palästina als einer Speerspitze des westlichen Imperialismus Nahrung. Herzl und seine engsten Mitarbeiter waren in jeder Hinsicht – bis auf eine – typische Europäer ihrer Generation. Sie teilten die frohgemute Überzeugung des neunzehnten Jahrhunderts von der Überlegenheit der europäischen Zivilisation über alle anderen und den festen Glauben an die europäische Mission, den Rest der Welt zu Höherem zu führen und nebenbei auch noch zu beherrschen. Selbst diejenigen, die sich wie Herzl zu liberalen oder linksgerichteten Ansichten bekannten, teilten diese Auffassung, genauso wie vor ihnen bereits Karl Marx und Friedrich Engels. In der Sicht der frühen westlichen Zionisten waren die Juden Europas – anderer Juden waren sie sich kaum bewußt – authentische Europäer, die wie ihre christlichen Landsleute den hehren Auftrag erfüllten, den Zurückgebliebenen Fortschritt und den Unwissenden Erleuchtung zu bringen. Wie die meisten europäischen ebenso wie nichteuropäischen Autoren des neunzehnten Jahrhunderts, die sich mit dieser Angelegenheit befaßten, maßen sie dem Rassegedanken große Bedeutung bei, den sie natürlich weder im nationalsozialistischen noch im modernen amerikanischen Sinne verstanden, sondern in dem zu jener Zeit und an jenem Ort aktuellen Sinne – das heißt, als eine Eigenschaft, die heute als ethnische Zugehörigkeit bezeichnet wird.

Im Sprachgebrauch jener Zeit hatten Wörter wie Rasse, Reich und Kolonie einen positiven Klang, durchaus verschieden von der negativen Bedeutung, die sie später erlangten. In der Praxis empfanden die frühen Sprecher des Zionismus diese Sprache als besonders brauchbar, wenn es galt, an die imperialen Mächte zu appellieren, insbesondere an Großbritannien, ohne dessen Unterstützung das ganze Unterfangen niemals hätte Erfolg haben können.

Nach einem berühmt gewordenen Satz, der heutzutage von den Gegnern, nicht den Verteidigern des Zionismus zitiert wird, bestand das Ziel der Bewegung darin, »Menschen ohne Land in ein Land ohne Menschen zu bringen«. Zweifellos war Palästina zu jener Zeit nur spärlich bevölkert, aber es war kein Land ohne Menschen, und seine Einwohner waren nicht isoliert; sie waren Teil so großer historischer Einheiten wie des Osmanischen Reiches, der arabischen oder syrischen Nation und – vor allem – der islamischen Gemeinschaft. Der zitierte Satz wird dem anglojüdischen Romancier Israel Zangwill zugeschrieben, der in einem 1901 veröffentlichten Artikel anmerkte: »Palästina ist ein Land ohne Volk; die Juden sind ein Volk ohne Land. Die Regeneration des Bodens würde zur Regeneration des Volkes führen.«[9] Zangwill wurde sich später mit aller Schärfe des Problems bewußt, das die arabische Bevölkerung für den Zionismus darstellte. Eine Zeitlang wandte er sich von Palästina ab und stellte sich an die Spitze einer Bewegung für eine »Jüdische Nationale Heimstatt« in irgendeinem unbewohnten Territorium anderswo. Diese Bewegung führte zu nichts, und im Jahre 1923, zur Zeit der Vereinbarung über einen Bevölkerungsaustausch zwischen Griechenland und der Türkei, schlug er einen ähnlichen Austausch für Palästina vor. Sein Vorschlag wurde damals ignoriert; allerdings kamen dann die Ereignisse von 1948/49 seiner Erfüllung nahe.

Einige der frühen westlichen Zionisten sahen einfach überhaupt kein Problem und betrachteten die arabische Bevölkerung Palästinas ganz so, wie andere weiße Siedler und Kolonisten die Eingeborenen der Länder betrachteten, in denen sie in Asien, Afrika, Nord- und Südamerika siedelten. Aber die meisten waren sich von Anfang an der Tatsache bewußt, daß es eine arabische Bevölkerung in Palästina gab, und sie versuchten auf verschiedene Weise, deren Wohlwollen zu gewinnen. Selbst Vladimir Jabotinsky, der Apostel eines militanten und militärischen Zionismus, spricht in einem berühmt gewordenen Gedicht von einem Land, wo »die Söhne von Arabien, die Söhne von Nazareth [das heißt, die Christen] und meine Söhne« Seite an Seite gedeihen würden.[10]

Theodor Herzl, der Gründer der zionistischen Bewegung, zeigt sich besorgt um die arabischen Einwohner Palästinas. In seinem utopischen Roman *Altneuland*, der kurz vor seinem Tode erschien, schildert er seinen idealen jüdischen Staat der Zukunft oder vielmehr seine ideale »Jüdische Nationale Heimstatt«, da sein zionistisches Utopia noch unter einer Art loser türkischer Oberhoheit steht. Es werden jedoch Führer gewählt, und ein Kandidat, der für ein fremdenfeindliches Programm wirbt, wird von sämtlichen Helden Herzls schärfstens kritisiert und unterliegt am Ende schmählich. Im ganzen Buch wird großer Nachdruck auf das Fehlen jeglicher Diskriminierung nach Rasse, Bekenntnis oder – besonders bemerkenswert bei einem 1902 veröffentlichten Buch – Geschlecht gelegt. In Herzls Traum von Zion haben Frauen gleiche Rechte, Araber haben ihren sicheren und ehrenvollen Platz, und einer von ihnen, von einem europäischen Besucher gefragt, ob die Araber denn keinen Unwillen ob der jüdischen Einwanderung empfänden, spricht beredt von den vielen wirtschaftlichen und anderen Vorteilen, die die Juden seinem Volk gebracht hätten. In demselben Roman spricht ein prominenter jüdischer Wissenschaftler von den Schwarzen. Es lohnt sich, diese Stelle zu zitieren:

> Es gibt noch eine ungelöste Frage des Völkerunglücks, die nur ein Jude in ihrer ganzen schmerzlichen Tiefe ermessen kann. Das ist die Negerfrage ... Denken Sie an die haarsträubenden Grausamkeiten des Sklavenhandels. Menschen, wenn auch schwarze Menschen, wurden wie Tiere geraubt, fortgeführt, verkauft. ... nachdem ich die Rückkehr der Juden erlebt habe, möchte ich auch noch die Rückkehr der Neger vorbereiten helfen.[11]

Herzl war offensichtlich kein Rassist und zeigte ein Mitgefühl mit dem Leid der Schwarzen, das ungewöhnlich ist für das Jahr 1902; aber er war sichtlich beeinflußt von dem naiven Paternalismus seiner Zeit und dessen charakteristischer Unfähigkeit, den Zorn oder das Sehnen der kolonisierten Völker zu verstehen. Das ist nicht sehr überraschend, weil dieses Sehnen sich damals unter den Kolonialvölkern selbst eben erst zu regen begann.

Die westeuropäisch-imperiale Perspektive und der Paternalismus, der sie bisweilen begleitete, hatten wenig Ansprechendes für die osteuropäischen Juden, die die Masse der Einwanderer stellten und die im Laufe des Ersten Weltkrieges die Führung des Zionismus übernahmen. Zu ihrem größten Teil sahen sie sich als Opfer Europas, die wie die amerikanischen Pioniere ausgewandert waren, um sich eine neue Heimat zu schaffen, nicht als Bannerträger der europäischen Zivilisation, in der sie so sehr gelitten hatten. Auch sie hatten ihre Illusionen hinsichtlich der Araber, nicht paternalistische, aber gleichermaßen naive. Viele waren von einer Art romantischem Sozialismus inspiriert und von dem tragischen Irrglauben, daß sich einer verjüngten jüdischen Arbeiterklasse die unterdrückten arabischen Bauern und Arbeiter zugesellen würden, um gemeinsam das Joch der Unterdrücker, der Bourgeois und der Effendis, abzuwerfen.

Es dauerte seine Zeit, bis sich die sozialistischen zionistischen Bewegungen angesichts der harten Tatsachen einer arabischen Opposition, die alle Klassenschranken sprengte, wenigstens vorläufig von solchen Bestrebungen lossagten. Inzwischen hatte die Bildung des britischen Palästina-Mandats eine neue Situation geschaffen, in der Juden und Araber um die Gunst der Briten wetteiferten. Einige Zionisten versuchten, ohne großen Erfolg, die Briten davon zu überzeugen, daß der Zionismus ein »loyales britisches Ulster« im Nahen Osten schaffe, ein potentielles neues Dominion, das, gleichrangig mit Kanada, Australien und Neuseeland, als ein weiterer Stützpfeiler des britischen Empire dienen würde. Ihre arabischen Gegenspieler reagierten darauf, indem sie die Zionisten als Bolschewiken beschimpften, als von den Russen inspirierte Feinde Britanniens, und sie wiesen mit großem Nachdruck darauf hin, wie wichtig es für die Briten sei, sich des Wohlwollens der Araber zu versichern, wenn sie ihre Herrschaft über die ungezählten Millionen moslemischer Untertanen in Indien und anderswo erhalten wollten.

Während des Ersten Weltkrieges gab es sowohl auf osmanischer als auch auf britischer Seite Versuche, eine Art arabisch-jüdischer Geschlossenheit herzustellen. Am 3. Januar 1919 unterzeichneten ein arabischer und ein zionistischer Führer, Prinz Faisal (später der erste König des Iraks) und Chaim Weizmann (später der erste Präsident von Israel), tatsächlich ein Abkommen, mit dem die Balfour-Erklärung und ihre Verwirklichung gebilligt wurden. Faisals Zustimmung war an die Bedingung geknüpft, daß die Briten arabische Unabhängigkeitsansprüche erfüllten. Das tat Großbritannien nicht, und das Abkommen war deshalb null und nichtig.

Der Sieg der Westmächte über Deutschland und seine Verbündeten verwandelte die Situation im Nahen Osten von Grund auf. Das Osmanische Reich war besiegt, seine Hauptstadt eine Zeitlang besetzt. Seine arabischen Provinzen wurden abgetrennt, von Großbritannien und Frankreich übernommen und mehrfach unterteilt. Der Irak wurde von Syrien getrennt und britischem Mandat unterstellt. Syrien wurde zwischen Großbritannien und Frankreich aufgeteilt, wobei Großbritannien das südliche Drittel bekam und es Palästina nannte, während Frankreich den Namen Syrien für den Rest beibehielt. Franzosen wie Briten unterteilten sodann ihre Mandatsgebiete weiter. Die Briten teilten das Mandatsgebiet Palästina in getrennte Staaten östlich und westlich des Jordans und nannten ersteren Transjordanien und letzteren Palästina. Auch die Franzosen teilten nach einigen Experimenten ihre Mandatsgebiet in zwei Staaten auf, von denen der eine Libanon getauft wurde und der andere den Namen Syrien behielt. In den meisten Fällen entsprachen diese Teilungen weder den Provinzgrenzen der früheren osmanischen Administration noch irgendwelchen anderen Grenzlinien, die es seit Jahrhunderten gegeben hatte. Sogar die Namen, die man den meisten dieser neuen Einheiten gab, waren, mit der Ausnahme Libanons, aus der antiken oder mittelalterlichen Geschichte exhumiert worden.

Das Gebiet, das als Cisjordanisches Palästina und dann einfach als Palästina bezeichnet wurde, bestand aus den südlichen Bezirken der osmanischen Provinzen Beirut und Damaskus und dem unabhängigen Bezirk (*Mutasarriflik*) Jerusalem, der direkt der Hauptstadt und nicht einem Provinzgouverneur unterstellt war. In diesem Gebiet war die britische Regierung als Mandatsmacht durch ihr eigenes, in der Balfour-Erklärung gegebenes Versprechen und nach den Bedingungen des Völkerbundsmandats, unter denen sie Palästina verwaltete, verpflichtet, die Politik der Schaffung einer »Jüdischen Nationalen Heimstatt« zu verfolgen. Dieser Begriff war weder von den Briten noch von den Zionisten jemals präzise definiert worden. Für die einen bedeutete er einen jüdischen Staat; für die anderen etwas nicht ganz so Anspruchsvolles. In jedem Falle bedingte er die Abschaffung oder zumindest die Lockerung der beiden in der Vergangenheit eingeführten wichtigsten Restriktionen, nämlich der Verbote der jüdischen Einwanderung und des Landkaufs durch Juden. Gleichzeitig bestimmte die vom Mandat bestätigte Balfour-Erklärung, daß bei der Herbeiführung einer jüdischen Heimstatt »nichts unternommen werden soll, was die bürgerlichen und religiösen Rechte der bestehenden nichtjüdischen Gemeinden in Palästina beeinträchtigen würde«.

Während der dreißigjährigen britischen Herrschaft waren die Araber des Mandatsgebiets Palästina untereinander in vielen Streitfragen und auf vielen Ebenen gespalten – in der Frage der Führung, in der Frage ihrer Haltung gegenüber Großbritannien, in ideologischen Fragen und hinsichtlich ihrer Beziehungen zu den Juden, die schon in ihrer Mitte lebten. In einer Frage aber stimmten sie, zumindest politisch, vollkommen überein, und das war ihre Ablehnung der Politik der Schaffung einer »Jüdischen Nationalen Heimstatt«. Der gegen diese Politik gerichtete Kampf hatte schon in den letzten Jahren der osmanischen Herrschaft begonnen. Jetzt wurde er wiederaufgenommen und intensiviert.

Aber die Umstände hatten sich sehr verändert, und zwar zum Nachteil der arabischen Seite. Neue Kampftechniken waren erforderlich. Palästina war nicht mehr Teil eines islamischen Reiches, in dem die moslemische Bevölkerung sich mit der Regierungselite identifizieren, ja sogar zu einem Teil von ihr werden konnte, und in dem die Regierung das Land als integralen Bestandteil ihrer Kerngebiete betrachtete, die abzutreten sie sich unter gar keinen Umständen bereitfinden konnte. Nun war Palästina statt dessen Teil eines europäischen Reiches, regiert von einer mehr oder minder kolonialen Verwaltung und einer Regierung unterstehend, die sich verpflichtet hatte, die Schaffung einer »Jüdischen Nationalen Heimstatt« zu begünstigen und zu erleichtern.

Diese beiden hauptsächlichen Nachteile wurden zwar nicht wettgemacht, aber doch bis zu einem gewissen Grade aufgewogen durch bestimmte Vorteile, die sich aus den im Gange befindlichen Veränderungen ergaben. Dazu gehörten vor allem die rasche wirtschaftliche Entwicklung, die sich aus dem Zustrom von Arbeitskraft, Kapital und technischem Können der Juden ergab, und die noch raschere Entwicklung der politischen Aktivität, die durch die britische Einführung der Presse- und Meinungsfreiheit und der Rechtsstaatlichkeit ermöglicht wurde. In der Zeit zwischen den beiden Weltkriegen hatten die Araber in Palästina ein extrem hohes Bevölkerungswachstum zu verzeichnen. Die relativ hohen Steuereinnahmen ermöglichten es der Mandatsmacht, ihnen eines der besten und umfassendsten Schulsysteme zu geben, das es in der arabischen Welt gab. Das alles trug dazu bei, eine aktive, gebildete und ambitionierte arabische Elite heranwachsen zu lassen, die mit wachsendem Ressentiment die Schranken betrachtete, die ihrer politischen Selbstverwirklichung durch die »Jüdische Nationale Heimstatt« einerseits und die andauernde Präsenz der britischen Mandatsmacht andererseits auferlegt waren. Ihre Befürchtungen gewannen in dem Maße an Dringlichkeit, wie die »Jüdische Nationale Heimstatt« mit der Ausbreitung der antisemitischen Verfolgung durch die Nazis in Europa an Bevölkerungszahl und Sympathie gewann. Der ohnmächtige Zorn der palästinensischen Araber steigerte sich noch, als sie zusehen mußten, wie ein arabisches Nachbarland nach dem anderen erst die Selbstverwaltung und dann die Unabhängigkeit erlangte, während ihnen selbst noch immer die rudimentärsten politischen Rechte vorenthalten wurden.

Wie in früheren Tagen wurde der Kampf gegen die »Jüdische Nationale Heimstatt« an zwei Fronten geführt, daheim in Palästina und in der imperialen Hauptstadt – nun London, nicht mehr Istanbul. Die Kampagne an der Heimatfront richtete sich auf die Verwirklichung zweier Ziele: die arabische öffentliche Meinung zu mobilisieren und den Verkauf arabischen Landes an Juden zu verhindern. Das erste dieser Ziele wurde im wesentlichen erreicht, wenn auch um den Preis etlicher innerarabischer Konflikte. Was das zweite anbetraf, so war die arabische Führung hier viel weniger erfolgreich, und selbst unter den arabischen Führern gerieten einige in Versuchung, Nutzen aus den rapide steigenden Bodenpreisen zu ziehen, die eine Folge der jüdischen Einwanderung waren.[12]

In ihrem Kampf gegen Landverkäufe und jüdische Einwanderung mußten die Araber auf politische Methoden zurückgreifen, um die Mandatsmacht durch Ausübung von Druckmitteln verschiedener Art zu bewegen, beides zu verbieten oder zumindest einzuschränken. Sie erzielten dabei ein gewisses Maß an Erfolg. Ihre Opposition gegen die Mandatsregierung und deren Politik hatte stetig zugenommen. Nach der Machtübernahme durch Hitler im Jahre 1933 wurde sie noch aktiver. Die Nazis verschärften das Problem auf mehrfache Weise. Durch Verfolgung ihrer Juden verliehen sie der zionistischen Bewegung neue Dringlichkeit und neue Hilfsquellen und verstärkten so die Bedrohung, der sich die Araber ausgesetzt sahen. Gleichzeitig versorgten sie viele arabische Führer mit propagandistischer Unterstützung und einer gewissen praktischen Hilfe und wiesen ihnen, was auf lange Sicht vielleicht noch wichtiger war, eine neue Rolle im Spiel der Großmachtpolitik zu.

Die Araber reagierten mit großer Energie sowohl auf das Problem, das ihnen die Nazis aufgebürdet hatten, als auch auf die Lösung, die sie ihnen nahelegten. In den Jahren von 1936 bis 1939 befand sich ein bedeutender Teil des arabischen Palästinas in einem Zustand bewaffneter Rebellion, der erst endete, als die britische Regierung in London viele der arabischen Forderungen akzeptierte. Mit dem britischen Weißbuch von 1939 wurden sowohl die Landverkäufe an Juden als auch die jüdische Einwanderung scharfen Einschränkungen unterworfen; letzterer wurde praktisch eine endgültige Grenze gesetzt, die die Bildung eines unabhängigen jüdischen Staatswesens in irgendeinem Teil Palästinas ausschließen sollte. Von 1939 bis zum Ende des britischen Mandats im Jahre 1948 wurde die im Weißbuch niedergelegte Politik streng durchgesetzt. Die Araber hatten einen beträchtlichen politischen Erfolg errungen. Er reichte aber nicht aus, um die Gründung eines jüdischen Staates zu verhindern.

In den Jahren von der Balfour-Erklärung vom 2. November 1917 bis zum britischen Weißbuch vom 17. Mai 1939 und dann von dem am Vorabend des Zweiten Weltkrieges herausgegebenen Weißbuch bis zur Aufgabe des Mandats durch Großbritannien im Mai 1948 wurde ein mit zunehmender Erbitterung geführter Kampf ausgetragen, um eine Entscheidung über das endgültige Schicksal Palästinas herbeizuführen. Die Gegner in diesem Kampf waren Juden und Araber.

Zu Anfang war er praktisch begrenzt auf die Juden und Araber Palästinas, bei verhältnismäßig geringer Unterstützung von außen. Aber der Gang der Ereignisse in der Welt und besonders in Europa hatte eine rapide Ausweitung dieses Kampfes zur Folge. Die Erbauer der »Jüdischen Nationalen Heimstatt« erlangten zunehmende Unterstützung durch das jüdische Volk im allgemeinen, und als die Leiden der Juden in Hitlers Europa bekannt wurden, kam ihnen eine starke Welle des Mitleids in der gesamten Christenheit zugute, die vermischt war mit Schuldgefühlen. Auch die Araber Palästinas waren zu Anfang mehr oder minder allein; selbst in den benachbarten arabischen Ländern brachte man ihnen nur begrenzte Sympathie entgegen, denn dort waren die nationalistischen Führer mit ihren eigenen Kämpfen gegen die imperiale Herrschaft beschäftigt. Aber als der Kampf in Palästina an Ausmaß und Intensität zunahm, gelang es auch den dortigen Arabern, stärkere Unterstützung zu mobilisieren, erst in der arabischen Welt, dann unter nichtarabischen Moslems und schließlich in den Ländern, die man später als Dritte Welt bezeichnete.

Von 1918 bis 1939 hatten die arabischen, islamischen und afroasiatischen Welten noch ein sehr geringes Gewicht im internationalen Gleichgewicht der Mächte. Palästina wurde von Großbritannien regiert, damals noch eine der großen imperialen Mächte, die gemeinsam die ganze Welt beherrschten. Die letzten Entscheidungen wurden in London getroffen und dann vom Völkerbund ratifiziert, der technisch die Aufsicht über die Verwaltung des Mandats innehatte. Der Völkerbund seinerseits wurde ganz und gar von den europäischen Mächten beherrscht; auch die erbitterten Konflikte, die ihn erschütterten und die am Ende zu seiner Auflösung führen sollten, spielten sich überwiegend zwischen rivalisierenden europäischen Reichen ab. Die palästinensischen Araber hatten sich deshalb an eine christlich-europäische Welt zu wenden, um Sympathie und Unterstützung für ihre Sache zu erlangen und um den Fortschritt der »Jüdischen Nationalen Heimstatt« zu blockieren. Das setzte substantielle Veränderungen sowohl des Inhalts ihrer Sache voraus als auch der Art und Weise, in der sie sie vortrugen. Insbesondere bedeutete es, die Argumente zu finden und zu nutzen, die am ehesten geeignet waren, Eindruck auf die westliche öffentliche Meinung zu machen, an die man sich jetzt zu wenden hatte. Das war ein ganz anderes Problem, als osmanische Beamte oder das jungtürkische Parlament in Istanbul zu überzeugen.

Zumindest in den frühen Jahren des britischen Mandats erschien das britische Empire Arabern wie Juden als ewig und unerschütterlich; die Aufgabe, die sie vor sich sahen, bestand nicht darin, ihre britischen Herren zu beseitigen, sondern vielmehr darin, sie zu besänftigen und für die eigene Seite zu gewinnen. Juden und Arabern war es deshalb gleichermaßen darum zu tun, deutlich zu machen, daß es den britischen imperialen Interessen am dienlichsten sei, die jeweils eigene Sache zu unterstützen und nicht die des Gegners. Entsprechend wichtig war es für beide Seiten, zu zeigen, welche Gefahr die jeweils andere Seite für diese Interessen darstellte. Nach der Niederlage des kaiserlichen Deutschlands und vor dem Aufstieg erst Japans, dann der faschistischen Mächte war der in der westlichen Welt am meisten gefürchtete Feind Sowjetrußland und der sowjetisch geförderte revolutionäre Kommunismus. Die Tatsache, daß Juden eine prominente Rolle in der sowjetischen Führung der ersten Jahre spielten, und die intensive und weltumspannende antisemitische Propaganda der Weißrussen führten dazu, daß viele Menschen in der westlichen Welt – keineswegs nur verrückte Randgruppen – nicht nur jüdische Radikale, sondern die Juden im allgemeinen als ein gefährliches Element sahen, das linke Subversion verbreitete. Während verhältnismäßig wenige bereit waren, die gesamte antisemitische Propaganda zu akzeptieren und das sowjetische Regime als eine jüdische Vorherrschaft in Rußland anzusehen, gab es doch viele, die in den Juden ein intellektuell radikales und politisch subversives Element erblickten, das, würde es nicht eingedämmt, die westliche Welt in Revolution, Sozialismus und Anarchie stürzen würde.

In dieser Situation bestand die schnellste und wirksamste Methode, die britische und allgemein die westliche öffentliche Meinung gegen die Zionisten zu mobilisieren, darin, sie als Rote darzustellen.[13] Eine solche Darstellung war um so plausibler, weil die meisten Einwanderer und praktisch die gesamte zionistische Führung osteuropäisch waren; weil sich viele zionistische Parteien, darunter die wichtigsten, mehr oder minder ausdrücklich zu sozialistischen Ideen bekannten; und weil die zionistischen Einwanderer *kibbutzim* genannte Gemeinschaftssiedlungen gründeten, die – gegenüber Leuten, die keines von beidem aus eigener Anschauung kannten – in sehr nützlicher Weise mit den *kolchosy* genannten sowjetischen Kollektivfarmen gleichgesetzt werden konnten.

Während sich die sowjetische Revolution und das sowjetische Regime fortentwickelten, trat ein gewisser Plausibilitätsverlust ein. Der Zionismus wurde in Rußland verboten und unterdrückt, die jüdische Auswanderung wurde eingestellt. Jüdische Bolschewikenführer wurden, zumeist per Exekution, einer nach dem anderen ausgeschaltet, und die sowjetische Regierung bezog eine Position unversöhnlicher Feindseligkeit sowohl dem Zionismus als auch der »Jüdischen Nationalen Heimstatt« gegenüber, in der sie, abgesehen von einer kurzen Pause im Jahre 1947 und in der unmittelbar darauf folgenden Periode, niemals wankend wurde. Diese Veränderungen verhinderten jedoch nicht den andauernden Gebrauch dieses Arguments gegen den Zionismus und die Nationale Heimstatt. Zusätzliche Überzeugungskraft gewann es nach dem Aufstieg des Faschismus und des Nationalsozialismus, der die arabischen politischen Aktivisten in den dreißiger und vierziger Jahren außerordentlich stark faszinierte. Für die Nazis war der Bolschewismus – abgesehen von dem Zwischenspiel der deutsch-sowjetischen Freundschaft und Zusammenarbeit, das vom August 1939 bis zum Juni 1941 währte – der Erzfeind, und natürlich waren der Bolschewismus und die Juden – abgesehen von besagtem Zwischenspiel – unlöslich miteinander verbunden. Für diejenigen Araber, die den Weg der Nazis als Richtschnur und Führung akzeptierten, war der jüdische Bolschewik der wahre Feind, dem die Briten und später auch die Amerikaner Hilfe und Förderung angedeihen ließen.

Die Vorstellung, daß Zionismus und Bolschewismus zwei Seiten derselben, von Juden geprägten Medaille seien, erwies sich als bemerkenswert zählebig, besonders – aber keineswegs nur – in der arabischen Welt. Für König Faisal von Saudi-Arabien blieb diese Vorstellung bis zum Tage seines Todes ein absoluter Glaubensartikel, und Präsident Nasser machte sie sich in den frühen Jahren seines Regimes zunutze. Sie ist bis heute ein gängiges Thema in den konservativen arabischen Ländern geblieben. Daß sie in den sozialistischen arabischen Ländern durch andere Anschuldigungen ersetzt wurde, hatte Gründe, die mit der Stichhaltigkeit des Vorwurfs nichts zu tun hatten.

Inzwischen hatte sich jedoch die Situation durch das Ende des britischen Mandats, durch die Entschließung der Vereinten Nationen über die Teilung Palästinas, durch den Kollaps der Zivilregierung im Mandatsgebiet und durch die Gründung des Staates Israel grundlegend verändert. Eine Reihe von Kriegen, erst zwischen Arabern und Juden innerhalb Palästinas, dann zwischen dem neugeborenen jüdischen Staat und seinen arabischen Nachbarn, war diesen Ereignissen vorausgegangen, hatte sie begleitet und war ihnen gefolgt. Im Verlauf des arabischen Versuches, den jüdischen Staat im Augenblick seiner Geburt durch Waffengewalt zu vernichten, flohen palästinensische Araber in großer Zahl oder wurden aus ihrer Heimat vertrieben und fanden Zuflucht in den benachbarten arabischen Ländern. Gleichzeitig flohen Juden in großer Zahl aus den arabischen Ländern oder wurden aus ihnen vertrieben, und die meisten von ihnen fanden eine neue Heimat in Israel.

Zum zweiten Mal vollzog sich eine bedeutende Veränderung in der arabischen Sicht des Zionismus. Unter den Osmanen war der jüdische Staat eine ferne und absurd anmutende Phantasie gewesen. Unter den Briten wuchs er zu einer ernsthaften Bedrohung. Mit der Geburt Israels war er zur Realität geworden. Als Folge dieser Ereignisse erlitten die Araber zwei Rückschläge; den Verlust arabischen Territoriums an einen nichtarabischen Staat und die Abwanderung oder Vertreibung vieler arabischer Einwohner aus diesem Territorium. Die meisten von ihnen gingen entweder in benachbarte Länder, hauptsächlich in den Libanon und nach Syrien, oder in diejenigen Teile Palästinas, die in arabischer Hand blieben, das heißt, in das von Jordanien gehaltene Westjordanland und den von Ägypten gehaltenen Gazastreifen. In allen diesen Gebieten wurde die überwältigende Mehrheit der Flüchtlinge in Lagern untergebracht. Als die israelischen Streitkräfte 1967 das Westjordanland und den Gazastreifen eroberten, kam es zu einer weiteren Flüchtlingsbewegung aus den Lagern am Westufer des Jordans zu denen am Ostufer.

Es besteht eine totale Diskrepanz zwischen den arabischen und den israelischen Berichten über den Weggang der palästinensischen Araber im Jahre 1948 und danach. Nach der arabischen Version sind sie von den Israelis ganz einfach vertrieben worden. Nach der israelischen Version wurden sie in einigen Gebieten von ihren eigenen Führern angewiesen, fortzugehen, während sie aus anderen Gebieten in jener ansteckenden Panik flohen, von der die Zivilbevölkerung in Kriegszonen oft heimgesucht wird. Die Juden blieben, weil sie nirgendwo hätten hingehen können. Die Araber durften auf Obdach in arabischen Staaten hoffen. Es gibt Hinweise für die Richtigkeit beider Versionen[14], und es ist wahrscheinlich, daß sie in der einen oder anderen Weise sich in den verschiedenen Teilen des Landes zutrugen. In Haifa, einer gemischten Stadt, in der gewöhnlich gute Beziehungen zwischen Juden und Arabern geherrscht hatten, ist es erwiesen, daß die Israelis ohne Erfolg versuchten, ihre arabischen Nachbarn zum Bleiben zu überreden. In Lydda und Ramla an der militärisch wichtigen Straße von der Küste nach Jerusalem ist es ebenso erwiesen, daß sie sie gezwungen haben, fortzugehen. Greuelmeldungen in den arabischen Medien haben ganz gewiß ihre Wirkung gehabt; wesentlich verstärkt wurden sie nach dem Angriff der Irgun und der Stern-Gruppe auf das arabische Dorf Deir Yasin und der Ermordung von rund zweihundertfünfzig Zivilisten. Wie die Umstände und Ursprünge auch beschaffen gewesen sein mögen, die Fluchtbewegung schwoll rasch zu einem Massenexodus und zur physischen Verdrängung einer großen arabischen Bevölkerung an. Umstritten ist die Zahl der Flüchtlinge. Nach israelischen Schätzungen handelte es sich um etwas mehr als eine halbe Million Menschen; in arabischen Schätzungen ist die Rede von mehr als doppelt so vielen. Der Wirtschaftsbericht der Vereinten Nationen für den Nahen Osten, herausgegeben im Jahre 1949, gab für den Stichtag des 30. September 1949 eine Gesamtzahl von 726 000 arabischen Flüchtlingen aus Palästina an.

Es wurde damals vielfach die Meinung vertreten, auch von einigen arabischen Staatsmännern, daß es sich um relativ unbedeutende Rückschläge handele und daß die Araber gut beraten wären, wenn sie sich mit den erlittenen Verlusten abfänden und die Lage so, wie sie nun einmal war, akzeptierten. Das Israel von der Teilungs-Entschließung der Vereinten Nationen zugewiesene Gebiet war sehr klein, und es war nur unerheblich ausgeweitet worden durch die Erfolge der Israelis in ihrem Unabhängigkeitskrieg. Selbst das gesamte Mandatsgebiet Palästina war nur ein winziger Teil der arabischen Welt. Das Schicksal der Flüchtlinge war eine menschliche Tragödie, aber im Verlauf von Friedensverhandlungen hätte es möglich sein können, für einige von ihnen die Heimkehr, für den Rest die Umsiedlung zu erreichen, wie es in jenen Jahren für Millionen von Flüchtlingen in Osteuropa und auf dem indischen Subkontinent geschah. Tatsächlich aber gab es keine Verhandlungen und keine Bereitschaft unter der etablierten palästinensisch-arabischen Führung oder den Regierungen der arabischen Staaten, die geschaffenen Tatsachen anzuerkennen und in einen solchen Verhandlungsprozeß einzutreten.

Der dominierende Ton in der arabischen Reaktion auf diese Ereignisse war einer des Schocks und der äußersten Empörung darüber, daß ihnen eine Gruppe von Menschen diese Niederlagen zugefügt haben sollte, die sie gewohnheitsmäßig als schwach, feige und verächtlich eingestuft hatten – das Volk, das Gott selbst mit Erniedrigung und Demütigung gestraft hatte. Aber nun waren es die Araber selbst – und in den Augen einiger die Moslems insgesamt –, die gedemütigt worden waren. Binnen weniger Jahre waren sämtliche arabischen Herrscher, die ihre Armeen in das Debakel von 1948 geschickt hatten, aus dem Amt entfernt oder gestürzt worden.

Aber die neuen Regime, zumeist von Armee-Offizieren eingesetzt und geführt, hielten sich gegenüber Israel keineswegs besser. Im ersten arabisch-israelischen Krieg 1948/49 gelang es den Israelis nur unter schweren Kämpfen und sehr schweren Verlusten, zu überleben und ihre Position geringfügig zu verbessern. Im Krieg gegen Nassers Ägypten im Jahre 1956 gelang es ihnen, in einhundert Stunden die gesamte Halbinsel Sinai zu erobern und der ägyptischen Armee eine furchtbare Niederlage zuzufügen – eine für ein aufstrebendes Militärregime ganz besonders schwere Demütigung. In dem Krieg des Jahres 1956 wurde den Israelis einige logistische und andere indirekte militärische Unterstützung durch Frankreich und Großbritannien zuteil. Selbst diese Hilfe fehlte im Junikrieg von 1967, als die Israelis ganz auf sich gestellt, nacheinander die Armeen Ägyptens, Syriens und Jordaniens schlugen und beträchtliche Gebiete eroberten: die Halbinsel Sinai und den Gazastreifen von Ägypten, das Westjordanland und Ost-Jerusalem von Jordanien und die Golanhöhen von

Syrien – und das alles in sechs Tagen. Es ist gesagt worden – und die Belege sind widersprüchlich –, daß die Israelis in den ersten Tagen nach ihrem Sieg bereit gewesen wären, für Anerkennung und Frieden bis auf Ost-Jerusalem fast alles den arabischen Staaten zurückzugeben. Keines von beidem aber wurde ihnen angeboten, und es dauerte nicht lange, da hatten sie sich an die vielen Vorteile gewöhnt, die ihre Neuerwerbungen einbrachten. Etwas länger dauerte es, die Nachteile richtig einzuschätzen.

Nach einigem Zögern wurde die arabische Reaktion auf die erneute Demütigung in den berühmten »Drei Nein von Khartum« formuliert. Dies geschah auf der Gipfelkonferenz der arabischen Führer, die am 1. September 1967 in Khartum zusammentrat und ein »Nein zur Anerkennung, nein zu Verhandlungen, nein zum Frieden« beschloß. Dies blieb die formelle Position aller arabischen Regierungen bis zum Jahre 1978, und fast aller bis zum heutigen Tage.

Der Krieg von 1967 brachte eine äußerst bedeutsame Veränderung. Im Jahre 1948 waren die in Israel zurückgebliebenen Araber relativ gering an Zahl und, weil nahezu alle ihre Führer und Intellektuellen das Land verlassen hatten, politisch gelähmt. Die Israelis betrachteten sie in der Theorie und in zunehmendem Maße auch in der Praxis als Staatsbürger, und während ihre Staatsbürgerschaft nie in vollem Umfang wirksam wurde, standen sie doch im Vergleich zu anderen nationalen Minderheiten im Nahen Osten nicht schlecht da. Der israelische Sieg von 1967 schuf eine neue Situation, indem er eine israelische Militärherrschaft über eine unterworfene arabische Bevölkerung von einer bis anderthalb Millionen Menschen mit einer aktiven und lautstarken politischen und intellektuellen Führung zur Folge hatte.

Die israelischen Eroberungen des Sechstagekrieges von 1967 hatten eine weitere wichtige Folge – das Auftauchen der palästinensischen Araber als einer kämpfenden Kraft in dem Konflikt, ausgestattet mit einem starken und weiter wachsenden Gefühl einer gemeinsamen palästinensischen Identität und am Ende auch einer gemeinsamen Identität als Nation. Die Herausbildung dieses Identitätsgefühls begann mit der Errichtung des britischen Mandats und der Schaffung einer neuen politischen Einheit namens Palästina, mit anderen Herrschern, anderen Institutionen und vor allem anderen

Problemen als in den Nachbarländern, mit denen die einheimische Bevölkerung vorher verbunden gewesen war. Schon in den zwanziger Jahren dieses Jahrhunderts begannen palästinensische arabische Journalisten und Politiker von »der palästinensischen Nationalbewegung« und manchmal sogar von der palästinensischen Nation zu sprechen. Aber das geschah ausschließlich im Zusammenhang mit dem Kampf gegen die britische Herrschaft und die jüdische Einwanderung. Ihr Grundgefühl gemeinschaftlicher historischer Identität war, auf verschiedenen Ebenen, moslemisch, arabisch oder – für einige – syrisch. Es ist bezeichnend, daß es selbst am Ende des britischen Mandats im Jahre 1948, nach einer dreißigjährigen separaten palästinensischen politischen Existenz, praktisch keine Bücher in arabischer Sprache über die Geschichte Palästinas gab. Bei den wenigen Ausnahmen handelte es sich um Lehrbücher für den Gebrauch in den Schulen der Mandatsregierung.

Vielleicht hätte im Laufe der Zeit, ohne den Zionismus, die anglofranzösische Teilung des Fruchtbaren Halbmondes einen palästinensischen Staat geschaffen, so wie sie Staaten im Irak, in Jordanien, Syrien und im Libanon geschaffen hat; die Vereinten Nationen sogar hätten einen arabischen Staat in einem Teil Palästinas schaffen können, wäre irgendeiner ihrer Teilungsvorschläge von den Arabern akzeptiert worden. Sie wurden es nicht; aber die Gründung Israels und der arabische Exodus aus Palästina beschleunigten die Entwicklung des palästinensischen Nationalbewußtseins. Aus den Umständen ihres Auszuges aus Israel, vielleicht mehr noch aus den Umständen ihres Empfangs in den benachbarten arabischen Ländern, wo man sie zum größten Teil in Lagern unterbrachte und wo man ihnen mit der einzigen Ausnahme Jordaniens die Staatsbürgerschaft verweigerte, bezogen die palästinensischen Araber ein neues, viel stärkeres Identitätsgefühl, beruhend auf gemeinsamem Erleben und der Erfahrung gemeinsamen Leids, gemeinsamer Not und eines gemeinsamen Schicksals. Es könnte sich, als Ironie der Geschichte, durchaus erweisen, daß Großbritannien und der Zionismus nicht eine, sondern zwei neue Nationen in dem kleinen Gebiet geschaffen haben, das 1918 aus drei osmanischen Provinzbezirken zusammengeschustert worden war.

Der Sechstagekrieg brachte andere tiefgreifende Umwälzungen

der Lage im Nahen Osten mit sich. Das Entstehen und die Souveränität des jüdischen Staates waren für die Araber schwer zu akzeptieren gewesen. Unvergleichlich viel schwerer war es für sie, seine ungeheuren Siege und die aus ihnen sich ergebende jüdische Vorherrschaft über eine bedeutende arabische Bevölkerung zu akzeptieren. Abgesehen von Transjordanien, das nie in die Politik der »Jüdischen Nationalen Heimstatt« einbezogen war, befand sich jetzt kein Teil des ehemaligen Mandatsgebietes Palästina unter arabischer Herrschaft, und keine arabische Regierung – mit der begrenzten Ausnahme Jordaniens – konnte den Anspruch erheben, für die Palästinenser zu sprechen. Das gesamte cisjordanische Gebiet unterstand jetzt einer einzigen Autorität, derjenigen Israels. Die neue Lage verstärkte das Gemeinschaftsgefühl der Palästinenser und erhöhte ihre Bedeutung in der arabischen Welt. Die Palästinensische Befreiungsorganisation (PLO) wurde 1964 gegründet, aber zu einem bedeutsamen Faktor wurde sie erst nach dem Krieg des Jahres 1967. Die Politik der arabischen Regierungen war gescheitert; ihre Armeen waren geschlagen. Die PLO bot eine neue Politik, ein neues Ziel und eine neue Methode der Kriegführung gegen den israelischen Feind. Damit errang sie beträchtliche Unterstützung bei den Palästinensern, vor allem in den Flüchtlingslagern, die schon bald unter PLO-Kontrolle gerieten.

Von 1967 an spielte die PLO eine prominente, wenn nicht gar die führende Rolle im arabischen Krieg gegen Israel. Den arabischen Staaten ging es jetzt in erster Linie darum, ihre eigenen verlorenen Gebiete zurückzubekommen und ihre eigenen nationalen Interessen zu verfolgen. Es gab eine wachsende Neigung, die palästinensische Sache diesen Interessen unterzuordnen und die Organisationen der Palästinenser als Werkzeug zur Förderung dieser Interessen anzusehen. Aber während die arabischen Regierungen und Armeen selbst für ihre eigenen Völker ein Bild der Niederlage und der Ohnmacht boten, schuf die PLO in scharfem Kontrast dazu ein neues Bild vom Araber als wagemutigem revolutionären Freiheitskämpfer, der allein gegen ungeheuer überlegene Kräfte kämpft anstatt, wie vorher, erfolglos gegen einen kleineren und schwächeren Feind. Dementsprechend wurde aus dem israelischen David, der kühn gegen den Goliath der Arabischen Liga kämpft, plötzlich ein jüdischer Goliath, der versucht, den PLO-David zu töten.

Dieses neue Bild übte eine beträchtliche Wirkung in der westlichen Welt aus, wo es der PLO und ihren Förderern zum erstenmal seit der Geburt Israels gelang, einen großen Teil der öffentlichen Meinung, vor allem in den Medien und in der literarischen und akademischen Welt, von einer bis dahin proisraelischen Haltung abzubringen und für eine proarabische Haltung zu gewinnen. Das Argument, daß die Palästinenser eine Nation ohne Heimatland seien und daß die PLO einen revolutionären Kampf für die nationale Befreiung führe, trug viel zu dieser Entwicklung bei, wenngleich nicht zu bezweifeln ist, daß hier auch einige andere Faktoren, die nichts mit den Arabern und ihrem Kampf zu tun hatten, am Werke waren.

Zu Anfang reagierten die arabischen Staaten sehr wohlwollend auf die neue Politik und die Aktivität der PLO; sie waren stolz auf das neue Bild des arabischen Guerilla-Kämpfers. Aber dann dachte man länger und gründlicher nach. Näher am Schauplatz und intensiver am Geschehen beteiligt als die Kommentatoren der westlichen Medien, waren sich die arabischen Führer der begrenzten Wirksamkeit des PLO-Kampfes gegen Israel besser bewußt. Zudem ergaben sich Reibungen zwischen der PLO und ihren arabischen Gastgebern, die es zunehmend als problematisch empfanden, eine gut bewaffnete und finanziell gut ausgestattete radikale Organisation in ihrer Mitte zu beherbergen. Die Präsenz der PLO in Jordanien, ihrem ersten Stützpunkt nach dem Krieg von 1967, endete 1970 in Massaker, Vertreibung und Flucht. Ihre Präsenz im Libanon, wo sie sich hinrettete, rief eine ganze Serie von Schwierigkeiten in diesem ohnehin schon heimgesuchten Land hervor. Als sie schließlich 1982 von den Israelis angegriffen und aus dem Libanon vertrieben wurde, zeigten sich die arabischen Staaten nicht sehr begierig, ihr in ihrem Kampf zu helfen oder sie in ihrer Niederlage zu retten.

Ende 1982 war das strahlende Bild des arabischen Guerilla-Kämpfers erheblich nachgedunkelt. Andererseits hatte sich das Bild der arabischen Armeen kaum aufgehellt. Gewiß, in den Kriegen von 1973 und 1982 errangen die Israelis nicht die schnellen und durchschlagenden militärischen Siege, an die sie früher gewöhnt waren. Aber sie erlitten auch keine Niederlage, und die Resultate können für die arabischen Staaten nicht sehr befriedigend gewesen sein. Der Krieg vom Oktober 1973 begann sehr gut für die Araber; die Ägypter überschritten den Suezkanal – eine bemerkenswerte militärische Leistung –, und Ägypter wie Syrer rückten gegen die Israelis vor. Doch das Kriegsglück wendete sich, und am Ende lagen Damaskus und Kairo in unmittelbarer Reichweite der Israelis; der große ägyptische Erfolg, zu dem es dann kam, war mehr eine Folge geschickten politischen Manövrierens und amerikanischer diplomatischer Hilfe als eine Folge militärischer Leistungen. In ganz ähnlicher Weise brachte der Krieg von 1982 den Israelis weder militärischen Ruhm noch politischen Vorteil, ließ aber erneut arabische Schwäche und Uneinigkeit sichtbar werden.

Die Folge israelischer Siege und arabischer Niederlagen auf dem Schlachtfeld warf tiefe soziologische, psychologische und historische Fragen auf. Doch von unmittelbarerem Interesse ist in unserem Zusammenhang die arabische Sicht der Gründe für diese Niederlagen, die um so schmerzhafter waren, als sie von einem zuvor verachteten und unbewaffneten Untertanenvolk zugefügt wurden. Immer wieder gelang es dem Staat Israel – verschwindend klein im Vergleich zur arabischen Welt und bewohnt von einer jüdischen Bevölkerung, die von ungefähr einer halben Million Menschen bei Staatsgründung auf etwa dreieinhalb Millionen gewachsen war – die Armeen nicht eines, sondern mehrerer arabischer Staaten zu schlagen, die an Zahl, Ressourcen und Waffenarsenalen eine geradezu immense Überlegenheit besaßen. Daß dies geschehen konnte, immer und immer wieder, stellte die betroffenen Araber vor quälende Fragen und Entscheidungen hinsichtlich des Zustandes und der Zukunft ihrer Länder.

Wie und warum geschah es? Auf diese Fragen gab man eine Anzahl verschiedener Antworten. Die einfachste und trostreichste, die man noch immer sehr oft hört, lautet, daß die Israelis diese Erfolge nicht auf sich allein gestellt erzielen konnten, sondern daß sie Hilfe von anderen bekamen. Das war in der Tat der Fall im Krieg von 1956; auf keinen der anderen Kriege traf es zu. Natürlich zogen die Israelis Nutzen aus militärischen Lieferungen großen Stils erst von der Tschechoslowakei, dann von Frankreich, dann von den Vereinigten Staaten, die zu Kriegszeiten diese Lieferungen noch beschleunigten. Aber den Arabern wurde die gleiche Hilfe von ihren sowjetischen Lieferanten zuteil, mit dem von den Israelis niemals erbetenen oder akzeptierten zusätzlichen Vorteil, daß sowjetische Offiziere ihren Streitkräften als Experten und Ausbilder attachiert wurden. Für einige arabische Militärs stellte die Legende von der amerikanischen Intervention auf israelischer Seite ein notwendiges Ventil für verletzten Stolz dar. Ich erinnere mich, einmal einen ägyptischen Armeeoffizier gefragt zu haben, ob er wirklich glaube, daß die amerikanische Luftwaffe im Sechstagekrieg auf israelischer Seite gekämpft habe. Seine Antwort war ein Vorbild an Aufrichtigkeit: »Ich glaube es nicht, aber nicht glauben kann ich es nicht.« Nach dem Krieg von 1973, als Präsident Sadat seine ersten Schritte in Richtung Frieden unternahm, rechtfertigte er sie mit der Erklärung, er könne gegen Israel kämpfen, nicht aber gegen die Vereinigten Staaten. Er hatte natürlich nicht gegen die Vereinigten Staaten gekämpft, ebensowenig wie Israel gegen die Sowjetunion gekämpft hatte.

Es gab andere, denen die billige Ausrede einer Großmachtintervention nicht ausreichte und die die Ursachen der arabischen Niederlagen in der Struktur der arabischen Gesellschaft suchten. Derlei Selbstbesinnung begann schon nach der ersten Niederlage im Jahre 1948, und sie erlebte nach jedem weiteren Rückschlag einen neuen Anstoß. Inzwischen hat sie eine Literatur erheblicher Breite und Vielfalt hervorgebracht und gibt Anlaß zu der Hoffnung, daß die Araber durch rigorose Selbstkritik doch noch einige Schwachstellen ihrer sozialen und politischen Ordnung erkennen und beheben werden.

Eine Analyse der Gründe einer Niederlage setzt nicht nur eine genaue Untersuchung der eigenen Schwächen voraus, sondern auch eine leidenschaftslose Prüfung der Stärke des Gegners. Das erwies sich als eine noch schwierigere Aufgabe. Es gab vor allem unter den exilierten Palästinensern einige, die sich der Mühe unterzogen. Aber die meisten waren nicht bereit, auf polemische Punktsiege zu verzichten, und nicht imstande, die vertrauten Feindbild-Klischees aufzugeben. Danach ist der Israeli vor allem ein Jude, und der Jude ist gierig, verschlagen, feige und bar jedweder kriegerischer Tugenden. Diese Art von Klischee erscheint nicht immer in ernstzunehmenden analytischen Schriften, aber sie war praktisch allgegenwärtig in populären journalistischen und literarischen, ja sogar in vielen offiziellen Darstellungen der Israelis und der Juden im allgemeinen. So heißt es zum Beispiel in einem Artikel der Wochenzeitung der ägyptischen Streitkräfte *al-Quwwat al-Musallaha* vom 16. November 1964:

> Der Jude besitzt in seiner Seele und in seinem Charakter nicht die Qualitäten eines waffentragenden Mannes. Er ist seiner Natur nach nicht bereit, für irgend etwas Opfer zu bringen, nicht einmal für seinen Sohn oder für seine Frau. Wenn es heute in Israel einen Mann gibt, der Waffen trägt, so tut er es, weil er ganz sicher ist, daß es einen anderen Mann gibt, der vor ihm geht, der vor ihm und nicht hinter ihm stehen wird, um ihn beizeiten zu verteidigen. Wäre das nicht so, kein Jude auf der ganzen Welt wäre bereit, Waffen zu tragen.

Das war 1964. Es ist verständlich, daß für jemanden, der mit solchen Informationen gefüttert wurde, der Sechstagekrieg von 1967 als schwerer Schock kam. Aber selbst die Serie von Kriegen hat diese Grundanschauung nicht vollständig verändert. Arabische Autoren – Erzähler und Dramatiker ebenso wie politische und militärische Kommentatoren – zeichneten die Israelis auch weiterhin als elende, prinzipienlose Feiglinge. Ein ägyptischer Literaturkritiker schrieb in einem Kommentar zu der klischeehaften Darstellung der Israelis in Literatur und Drama mit einigem Recht: »Angesichts dieser Art von Verzeichnung stelle ich die Frage: Wenn die Israelis wirklich so wären, wie können sie uns dann eine Niederlage zugefügt haben?«[15]

Ja, wie nur? Wenn die Israelis so korrupt und so feige sind wie ihr literarisches Bild, dann werden ihre Siege nur noch unerklärlicher, oder zumindest erfordern sie Erklärungen jenseits der normalen, rationalen Denkprozesse. In einem rasch zunehmenden Ausmaß lieferte die aus Europa hereinkommende Literatur des Antisemitismus eine derartige Erklärung. Der boshafte, aber ängstliche Jude der arabischen Überlieferung intrigiert und schmiedet Komplotte, aber alle seine Bemühungen richten nichts aus gegen die Macht des Islams, »denn Gott ist der bessere Verschwörer«. Von den Feiglingen, Großmäulern, Zuhältern und Huren jenes Israels, wie es in der modernen arabischen Literatur gezeichnet wird, könnte man schwerlich große Taten erwarten. Aber die Söhne Satans mit ihren dämonischen Kräften, die über Jahrtausende hin überall in der Welt emsig mit einer Verschwörung gegen die ganze Menschheit beschäftigt sind, sie sind schon ein furchtbarer Feind. Der Kampf gegen einen solchen Feind verleiht denen, die ihn führen, geradezu kosmische Größe, und selbst diejenigen, die eine Niederlage erleiden, gehen aus diesem Kampf mit Würde hervor, zumal ihre Niederlage, daran glauben sie fest, nur einen vorübergehenden Rückschlag darstellt.

Der Krieg gegen die Juden

Im Jahre 1979 veröffentlichte die Kairoer Zeitung *al-Dawa* (Der Ruf), das Organ der Moslembrüder, im Hauptteil und in der Kinderbeilage eine Serie von Artikeln, die die erwachsenen und die kleinen Leser des Blattes vor den Gefahren warnen sollten, die der moslemischen Welt drohten. Unter der Überschrift »Kenne deinen Feind« führen die Artikel in der Kinderbeilage vier Hauptfeinde auf, vor denen der Moslem auf der Hut sein muß – Kreuzfahrer, Jude, Marxist und Säkularist. Jeder dieser Feinde wird detailliert beschrieben und abgebildet. Zwischen dem Kreuzfahrer und dem Juden gibt es, so wie sie in den Artikeln dargestellt werden, einen interessanten Unterschied. Der Kreuzfahrer ist ein Feind, weil er ein Kreuzfahrer und nicht, weil er ein Christ ist. Es ist möglich, Christ, aber kein Kreuzfahrer, das heißt, kein militanter und aggressiver Christ zu sein. In den Artikeln wird darauf hingewiesen, daß nicht alle Christen Kreuzfahrer sind. Einige Christen seien gut, so zum Beispiel die Kopten alten Stils in Ägypten, die demütig und harmlos seien, wie es sich geziemt. Unglücklicherweise, heißt es in dem Artikel, sei die Situation im Wandel begriffen. Die guten Christen würden von den schlechten Christen angesteckt und verdorben; so würden sie heutzutage allesamt zu Kreuzfahrern.

Der Jude wird als »Jude« aufgeführt, nicht unter einem genaueren Etikett wie Zionist oder Israeli. Im Gegensatz zu den Christen sind die Juden alle schlecht; gute Juden gibt es nicht. Die Juden sind genetisch und ontologisch böse, und die Verfasser der Artikel geben sich nicht mit Unterscheidungen ab, wie sie im westlichen Sprachgebrauch üblich sind, etwa zwischen Zionisten und Israelis auf der einen Seite und solchen, die sich zum jüdischen Glauben bekennen, auf der anderen. Der Feind ist ganz einfach der Jude, gleichgültig, in welcher Verkleidung er auftritt.[1]

Die Beschreibung der beiden verbleibenden Feinde läßt erkennen, daß es sich auch bei ihnen entweder um Juden handelt oder um Leute, die von Juden dirigiert oder manipuliert werden. Der Marxist oder Kommunist ist ein Hauptfeind, und der Leser wird erinnert, daß der Großvater von Karl Marx ein Rabbiner war, ein Umstand von profunder Bedeutung, wenn es gilt, die historische Rolle des Marxismus und das Endziel des marxistischen Kommunismus zu bestimmen. Der vierte Feind, in vielen Beziehungen der heimtückischste und gefährlichste für den wahren Islam, ist der säkularistische Modernisator. Zu dieser Gruppe gehören Charaktere wie Hafiz al-Assad in Syrien, Saddam Hussein im Irak, der verstorbene Gamal Abd el Nasser in Ägypten und andere Führer, die versucht haben, säkulare Regime in islamischen Ländern zu errichten, den islamischen Glauben zu untergraben und das gottgegebene Heilige Gesetz zu widerrufen.

Sie alle sind böse. Der erste große säkularistische Revolutionär, der Erzbösewicht, der diesen Prozeß in Gang gebracht und dessen Nachahmer die anderen alle sind, war Mustafa Kemal Atatürk, der nach der türkischen Niederlage im Ersten Weltkrieg auf den Trümmern des Osmanischen Reiches die türkische Republik errichtete. Er schuf das erste Staatswesen in der islamischen Geschichte, in dem die Religion vom Staat getrennt war und säkulare, moderne Gesetze das Heilige Gesetz des Islams ersetzten, selbst in Angelegenheiten der Privatsphäre. Die erwähnten Zeitungsartikel bieten eine neue und verblüffende Deutung der Ursprünge Atatürks und seiner geschichtlichen Rolle. Danach war er ein *dönme,* ein heimlicher Jude, der die osmanischen Sultane stürzte, um sie für ihre Weigerung zu bestrafen, Palästina den Zionisten zu geben. Diese letzte Behauptung, für die es natürlich keinerlei Beleg gibt, hat weithin Eingang in fundamentalistische Schriften gefunden.

Es handelt sich bei alledem um eine paranoide Verschwörungstheorie eines sehr vertrauten Typs – das heißt, vertraut in der Christenheit, aber bis dahin kaum bekannt in der Welt des Islams. Ihr Auftauchen ist um so bemerkenswerter, weil es in den Publikationen einer militant-islamischen fundamentalistischen Organisation stattfindet, die sich Moslem-Brüderschaft nennt und einen von ihr selbst als ultraislamisch bezeichneten Standpunkt vertritt. Sie legt aber eine Haltung zu jüdischen Angelegenheiten an den Tag, die weit von derjenigen des traditionellen Islams entfernt ist, und der fremde, europäische Ursprung dieser Hetzschriften ist sowohl an den spezifischen Anschuldigungen als auch an den Karikaturen abzulesen, mit denen sie illustriert sind. Sehr groß ist auch der Unterschied zu der Sicht, die in den Schriften solch früher Denker wie Sajid Qutb und seiner radikalen Nachfolger zum Ausdruck kommt, für die das antijüdische Thema zwar vorhanden, aber von sekundärer Bedeutung ist und seinen Ausdruck noch in islamischen Begriffen findet.

Die Moslembrüder stellen heute eine eher konservative Spielart des islamischen Fundamentalismus dar, und es wird vermutet, daß sie erhebliche saudische Unterstützung genießen. Die Saudis selbst haben diese Art antisemitischer Propaganda oft gefördert und verbreitet. Der verstorbene König Faisal ist in Interviews in der arabischen Presse mehrfach mit Äußerungen über die historische Rolle der Juden hervorgetreten, so zum Beispiel, daß sie im Mittelalter »die Kreuzzüge ins Leben riefen, um das Christentum und den Islam zu schwächen«; daß sie noch immer den Ritualmord an christlichen und moslemischen Kindern praktizieren und »deren Blut unter ihr Brot mischen und es essen«; und daß sie eine geheime Verschwörung mit dem Ziel der Weltherrschaft betreiben. Sowohl direkt als auch durch Organisationen, die sie in Pakistan und anderswo finanziell fördern, haben saudische Stellen antisemitische Publikationen in Umlauf gesetzt, die von neofaschistischen und Neonazi-Gruppen in der westlichen Welt produziert worden sind. Noch im Dezember 1984 schrieb Maruf al-Dawalibi, der Saudi-Arabien bei einem Seminar der Vereinten Nationen über religiöse Toleranz und Religionsfreiheit vertrat, dem Talmud das Wort zu: »Wenn ein Jude nicht jedes Jahr das Blut eines nichtjüdischen Mannes trinkt, dann wird er verdammt sein in alle Ewigkeit.« Der größte Teil des Seminarbeitrages von Dr. Dawalibi bestand in einem detaillierten Bericht über den Blutverleumdungsfall von Damaskus aus dem Jahre 1840, wobei die uneingeschränkte Schuld der Angeklagten und die Stichhaltigkeit aller gegen sie vorgebrachten Beschuldigungen als gegeben angesehen wurden.[2]

Ein Vergleich arabischer Schriften über Juden und jüdische Angelegenheiten aus den letzten zwanzig, dreißig Jahren mit denen der Vergangenheit zeigt, daß bestimmte, sehr bezeichnende Veränderungen eingetreten sind. Die erste und auffälligste Neuheit ist der obsessive Tonfall. Während die Juden früher als ein minderes oder als überhaupt kein Problem angesehen wurden, ragen sie jetzt düster empor als die eine große Gefahr, die die ganze islamische Welt überschattet. Die alte Verachtung, das alte Mißtrauen bleiben; ihnen haben sich aber jetzt die europäischen Befindlichkeiten der Angst und des Neides hinzugesellt, die das ganze Spektrum der Auseinandersetzung durchdringen. Der Jude ist nicht mehr der kleinliche, untüchtige Intrigant des traditionellen Stereotyps; er ist zu einer Gestalt des kosmisch Bösen geworden, unablässig beschäftigt mit teuflischen Verschwörungen gegen die ganze Menschheit. Sogar die in den meisten einschlägigen arabischen Schriften als gegeben angesehene direkte Verbindung zwischen Zionismus und Imperialismus wird in einem neuen Licht gesehen. Während man zuvor die Zionisten als Agenten oder Werkzeuge der imperialen Mächte bezeichnete, werden jetzt oftmals die imperialen Mächte und die Supermächte selbst als hilflose Marionetten dargestellt, deren Fäden Juden ziehen, die im Verborgenen ihre Weltherrschaftspläne verfolgen.

Diese Sicht der Dinge färbt nicht nur die politische Diskussion, sondern auch Literatur und Kunst, Religion und Wissenschaft. Sie ist nicht mehr auf polemische und marginale Publikationen beschränkt, sondern erscheint in großen Zeitungen, in den Programmen des staatlichen Fernsehens und Rundfunks sowie in Schul- und Universitätslehrbüchern. An das Maß der Feindseligkeit und an die Allgegenwart ihres Ausdrucks reicht selbst die europäische Literatur des Antisemitismus nur selten heran; nur an wenigen Stellen erreicht sie diese Auswüchse der Angst, des Hasses und des Vorurteils. Um Parallelen zu finden, muß man auf die Literatur der spanischen Inquisition, der Anti-Dreyfusards in Frankreich, der Schwarzen Hundert in Rußland oder der Nazis in Deutschland zurückgreifen. Einige arabische Länder, inzwischen auch der Iran, sind zu den Hauptzentren des internationalen Antisemitismus geworden. Sie verteilen antisemitische Literatur und andere Propaganda über die ganze Welt, nicht zuletzt an ein neues und zuvor davon unberührt gewesenes Publikum in Afrika, Südostasien und anderen Ländern der Dritten Welt.

Ein weiteres Merkmal der antijüdischen Literatur neuen Stils in den arabischen Ländern ist das nahezu vollständige Verschwinden der Unterscheidung zwischen Israelis, Zionisten und Juden. Sie war in der für den einheimischen Gebrauch bestimmten Literatur nie sehr streng eingehalten worden, findet sich aber im allgemeinen in fremdsprachigen, für die Verteilung im Westen gedachten Schriften. Das PLO-Forschungszentrum in Beirut hat in seinen vielen arabischen Publikationen über Israel ebenfalls versucht, diese Unterscheidung zu beachten. Während es in seiner eindeutigen Zurückweisung des Zionismus und Israels niemals wankend wurde, hat es doch gewöhnlich die Verwendung von Material vermieden, das als eindeutig antisemitisch zu bezeichnen ist. Keine derartige Zurückhaltung gibt es hingegen in offiziellen oder inoffiziellen Veröffentlichungen in Ägypten, Saudi-Arabien, Kuwait, Jordanien, Libanon und einigen anderen arabischen und moslemischen Ländern. Einige Autoren aus diesen Ländern betonen bei der Erörterung des Palästina-Problems noch immer, daß sie gegen den Zionismus und den Staat Israel eingestellt seien und nichts gegen die Juden oder ihre Religion hätten, aber nur noch wenige beachten heutzutage solche Unterscheidungen in der Öffentlichkeit und auf Arabisch, und einige bestreiten sogar ausdrücklich, daß es sie überhaupt gibt. So schreibt zum Beispiel ein gewisser Lutfi Abd al-Azim am 27. September 1982 in einem Artikel, der in der Wirtschaftsbeilage von *al-Ahram* erschien:

> Als erstes müssen wir in aller Klarheit darauf hinweisen, daß kein Unterschied zwischen dem Juden und dem Israeli gemacht werden darf – sie selbst leugnen ihn. Der Jude ist ein Jude, über die Jahrtausende hin ... wenn er alle moralischen Werte mißachtet, wenn er den Lebenden verschlingt und um einiger Münzen willen sein Blut trinkt. Der Jude, der Kaufmann von Venedig, unterscheidet sich nicht von dem Mörder von Deir Yasin oder dem Mörder der Flüchtlingslager. Sie sind gleiche Beispiele menschlicher Verwahrlosung. Lassen wir deshalb solche Unterscheidungen beiseite, reden wir einfach von Juden.

Die meisten Redner, Rundfunkjournalisten, Dozenten und Schriftsteller in arabischen Ländern sprechen tatsächlich einfach nur von

Juden. Die Schulungspamphlete für die ägyptischen Truppen im Krieg des Jahres 1973 zum Beispiel reden gewöhnlich, wenn sie den Gegner meinen, von »den Juden«; selbst bei der Erörterung rein militärischer Angelegenheiten ist die Rede von »jüdischen Truppen« oder »jüdischen Offizieren«. Ganz allgemein haben zumindest sehr viele Araber den Begriff des Gegners vom Staat Israel auf das gesamte jüdische Volk ausgedehnt, und von der heutigen Generation von Juden auf deren Vorfahren durch die Jahrtausende hin.

Die wahrscheinlich bedeutendste Veränderung von allen ist die Islamisierung des Antisemitismus. Zunächst beschränkt auf einige Elemente innerhalb der christlichen Minderheiten im Nahen Osten, wurde er von der islamischen Mehrheit in zwei Phasen übernommen und absorbiert. In der ersten Phase wurden die antisemitischen Themen und Anklagen einfach kopiert und übersetzt, ohne jede Veränderung. Sie waren noch unverkennbar fremden Ursprungs und wirkten nur wenig auf das Volk ein. In der zweiten Phase sind diese fremden Themen sozusagen verinnerlicht worden und haben im Verlauf der Übernahme und Assimilierung durch die moslemische Welt einen deutlich erkennbaren islamischen Aspekt erhalten.

Ein ins Auge fallendes Beispiel für diesen Prozeß ist die in Literatur und Bildungswesen zu beobachtende Verwandlung der jüdischen Widersacher des Propheten von einem belanglosen Ärgernis in einen großen Feind, in eine Verkörperung des ewigen Prinzips des Bösen. In einigen traditionellen moslemischen Berichten wird den Juden von Medina selbst in ihrer Niederlage und im Tode ein Maß an Würde und Mut belassen. Diese Darstellung ihrer Rolle, eher tragisch gesehen als diabolisch, hat sich bis in moderne Zeiten erhalten, so zum Beispiel in der dramatisierten Lebensgeschichte des Propheten, veröffentlicht im Jahre 1936 von dem großen ägyptischen Dramatiker Tawfiq al-Hakim. In der neuen Version sind die Juden die immerwährenden Feinde des Islams und der Moslems und deshalb – durch einfachen Schluß – die Ursache aller Nöte und Schwierigkeiten, die die islamische Welt in alten und neuen Zeiten heimgesucht haben. Für eine solche Interpretation der jüdischen Rolle in der islamischen Geschichte reichte das vom Koran und von der Sunna gelieferte Material nicht aus, weil es zwar die Boshaftigkeit des Juden tadelt, ihm aber die Kraft und den Mut abspricht, großen Schaden zu stiften.

Auch die Literatur des christlichen Antisemitismus, die übliche Kraftquelle der moslemischen Neophyten auf diesem Gebiet, war keine große Hilfe. Für bigotte Christen war der Kampf gegen den Islam eine heilige Aufgabe und deshalb nichts für Juden.

Die Lücke war jedoch mühelos zu überbrücken, wenn man etwas kreative Phantasie walten ließ. Ein Beispiel dafür, wie das zu bewerkstelligen war, läßt sich in einer Arbeit finden, die ein ägyptischer Scheich, Abdallah al-Meshad, der vierten Konferenz der Akademie für Islamische Forschung vorgelegt hat, die 1968 in al-Azhar in Kairo stattfand. In diesem Papier mit dem Titel »Die Haltung der Juden gegenüber dem Islam und den Moslems in der Ersten Islamischen Ära« erklärt der Autor, daß selbst nach dem Tode des Propheten

> die Juden blieben, was sie immer waren, ein Volk von niederer Gesinnung und tiefsitzendem Haß, so daß sie nie vergaßen, wie die Moslems sie behandelt hatten. Trotz ihrer eigenen Zerstreuung über die Welt lagen sie auf der Lauer und warteten auf das Verhängnis, das die Moslems ereilen sollte. Sie versuchten, eine Gelegenheit zu finden, um sich an ihnen zu rächen. Sie waren zumeist feige und vermochten es nicht, sich ihrem Feind offen entgegenzustellen, besonders dann nicht, wenn er stark war. Deshalb bedienten sie sich bei ihren Angriffen auf den Glauben der Verschwörung, der Komplotte, der Intrigen, des Aufruhrs, der Absonderung von den Gläubigen, der Verzerrung des göttlichen Rufes und des Versuchs, die Moslems aus ihrem gereinigten Bekenntnis zu vertreiben, der Quelle ihrer Kraft.

In seinen weiteren Ausführungen schreibt er dann den Juden eine Hauptrolle bei all den politischen, sozialen, religiösen und anderen Problemen zu, die sich in den frühen Jahrhunderten des Islams ergaben, und er beschuldigt sie, zumindest Komplizendienste geleistet zu haben bei der Ermordung des Kalifen Omar, ein Vorwurf, der der Geschichtsschreibung bis dahin unbekannt gewesen war:

> Wenn wir uns das neuere Bild der Verschwörung der Juden ansehen, wie sie mit aller Genauigkeit und Sorgfalt auf lange Zeit oder auf ewig planen und ihre Fäden spinnen, und das mit so

> feiner Kunst, daß wir überhaupt keinen Verdacht schöpfen, dann halten wir es nicht für unmöglich, daß es die Juden waren, die den Mord an Omar planten und das Komplott schmiedeten, oder daß sie zumindest Kenntnis hatten von der Verschwörung, sie aber absichtlich nicht ans Licht brachten.[3]

Die Azhar-Konferenz verwendete einen großen Teil ihrer Zeit auf historische Analysen dieser Art. Die Protokolle wurden in drei Bänden auf Arabisch und in einem Band auf Englisch – aus ihm ist obige Passage zitiert – veröffentlicht, und man sorgte für weite Verbreitung in der moslemischen Welt. Beschuldigungen solcher Art sind von den Konferenzen in die Schulbücher vorgedrungen und von den arabischen Ländern in die ganze islamische Welt, bis hin ins ferne Malaysia und Indonesien und zu den moslemischen Völkern des tropischen Afrikas.

Das Vordringen des Antisemitismus in seiner europäisch-christlichen Form ging anfangs langsam vonstatten und hielt sich in Grenzen. Zu einem bedeutenden Faktor wurde es in der arabischen Welt erst gegen Ende der fünfziger, Anfang der sechziger Jahre unseres Jahrhunderts. Das bedeutet natürlich nicht, daß es zuvor keine Feindseligkeit gegenüber Juden gab. Sie war vorhanden, und zwar in zweierlei Form. Die alte islamische Verachtung der Juden als der unbedeutenderen und verachtenswerteren der beiden religiösen Minderheiten des islamischen Raums war noch immer vorhanden, neben den Vorurteilen und den Stereotypen, die im Laufe der Jahrhunderte gewachsen waren. Sie war jedoch ein relativ geringfügiger Faktor in den moslemisch-jüdischen Beziehungen. Seit der Zeit der Kreuzzüge und speziell im neunzehnten Jahrhundert betrachteten die Moslems in Syrien und Ägypten die Christen sehr viel mißtrauischer als die Juden. Seit Bonapartes Ägypten-Invasion im Jahre 1798 und dem anschließenden Wachsen des wirtschaftlichen, strategischen und politischen Einflusses der europäischen Mächte im Nahen Osten hatten die einheimischen Christen unter dem Schutz ihrer ausländischen Glaubensgenossen einen starken Aufschwung erlebt und erreichten ein Maß an Wohlstand und Macht, wie es unter den traditionellen moslemischen Regimen nie und nimmer möglich gewesen wäre. Wegen ihrer Verbindungen zu den ausländischen Mächten wurden sie schließlich von ihren moslemischen Landsleuten selbst als Ausländer angesehen oder, noch schlimmer, als illoyale Staatsbürger und als Verbündete ausländischer Feinde. Abgesehen von Nordafrika, wo es keine einheimischen Christen gab, erwuchsen den Juden weitaus weniger Vorteile aus der ausländischen Präsenz, so daß sie auch weniger Mißtrauen auf sich lenkten.

Zu Anfang fanden sich antijüdische Ressentiments im islamischen Raum weit mehr bei den Christen als bei den Moslems, und sie ließen sich auch gelegentlich auf antijüdische Umtriebe ein. Als eine rivalisierende Minderheit, die sich im Wettbewerb um die gleichen Positionen in einer vorherrschend moslemischen Gesellschaft befand, wurden die Christen zuzeiten von kommerzieller Rivalität angetrieben, zuzeiten aber auch von einem natürlichen Wunsch, moslemische Ressentiments von sich abzulenken und ihnen eine andere Richtung zu geben. Westlichen Einflüssen zugänglicher als die Moslems, aber noch keineswegs verwestlicht, wurden sie oft von westlichen Krankheiten angesteckt, bevor sie eine westliche Immunität dagegen entwickelt hatten. Ein Beispiel dafür war der Antisemitismus, den ihnen einige ihrer kirchlichen Lehrmeister und einige ihrer Geschäftspartner aus Europa zutrugen.

Der Antisemitismus europäischer Prägung blieb eine Randerscheinung unter den Christen des Orients; die Wirkung auf die Moslems war gering. Am wichtigsten waren die Ausbreitung der Blutverleumdung im Laufe des neunzehnten Jahrhunderts und die seltenen moslemischen Reaktionen auf die Propaganda der Anti-Dreyfusards und ihresgleichen. Traten antijüdische Vorurteile unter Moslems auf, was gelegentlich der Fall war, dann handelte es sich um den traditionellen moslemischen, nicht um den christlichen Typ von Antisemitismus. Das galt auch noch eine Zeitlang nach dem Beginn der zionistischen Ansiedlung im osmanischen und im Mandats-Palästina und den von ihr ausgehenden Konflikten.

In den ersten Jahren des Mandats versuchten einige palästinensische arabische Autoren noch, gewisse Unterscheidungen beizubehalten, nicht so sehr zwischen Juden und Zionisten, als vielmehr zwischen ausländischen und einheimischen Juden, wobei letztere jetzt als Teil der nahöstlichen Familie angesehen wurden und nicht mehr, wie zuvor, als Mitbürger unter osmanischer Herrschaft. Einige wenige Juden spielten in Syrien, im Irak und, in geringerem Maße, in Ägypten sogar eine gewisse Rolle im arabischen politischen Leben. Als Faisal im Jahre 1920 in Damaskus zum König gekrönt wurde, gehörte der syrischen Delegation, die ihn empfing, auch Joseph Laniado an, der spätere Präsident der jüdischen Gemeinde in Syrien. Ein anderer syrischer Jude, Eliyahu Sasson, später israelischer Diplomat, war 1919/20 Chefredakteur der nationalistischen Zeitung *al-Hayat*. Es gab sogar einen Versuch, der auch ein gewisses Echo fand, um sephardische Unterstützung für die arabische Sache gegen den Zionismus als einen europäischen, entweder bolschewistischen oder imperialistischen Import zu werben.[4] Doch dieser Appell der Araber an ihre jüdischen Nachbarn verlief im Sande, als die arabischen Führer und die Sprecher es versäumten, die von ihnen selbst getroffene Unterscheidung zwischen Juden und Zionisten, zwischen Ausländern und Landsleuten zu beachten, und als sie statt dessen ihren Angriff gegen das ganze Judentum und gegen alle Juden richteten.

Bei diesen Angriffen stützten sie sich immer stärker auf antisemitische Schriften, die aus Europa eingeführt worden waren. An der Spitze lagen dabei zwei alte antisemitische Favoriten – Kanonikus Rohlings *Talmudjude* und die *Protokolle der Weisen von Zion*. Beide Bücher waren in der christlichen Welt wiederholt wissenschaftlich und gerichtlich verurteilt worden, das eine als grobe Verzerrung, das andere als Fälschung, und seit dem Untergang des Naziregimes waren beide, abgesehen von verrückten Randgruppen, in Vergessenheit geraten. In den arabischen Ländern jedoch genießen beide Werke seit dem Ende der fünfziger Jahre eine neue Popularität. Die *Protokolle* werden gelegentlich in arabischen Polemiken der frühen zwanziger Jahre erwähnt, die Zionismus und Bolschewismus miteinander in Verbindung bringen. Die erste Übersetzung ins Arabische, und zwar aus dem Französischen, wurde am 15. Januar 1926 in der Zeitschrift *Raqib Sahyun* gedruckt, die in Jerusalem von der römisch-katholischen Gemeinde herausgegeben wurde.[5] Eine weitere Übersetzung, ebenfalls aus dem Französischen und angefertigt von einem arabischen Christen, wurde ein oder zwei Jahre später in Kairo in Buchform veröffentlicht. Die erste Übersetzung von einem Moslem, und zwar aus dem Englischen, erschien 1951 mit einer ausführlichen Einleitung in Kairo. Zahlreiche Ausgaben und Übersetzungen folgten.

In den nächsten Jahren wurde aus dem Rinnsal eine Flut, und es dauerte nicht mehr lange, da hatte der arabische Leser ein breites Spektrum antisemitischer Literatur zur Verfügung, und zwar ausnahmslos christlichen und europäischen oder amerikanischen Ursprungs. Es gehörten dazu Produkte des klerikalen und des antiklerikalen Antisemitismus, des rechts- wie des linksgerichteten, des sozialistischen wie des faschistischen. Einige dieser Bücher wurden mehrere Male übersetzt und erlebten viele Neuauflagen. Außer Büchern gab es Artikel in Zeitungen und Zeitschriften, Rundfunksendungen, öffentliche Vorträge und Mahnungen, die zusammen dazu beitrugen, den moslemischen arabischen Leser mit Themen und Bildern vertraut zu machen, die ihm vorher unbekannt waren – der Jude als Ritualmörder, als Freimaurer, als Kapitalist, als Kommunist, als Reaktionär, als Umstürzler und als Mittelpunkt einer Verschwörung des Bösen mit dem Ziel der Weltherrschaft. Mit der neuen Literatur kam eine neue Bildersprache, und mit der Zeit lernten die arabischen Karikaturisten den Umgang mit den grotesken Stereotypen jüdischer Rassenmerkmale, die den Lesern der antisemitischen Presse in Osteuropa und anderen Teilen der christlichen Welt schon so lange vertraut waren; zugleich lernten die arabischen Zeitungsleser, diese Zeichen zu erkennen.

In früherer Zeit war den Juden in der moslemischen Literatur, gleich, ob sie nun religiöser, historischer oder erzählerischer Art war, wenig Aufmerksamkeit zugewendet worden. Heute werfen sie zunehmend längere und dunklere Schatten. Werke, die sich als wissenschaftlich ausgeben, enthüllen erschreckende Geheimnisse aus der jüdischen Geschichte und Religion, während Autoren populärer Erzählungen und Theaterstücke eine Galerie bösartiger Juden schaffen, die durchaus würdig ist, einen Platz neben der jüdischen Verbrecherkartei des literarischen Europas einzunehmen. Sogar jene vertraute Gestalt der europäischen antisemitischen Literatur, die schöne Jüdin, hat in der arabischen erzählenden Literatur und Reportage ihren gelegentlichen Auftritt, und zwar an der Seite des auch äußerlich abscheulichen jüdischen Mannes, während die sexuellen Phantasien, charakteristisch für nationalsozialistische Experten wie Julius Streicher, ihre Parallelen in den Orgien von Vergewaltigung und Sadismus finden, die israelischen Soldaten zugeschrieben werden.

Vieles davon ist die konventionelle Darstellung des Kriegsgegners als Stereotyp des Bösen. Aber er wird durchweg als Jude definiert und bezeichnet, und nicht-israelische Juden werden oft in die allgemeine Verdammung einbezogen.[6] Von einiger Bedeutung ist immerhin die Tatsache, daß diese Literatur zwar mittlerweile sehr weit verbreitet ist, daß sich aber unter ihren Urhebern nur sehr wenige der maßgeblichen Autoren der modernen arabischen Literatur finden.

Als die antibiblische Argumentation gegen das Judentum von der Christenheit auf den Islam übertragen wurde, standen die arabisch-moslemischen Polemiker vor einer sehr viel leichteren Aufgabe als ihre europäisch-christlichen Vorgänger, da die Bibel ja für sie keinen kanonischen Rang besaß. Schon in klassischer Zeit hatte man das Prinzip aufgestellt, daß die jüdischen – und damit auch die christlichen – heiligen Schriften nicht nur überholt, sondern auch von den Juden und Christen korrumpiert und verzerrt worden seien und deshalb nicht mehr als authentische Niederlegungen von Gottes Wort gelten könnten. In klassischer Zeit gab es kaum Kritik von Seiten moslemischer Gelehrter am Alten Testament. Was sie der Bibel an Aufmerksamkeit zuwandten, richtete sich vielmehr gegen das Neue Testament, die heilige Schrift des einzigen ernstzunehmenden Rivalen des Islams. In moderner Zeit jedoch ist der Angriff auf das Alte Testament zu einem Hauptthema der antijüdischen Propaganda geworden. Einige arabische Autoren nehmen für sich in Anspruch, im Alten Testament die Wurzeln aller bösen Eigenschaften, aller düsteren Verschwörungen erkennen zu können, die sie den Juden zuschreiben. Einige gehen sogar so weit, die christlichen Kirchenväter zu rügen, weil sie dem Alten Testament den kanonischen Status zuerkannt und es dem Neuen an die Seite gestellt haben, womit sie es den gottlosen Juden ermöglichten, vermittels ihrer korrupten und bösen Schriften der christlichen Religion ihr Gift einzuträufeln.

Tatsächlich geht die Dämonisierung des Juden in modernen arabischen Schriften weiter, als es in der westlichen Literatur jemals der Fall war, abgesehen von Deutschland während der Nazi-Herrschaft. In den meisten westlichen Ländern werden antisemitische Abschweifungen bei der Behandlung jüdischer Geschichte, Religion und Literatur mehr als ausgeglichen durch einen reichen Schatz an wirklicher Gelehrsamkeit, das Werk christlicher Gelehrter, während die Versammlung jüdischer Halunken in der erzählenden Literatur wenn auch nicht aufgewogen, so doch wenigstens in Frage gestellt wird durch jüdische Helden in derselben Literatur. In modernen arabischen Schriften hingegen finden sich nur ganz wenige solcher Gegengewichte. Das Interesse an den Juden fehlt entweder gänzlich, oder es ist feindseliger Art. Es gibt praktisch keine wissenschaftliche Literatur über jüdische Angelegenheiten, nicht einmal auf allerhöchster akademischer Ebene, in der nicht versucht wird, irgendeinen polemischen Schlag gegen die Juden anzubringen.

Gelegentlich zumindest geht es ernsthaften Geschichtsschreibern der moslemisch-jüdischen Beziehungen darum, moslemische Toleranz zu demonstrieren und manchmal implizit, häufiger aber ausdrücklich jüdische Undankbarkeit deutlich zu machen. In aller Regel aber bestehen Schriften über Juden in Vergangenheit und Gegenwart aus weitreichenden Beschuldigungen, die in heftiger Sprache vorgebracht werden. Diese Tatsache ist besonders bemerkenswert, wenn man ihr die Behandlung von Arabern und Moslems in der hebräischen Wissenschaft und Literatur des modernen Israels gegenüberstellt. Die israelische Literatur kennt einige negative Stereotypen; sie umfaßt aber auch viele durch Mitempfinden geprägte Darstellungen des Arabers – seiner Verdrängung durch die jüdische Siedlungspolitik, seiner schwierigen Situation unter israelischer Herrschaft. Der größte Teil der israelischen Forschung über arabische Geschichte und Kultur entspricht den Standards, den Methoden und der Sprache, die in der internationalen modernen Wissenschaft als normal angesehen werden, und sie hat Werke von großem Wert und erheblicher Bedeutung hervorgebracht. Einige Bücher sind sogar von so großem Interesse für die Araber selbst, daß sie von den Boykottvorschriften der Arabischen Liga ausdrücklich ausgenommen und in arabische Länder eingeführt worden sind – einige wenige hat man sogar ins Arabische übersetzt.

Mit dem Wachsen des Konflikts verschärfte sich alter Haß, alte Bindungen wurden zerrissen. Der große irakische Dichter Maruf al-Rusafi, der von 1918 bis 1920 am Pädagogischen Institut in Jerusalem lehrte, schrieb eine Ode, in der er die Verdienste Sir Herbert Samuels pries, des britischen Hochkommissars für Palästina. In dem Gedicht bestreitet er die Behauptung, daß die Araber antijüdisch seien:

Wir sind nicht, wie unsere Ankläger sagen, Feinde der Kinder Israels, weder insgeheim noch öffentlich. Wie könnten wir! Sind sie doch unserer Väter Brüder, sind doch die Araber von alters her durch Ismael mit ihnen verwandt!
Verwandt sind beide, der Beweis liegt beschlossen in beider Sprache.
Aber wir fürchten das Exil, wir fürchten das Regiment der Gewalt.[7]

Das Gedicht löste einen Entrüstungssturm unter den palästinensischen Arabern aus, die vor allem empört darüber waren, daß er die Ode dem jüdisch-zionistischen britischen Hochkommissar gewidmet hatte. Die Angelegenheit nahm solche Formen an, daß al-Rusafi sich gezwungen sah, das Land zu verlassen.

Es gab noch immer einige Menschen, die darauf bestanden, differenziert zu urteilen. In einem Artikel, der am 14. Mai 1924 in der Zeitung *Mirat al-Sharq* erschien, wurden die damals populären Lieder kritisiert, in denen die jüdische Religion verächtlich gemacht wurde: »Solche Lieder sind ohne Sinn, mehr noch, sie stehen im Widerspruch zum Prinzip einer monotheistischen Religion, sei es der Islam, sei es das Christentum . . . Wir sollten uns in unserem Kampf um den Respekt unserer Feinde ebenso wie um den Respekt unserer Freunde bemühen.«[8] Aber die Tendenz ging in die entgegengesetzte Richtung. Es dauerte nicht mehr lange, dann wurde der Angriff von der Gegenwart auf die Vergangenheit ausgedehnt. Selbst der berühmte und hochgeachtete alte arabisch-jüdische Dichter Samawal, gefeiert wegen seiner Treue, wurde nicht verschont. Ibrahim Tuqan (1905-1941), einer der bekanntesten palästinensischen Dichter seiner Zeit, tat die Geschichten um ihn als Legenden ab. Seiner Meinung nach waren die Gedichte, die man Samawal zuschrieb, so erfüllt von authentischem edlen arabischen Geist, daß sie unmöglich von einem Juden geschrieben worden sein konnten. Auch die berühmte Geschichte von Samawals Treue, die sprichwörtlich wurde, wird neu ausgelegt. Indem er zuließ, daß sein Sohn grausam ermordet wurde, anstatt das Kettenhemd herzugeben, das ihm ein Freund zu getreuen Händen anvertraut hatte, bewies Samawal nicht seine Treue und Redlichkeit, sondern seine jüdische Liebe zum Geld.[9]

Es gab auch neue Vorwürfe, darunter den, daß die Juden ein Element der Auflösung und Spaltung seien, daß sie so gefährliche Kräfte wie Kommunismus und sexuelle Freizügigkeit in die Gesellschaft brächten. Der Hauptfaktor jedoch war das Anwachsen der jüdischen Siedlungen in Palästina und die zunehmende arabische und moslemische Furcht, daß Palästina seinen arabischen und moslemischen Charakter verlieren würde. Während die jüdische Gemeinde durch Einwanderung wuchs und die seit alters her etablierten jüdischen Einwohner in der Masse der Neuankömmlinge untergingen, wurden die Unterschiede zwischen alt und neu, zwischen fremd und einheimisch, zwischen Juden und Zionisten von den meisten Arabern vergessen, und die Angriffe richteten sich allgemein gegen »die Juden«.

Der Aufstieg und Triumph des Nationalsozialismus in Europa löste gemischte Reaktionen in der arabischen Presse und Literatur aus. Nur wenige Araber waren sich offenbar der Tatsache bewußt, daß diese Veränderung in Europa ihr Problem verschärfte, indem sie die Juden aus Europa hinaus nach Palästina trieb; gelegentlich wurden Nazi-Exzesse mißbilligt, vor allem nach dem Einmarsch in die Tschechoslowakei. Viel bedeutsamer aber war die erwachende Sympathie gegenüber dieser neuen Kraft in der Welt, die als Gegner aller drei Hauptfeinde der Araber zugleich auftrat, der Briten, der Franzosen und der Juden. Es war nur natürlich, eine solche Kraft willkommen zu heißen und ihrem Standpunkt Aufmerksamkeit zu schenken. Die Reaktionen auf Berichte über Judenverfolgungen in Europa zeugten im allgemeinen vom Fehlen jeglichen Mitgefühls. Sie konzentrierten sich auf zwei Argumentationen, die schließlich immer wieder in arabischen Kommentaren zu diesem Ereignis auftauchten. Die erste besagte, daß die Juden ihre Leiden grob übertreiben und schamlos zu ihrem politischen Vorteil ausnutzen würden; die zweite besagte, daß die Juden nun bekämen, was sie wegen ihrer Missetaten längst verdient hätten. Als eine dieser Missetaten führte man den Versuch der Juden an, jene Zerstörung und Verwüstung nach Deutschland zu tragen, die sie zuvor nach Rußland gebracht hätten. Mit dem Wachsen des sowjetischen Einflusses in der arabischen Welt und der sich daraus ergebenden veränderten Einstellung gegenüber der russischen Revolution und dem Kommunismus wurde dieses letzte

Detail fallengelassen und durch andere ersetzt. Die allgemeine Einstellung gegenüber den Judenverfolgungen in Europa konnte mit dem Satz zusammengefaßt werden: »Das ist nicht unsere Angelegenheit, es ist nicht unsere Schuld, und es sollte nicht auf unsere Kosten wiedergutgemacht werden.«

Die Verbindungen zu Nazi-Deutschland wurden sehr früh geknüpft und waren, als die Kriegsjahre kamen, in der Tat sehr stark. Diese Verbindungen gingen über politische Taktik hinaus und enthielten eine beträchtliche ideologische Komponente. Die starke Wirkung, die die politischen, sozialen und wirtschaftlichen Lehren der Nationalsozialisten auf arabische nationalistische Theoretiker jener Zeit ausübten, ist offensichtlich. Diese Tatsache macht es nur um so bemerkenswerter, daß die Nazi-Mischung aus altem christlichen und neuem rassistischen Antisemitismus einen viel geringeren Einfluß hatte. Es gab einige, wie den Mufti und eine Anzahl seiner Gefährten, die die Politik der Nationalsozialisten uneingeschränkt akzeptierten. Aber die meisten, selbst unter denjenigen, die sich zu einem Zusammengehen mit den Nazis gegen den britischen und französischen Imperialismus und gegen die zionistische Siedlungspolitik bekannten, machten doch halt vor deren Antisemitismus. Ihre Feindseligkeit gegenüber den Juden äußerten sie weiterhin in politischen oder schlimmstenfalls in traditionellen islamischen Begriffen, die sehr vehement sein konnten, sich aber doch wesentlich von der nationalsozialistischen Sicht der Juden unterschieden.

Im Laufe des Ringens um Palästina beeinflußten alte Stereotypen und neue Mißhelligkeiten unweigerlich einander, und der Ton der antizionistischen und antijüdischen Polemik wurde immer bitterer, heftiger und ausgreifender. Der Jude – nicht mehr nur der Zionist – wurde als niederträchtig, verräterisch, feige, bösartig und heimtückisch dargestellt und natürlich als unversöhnlicher Feind des Islams. Diese antijüdischen Stereotypen waren seit frühen islamischen Zeiten präsent gewesen, aber sie hatten immer eine sekundäre Rolle in der islamischen Literatur gespielt. Noch in den fünfziger Jahren wies Sajid Qutb, der Führer der Moslembrüder, in einem Essay über »unseren Kampf gegen die Juden«[10] diesen nur einen geringen Platz unter den Feinden zu, die den Islam bedrohen – als da seien Kapitalismus, Kommunismus, Säkularismus und, am schlimmsten von allen, das neue Heidentum der vom Glauben abgefallenen moslemischen Diktatoren. Neu waren nicht so sehr die Themen als vielmehr Art und Ausmaß ihrer Verwendung. Der Jude, seine Religion und seine Geschichte wurden in mannigfacher Weise und mit zunehmender Heftigkeit beleidigt und beschimpft, aber die Themen, die Bilder, selbst die Sprache bezog man noch aus den traditionellen islamischen Quellen. Das einzige neue, von Europa entlehnte Thema war das des Geldes. Mit wenigen Ausnahmen stellten die moslemischen Autoren den Juden noch nicht als Inkarnation des Bösen dar, als Kind und Agenten des Teufels, als Brunnenvergifter, als Ritualmörder, als Bluttrinker und als gottlosen Verschwörer, der die ganze Menschheit unterwerfen und die Welt beherrschen will.

Selbst so gewaltige Ereignisse wie das Bündnis mit den Nazis, die Gründung des Staates Israel und das Elend der palästinensischen Flüchtlinge brachten nur eine leichte Zunahme im Gebrauch antisemitischer – im Unterschied zu antijüdischen – Äußerungen. Der wirkliche Wandel begann nach dem Krieg von 1956 und erreichte seinen Höhepunkt nach dem Krieg von 1967. Diese schockierenden, unerträglichen und unerklärlichen Niederlagen und die nachfolgende Errichtung jüdischer Herrschaft über arabische Untertanen führten schließlich zu der massiven Übernahme des Antisemitismus, der hinfort zum beherrschenden Grundton in der Erörterung Israels und des Zionismus, des Judentums und der Juden wurde.

Der erste substantielle Hinweis darauf, daß man nicht mehr nur Israel und den Zionismus, sondern allgemein die Juden als Feind sah, war die Einführung gesetzlicher Maßnahmen sowohl gegen Staatsbürger als auch gegen fremde Staatsangehörige jüdischen Glaubens durch arabische Regierungen. Nach den Ereignissen des Jahres 1941 in Bagdad und für die Dauer der restlichen Kriegsjahre hielt die Anwesenheit großer alliierter Armeen die Dinge mehr oder minder im Zaum. Aber die Feindseligkeit gegen Juden wuchs, und mit dem Nachlassen des alliierten Drucks im Gefolge des Kriegsendes fanden antijüdische Gefühle offenen Ausdruck. Die erste Nachkriegswelle antijüdischer Ausschreitungen kam im November 1945 mit Tumulten und Angriffen auf Synagogen und jüdische Geschäfte in Ägypten und Syrien und einem Massaker in Libyen, wo 130 jüdische Tote offiziell gezählt und so viele jüdische Häuser, Geschäfte und Werkstätten zerstört wurden, daß ein großer Teil der Gemeinde obdachlos und im Elend zurückblieb. Eine zweite Welle folgte im Dezember 1947 mit Massakern an Juden in Aleppo und Aden. Hier war in offiziellen Angaben die Rede von 82 Toten, etwa gleich vielen Verletzten, von 106 geplünderten Schiffen und 220 beschädigten oder zerstörten Häusern.[11]

Alle gingen der Gründung des Staates Israel voraus, wenn sie auch zum Teil durch das Wachsen der »Jüdischen Nationalen Heimstatt« in Palästina ausgelöst wurden. Die Juden der arabischen Länder mit Ausnahme des Jemens waren bis dahin wenig vom Zionismus berührt worden, und einige von ihnen betrachteten diese vorherrschend europäische Bewegung sogar mit Mißtrauen. Zweifellos müssen einige der von jüdischen Führern in arabischen Ländern abgegebenen Erklärungen, in denen sie den Zionismus angreifen und den arabischen Nationalismus unterstützen, dem starken Druck zugeschrieben werden, dem sie ausgesetzt waren; es ist zum Beispiel unwahrscheinlich, daß führende Juden in Damaskus wirklich, wie sie beteuerten, »aus eigenem freien Willen« handelten, als sie ihre Absicht kundtaten, ein Bankett zu Ehren von Fawzi al-Qauqji zu geben, einem ehemaligen syrischen Offizier, der bei den Truppen des Muftis in Palästina, unter Raschid Ali im Irak und danach in der deutschen Wehrmacht gedient hatte. Es gibt jedoch keinen Grund, an der Aufrichtigkeit sowohl ihrer Loyalitätsbekundungen gegenüber den Ländern, deren Staatsbürger sie waren, als auch ihrer Mißfallensäußerungen bezüglich der neuen, westlich orientierten Gesellschaft, die sich in Palästina herausbildete, zu zweifeln. Diese Loyalitäten und diese unguten Gefühle wurden dann beide durch den Lauf der Ereignisse in den arabischen Ländern von 1945 bis 1950 hinfällig gemacht.

Einer Welt, die sich an die Massenschlächtereien gewöhnt hatte, die in Hitlers Europa im Kampf und in kaltblütiger Organisation stattfanden, mochte der Verlust an jüdischen Menschenleben in verschiedenen arabischen Städten klein erscheinen. Den unmittelbar Betroffenen erschien es nicht so, zumal derartige Angriffe für sie ein neues Erlebnis waren. Die Juden der arabischen Welt hatten in der Vergangenheit Verfolgungen gekannt. Aber sie waren verhältnismäßig glimpflicher Natur gewesen und lagen weit zurück. Die jüngere Erinnerung war geprägt von Ruhe und Wohlstand, von einem geachteten und akzeptierten Status, von gemeinsamen Hoffnungen auf Verwirklichung liberaler, patriotischer Ideale. Die antijüdischen Ausschreitungen in einer Reihe arabischer Städte und der Haß, der sie auslöste, kamen als böses Erwachen für die betroffenen jüdischen Gemeinden, die bis dahin komfortabel und selbstzufrieden gelebt hatten. Sporadische Gewalttaten hätten eingedämmt, vielleicht sogar hingenommen werden können. Unhaltbar wurde die Lage der arabischen Juden schließlich durch die sich stetig steigernden Diskriminierungen, die die arabischen Regierungen gegen sie richteten und die einhergingen mit einem wilden Trommelfeuer antijüdischer – nicht nur antizionistischer – Propaganda in Presse, Rundfunk, Literatur und Kunst, in politischen Reden und Kundgebungen, ja sogar in Schulbüchern.

Im Sommer 1948 verschlechterte sich die ohnehin schon schlimme Lage der Juden in den arabischen Ländern mit der Gründung des Staates Israel und dem erfolglosen Versuch der arabischen Armeen, den neuen Staat bei seiner Geburt zu zerschlagen, rapide. In Ägypten, im Irak und in Syrien waren Juden willkürlichen Verhaftungen ausgesetzt, wurden verhört und geschlagen; es gab Beschlagnahmungen jüdischen Eigentums in großem Stil, es wurden Zwangsabgaben erhoben, Juden verloren ihren Arbeitsplatz und mußten eine Einschränkung ihrer Bewegungsfreiheit sowie finanzielle und kommerzielle Beschränkungen aller Art hinnehmen. Damit einher gingen gewalttätige Ausschreitungen in vielen arabischen Städten bis hin ins ferne Marokko.

Wie den Deutschen in den frühen Jahren des Nazi-Regimes, scheint es einigen arabischen Regierungen in erster Linie darum gegangen zu sein, ihre Juden loszuwerden. Auswanderung war die naheliegende Antwort, und es scheint den Arabern – wie den Nazis – ziemlich gleichgültig gewesen zu sein, wohin sie gingen. Viele der reicheren und besser ausgestatteten Juden zogen es vor, nach Westeuropa oder nach Nord- und Südamerika auszuwandern. Die meisten armen Juden fanden ihre neue Heimat in Israel. Mindestens zwei arabische Regierungen, die irakische und die jemenitische, wirkten direkt bei der Übersiedlung ihrer Juden nach Israel mit. Andere waren bereit, beide Augen zuzudrücken.

Die Maßnahmen arabischer Regierungen gegen ihre eigenen Juden waren eher praktischer als theoretischer Art, sie waren eher administrativ als ideologisch begründet. Verhältnismäßig wenige ausgesprochen antisemitische Schriften erschienen um diese Zeit – die Flut setzte erst mehrere Jahre später ein. Aber während Ausmaß, Intensität und Bitterkeit des arabisch-israelischen Konflikts zunahmen, wurden die Juden in den meisten arabischen Ländern sowohl von den Behörden als auch von der Bevölkerung so hart unter Druck gesetzt, daß die Mehrheit sich gezwungen sah, ihr Heimatland zu verlassen. Heute sind nur Reste geblieben. Diese antijüdischen Aktivitäten sind zweifellos durch die Ankunft einer Anzahl aus Deutschland geflohener NS-Kriegsverbrecher im Nahen Osten gefördert worden, von denen einige ihre Erfahrungen in »Judenangelegenheiten« ihren Gastgebern zur Verfügung stellten. Einer von ihnen, Johann von Leers, ein Spezialist in antisemitischer Literatur, wurde in Kairo von keinem Geringeren öffentlich willkommen geheißen als von dem Mufti Hadsch Amin al-Hussaini, der in einer Rede sagte: »Wir danken Ihnen dafür, daß Sie es unternommen haben, in den Kampf gegen die Mächte der Finsternis zu ziehen, die im Weltjudentum Gestalt angenommen haben.«[12] Unter dem neuen Namen Omar Amin wurde von Leers politischer Berater des Informationsbüros der ägyptischen Regierung und blieb bis zu seinem Tode im Jahre 1965 in Ägypten.

Von den einst großen jüdischen Gemeinden in den arabischen Ländern gibt es heute nur noch in Marokko und in Tunesien nennenswerte Reste, und in beiden Ländern hängt ihre Sicherheit vom Fortbestand der derzeitigen politischen Ordnung ab. In Syrien leben noch ein paar Tausend; sie sind ernsten Beschränkungen unterworfen. In Ägypten, im Irak, im Jemen, in Libyen und Algerien ist die Geschichte jüdischen Gemeindelebens, die bis in die Antike zurückreichte, zu Ende gegangen, und nur noch einige wenige alte Menschen sind übriggeblieben. Jene arabischen Länder, die keine jüdischen Bürger hatten, achteten sorgfältig darauf, daß keine zu ihnen kamen, und ließen sie vielfach nicht einmal als Besucher einreisen. Das jordanische Staatsbürgerschaftsgesetz vom 4. Februar 1954 gewährt die Staatsbürgerschaft allen Einwohnern der Jordanien zugeordneten Westufer-Gebiete, schließt aber Juden ausdrücklich aus. Alle unabhängigen arabischen Staaten des Nahen Ostens stellten in ihren Visa-Antragsformularen die Frage nach der Religionszugehörigkeit und verweigerten routinemäßig allen Reisenden, ganz gleich welcher Nationalität, das Visum, die jüdisch als ihre Konfession angaben. Einige besonders streng islamische Staaten verlangten von westeuropäischen und amerikanischen Reisenden die Vorlage eines Taufscheins als Beweis dafür, daß sie keine Juden sind.

Nach dem Auszug nahezu aller Juden aus den nahöstlichen arabischen Staaten nahm der Kampf der Araber eine neue Form an: die der politischen Kriegführung gegen diejenigen, die sie als ihre Feinde ansahen – den Staat Israel und, hinter ihm stehend, das Weltjudentum. Nach dem Scheitern sowohl militärischer als auch wirtschaftlicher Maßnahmen gegen Israel wandten sich die arabischen Regierungen zunehmend ideologischen Waffen zu. Dabei war ihnen die Waffe des europäischen Antisemitismus in vieler Hinsicht hilfreich. Einerseits lieferte er ein fertiges System von Themen, Anklagepunkten und sogar visuellen Bildern für einen Krieg gegen die Juden. Andererseits brachte er nützliche Verbündete, unter ihnen die Überlebenden des alten Antisemitismus und die Vorläufer des neuen. Zu ersteren gehörten Neonazis in Deutschland, Neofaschisten in Italien, ihre Nachahmer in Großbritannien, Frankreich und den USA sowie ein breites Spektrum rechtsradikaler und rassistischer Gruppen in Lateinamerika. Letztere waren die Vertreter des wiederauflebenden Antisemitismus der Linken.

Ein frühes Zeichen für die Übernahme und Anpassung des Antisemitismus im arabischen Raum waren die enorme Produktion und Verbreitung antisemitischer Publikationen. Es gab arabische Autoren, die sich gegen diese Tendenz aussprachen. Die Verbreitung antisemitischer Propaganda, sagten sie, werde den Arabern schaden, indem sie ihre Entschlossenheit untergrabe oder ihre Sache in Verruf bringe. In einem 1972 veröffentlichten Buch machte sich ein syrischer marxistischer Philosoph, Sadiq Jalal al-Azm, über personalistische und verschwörerische Interpretationen des arabisch-jüdischen Konflikts lustig und wies seine Leser warnend darauf hin, daß es ihren Willen lähmen und sie daran hindern würde, ihre wirklichen Probleme zu verstehen und sich ihnen zu stellen, wenn sie derartigen Phantasien Glauben schenken würden.[13] In einem 1970 vom PLO-Forschungszentrum veröffentlichten Buch über den Talmud beklagte Asad Razzuq, daß arabische Autoren sich im allgemeinen auf so anfechtbare Quellen wie Kanonikus Rohlings *Talmudjude* stützten, Bücher, die »heute von zivilisierten Menschen abgelehnt und verachtet werden«, und fragte: »Wie lange noch wollen wir eigentlich unsere eigenen schlimmsten Feinde sein, indem wir der Gerechtigkeit unserer Sache schweren Schaden zufügen und den Anschein erwecken, als höben wir ihren humanistischen Charakter auf?«[14]

Aber derartige Appelle fanden wenig Resonanz. Razzuq zählte sechsundzwanzig Bücher auf, die direkt oder indirekt auf Rohling beruhten, und es sind seither noch etliche hinzugekommen. Es gibt mindestens neun verschiedene arabische Übersetzungen und ungezählte Auflagen der *Protokolle,* mehr als in irgendeiner anderen Sprache, das Deutsche eingeschlossen. Eine 1961 erschienene Ausgabe war mit einer Einleitung von dem berühmten und geachteten Autor Abbas Mahmud al-Aqqad versehen; eine um das Jahr 1968 erschienene andere Ausgabe war von Shawqi Abd al-Nasir übersetzt worden, dem Bruder des ägyptischen Präsidenten. Das Buch ist öffentlich empfohlen worden von den ägyptischen Präsidenten Nasser und Sadat, dem irakischen Präsidenten Arif, König Faisal von Saudi-Arabien, dem libyschen Obersten Gaddafi und verschiedenen anderen Monarchen, Präsidenten, Ministerpräsidenten und sonstigen politischen und intellektuellen Führern. Die *Protokolle* waren Gegenstand eines Artikels, der 1960 in der amtlichen ägyptischen Kulturzeitschrift erschien und von einem hohen Regierungsbeamten verfaßt worden war.[15] Derselbe Beamte war Autor einer Broschüre, in der nachgewiesen wurde, daß die Vereinigten Staaten eine koloniale Dependance Israels seien und nicht, wie ahnungslose arabische Linke meinten, umgekehrt.[16] Zur Stützung dieser These werden zahlreiche manipulierte Statistiken angeführt, die hauptsächlich aus amerikanischen Nazi-Publikationen stammen.

Bis vor wenigen Jahren hätte der Leser, der nur des Arabischen mächtig war, nicht gewußt, daß die Authentizität der *Protokolle* je in Frage gestellt worden sei, daß die einzigen disharmonischen Äußerungen von marxistischen Kritikern kamen, die personalistische Geschichtsdeutungen, wie sie den *Protokollen* zugrunde liegen, ablehnen, ohne jedoch darauf hinzuweisen, daß es sich um eine Fälschung handelt. In jüngster Zeit haben einige arabische Autoren gezeigt, daß ihnen diese Tatsache immerhin nicht unbekannt ist, aber sie zögern merkwürdigerweise noch immer, ganz und gar auf die *Protokolle* zu verzichten. Ein Autor, der in Abrede stellt, daß sich die Araber weitgehend auf dieses Buch stützen, zitierte eine irakische Rundfunksendung, in der über die *Protokolle* gesagt wurde, daß sie »von fragwürdiger Authentizität« seien.[17] Derselbe Autor bemerkte in einem am 22. Februar 1974 in *al-Ahram* veröffentlichten Artikel, daß »gegenwärtig die Meinung vorherrscht, daß die *Protokolle* ein gefälschtes Dokument seien«. Diese vorsichtige Formulierung stellt zweifellos einen gewissen Fortschritt dar, läßt aber eine Reihe von Fragen unbeantwortet, zum Beispiel diejenige, wer sie gefälscht habe und was sie eigentlich darstellen. Hier ist der Artikel bemerkenswert unklar. So gut wie nichts weist darauf hin, daß die Fälscher antijüdisch eingestellt waren und daß die *Protokolle* von den Nazis und anderen benutzt wurden, um ihr rassistisches Vorgehen gegen die Juden zu rechtfertigen. Im Gegenteil, der arglose Leser kann den Eindruck gewinnen, daß die *Protokolle*, auch wenn sie nicht jüdischen Ursprungs sind, doch genau das Bild widerspiegeln, das die Zionisten von sich selbst haben und das sie auf andere projizieren möchten. Hier bedient sich der Autor einer Theorie, die in arabischen Schriften dieser Art sehr oft gebraucht wird – daß Zionismus und Antisemitismus ein- und dasselbe seien, daß Zionisten und Antisemiten natürliche Verbündete und Kollaborateure seien und daß es deshalb ohne jede Bedeutung sei, ob nun die einen oder die anderen für die *Protokolle* verantwortlich sind. Einige arabische Autoren sind nicht glücklich über die *Protokolle*, aber nicht etwa, weil sie gefälscht sind, sondern weil sie ein Bild vom Juden als dem Gebieter über ungeheure verborgene Kräfte projizieren.

Es ist jedoch gerade das Gespenst dieser ungeheuren verborgenen Kräfte, das die *Protokolle* für viele arabische Autoren so anziehend macht und deren weite Verbreitung sicherstellt. Im März 1970 setzte eine libanesische Zeitung die *Protokolle* auf Platz eins ihrer Rangliste für Sachbücher. Neben der großen und weiter zunehmenden Zahl arabischer Übersetzungen und Neuauflagen gibt es eine sich rapide entwickelnde antisemitische Originalliteratur auf Arabisch, die zu einem großen Teil direkt oder indirekt auf den *Protokollen* beruht, die ausgiebig als maßgeblich zitiert werden. Auch spielen die *Protokolle* eine prominente Rolle in Propagandawerken, die von einigen arabischen Staaten und vom Iran international vertrieben werden.

Zu Lebzeiten Präsident Nassers war die Hauptquelle solcher Propaganda Ägypten. Schon im Januar 1965 wurde ein englischsprachiges Flugblatt mit der Überschrift »Israel, the Enemy of Africa« (Israel, der Feind Afrikas) vom Informationsbüro der Regierung in Kairo herausgegeben und in hoher Auflage in den englischsprachigen Ländern Afrikas verteilt. Die Autoren zitieren direkt aus den *Protokollen* und auch aus Henry Fords *Der internationale Jude,* und unter Berufung auf diese Autoritäten verurteilen sie den jüdischen Glauben und bezeichnen alle Juden als Betrüger, Diebe und Mörder.

In jüngerer Zeit ist die Aufgabe, die *Protokolle* zu verbreiten, von verschiedenen Stellen übernommen worden, die in Saudi-Arabien, in Libyen und neuerdings auch im revolutionären Iran operieren. Der verstorbene König Faisal hatte es sich zur Gewohnheit gemacht, die *Protokolle* und andere antisemitische Publikationen den Ministern, Diplomaten, Journalisten und anderen Persönlichkeiten, die ihm ihre Aufwartung machten, als Präsent zu überreichen.[18] Auch konsularische und kulturelle Vertretungen arabischer Länder verbreiten Exemplare dieser Werke. Die antisemitische Botschaft ist bis in Länder wie Pakistan, Malaysia und Indonesien getragen worden und hat von dort aus weitere Verbreitungsgebiete erobert. Am 20. September 1978 berichtete *The Canberra Times* über einen Vortrag, den ein pakistanischer Professor namens Qazi in der australischen Hauptstadt gehalten hatte; er wurde mit den Worten zitiert, daß »heute die Juden nicht nur eine Gefahr für die Araber darstellten, sondern für die ganze Welt. Dies sei nicht seine persönliche Meinung, sondern es stehe in jüdischen Geheimdokumenten geschrieben«. Dieser Artikel erschien unter zwei Überschriften, die eine merkwürdige Kombination darstellten, nämlich – in Anführungszeichen gesetzt – »Juden Gefahr für die ganze Welt« und »Professor hofft auf besseres Verständnis«. In der folgenden Ausgabe bestätigte der Professor, daß er richtig zitiert worden sei und daß es sich bei den von ihm erwähnten »Geheimdokumenten« um die *Protokolle der Weisen von Zion* handele.

Während einige Intellektuelle in den offeneren arabischen Ländern anfangen, Zweifel an den *Protokollen* zu äußern, gibt es andere, die bereit sind, die Aufgabe ihrer Verbreitung zu übernehmen und weiterzuführen. Eine Publikation namens *Imam*, die von der iranischen Botschaft in London herausgegeben wird, zitiert in ihren Ausgaben von 1984 und 1985 ausführlich aus den *Protokollen* und illustriert die Beiträge mit Karikaturen, die in Stil und Niveau der ost- und mitteleuropäischen antisemitischen Bildersprache gleichen. Im Jahre 1985 wurde eine neue, im Iran gedruckte Ausgabe der *Protokolle* von der »Islamischen Propaganda-Organisation, Abteilung für Internationale Beziehungen« in Teheran weithin verbreitet. In allerneuester Zeit ist gemeldet worden, daß die *Protokolle* am Bücherstand der großen Moschee in London zum Verkauf ausliegen. Henry Fords antisemitischer Traktat, später vom Autor selbst widerrufen, ist ins Arabische übersetzt worden, und im Mai und Juni 1984 wurde der Originaltext mit einer aus den Schriften des bekannten Judenhassers Gerald L.K. Smith zusammengestellten Einführung in Form einer Artikelserie von der in Dschidda erscheinenden weitverbreiteten englischsprachigen *Saudi Gazette* veröffentlicht.

Die aktive antisemitische Betätigung einiger arabischer Regierungen beschränkte sich nicht auf die Verwendung der *Protokolle*, der Blutverleumdung und anderer Standardwaffen aus dem antisemitischen Arsenal. Es gab auch eine direktere Beteiligung durch Verbindungen zu rechtsextremistischen Neonazi- und anderen antisemitischen Organisationen, vor allem in Europa und Lateinamerika. Der bekannteste Fall ereignete sich 1962 in London, als der ägyptische Militärattaché, Oberst (später: General) Muhammad al-Shazli, geheime Kontakte zu den Führern der »Britischen Nationalsozialistischen Bewegung« aufnahm, einer rechtsextremen Gruppe, die sich dem Nationalsozialismus, dem Faschismus und dem Antisemitismus verschrieben hatte. Diese Verbindungen kamen ans Licht, als die britische Polizei die Wohnung eines der britischen Naziführer durchsuchte und Korrespondenz mit dem ägyptischen Militärattaché entdeckte. In dieser Korrespondenz, in der es um eine mögliche Zusammenarbeit im gemeinsamen Kampf gegen die »organisierten Kräfte des Zionismus und des Weltjudentums« ging, kam auch die Bereitstellung ägyptischer Geldmittel für antisemitische Propaganda zur Sprache. Der Oberst bestritt jede Kenntnis dieser Korrespondenz. Wenig später wurde er nach Kairo zurückberufen. Die faschistischen Führer jedoch erteilten in ihrem Prozeß und in Zeitungsinterviews umfassendere Auskunft.[19]

Gegen Ende der sechziger Jahre hatte sich die Atmosphäre verändert, und Verbindungen zu faschistischen Organisationen waren ebenso unpassend wie die Bolschewismus-Bezichtigungen, die in den unmittelbar vorangegangenen Jahren so alltäglich gewesen waren. Für einige, zum Beispiel für die Saudis, war diese Form der Auseinandersetzung zwar noch immer möglich, aber für die große Mehrzahl der arabischen Staaten, die in unterschiedlichen Graden für sich in Anspruch nahmen, radikal, sozialistisch und revolutionär zu sein, waren derartige Beschuldigungen nicht mehr akzeptabel. Der Angriff auf Israel wurde jetzt in Begriffen des linken, nicht mehr des rechten politischen Flügels geführt, und er richtete sich an ein Publikum, das an einen etwas anderen Bezugsrahmen gewöhnt war. Aber das erwies sich nicht als sonderlich schwierig.

Intellektuelle Moden und internationale Bindungen hatten sich verändert, und das galt auch für den gerade modernen Feind. Anstelle des internationalen jüdischen Kommunisten, der die Weißrussen und die Nazis heimgesucht hatte und der noch heute am Hofe der Saudis spukt, erschien eine neue Gestalt – der Rassist. Der Angriff auf den Zionismus wurde entsprechend neu definiert, der Vorwurf des Rassismus wurde mit spürbarem Effekt angewandt. Besonders erfolgreich war er in liberalen und linken Kreisen in Westeuropa und Nordamerika, wo man lange Zeit die Sache sowohl Israels als auch des Zionismus begünstigt hatte und wo man sich jetzt in beträchtlichem Ausmaß von der palästinensischen Seite einnehmen ließ. Der Übergang zu dieser Angriffslinie verringerte bei arabischsprachigen Autoren nur in unerheblichem Maße die Verwendung rassistischer Dokumente wie der *Protokolle* und die Erhebung rassistischer Argumente gegen die Juden.

Natürlich können einzelne Juden oder Zionisten ebenso rassistisch sein wie die einzelnen Mitglieder irgendeiner anderen Gruppe oder die Anhänger irgendeiner anderen nationalistischen Ideologie. Es wäre in der Tat schwierig, wenn nicht gar unmöglich, irgendeine religiöse Gemeinschaft oder ethnische Gruppe namhaft zu machen, die von dieser sozialen und moralischen Seuche frei wäre. Aber das Judentum läßt Rassismus ebensowenig zu wie das Christentum und der Islam, während der Zionismus keine Spur rassistischer ist als jede andere nationalistische Bewegung und es bislang in geringerem Maße war als viele andere. Ebenso wie bei den Arabern in einer früheren Periode gingen gelegentlich auftretende Reibungen und Vorurteile nicht über das hinaus, was normal war zwischen Völkern, die sich im Kriegszustand miteinander befinden. Es hat jedoch unheilkündende Zeichen einer Verschlechterung gegeben. Negativ-Stereotypen von Arabern sind in jüngster Zeit in israelischen Kinderbüchern zu finden. Anfang der achtziger Jahre sprachen der israelische Ministerpräsident und der israelische Generalstabschef von Arabern in einer ethnisch beleidigenden Sprache, die noch wenige Jahre zuvor unvorstellbar gewesen wäre, und feindselige Auslassungen nicht nur über die arabischen Feinde Israels, sondern über Araber im allgemeinen begannen in extremistischen religiösen und nationalistischen Publikationen aufzutauchen, wenn auch nicht in der tonangebenden Presse. Hundert Jahre nach dem Beginn der zionistischen Siedlung in Palästina und fast vierzig Jahre nach der Gründung des Staates Israel wurde eine ausdrücklich antiarabische Partei in Israel gegründet, die eine Politik ethnischer Feindschaft gegen Araber treibt. Sie ist noch eine kleine Randgruppe im israelischen politischen Spektrum, aber sie könnte, wenn die derzeitige Situation noch längere Zeit andauern sollte, sich sehr wohl zu einem bedeutenderen Faktor auswachsen. Rassismus ist eine ansteckende Krankheit.

Der arabischen Sache gegen die Juden war es erklärtermaßen um die Ideologie des Zionismus und um die Aktivitäten des Staates Israel sowohl gegen die palästinensischen Araber als auch gegen die benachbarten arabischen Staaten zu tun gewesen. Das in der Tat waren die Ursprünge der Anklage – aber es dauerte nicht lange, und sie nahm viel größere Dimensionen an. Sie erstreckte sich nun auf das gesamte jüdische Volk in der ganzen Welt und zu allen Zeiten in der Geschichte.

Eine übliche Anschuldigung besagt, daß die Juden Rassisten sind und es schon immer waren. Einige der Ankläger sehen überhaupt nichts Widersprüchliches darin, diese Eigenschaft als ein rassisches Merkmal zu bezeichnen; andere, mit soliderer Logik, aber ebenso wenigen Beweisen, schreiben den Rassismus der Juden dem verderbten und bösartigen Charakter der jüdischen Religion zu. Dieser Vorwurf wird mit geeigneten Zitaten aus den antisemitischen Standarddarstellungen des Talmuds und des Alten Testaments belegt, versehen mit einigen neuen und bezeichnenden Variationen. Die Geschichte des

Exodus wird neu erzählt, mit Pharao als dem Helden und den Israeliten als den Schurken – eine ziemlich heikle Sache, weil diese Darstellung der Koran-Version in allem widerspricht. Besondere Aufmerksamkeit gilt der Rolle der Juden in der islamischen Geschichte, angefangen bei den Stämmen, die sich gegen Mohammed erhoben, bis hin zu den jüdischen Kapitalisten in König Faruks Ägypten, die nach dieser Geschichtsbetrachtung in Ägypten wie in anderen Ländern Toleranz und Gastfreundschaft mißbrauchten, nur um die wirtschaftliche und am Ende auch die politische Vorherrschaft zu erlangen. Eine ähnlich böse Rolle wird den Juden in Europa und in Nord- und Südamerika zugewiesen, wo sie sich, wie man erfährt, durch ihre Umtriebe den wohlverdienten Haß der Völker zugezogen haben, die sie auszubeuten und zu beherrschen versucht hätten.

In vielen dieser Schriften wird die bewährte antisemitische Methode angewendet, jeder sich bietenden Idee, Bewegung, Organisation oder Person einen jüdischen Ursprung zuzuschreiben. So schlugen zum Beispiel die arabische Presse und andere Medien nach der Ermordung von Präsident Kennedy viel Kapital aus der Tatsache, daß Jack Ruby, der Mörder Lee Oswalds, ein Jude war. Einige gingen weiter und behaupteten, daß es sich bei dem Attentat um eine zionistische oder, einfacher gesagt, um eine jüdische Verschwörung gehandelt habe. Der bekannte ägyptische Journalist Anis Mansur kommentierte in einem Beitrag, der am 6. Dezember 1963 in der Illustrierten *al-Musawwar* erschien, die Vorbereitungen für das Zweite Vatikanische Konzil und tadelte die Katholiken, weil sie »eifrig bemüht sind, Frieden mit den Juden zu schließen, während die Juden den führenden katholischen Laien der Welt ermordeten ... so gelingt die große Täuschung, und die Juden werden zu ein und derselben Zeit von der Schuld freigesprochen, Christus als auch Kennedy ermordet zu haben«. Die Tatsache, daß Ruby Jude war, wurde nachdrücklich in einem Leserbrief eines gewissen Naif Shablaq hervorgehoben, den die Beiruter Tageszeitung *al-Hayat* am 28. November 1963 in großer Aufmachung veröffentlichte. Der Verfasser verfolgte erklärtermaßen die Absicht, »einen wichtigen Punkt herauszustellen, den die internationalen Nachrichtenagenturen – zumeist unter zionistischem Einfluß stehend – allem Anschein nach zu vertuschen suchen: daß nämlich der Mörder Lee Oswalds Jude sowohl väterlicher- als auch mütterlicherseits ist, ein Jude nach dem Glauben und ein Jude nach der Religion, der als Jude geboren wurde und als Jude gelebt hat«. Aus diesem Umstand und aus einigen zusätzlichen »Tatsachen«, wie zum Beispiel der, daß »der Name Ruby oder Rubinstein nichts anderes bedeutet als Rabbi«, daß Rubi Besitzer eines Nachtclubs war und das Nachtclubgewerbe der Vereinigten Staaten »nahezu gänzlich von Juden monopolisiert wird«, zieht der Briefschreiber den Schluß, daß es sich bei dem Attentat um das Werk »weltzionistischer Organisationen und des Weltjudentums« gehandelt haben müsse.

Diese Argumentation wurde von anderen Autoren aufgegriffen, und um die Sache abzurunden, fügten einige hinzu, der Katholik Leon Czolgosz, der Mörder des Präsidenten McKinley, und der Protestant John Wilkes Booth, der Mörder des Präsidenten Lincoln, seien beide Juden gewesen und »von der zionistischen Organisation bewaffnet« worden. Dieser Beitrag zur Geschichtsschreibung wurde im April 1964 in *The Scribe* veröffentlicht, einer Monatszeitschrift, die vom »National Publications House« in Kairo, einer ägyptischen Regierungsbehörde, in den Sprachen Englisch, Französisch, Deutsch, Italienisch und Spanisch herausgegeben wird.[20] Eine Phantasie, die John Wilkes Booth in einen Juden verwandeln und ihn zwanzig Jahre vor den ersten Anfängen der zionistischen Bewegung zu einem zionistischen Agenten machen kann, kennt offensichtlich keine Grenzen. Der zweite Punkt wirkt weniger überraschend, wenn man sich erinnert, daß die Begriffe »Zionist« oder »Zionismus« oft von arabischen Autoren gebraucht werden, wenn sie das Mittelalter oder gar die Antike behandeln; sie sind dann einfach nur Synonyme für Jude und Judentum. Eine weitere bemerkenswerte Entdeckung, vom selben Journal mitgeteilt, und zwar unter Berufung auf die *Krasnaja swesda*, die in Moskau erscheinende Zeitung des sowjetischen Verteidigungsministeriums, besagt, daß der berühmte Gangster Al Capone in Wirklichkeit ein Israeli namens Isaac Schacher gewesen sei. Man erinnert sich, daß Al Capone im Jahre 1947 gestorben ist, ein Jahr vor der Gründung des Staates Israel.

Manchmal treibt die Tendenz, alles, was man mißbilligt, auf zionistische oder einfach nur jüdische Ursprünge zurückzuführen, erstaunliche Blüten. So wird in einem 1970 in Kairo veröffentlichten Buch behauptet, man habe die zionistischen Wurzeln im Denken

Sigmund Freuds entdeckt.[21] In einer Sendung von Radio Tripolis, mit der am 11. April 1973 die Evolutionstheorie als ungeeignet für das revolutionäre Libyen attackiert wurde, war die rhetorische Frage zu hören: »Wie lange wird die Revolution darauf warten, daß ein Affe sich in einen Menschen verwandelt, damit man sich endlich der unmöglichen Theorie des Juden Darwin sicher sein kann?« Der erste Preis für diese Sorte von Phantasie gebührt vielleicht dem Autor einer Monographie über den Antisemitismus, veröffentlicht vom Verlag der Universität Khartum, in der er versichert, daß der Antisemitismus eine jüdische Erfindung sei und daß der Begriff selbst von »den Zionisten« geprägt worden sei, »lange bevor Wilhelm Marr ihn [im Jahre 1879] benutzte«.[22] Es ist nicht ganz klar, welchem propagandistischen Zweck eigentlich mit solchen Geschichten gedient wird, abgesehen von der Verbreitung der sehr allgemeinen, in allen antisemitischen Schriften vorkommenden Behauptungen, daß nicht nur alle Juden böse sind, sondern daß alles Böse jüdisch ist.

Hat man dieses Prinzip einmal akzeptiert, läßt es sich ins Unendliche erweitern; es ist auf weit zurückliegende Ereignisse ebenso anwendbar wie auf zeitgenössische. In einem am 14. Februar 1983 in der Kairoer Tageszeitung *al-Ahrar* veröffentlichten Artikel bietet Rifat Said Ahmad eine neue Interpretation der Elephantinischen Dokumente an, einer Sammlung aramäischer Papyri und Pergamentrollen, die im oberägyptischen Elephantine entdeckt worden waren und die die Existenz einer jüdischen Siedlung nachweisen, die allem Anschein nach Söldner in ägyptischen Diensten beherbergte und wahrscheinlich auf das sechste Jahrhundert v. Chr. zurückgeht. Diese Dokumente sind der Wissenschaft seit langem bekannt, aber Ahmad entdeckte eine ganz neue Bedeutung, die der Aufmerksamkeit der Gelehrten bis dahin entgangen war. Seiner Ansicht nach beweisen die Dokumente, daß die Juden sich gegen mehrere Pharaonen verschworen hatten und fortgesetzt subversiv tätig waren, unter Ausnutzung ihrer Stellung als Söldner. »Während der jüdischen Anwesenheit in Ägypten haben sich viele Akte dieser Art ereignet.« Diese Geschichte sei heute von Bedeutung, weil Israel und Ägypten ein Stadium des »Kampfes im Schatten der Verständigung« erreicht hätten – eine interessante Charakterisierung der ägyptisch-israelischen Beziehungen seit dem Friedensschluß. Die jüdischen Werkzeuge in diesem

Kampf werden in dem Artikel aufgezählt als »Geschichtsschreibung, Wirtschaft und Spionage, dazu Verrat«.

Ähnliche rassisch konzipierte und historisch verbrämte Argumente werden auch von anderen ägyptischen Kritikern der Politik des Friedens mit Israel gebraucht und erscheinen nicht nur in Artikeln, die den Frieden als solchen attackieren, sondern tauchten sogar bei der Erörterung zeitweiliger Schwierigkeiten im Verhandlungsprozeß auf. Manche ägyptische und arabische Kritik an der Politik und der Handlungsweise der Regierung Begin hätte durchaus die Zustimmung vieler Israelis und anderer Juden finden können. Sie kann diese Zustimmung aber dann nicht finden, wenn sie die Irrtümer oder das Fehlverhalten israelischer Führer angeborener und ewiger jüdischer Bösartigkeit zuschreibt und sich dabei auch noch des Standard-Vokabulars antisemitischer Hetzreden bedient. Diese Art von Kritik muß ja geradezu Zorn und Beunruhigung in einer Generation von Israelis und anderen Juden auslösen, die aus persönlicher Erfahrung weiß, was am Ende des Weges liegt, an dessen Anfang der Gebrauch einer solchen Sprache steht.

In einer Gesellschaft, in der die Religion den innersten Kern der Identität und den Brennpunkt aller Loyalität bildet, war es nur natürlich, ja unvermeidlich, daß Länder, die sich im Krieg mit einem sich selbst als jüdisch definierenden Staat befinden, den Gegner als »die Juden« sehen; in einer Zeit, in der ein extrem gewalttätiges Vokabular die Norm selbst bei internen Auseinandersetzungen ist, kann es schwerlich überraschen, daß sich diese Länder des reichen Arsenals von Themen und Bildern bedienten, die ihnen der europäische und später der amerikanische Antisemitismus anboten, ja geradezu aufdrängten. Das wurde noch erleichtert durch den Abzug der meisten jüdischen Einwohner der arabischen Länder, weil der Jude nun nicht mehr eine vertraute nachbarliche Erscheinung war und müheloser als eine satanische Verkörperung des Bösen hingestellt werden konnte.

Ein herausragendes Beispiel für Schriftstellerei dieser Art liefert Anis Mansur, der in vielen Büchern und unzähligen Artikeln alle Standardverleumdungen des nationalsozialistischen Antisemitismus wiederholt und um einige eigene bereichert hat. In seinem Buch *Die Klagemauer und die Tränen*, das viele Auflagen erlebt hat, werden die Juden vom Talmud angewiesen, alle anderen Religionen zu hassen, und ermuntert, jedes Verbrechen, jede Untat gegen Anhänger anderer Religionen zu begehen. In der Version Mansurs lehrt der Talmud die Juden, wie sie Nichtjuden betrügen können:

> ... einen Nichtjuden zu betrügen, ist kein Betrug, sondern eine Pflicht, da der Jude alles Geld in der Tasche eines Nichtjuden als sein rechtmäßiges Eigentum betrachtet, so daß die Inbesitznahme solchen Geldes nur eine Rückerstattung ist, und eine Rückerstattung, gleich mit welchen Mitteln, ist gesetzliches Handeln. Deshalb ist das Bestehlen eines Moslems kein Diebstahl, denn der einzige Diebstahl ist der an einem anderen Juden begangene ... Die Unmoral, die die Juden in Europa und Amerika systematisch verbreiten und die sie als erste in organisierter Form eingeführt haben, als sie, aus dem Irak kommend, in das Land Kanaan eindrangen, wird nicht als moralisches oder soziales Verbrechen betrachtet, weil es die Pflicht des Juden ist, Frauen anderer Religionen zu vergewaltigen. Und wenn ein jüdisches Mädchen sich einem Moslem oder einem Christen hingibt, gilt dies in ähnlicher Weise nicht als eine Form der Unzucht, da Unzucht nur zwischen Mensch und Mensch stattfinden kann und die Juden jeden anderen außer sich selbst als Tier betrachten. Deshalb gibt es kein moralisches Verbrechen zwischen einem »animalischen« Mann und einer »menschlichen« Frau.

Nachdem er diese Perlen aus des Kanonikus Rohlings *Talmudjude* zum besten gegeben hat, geht Mansur einen Schritt weiter und zitiert aus seiner anderen maßgeblichen Hauptquelle, den *Protokollen der Weisen von Zion,* die er als die »geheime Verfassung der Juden« bezeichnet. Hier, schreibt er, werde »den Juden geraten, Gynäkologe zu werden und sich auf Abtreibung zu spezialisieren, was sie tatsächlich in der ganzen Welt tun und was sie einst auch in Ägypten taten ... und der Grund dafür ist, daß Abtreibung ein Mittel zur Verringerung der Zahl der Nichtjuden ist – um einen, um tausend, um hunderttausend«.[23]

Anis Mansur ist ein fruchtbarer Autor, der sich mit vielen Themen befaßt, unter anderem mit Geistern und anderen Manifestationen des Okkulten, mit Besuchern von anderen Sternen und dergleichen mehr. Man darf sich fragen, ob seine antisemitischen Phantasien nicht vielleicht derselben übersinnlichen Kategorie angehören und nicht mehr sind als eine extreme Form normaler Schimpferei. Die Frage ist besser so gestellt: Ist der vorherrschend antisemitische Ton der derzeitigen geistigen Auseinandersetzung mit Juden in arabischen Ländern nur Teil der in Kriegszeiten üblichen Intensivierung feindlicher Gefühle, die sich wieder legen wird, sobald eine Lösung des Problems gefunden ist? Oder ist er zu einem schon verinnerlichten Bestandteil zumindest der gegenwärtigen Phase der arabischen und, ganz allgemein, der islamischen Weltsicht geworden?

Bei der Suche nach einer Antwort auf diese Frage mag es nützlich sein zu untersuchen, wie Araber und andere Moslems sowohl offiziell als auch inoffiziell Angelegenheiten behandeln, die in keinem direkten Zusammenhang mit dem Staat Israel, der zionistischen Bewegung und Ideologie oder dem arabisch-israelischen Konflikt stehen. Ein möglicher Testfall könnte die Behandlung des nationalsozialistischen Holocaust sein, den arabische Autoren und Sprecher generell eher zu leugnen, zu bagatellisieren oder gar zu rechtfertigen pflegen. Bei der Erörterung der Vorgeschichte der jüdischen Einwanderung nach Israel wird kaum auf den Holocaust eingegangen, dafür aber wird erklärt, daß die Juden sich durch ihr eigenes Verhalten den Haß der Europäer zuzogen und sich infolgedessen veranlaßt sahen, eine neue Heimat zu suchen, und zwar auf arabische Kosten. Ein ägyptisches Lehrbuch aus der Nasser-Zeit zum Beispiel teilt den Schülern mit, daß »die Juden die Einwanderer [nach Israel] heute und immer schon als Verfolgte bezeichnen, um Sympathie für sie zu wecken, um Geldspenden zu erhalten und um die zionistischen expansionistischen Begierden zu verschleiern; es ist aber eine Tatsache, daß die Juden nicht verfolgt werden und nie verfolgt worden sind«.[24] Ein weiteres Beispiel ist die zeitgenössische Kommentierung des Prozesses gegen Adolf Eichmann in Jerusalem; er wird dort manchmal nur des einen Verbrechens für schuldig befunden, seine Aufgabe nicht vollendet zu haben. Im Jahre 1978 protestierte der Irak, als die polnische Regierung – die ja nicht im Verdacht steht, mit dem Zionismus oder mit Israel zu sympathisieren – Gedenkfeiern für »den sogenannten jüdischen Ghetto-Aufstand« in Warschau veranstaltete und das Andenken an das Martyrium der polnischen Juden während des Krieges ehrte; in Athen protestierten im April 1979 die Botschafter der arabischen Länder mit Ausnahme Ägyptens sogar gegen die Ausstrahlung einer Fernsehserie zur Erinnerung an den Holocaust, und im März 1984 verbot Ägypten trotz der Existenz des Friedensvertrages und diplomatischer Beziehungen mit Israel die Aufführung eines Films über den Holocaust.[25]

Aber vielleicht ist die Frage der Behandlung des Holocaust kein fairer Test. Es stimmt zwar, daß der Holocaust drei Jahre vor der Gründung des Staates Israel endete, aber er hat dessen ungeachtet in sehr erheblichem Maße zu jenem Ereignis beigetragen – indem er auf der einen Seite den verzweifelten und am Ende durch nichts und niemanden aufzuhaltenden jüdischen Drang auslöste, eine jüdische Heimstatt und einen jüdischen Staat zu schaffen, und indem er auf der anderen Seite internationale Sympathie und Hilfe bei der Verwirklichung dieses Ziels mobilisierte. Es ist sehr plausibel argumentiert worden, daß es ohne den Holocaust kein Israel gäbe; ja, der verstorbene Scheich Jaabiri aus Hebron hat einmal ironisch bemerkt, daß »die Juden mitten in Tel Aviv Denkmäler für Adolf Hitler und Amin al-Hussaini als den beiden Gründern des jüdischen Staates Israel errichten sollten«. Obwohl gewiß übertrieben, hat diese Bemerkung sicherlich einen wahren Kern.

Es gibt jedoch zeitlich fernere Ereignisse, bei denen unmöglich ein Zusammenhang mit dem arabisch-israelischen Konflikt hergestellt werden kann. Zwei besonders aufschlußreiche Fälle sind die Lebensgeschichte Mohammeds und die Kreuzigung Christi – erstere von zentraler Bedeutung für den islamischen Glauben und die islamische Geschichte, letzteres Ereignis dem Islam ganz und gar fremd, der mit der Autorität des Korans selbst lehrt, daß die Kreuzigung nie stattgefunden habe.

In den vergangenen Jahrzehnten hat es einen bedeutsamen Wandel in der Unterweisung über das Leben des Propheten gegeben. Die traditionellen Stereotypen vom Juden als feindselig, ja bösartig, sind beibehalten worden, und man hat ihnen eine neue und zentrale Bedeutung gegeben. Aber die Unerheblichkeit des Juden, die Bedeutungslosigkeit seiner Feindschaft, beides Merkmale der traditionellen Berichte, sind verschwunden. Ein Vergleich der traditionellen und der modernen Version dieser Ereignisse läßt mehrere Veränderungen erkennen. Die erste und offenkundigste ist die Gewalttätigkeit der Sprache und die Art der erhobenen Anschuldigungen. So finden wir in einem ägyptischen Lehrbuch über die »Arabische Islamische Geschichte«, das in den sechziger Jahren an pädagogischen Hochschulen verwendet wurde, folgende Passage:

> Die Juden sind immer dieselben, jederzeit und überall. Erst im Dunkeln leben sie auf. Sie ersinnen ihre bösen Taten im Geheimen. Sie kämpfen nur, wenn sie versteckt sind, denn sie sind Feiglinge. ... Der Prophet hat uns über die richtige Art, sie zu behandeln, aufgeklärt, und es ist ihm am Ende gelungen, die Verschwörungen zu zerschlagen, die sie geplant hatten. Heute müssen wir diesem Weg folgen und Palästina von ihrem Schmutze reinigen.

Die Relevanz des Problems wird in einem anderen ägyptischen Lehrbuch deutlich gemacht, einem Handbuch für den Religionsunterricht im ersten Oberschuljahr: »Die Juden unserer Zeit sind die Nachkommen der Juden, die dem Propheten Mohammed Leid zugefügt haben. Sie verrieten ihn, sie brachen den Vertrag mit ihm und sie taten sich mit seinen Feinden, den Polytheisten und den Heuchlern zusammen, um gegen ihn zu kämpfen. ... Heute kämpfen sie gegen die Araber.«[26] Kein Geringerer als der Ayatollah Khomeini bemerkt im Vorwort zu seinem Buch über die islamische Regierung, das sein politisches Glaubensbekenntnis darstellt: »Die islamische Bewegung hatte von ihren ersten Anfängen an unter den Juden zu leiden, als diese ihre feindselige Tätigkeit damit begannen, den Ruf des Islams zu verzerren, ihn zu schmähen und zu verleumden. Dies haben sie bis auf den heutigen Tag fortgesetzt.«[27] Schulbücher sind in diesen Ländern ganz allgemein hochpolitisch; sogar Fächern wie Rechtschreibung, Grammatik und Grundrechnen wird durch die Auswahl besonderer Beispiele ein politischer Gehalt verliehen. Das dient der Stärkung des Nationalgefühls und dem Schüren von Haß und Verachtung gegenüber dem erkannten Feind. Feindseligkeit gegenüber dem Zionismus und Israel gehört natürlich zum Standard, ist universell und wird gewöhnlich in kräftiger Sprache ausgedrückt. Oft wird dabei die Grenze zum offenen Antisemitismus überschritten.

In den Jahren 1968 und 1969 wurde zum wahrscheinlich einzigen Mal eine detaillierte Inhaltsanalyse arabischer Lehrbücher unter den Auspizien einer internationalen Behörde erarbeitet. Nach dem Sechstagekrieg hatten die Israelis ihre eigene Untersuchung der Lehrbücher angestellt, die in den der UNO unterstehenden Lagern in den von Israel eroberten Gebieten benutzt wurden. Auf der Grundlage dieser Untersuchung legte Israel in aller Form Beschwerde bei der UNESCO ein. Was arabische Regierungen in ihren eigenen Ländern und in ihren eigenen Schulen tun, ist eine innere Angelegenheit und liegt jenseits der Zuständigkeit einer internationalen Behörde, zumal dann, wenn sie auf israelisches Ersuchen hin tätig wird. Aber die Schulen in den Flüchtlingslagern standen unter der Schirmherrschaft der Vereinten Nationen, die Lehrer wurden von den Vereinten Nationen ernannt und arbeiteten im Rahmen eines UNO-Etats, der zu einem erheblichen Teil aus Beiträgen der Vereinigten Staaten gespeist wurde. Die israelische Beschwerde, daß diese Schulen ihren Zöglingen rassistischen Antisemitismus einimpften, konnte daher nicht ignoriert werden, und es wurde eine UNESCO-Kommission ernannt, der ein Amerikaner, ein Franzose und ein Türke angehörten, alle drei Arabisten von Rang. Die Kommission, die 127 in den Flüchtlingslagern auf beiden Ufern des Jordans, im Gazastreifen und im Libanon benutzte Lehrbücher prüfte, erläuterte die Kriterien, auf denen ihre Empfehlungen beruhten: »Alle Begriffe, die eine Gemeinschaft als Ganzes verächtlich machen, sollten verboten werden, da sie, an und für sich schon ganz unerträglich, unter anderem dazu führen können, zur Verletzung der allerheiligsten Rechte des Individuums beizutragen. Deshalb können ›Lügner‹, ›Betrüger‹, ›Wucherer‹, ›Idiot‹ – Begriffe, die in gewissen Passagen auf Juden angewendet werden und Teil der beklagenswerten Sprache des internationalen Antisemitismus sind – nicht toleriert werden.« Neben vielen anderen Problemen merkte die Kommission insbesondere zu Lehrbüchern über Religion und Geschichte an:

> Eine übertriebene Bedeutung wird dem Problem der Beziehung zwischen dem Propheten Mohammed und den Juden Arabiens verliehen, und zwar in Begriffen, die geeignet sind, junge Menschen davon zu überzeugen, daß die jüdische Gemeinschaft als

Ganzes schon immer der unversöhnliche Feind der moslemischen Gemeinschaft gewesen ist und es immer sein wird. Darüber hinaus sind in gewissen Passagen benutzte herabsetzende und böswillige Begriffe zur Bezeichnung der jüdischen Gemeinschaft nicht tragbar. ...

Zum Schluß sollten gewisse Schulaufgaben besonders erwähnt werden, die eher von der Sorge um eine Indoktrination gegen die Juden als von streng erzieherischen Zielen geprägt sind. Viele dieser Aufgaben sollten gestrichen oder gänzlich umformuliert werden.

Die Kommission empfahl schließlich, 14 Lehrbücher gänzlich zurückzuziehen, 65 vor ihrer weiteren Verwendung zu ändern und nur 48 unverändert beizubehalten. Der Bericht wurde der 82. Sitzung der UNESCO vorgelegt, die am 4. April 1969 in Paris stattfand. Er ist nie veröffentlicht worden. Die gerügten Lehrbücher wurden aus den UNO-Lagern zurückgezogen. Die meisten von ihnen wurden weiterhin von den Erziehungsministern derjenigen arabischen Staaten zur Benutzung zugelassen, in denen sie ursprünglich erschienen waren, oder sie wurden durch andere gleichen Zuschnitts ersetzt.

Die Lebensgeschichte Mohammeds einschließlich der Berichte über seinen Kampf mit den jüdischen Stämmen von Medina ist von offenkundigem Interesse für Moslems. Selbst die Darstellung des Kampfes mit den Juden, wiewohl in moderner Zeit mit neuem Akzent versehen, beruht letztlich auf Elementen aus der islamischen Sunna. Das kann man nicht sagen von dem modernen islamischen Interesse an der Kreuzigung Christi – einem Ereignis gänzlich außerhalb der Theologie und der Geschichtsschreibung des Islams. Berichte, in denen die Geschichte der Kreuzigung in christlicher und nicht so sehr in moslemischer Sicht dargestellt wird, erschienen immer öfter in arabischen Schriften. Dieses Interesse erreichte seinen Höhepunkt während des Zweiten Vatikanischen Konzils, das von 1962 bis 1965 in Rom abgehalten wurde und unter anderem einen Entschließungsentwurf beriet, der die Juden vom Verbrechen des Gottesmordes freisprechen sollte. Von Anfang an übten arabische Regierungen sehr starken diplomatischen und anderen Druck auf den Vatikan aus, um die Annahme dieser Resolution zu verhindern. Diese

Handlungsweise wird in einem Informationsblatt der Arabischen Liga vom 28. Oktober 1964 erläutert: »Ganz gewiß haben die arabischen Christen ihre Stimme gegen die Versuche erhoben, an den heiligen Schriften herumzudeuteln. Als Einwohner des Landes, das die Wiege des Christentums ist, sind die Araber besser in der Lage, die Geschichte des Christentums zu beurteilen. Deshalb haben sie es sich erlaubt, gegen die Versuche des Konzils Stellung zu beziehen.« Die nächste Ausgabe desselben Informationsblattes (20. November 1964) erläuterte die eingeschlagene Strategie:

> Alle arabischen Botschafter im Ausland sind angewiesen worden, ständigen Kontakt zu den Bischöfen und Kardinälen zu halten, die in Rom an dem Konzil teilnehmen, und sie über den politischen Hintergrund des vom Konzil erörterten jüdischen Schemas aufzuklären. Die arabischen Botschafter werden außerdem dem päpstlichen Sekretariat und anderen hohen vatikanischen Stellen den arabischen Standpunkt hinsichtlich dieses Dokuments erläutern. Diese Aktion der arabischen Nationen ist als eine Aktion des guten Willens zu verstehen, um gute Beziehungen zum Vatikan aufrechtzuerhalten.[28]

Die im letzten Satz enthaltene sanfte Drohung wurde in populären Veröffentlichungen deutlicher ausgedrückt.

Speerspitze des Angriffs waren natürlich die arabischen christlichen Kirchen sowie die einzige arabische Regierung, nämlich die libanesische, die einen gewissen Status in der christlichen Welt innehatte. Aber andere nahmen sich der Sache ebenfalls an. Präsident Sukarno von Indonesien unternahm eigens eine Reise nach Rom, um den Papst vor den Gefahren zu warnen, die sich aus einer solchen Resolution ergeben würden, während der jordanische Außenminister, Qadri Tuqan, nach Berichten der Beiruter Presse warnend darauf hinwies, daß die Verabschiedung der vorgeschlagenen Erklärung eine Katastrophe wäre, weil »die Geschichte die jüdischen Absichten bezeugt, Christus und das Christentum zu zerstören«. Ein anderer Autor meinte, daß »die zionisierenden Kardinäle . . . die ahnungslosen Werkzeuge eines unablässigen Machtkampfes sind, in dem die angeblichen Leiden der Juden eines der wichtigsten Hilfsmittel darstellen«. Der Besuch Papst Pauls VI. im Heiligen Land im Jahre 1963 war Anlaß zahlreicher Stellungnahmen zu diesem Thema. So bemerkte Kamil al-Shinnawi in einem Artikel der Kairoer *Akhbar al-Yawm* vom 14. Dezember 1963:

Die Juden haben bereits diese rein religiöse Pilgerreise benutzt, um in der öffentlichen Meinung der Welt den Eindruck zu erwecken, der neue Papst habe sich eine Meinung über die gegen sie erhobene Anklage der Tötung Christi gebildet, und sie reden wieder von einem historischen Dokument, das sie von diesem Verbrechen freisprechen wird und das sie an die Öffentlichkeit bringen wollen, weil sie sich einbilden, daß es ... in irgendeinem Versteck im Vatikan verborgen sei.

Ich als Moslem klage die Juden nicht an, Jesus getötet zu haben, denn der edle Koran stellt fest, daß sie ihn weder getötet noch gekreuzigt haben, sondern nur ein ihnen gezeigtes Ebenbild.

Aber die historischen Tatsachen bestätigen, daß die Juden gegen Christus gekämpft haben, daß sie ihn verfolgt, sein Blut gesucht und ihn angeklagt haben, zu lügen und falsche Ansprüche zu erheben; auch haben sie geleugnet, daß er der erwartete Messias sei, und die Priester haben sich im Tempel Salomons versammelt und ihn zum Tode durch Kreuzigung verurteilt ... und sie haben ihr Urteil den römischen Behörden vorgelegt, damit es in Kraft gesetzt und vollstreckt werde.

Das geschah vor ungefähr 1934 Jahren, und von jenem Tage an brüsteten sich die Juden damit, Christus getötet und gekreuzigt zu haben, und der Koran kam und bestätigte, daß sie ihn weder getötet noch gekreuzigt hätten, aber nach christlichem Glauben sind die Juden schuldig des Verbrechens, ihn getötet und gekreuzigt zu haben. ... Die christliche Religion hält an ihrem Glauben fest, daß die Juden das Blut Christi vergossen haben, sowohl, weil sie ihre Schuld zugegeben und sich ihrer sogar gerühmt haben, als auch wegen der Art und Weise, wie sie Christen und Menschen im allgemeinen behandeln – wie Mörder und Blutsauger. Ich als Moslem bin nicht betroffen über die jüdische Behauptung, daß sie unschuldig seien am Blute Christi, da diese

Behauptung übereinstimmt mit meinem religiösen Glauben, aber ich frage mich, was diese Vagabunden heute zu dem Versuch treiben mag, sich von einem Verbrechen freisprechen zu lassen, das begangen zu haben sie vor fast zweitausend Jahren zugegeben haben. Warum beharren sie darauf, ihr Gewissen vom Blute Christi zu reinigen zu einer Zeit, wo so viele Finger auf sie zeigen, um Gerechtigkeit für das Blut Kennedys zu fordern? ... Wir sind überzeugt, daß dieser Besuch nicht den Glauben des Papstes hinsichtlich der wahren Natur der Juden beeinflussen wird, denn er kennt sie schon gut genug. Und hat er sie erst einmal besucht, wird er sie besser als nötig kennen.

Bei seiner Ankunft in Jordanien am 4. Januar 1964 wurde der Papst mit einem Rundfunkkommentar von Radio Amman begrüßt, in dem es unter anderem hieß:

> Die Ereignisse der Geschichte werden seinen erhabenen Geist mehr und mehr stärken; Seine Heiligkeit wird in Betracht ziehen, wie die Juden sich zu jener Zeit verhalten haben. ... Vor etwa zweitausend Jahren haben sie Jesus gekreuzigt, nach Schlägen, Demütigungen und Martern, die Schande auf das Haupt der Menschen überall häufen. Und vor fünfzehn Jahren haben die Juden auf grausamste Weise Palästina überrannt. Sie haben seine unschuldigen, unbewaffneten Bürger angegriffen und viele von ihnen den verbrecherischsten Greueln unterworfen. ... Solchermaßen beweisen die Juden ihre Verantwortung für die Schandtaten ihrer Vorfahren und für die Kreuzigung und Demütigung Christi vor neunzehn Jahrhunderten.

Nach dem Zeugnis einiger vatikanischer Beobachter war es in erster Linie auf den Einfluß der Vertreter der nahöstlichen Kirchen zurückzuführen, daß der Entschließungsentwurf in manchen Punkten abgeschwächt wurde. Doch das, was blieb, war noch immer ein großes Ärgernis für die Moslemische Weltliga. Eine Konferenz der Liga, die im November 1964 unter Vorsitz des Obersten Muftis von Saudi-Arabien und unter Teilnahme des Muftis Amin al-Hussaini in Mekka stattfand, verabschiedete folgende Erklärung:

Die gestrigen Zeitungen haben die von der überwältigenden Mehrheit des Ökumenischen Konzils verabschiedete Resolution zu unserer Kenntnis gebracht, mit der das jüdische Volk freigesprochen wird von der Schuld an der Kreuzigung des Propheten Gottes, des Christus, Friede und Segen seien mit ihm. Geheime und offene Machenschaften, unternommen und betrieben seit langem schon von zionistischen Kreisen und deren Komplizen, den kolonialistischen Kräften, haben eine derartige Resolution heraufbeschworen und provoziert, die deshalb jeglichen religiösen Charakter eingebüßt hat und zu einem rein politischen Manöver geworden ist mit dem Ziel, die Unterstützung der christlichen Welt für den zionistischen Gedanken zu erlangen.

In der Erklärung wird sodann auf den Unterschied zwischen der christlichen und der moslemischen, im Koran niedergelegten Auffassung von der Kreuzigung hingewiesen, und es heißt dann:

> Auf der anderen Seite wird die Initiative der Katholiken, unter dem Einfluß von Launen und Leidenschaften ihre eigenen Dogmen zu verstümmeln und ihre eigenen Gesetze zu ändern, bei uns nur unsere Treue zu dem stärken, was im unveränderlichen, unantastbaren Koran offenbart worden ist. ... Und mit einigem Erstaunen beobachten wir, wie die christlichen Völker es einem Zirkel von Prälaten, verführt vom Zionismus und in Komplizenschaft mit ihm, erlaubt haben, sein leichtfertiges Spiel mit Dogmen zu treiben und religiöse Überzeugungen zu zerschlagen, die zweitausend Jahre überdauert haben. ... Dies alles hat die Zweifel bezüglich der Integrität ihrer Schriften und der Solidität ihrer Dogmen verstärkt, und es gibt den Kräften der Unfrömmigkeit und des Materialismus eine neue Waffe in die Hand.[29]

Ungeachtet der von den arabischen Sprechern vorgetragenen Argumente ist es erstaunlich, daß moslemische Führer sich so eingehend mit dem Konzil einer Kirche befaßt haben, die sie nicht akzeptieren, und mit der Definition eines Dogmas, an das sie nicht glauben. Die beste Erklärung dafür hat vermutlich der Londoner *Economist* geliefert, der anmerkte, daß es aus arabischer Sicht nicht die Zeit sei, um die Juden von irgend etwas freizusprechen.

Das vielleicht deutlichste Beispiel für die Verallgemeinerung des Krieges gegen Israel zu einem Krieg gegen die Juden mag die Art und Weise sein, in der der Boykott gegen Israel, an dem sich alle Mitgliedsländer der Arabischen Liga beteiligen, durchgeführt wird. Offiziell richtet sich der Boykott gegen den Staat Israel und gegen alle Firmen, Institutionen und Personen in anderen Ländern, die mit Israel Handel treiben. Er erstreckt sich ebenso auf kulturelle wie auf kommerzielle Aktivitäten und schreibt zum Beispiel ein Auftrittsverbot für Künstler vor, die im Rufe stehen, Israel geholfen oder sich mit Israel solidarisiert zu haben; sogar Filme, in denen solche Künstler mitgewirkt haben, unterliegen einem Aufführungsverbot. Diese Klauseln sind jedoch in der Praxis bemerkenswert weit ausgelegt worden. In mindestens zwei Fällen, die an die Öffentlichkeit gelangt sind, haben moslemische Länder Botschafter aus keinem anderen Grund als dem ihrer jüdischen Geburt abgelehnt. Im Jahre 1973 war einem hochangesehenen britischen Diplomaten, der zuvor in Saudi-Arabien gedient hatte, schon das Agrément als Botschafter erteilt worden, als eine jüdische Zeitung in London auf seine jüdische Geburt hinwies. Prompt wurde ihm das Agrément wieder entzogen. In jüngerer Zeit hat die Regierung von Indonesien einen amerikanischen Botschafter aus dem gleichen Grund abgelehnt. In beiden Fällen gab es nicht die leisesten Anzeichen einer Verbindung der Abgelehnten mit Israel oder mit zionistischen Aktivitäten. Im gleichen Geiste wurde 1984 ein Gastspiel der New Yorker Philharmoniker in Malaysia abgesagt, als die Tatsache an die Öffentlichkeit gelangte, daß die malaysischen Behörden gefordert und durchgesetzt hatten, Ernest Blochs *Schelomo* mit dem Untertitel »Eine hebräische Rhapsodie für Cello und Orchester« aus dem Programm zu nehmen. Dieses Musikstück war 1915 in der Schweiz komponiert worden, drei Jahre vor der Balfour-Erklärung; der Komponist selbst starb 1959. Es blieb unbekannt, wie es den malaysischen Zensoren gelungen ist, den zionistischen Charakter der Musik festzustellen. Vermutlich reichte das Wort »hebräisch« im Untertitel als Beweis völlig aus.[30]

Ein noch bemerkenswerterer Fall ereignete sich im Juni 1979 in Ägypten, als die Organisatoren eines Theater-Festivals in Kairo angewiesen wurden, drei Bühnenstücke eines ägyptischen Juden namens Yacub Sanua aus dem Programm zu streichen. Zwei Dinge verdienen es, im Zusammenhang mit diesem Vorfall festgehalten zu werden; erstens, daß gerade zweieinhalb Monate seit der Unterzeichnung des Friedensvertrages zwischen Ägypten und Israel in Camp David vergangen waren, und zweitens, daß Yacub Sanua, der 1912 gestorben ist, ein leidenschaftlicher ägyptischer Patriot und Chefredakteur einer nationalistischen Zeitschrift war, der nie in seinem ganzen Leben jemals das geringste Interesse an jüdischen Angelegenheiten gezeigt hatte.[31] Ja, ein moderner ägyptischer Wissenschaftler hat sogar behauptet, er sei ein Moslem gewesen.[32]

Der gleiche Geist zeigte sich auf den Vierten Kairoer Filmfestspielen, die im September 1979 stattfanden. Anfangs schien es, als habe es einen Wandel in der Gesinnung gegeben. Elizabeth Taylor, deren Filme in arabischen Ländern wegen ihres Engagements für Israel und wohl auch wegen ihres Übertritts zum jüdischen Glauben seit zwanzig Jahren verboten waren, nahm als Ehrengast am Eröffnungsabend teil und wurde von Präsident Sadat empfangen. Etliche israelische Produzenten, Regisseure und Schauspieler kamen zu dem Festival als private Gäste ägyptischer Kollegen. Die Veranstalter waren stolz darauf, daß zum erstenmal einige Filme mit jüdischen Handlungen oder jüdischen Hauptfiguren in ägyptischen Kinos gezeigt werden sollten. Aber es kam dann doch etwas anders. Die ersten Opfer wurden sonderbarerweise die Jugoslawen – obwohl sie sich stets auf die Seite der Araber gestellt hatten und noch immer keine diplomatischen Beziehungen zu Israel unterhalten. Fünfzehn Minuten wurden aus dem jugoslawischen Festspielbeitrag herausgeschnitten – weil eine der handelnden Personen jüdisch war. Die jugoslawische Delegation verließ unter Protest die Veranstaltung. Die Schweizer Delegation drohte mit rechtlichen Schritten, weil der Zensor ihren Film so verstümmelt habe, daß er irreparabel verloren sei. Ein amerikanischer Film, *Der Magier von Lublin*, der auf einer Erzählung von Isaac Bashevis Singer beruhte, wurde während des ganzen Festivals vom Zoll unter Verschluß gehalten. Ein italienischer Film, *Der Garten der Finzi-Contini*, in dem das Schicksal einer jüdischen Familie in Italien während des Zweiten Weltkrieges erzählt wird, büßte seine letzte Szene ein, in der ein hebräisches Lied gesungen wird.[33]

Im allgemeinen verfolgt eine derartige Zensur, ob sie nun von der Regierung befohlen oder, wie so oft in Ägypten, von den Journalisten selbst ausgeübt wird, den Zweck, alles zu beseitigen, was Juden in einem günstigen Licht zeigt, oder, schlimmer noch, was Verständnis für einen israelischen Standpunkt erkennen läßt. Wir haben eingangs schon auf die manipulative Kürzung des Kahan-Berichts über das Massaker von Sabra und Schatila hingewiesen. Ganz im gleichen Geist heben die von der UNESCO-Kommission geprüften Schulbücher »gewöhnlich (aber nicht immer) die religiöse Bedeutung Jerusalems für Christen und Moslems hervor, erwähnen aber nicht seine symbolische Bedeutung für die Juden – und das ist, gelinde gesagt, eine bedauerliche Unterlassung«.

Trotz des gegenwärtig in den arabischen Ländern zu beobachtenden großen Interesses an der Geschichte und trotz der gewaltigen Produktion an Literatur über die arabische und die islamische Vergangenheit wird der Geschichte der Juden oder auch nur der Geschichte der arabisch-jüdischen Gemeinden nur geringe Aufmerksamkeit zugewandt. Asad Razzuqs Buch über den Talmud, in dem er die englische Standardübersetzung und eine breite Auswahl wissenschaftlicher Literatur heranzieht, um den Unterschied zwischen Zionismus und talmudischem Judentum herauszuarbeiten, ist ein Ausnahmefall. Über die lokale Geschichte ist ein kurzes Buch, eine Geschichte der Juden im Irak, von einem christlich-arabischen Autor im Jahre 1924 in Bagdad erschienen.[34] Abgesehen von antisemitischer Polemik, die es in Hülle und Fülle gibt, blieb das ein isoliertes Unternehmen. Die Geschichte der Juden in den islamischen Ländern des Mittelalters und der Neuzeit wird nahezu vollständig vernachlässigt, und die wenigen Wissenschaftler, die es unternahmen, wenigstens einen Blick darauf zu werfen, haben sich größtenteils nicht die Mühe gemacht, Hebräisch oder auch nur die hebräische Schrift zu lernen, was es ihnen ermöglicht hätte, Judäo-Arabisch zu lesen, die in vormoderner Zeit von Juden in arabischen Ländern hauptsächlich gebrauchte Sprache. Sie sind daher gezwungen, sich auf moslemische und andere externe Quellen zu stützen, hauptsächlich auf in englischer Sprache vorliegende Werke jüdischer Historiker.

Das bislang einzige moslemische Land, in dem moslemische Historiker der lokalen jüdischen Geschichte überhaupt ernsthafte Aufmerksamkeit zugewendet haben, ist Ägypten, wo einige Bücher und Artikel sich diesem Kapitel gewidmet haben. Wiewohl auf beträchtlich höherem Niveau als die üblichen antisemitischen Pöbeleien, sind diese Arbeiten dennoch stark von polemischen Absichten beeinträchtigt. Es ist nicht immer klar, inwieweit diese auf ehrlicher Überzeugung oder auf politischem, gesellschaftlichem und akademischem Druck beruhen. Es ist durchaus möglich, daß ein Autor, der die jüdische Rolle in der ägyptischen Geschichte nicht streng genug beurteilt, harter Kritik unterworfen und sogar beschuldigt werden kann, »prozionistisch« zu sein. Im Gegensatz dazu zeigen Wissenschaftler und Studenten an ägyptischen Universitäten heute ein wachsendes Interesse an hebräischen Studien, einschließlich der klassischen und modernen hebräischen Literatur. Diese Studien haben sich weit über ihren ursprünglichen Zweck, den Feind verstehen zu lernen, hinaus entwickelt. Dieses neue Interesse wird allem Anschein nach vom Forschungszentrum der PLO nicht geteilt. Unter vielen Monographien über politische, soziale und wirtschaftliche Fragen Israels befaßte sich nur eine einzige, ein Buch von dem berühmten palästinensischen Autor Ghassan Kanafani, mit Literatur, und zwar nicht mit israelischer, sondern mit zionistischer Literatur in englischer Übersetzung, wie zum Beispiel Arthur Koestlers *Diebe in der Nacht* und Leon Uris' *Exodus.*[35]

Anfang der siebziger Jahre und verstärkt nach dem Krieg von 1973 gab es vermehrt Anzeichen dafür, daß einige Ägypter bereit waren, über eine Regelung mit Israel nachzudenken – etliche nur aus taktischen Gründen, einige aus einem ehrlichen Wunsch nach Frieden. Sadats Reise nach Jerusalem im November 1977 und der nachfolgende Friedensvertrag schienen einen tiefgreifenden Wandel in den arabisch-israelischen Beziehungen und folglich in der arabischen Haltung gegenüber den Juden anzukündigen. Die Reaktion der ägyptischen Öffentlichkeit auf diese Ereignisse ließ erkennen, daß es einen tiefen und ehrlichen Wunsch nach Frieden und die Bereitschaft gab, Seite an Seite als Nachbarn miteinander zu leben. Die ersten israelischen Ägyptenbesucher waren erstaunt über die Freundlichkeit und Wärme, mit denen sie von den einfachen Leuten empfangen wurden. Aber die neue Stimmung hatte keinen Bestand, und es dauerte nicht lange, da erschienen die antisemitischen Töne, die nie völlig aus den ägyptischen Medien verschwunden waren, aufs neue und sogar mit verstärkter Wucht.

Mehrere Faktoren trugen zu dieser Verschlechterung des Klimas bei. Zu ihnen gehörten die in die Länge gezogenen und manchmal erbittert geführten Verhandlungen, die von Sadats Reise bis zur endgültigen Unterzeichnung des Friedensvertrages am 26. März 1979 dauerten. In der Sicht der Ägypter und vieler anderer hatte der israelische Ministerpräsident Menachem Begin es versäumt, angemessen auf die mutige und einfallsreiche Geste des ägyptischen Präsidenten zu reagieren; statt dessen hatte er einen Prozeß des langwierigen und legalistischen Feilschens eingeleitet, der anfangs Enttäuschung auslöste und dann Erbitterung. Es war nur natürlich und durchaus berechtigt, daß die ägyptischen Medien Begins Verhalten und seine Politik kritisch und manchmal auch scharf kommentierten. Nicht berechtigt, aber ebenso natürlich war, daß sie dies mehr und mehr in der Sprache der antisemitischen Klischees taten, die in den vorangegangenen Jahrzehnten so vertraut geworden war. Und darüber wurde natürlich prompt in Israel berichtet, was zu einer weiteren Verhärtung der israelischen Haltung und zu einer Verschlechterung der Atmosphäre beitrug. Die Israelis ihrerseits waren enttäuscht über das, was sie als ägyptische Verschleppungstaktik bei der Erfüllung des Friedensvertrages sahen, insbesondere über die ägyptische Weigerung, mit der sogenannten »Normalisierung« Ernst zu machen, das heißt, mit der Entwicklung normaler kommerzieller, gesellschaftlicher, kultureller, wissenschaftlicher und touristischer Beziehungen.

Die endgültige Unterzeichnung des Friedensvertrages wurde in Ägypten günstig aufgenommen, allerdings ohne die rauschhafte Begeisterung, die Sadats Jerusalem-Besuch ausgelöst hatte. Nach der Unterzeichnung verschlechterte sich die Lage eher. Einer der Hauptpunkte der Klagen gegen Israel war das Ausbleiben von Fortschritten hinsichtlich der im Vertrag vorgesehenen Autonomie für die Palästinenser; ein weiterer war die Ausweitung der jüdischen Siedlungen am Westufer des Jordans; ein dritter schließlich war der fortdauernde Streit zwischen beiden Ländern um Taba, jene wenigen hundert Meter, die die Israelis auch nach der Räumung der Sinai-Halbinsel in ihrem Besitz behielten und für sich beanspruchten. Die israelische Libanon-Invasion vom Juni 1982 und die Verwüstungen, die sie anrichtete, führten dann die ägyptisch-israelischen Beziehungen auf ihren tiefsten Stand seit Abschluß des Vertrages und bewirkten praktisch einen Verzicht auf alle Hemmungen in der Kampagne der ägyptischen Medien nicht nur gegen Israel und den Zionismus, sondern gegen die Juden und das Judentum.

Von der Unterzeichnung des Vertrages bis zum heutigen Tage hat es den Ägyptern an politischen Beschwerdepunkten gegen die Regierung Israels nicht gemangelt. In ihren Bemühungen, Abhilfe zu schaffen, ist die ägyptische Regierung jedoch im wesentlichen im Rahmen normaler diplomatischer und politischer Aktivität geblieben. Sie reduzierte die Handelsbeziehungen mit Israel auf ein Minimum, griff aber nicht auf eine Wiederaufnahme des von der Arabischen Liga verhängten Boykotts zurück. Sie erschwerte Besuche von Ägyptern in Israel, hinderte jedoch Israelis nicht daran, Ägypten zu besuchen, und sie kamen weiterhin in großer Zahl ins Land.[36] Sie rief ihren Botschafter aus Tel Aviv zurück, schloß aber weder ihre Botschaft, noch wies sie die Israelis aus Kairo aus. Man fragt sich, warum die ägyptische Regierung keinen Gebrauch von ihrem beträchtlichen Einfluß auf die Medien machte, um sie zu einer ähnlichen Mäßigung und zur Beschränkung auf eine politische Argumentation und Polemik zu veranlassen, anstatt, wie sie es taten, zu den Themen und der Sprache des rassistischen und religiösen Antisemitismus zu greifen.

Teilweise liegt die Antwort wohl in der Gewohnheit. Der Antisemitismus mag ursprünglich ein fremdartiger Import aus Europa gewesen sein, aber er ist so sehr zu einem Bestandteil der Umgangssprache geworden, daß es vielen Autoren inzwischen unmöglich zu sein scheint, ihre Beschwerden über den jüdischen Staat und dessen Führer in Worte zu fassen, ohne auf dieses vorgefertigte System antijüdischer Schmähungen zurückzugreifen. Das fällt um so leichter in einer Gesellschaft, in der das Niveau der polemischen Zügellosigkeit spürbar höher ist als der neuerdings in der westlichen Welt übliche Standard.

Einer der stärksten Einflüsse auf die Fortdauer und Wiederholung der antisemitischen Schriften ist derjenige der arabischen Länder, insbesondere Saudi-Arabiens und Kuwaits. Als Sadat den Frieden mit Israel aushandelte und schließlich unterzeichnete, wurde Ägypten aus der Arabischen Liga und der Gemeinschaft der arabischen

Nationen ausgestoßen und hinfort beinahe in dem gleichen Maße isoliert und angefeindet wie Israel selbst. Seither ist es zu einer beträchtlichen Verbesserung der ägyptisch-arabischen Beziehungen gekommen, und mehreren ägyptischen Regierungen ist es gelungen, einen gewissen Grad an Anerkennung zu erhalten.

Für die Intellektuellen und Akademiker Ägyptens ist diese Erneuerung der Kontakte mit Arabien von besonderer Bedeutung. Ägypten ist lange Zeit das intellektuelle Kraftwerk der arabischen Welt gewesen. Es exportierte Bücher, Zeitschriften und Zeitungen, Lehrer, Schriftsteller und Journalisten sowohl nach Südwestasien als auch nach Nordafrika. Aber diese Rolle zwang es auch zu einer gewissen Zurückhaltung. Als der ägyptische Autor Najib Mahfuz, der allgemein als der größte lebende arabische Romancier gilt, sich für eine Koexistenz mit Israel aussprach und mit israelischen Autoren zu korrespondieren begann, wurde er als Verräter gebrandmarkt, und die Arabische Liga setzte seine Bücher auf ihre Boykottliste. Sie werden noch immer viel gelesen in den arabischen Ländern und sind weit verbreitet, aber nur in Raubdrucken. Zwei andere hervorragende ägyptische Schriftsteller, der Dramatiker Tawfiq al-Hakim und der Wissenschaftler und Humanist Hussain Fawzi, wurden in ähnlicher Weise angeprangert und wegen ihrer positiven Haltung zum ägyptisch-israelischen Friedensvertrag geächtet. Es ist nur natürlich, daß Schriftsteller und Verleger im Hinblick auf die reichsten arabischsprachigen Märkte alles meiden, was ein Verbot nach sich ziehen könnte, und vielleicht solchen Themen und Abhandlungen den Vorzug geben, die Aussicht haben, etwa dem saudischen Geschmack zu entsprechen. Der vehemente Antisemitismus vieler saudischer Publikationen läßt Rückschlüsse darauf zu, welcher Art dieser Geschmack ist.

Aus diesen und anderen Gründen bleibt der Antisemitismus ein machtvoller Faktor in den ägyptischen Medien. Einige wenige Beispiele mögen genügen. Dar al-Hilal ist eines der bekanntesten ägyptischen Verlagshäuser, dem auch ein mitgliederstarker »Buch-des-Monats«-Club gehört. Zum Buch des Monats April 1981 wurde das Werk eines gewissen Dr. Kamil Safan mit dem Titel *Al-Yahud, Tarikhan wa-aqidatan* (Die Juden, Geschichte und Glauben) gekürt. Der Autor, der auf dem Umschlag als ein Experte für Hebräisch und für

Fragen des Judentums bezeichnet wird, der »die Geheimnisse der Juden aufdeckt«, beginnt seine Darstellung im Altertum. Pharao habe sich gegen die Juden gewendet, weil »sie versuchten, die Wirtschaft Ägyptens unter ihre Kontrolle zu bringen«, und weil sie »mit den Kolonialisten – den Hyksos – gegen die Einheimischen kollaboriert hatten«. Deshalb habe Pharao sich von ihnen befreit. In seinen Schmähungen ist Dr. Safan eklektisch. Obwohl er sich an eine Leserschaft wendet, die in ihrer überwältigenden Mehrheit moslemisch ist, benutzt er christliche ebenso wie moslemische Themen, einschließlich der Kreuzigung. Er schildert die Geschichte der Blutverleumdung von Damaskus aus dem Jahre 1840 als historische Tatsache und behauptet, es habe andere derartige Fälle gegeben, die infolge »jüdischer Machenschaften« unbekannt geblieben seien. Obwohl er offensichtlich Positionen der Sowjetunion und der Dritten Welt zuneigt, ist er sich bei der Behandlung der neueren Geschichte keineswegs zu schade, westliche antisemitische Standardverleumdungen wie eine Benjamin Franklin zugeschriebene Warnung vor den Juden und die Behauptung von der jüdischen Verschwörung zur Erlangung der Weltherrschaft zu übernehmen. Weitere Bücher der gleichen Art folgten, darunter einige von Anis Mansur, der inzwischen zu einem der führenden Journalisten Ägyptens geworden war und von dem man wußte, daß er zum engsten Kreis um Präsident Sadat gehörte.

Die beachtliche Pressefreiheit in Ägypten hat sich bislang nicht auf das Recht erstreckt, wichtige Grundsätze der Regierungspolitik zu attackieren. Es gab deshalb wenig oder keine ausdrückliche Opposition gegen die Friedenspolitik mit Israel, und das hat vermutlich der indirekten Kritik in Gestalt von Angriffen auf Israel und die Juden zusätzliche Durchschlagskraft verliehen. Wenn Juden ihrer ganzen Natur nach böse und verräterisch sind – dem Aspekt des Verräterischen wird besonderer Nachdruck verliehen –, kann es dann verläßlich oder politisch klug sein, sich mit ihnen auf Verträge einzulassen? Das Argument wird selten klar ausgesprochen, aber es wird auch so deutlich genug.

Da mit den antisemitischen Schmähungen unter anderem auch der Zweck verfolgt wird, die Regierung zu kritisieren, finden sie sich am häufigsten und in der heftigsten Form in der Oppositionspresse, und zwar in der religiösen, der sozialistischen und der liberalen gleichermaßen. Die offizielle Tageszeitung der Sozialisten, *al-Jumhuriyya,* ist auf dem Gebiet der antisemitischen Propaganda besonders aktiv. So widmete ein Journalist namens Muhammad al-Haywan am 20. November 1983 einen langen Artikel den in New York lebenden Juden und speziell den dort lebenden ägyptischen Juden. Er konnte so zwei Lieblingsthemen miteinander kombinieren – Antisemitismus und Antiamerikanismus. New York, so erklärt er seinen Lesern, sei eine barbarische Stadt, grausam und herzlos. Herrisch und ohne Mitleid verschlinge sie die eigenen Einwohner. Zum Schlimmsten in New York gehörten die Juden, zumal die ägyptischen Juden. Der Artikel beginnt mit einem Tadel, der recht seltsam klingt aus dem Munde eines Antizionisten: »Die Juden Ägyptens sind nicht nach Israel gegangen ... selbst diejenigen, die versuchsweise dorthin gegangen sind, konnten dort nicht lange bleiben ... sie gingen dann alle nach Amerika ... und besonders nach New York.« Dann warnt der Autor seine Leser: »Mein Rat für New York-Reisende lautet: Hütet euch, hütet euch vor jenen, die Arabisch sprechen, hütet euch vor ihren Nasen, denn es sind Juden. Sie hegen Gefühle des Hasses gegen die Araber, und sie wollen alles, was sie haben, aus ihnen heraussaugen, Informationen ebenso wie Geld.« Die ägyptischen Juden hätten in Israel nicht leben können, fährt er dann erläuternd fort, weil sie es gewohnt gewesen seien, zur Bestreitung ihres Lebensunterhaltes Moslems auszurauben und zu betrügen. In Israel hätten sie es aber mit anderen Juden zu tun gehabt, und weil Diebe nicht davon leben könnten, andere Diebe auszuplündern, seien sie nach New York gegangen, um sich an arabischen Besuchern gütlich zu tun. In dem Artikel wird dann beschrieben, wie die ägyptischen Juden in New York verschiedene illegale Geschäfte betreiben, und zwar im Schutze des jüdischen Bürgermeisters.

Der Ton der linksradikalen Presse ist kaum besser. In einem am 28. Juni 1983 von *al-Shab,* dem Organ der Sozialistischen Arbeiterpartei, veröffentlichten Artikel zählt Sad al-Fatatiri, ein im Ruhestand lebender Botschafter, »dreiundzwanzig kulturelle Mittel zur Zerstörung der islamischen Zivilisation« auf. An den Anfang seiner Darstellung setzt er bezeichnenderweise ein erdichtetes angebliches Begin-Zitat: »Es darf kein Mitleid mit den Arabern geben, bis wir die sogenannte arabische Zivilisation zerstört und unsere eigene Zivilisation auf ihren Trümmern errichtet haben.« Außer den naheliegenden politischen und militärischen Methoden, erläutert der Botschafter, versuche Israel auch, die Araber einzukreisen, indem es Zwietracht unter ihnen sät, Aufstände und Bürgerkriege schürt und wirtschaftliche und soziale Krisen in den arabischen Staaten oder zwischen ihnen herbeiführt. Zu allen diesen Zwecken habe Israel eine Reihe von Methoden zur kulturellen Infiltration der arabischen Welt perfektioniert; diese werden von Dr. Fatatiri dann im einzelnen dargelegt. Zu ihnen gehörten das Eindringen über offizielle und inoffizielle Kanäle (Botschaften, wissenschaftliche Institute, historische Gesellschaften, Freundschaftsverbände sowie als wissenschaftliche Forschung getarnte Unternehmungen); technische Hilfe für Entwicklungsländer; wissenschaftlicher und kultureller Austausch; die Veröffentlichung einer jüdischen Enzyklopädie in allen Sprachen, mit der Israel sich der Welt so präsentiert, wie es gern von ihr gesehen werden möchte; Versuche, die Christen für sich einzunehmen, beginnend mit dem (vatikanischen) Dokument, das die Juden von der Schuld am Tode Jesu freispricht; Desinformation und Übertreibung bei der Darstellung der Vernichtung der Juden in Deutschland unter dem Nazi-Regime; Betonung der demokratischen Ordnung in Israel, »wobei Israel als Bastion der Demokratie im Nahen Osten und als einziger moderner Staat der Region dargestellt wird«. Der letzte Absatz, wiewohl dem Sinne nach ein wenig dunkel, verdient es, zitiert zu werden: »Diese andauernde Gefahr, so groß sie auch sein mag, ist nicht tödlicher als der Tyrann, den die Araber zu zerschmettern und zu zerstören vermochten, indem sie ihr Vertrauen in Gott setzten und seine Hilfe suchten.«

Die bösartigsten antisemitischen Artikel erscheinen nicht in der sozialistischen oder in der fundamentalistischen Presse, sondern in *al-Ahrar*, dem Organ der Liberalen Partei, das sich im Laufe des Demokratisierungsprozesses der letzten Jahre herausgebildet hat. In der Ausgabe vom 19. Juli 1982 werden in einem Artikel von Yahya al-Rakhawi einige neue Theorien über die jüdische und die israelische Geschichte vorgetragen:

> Als der Staat Israel gegründet wurde und das Wohlwollen der Welt errang und von vielen in Ost und West anerkannt wurde,

bestand einer der Gründe für diese Anerkennung in dem Wunsch der Völker in Ost und West, möglichst viele Vertreter jenes menschlichen Irrtums, den man »die Juden« nennt, loszuwerden. Hinter diesem Motiv stand noch ein weiterer, geheimer Zweck; nämlich, sie an einem einzigen Orte zu konzentrieren, so daß man im geeigneten Augenblick leichter einen Schlag gegen sie würde führen können. Es unterliegt keinem Zweifel, daß solche Hoffnungen in den Gedanken von Politikern leben, die intelligenter, gleichzeitig aber feiger sind als Hitler.

Und was uns betrifft, so müssen wir uns zwischen Bombardements und Verhandlungen, zwischen Reden und Landminen der Tatsache bewußt sein, daß wir alle – wieder einmal – dem jüdischen Problem von Angesicht zu Angesicht konfrontiert sind, nicht nur dem zionistischen Problem; und wir müssen alle jene Studien neu bewerten, die eine Unterscheidung zwischen »dem Juden« und »dem Israeli« treffen ... und wir müssen die Bedeutung des Wortes »Jude« neu definieren, damit wir uns nicht einbilden, daß wir von einer göttlich offenbarten Religion sprechen oder von einer Minderheit, die von der ganzen Menschheit verfolgt wird. Jedes Wort hat einen Ursprung, eine Entwicklung und eine Geschichte, und es scheint, als habe das Wort »Jude« heute seinen Inhalt und seine Bedeutung verändert.

Wir stehen deshalb also von Angesicht zu Angesicht dem Kern eines Problems gegenüber, das neuerdings das Gewand der Religion übergestreift und sich auf ein Stück Land konzentriert hat. In dieser Konfrontation können wir gar nicht anders, als vor uns die Gestalt jenes großen Mannes, Hitler – möge Gott ihm gnädig sein –, zu sehen, der der weiseste war von allen, die sich diesem Problem stellten ... und der aus Mitleid mit der Menschheit versucht hat, alle Juden auszurotten, der aber an der Heilung dieses Krebsgeschwürs am Leibe der Menschheit verzweifelte. Und jetzt bestätigt sich praktisch die Richtigkeit seiner Intuition.

Im restlichen Teil des Artikels schildert der Autor den kosmischen Kampf, der jetzt zwischen den Kräften des Guten und denen des Bösen werde entbrennen müssen, wobei letztere in den Juden Gestalt angenommen hätten. Er betont, daß er nicht nur von Zionisten spreche, sondern von Juden, und daß er den Feind sowohl »in den Juden als Individuen« als auch in »den Juden als Staat« sehe. In seiner Sicht habe sich der Kampf auf zwei Ebenen abzuspielen. Auf der einen würden die Kräfte des Guten, das heißt, die Ägypter, Palästinenser und anderen Moslems, sich zu judaisieren haben, um sich gegen die Juden durchsetzen zu können – womit gesagt sein soll, daß sie grausam werden müßten, skrupellos, listenreich und hemmungslos, daß sie also in gewissem Maße ihr eigenes moralisches Wohl würden gefährden müssen. Auf dieser Ebene, meint der Verfasser, werde »unser Lehrer Khomeini, möge Gott sein Leben verlängern«, wahrscheinlich der Geeignetste sein, um diese Rolle in dem Kampf zu spielen, mit dem Papst und Pater Capucci in Reserve. Das verleihe dem Kampf auf der zweiten und höheren Ebene zusätzliche Bedeutung – dem Kampf zwischen der Menschheit und dem Judentum. Der Verfasser beschwört seine eigene Seite, die der »Menschheit«, sich nicht wegen »törichter Antisemitismus-Vorwürfe« zu sorgen. Eine Niederlage in diesem Kampf, ein Scheitern des Versuches, »den jüdischen Krebs aus dem Leib der Menschheit herauszuschneiden«, könnte zur Vernichtung der Menschheit selbst führen.

Die regierungsfreundliche Presse Ägyptens ist zwar keineswegs frei von einer Art endemischen, verhaltenen Antisemitismus, aber sie veröffentlicht gewöhnlich keine Texte dieses Niveaus von Bösartigkeit. Seit der Unterzeichnung des Friedensvertrages und trotz des ständigen Auf und Ab in den israelisch-ägyptischen Beziehungen hat es insgesamt doch eine gewisse Verbesserung im Ton der Auseinandersetzung gegeben, insbesondere nach der Amtsübernahme durch eine Koalitionsregierung in Israel im Jahre 1984 und nach Ereignissen wie dem Kairo-Besuch des israelischen Ministers Ezer Weizmann im Frühjahr 1985. Aber die regierungsfeindliche Presse hat die Heftigkeit und Häufigkeit ihrer antisemitischen Kampagnen seit dem Friedensvertrag noch gesteigert, und die regierungsfreundlichen Medien tun – von wenigen Ausnahmen abgesehen – bemerkenswert wenig, um dem entgegenzuwirken.

Der kumulative Effekt dieser stetigen Sturzflut antisemitischer Propaganda zeigte sich auf dramatische Weise in der Ras-Burqa-Affäre. Am 5. Oktober 1985 schoß ein geistig verwirrter ägyptischer Gendarm namens Sulayman Khatir mit seiner Maschinenpistole auf eine Gruppe israelischer Camping-Urlauber – drei Erwachsene und neun kleine Kinder, die sich gerade damit vergnügten, eine Sanddüne herunterzurutschen. Fünf Kindern gelang es, zu entkommen, zwei von ihnen allerdings wurden leicht verwundet. Die anderen sieben Urlauber – vier Kinder (drei Mädchen und ein Junge), zwei Frauen und ein Mann, ein Richter im Ruhestand, wurden getötet oder schwer verletzt. Nach Angaben israelischer Augenzeugen leisteten ägyptische Gendarmen, die sich in der Nähe befanden, den Verwundeten keine Hilfe und hinderten einen israelischen Arzt und andere Urlauber mit vorgehaltener Waffe daran, ihnen zur Hilfe zu kommen. Diejenigen, die nicht schon tot waren, verbluteten.

Dem Wahnsinn verfallene Bewaffnete können überall in der Welt Amok laufen, und der Gendarm sagte später im ersten Verhör aus, er habe zu keiner Zeit die Identität und Nationalität der Menschen gekannt, die er da niederschoß, und sie hätten ihn weder beleidigt noch provoziert. Sein einziger Grund sei gewesen, daß sie ein Sperrgebiet betreten hätten. Selbst die unterlassene Hilfeleistung für die Verwundeten mag man vielleicht der Unsicherheit und der Aufregung des Augenblicks zuschreiben. Viel unheilkündender waren die Reaktion der ägyptischen Oppositionspresse und das Echo in anderen arabischen Ländern. Sofort wurde Sulayman Khatir als Nationalheld gefeiert, und es fanden Massenkundgebungen zu seiner Unterstützung statt. Um diese Heldenversion seiner Tat gerechtfertigt erscheinen zu lassen, verschwieg man Alter und Geschlecht der getöteten Israelis und entwickelte alle möglichen, kraß widersprüchlichen Phantasien – daß es sich bei den Opfern um Spione gehandelt habe, die beim Photographieren geheimer Einrichtungen (in einer entmilitarisierten Zone!) ertappt worden seien, daß sie eine ägyptische Flagge bespien und zerrissen hätten, daß halbnackte israelische Frauen das moslemische Gewissen Sulayman Khatirs beleidigt hätten und sogar, daß sie ihn angegriffen und gezwungen hätten, in Notwehr von der Waffe Gebrauch zu machen.

Diesen Geschichten wurde in den regierungsfreundlichen Medien nicht widersprochen, die viele Wochen lang Lesern und Fernsehzuschauern die Tatsachen vorenthielten. Je mehr Sulayman Khatir gefeiert wurde, um so mehr stimmten auch führende ägyptische Intellektuelle sowohl von der linken als auch von der religiösen Opposition in die Lobpreisung des Mannes und seiner Tat ein. Am Ende fand sogar der Täter selbst sich mit der Rolle ab, die man ihm zugewiesen hatte. Nach Meinung des bekannten marxistischen Politikers und Schriftstellers Khalid Muhyil-Din war der Prozeß gegen Sulayman ein Prozeß gegen die ägyptische und die arabische öffentliche Meinung. Seinem Kollegen Nabil al-Hilali zufolge erblickte das Regime die wahre Schuld Sulaymans darin, daß er auf Zionisten geschossen habe anstatt auf ägyptische Arbeiter und Studenten. Der Führer der Moslembrüder, Umar al-Tilimsani, erklärte: »Wenn jeder Moslem täte, was Sulayman getan hat, würde Israel nicht mehr existieren« – offenkundig ein Aufruf, das Nahostproblem durch Völkermord zu lösen. Die meisten Kommentatoren wiesen entrüstet die offizielle Erklärung zurück, daß Sulayman Khatir geistesgestört sei. Lutfi al-Khawli, marxistischer Autor und Chefredakteur, betrachtete es als eine Beleidigung der ägyptischen Nation, ihn für verrückt zu erklären, da er allein Entschlossenheit gezeigt hätte, wo andere sich vornehm zurückhielten. Farid Abd al-Karim, einer der Führer der nasseristischen Arabischen Sozialistischen Partei, feierte Khatir als »das Gewissen der Nation«, der mit seinen Kugeln »die Schande des Schweigens« von Camp David »hinweggewaschen« habe; er äußerte sodann die Hoffnung, daß »die Gesamtheit dieser Nation von der gleichen machtvollen Geistesgestörtheit ergriffen werden« möge. Muhammad Ibrahim Kamil, ein ehemaliger Außenminister, erklärte, Khatirs Tat habe den Zorn jedes Ägypters und jedes Arabers nach der israelischen Aggression in Tunis zum Ausdruck gebracht. Ali Hillal Dessouki, Professor an der Universität Kairo, der den Soldaten als »mein Bruder Sulayman« anredete, zeigte sich erstaunt über eine Zeit, in der Männer wie Sulayman als verrückt gebrandmarkt werden können, und bemitleidete die sogenannten Vernünftigen dieser Zeit. Der Schauspieler Nur al-Sharif sagte, an Khatir gewandt: »Du bist der Vernünftigste unter uns, denn du hast getan, was wir alle tun möchten.« Ahmad Nasir von der ägyptischen Anwaltskammer glaubte, daß die Geschichte Sulayman Khatir immer und ewig ehren werde als »das lebendige Vorbild eines edlen Ägypters, der es abgelehnt hat, sich von den Verträgen des Verrats und der Kapitulation in die Irre führen zu lassen«.[37]

Dieser außerordentliche Kult um Sulayman Khatir erreichte gegen

Ende des Jahres seinen Höhepunkt, als er vor ein Militärgericht gestellt wurde. Die dadurch ausgelösten Demonstrationen sah die Regierung nicht ohne Grund als gegen sie selbst gerichtete Drohung, und zum erstenmal veröffentlichte die regierungsfreundliche Presse jetzt den wahren Tathergang von Ras Burqa und teilte mit, um wen es sich bei den Opfern handelte. Einige Journalisten gingen sogar so weit, zuzugeben, daß die regierungsfreundlichen Medien einen Fehler begangen hatten, als sie die Wahrheit unterschlugen und so den Lügenlieferanten freie Hand ließen, und sie äußerten sich entsetzt über die Geistesverfassung, die aus einem Mörder von Frauen und Kindern einen Nationalhelden machen und andere aufrufen konnte, seinem Beispiel zu folgen. In einem bemerkenswerten Artikel, der am 28. Dezember 1985 in *Al-Musawwar* erschien, untersuchte Makram Muhammad Ahmad, der Chefredakteur dieser Zeitschrift, ausführlich den ganzen Vorfall. Er zitierte aus dem offiziellen Protokoll der Vernehmung des Angeklagten und geißelte die Oppositionspresse wegen ihrer unredlichen und verantwortungslosen Behandlung des Falles. Er sei überzeugt, schrieb er, daß bei umgekehrter Sachlage, wenn nämlich ein israelischer Soldat ägyptische Frauen und Kinder getötet hätte, niemand in Israel, nicht einmal die fanatischsten Extremisten, seine Tat einem patriotischen Haß auf Israels Feinde gutgeschrieben und ihn dafür gelobt hätte.[38]

Die Verurteilung Sulayman Khatirs und die nachfolgende Meldung, er habe im Januar 1986 im Gefängnis Selbstmord begangen, scheinen dieses Kapitel für den Augenblick abgeschlossen zu haben, und es könnte sein, daß die beginnende Einsicht, welchen Schaden solche Episoden der Ehre und der Würde Ägyptens zufügen, einige Wirkung zeitigen wird. Zweifellos ist es noch zu früh, um arabische Journalisten aufzurufen, ihren Lesern eine leidenschaftslose Erörterung Israels oder des Zionismus zu präsentieren. Aber es ist nicht unvernünftig, sie zu bitten, der lesenden Öffentlichkeit und vor allem den noch formbaren Schulkindern, bei denen so leicht schwerer Schaden angerichtet werden kann, eine Darstellung der Geschichte, Religion und Kultur ihrer neuen Nachbarn zu liefern, die nüchterner und zutreffender ist als die absurden und bösartigen Phantasien des europäischen Antisemitismus. Bedauerlicherweise ist die Wahrscheinlichkeit eines wirklichen Wandels in den Medien so lange gering, wie ägyptische Wissenschaftler und Schriftsteller, Chefredakteure und Verleger es für erforderlich halten, sich dem Meinungsklima anzupassen, das in Saudi-Arabien und seinen kulturellen Dependancen herrscht. Und in diesen und anderen arabischen Ländern wird sich die Atmosphäre nicht verbessern, solange es dort wenige oder gar keine jüdischen Einwohner gibt und nur seltene, meist auch noch getarnt reisende jüdische Besucher, und solange der arabische Leser, der etwas über die Juden erfahren und lernen möchte, nur eine Literatur vorfindet, die von der ignoranten Bigotterie eines Kanonikus Rohling und von jenem Meisterwerk antisemitischer Fälschungen beherrscht wird, den *Protokollen der Weisen von Zion*.

Der neue Antisemitismus

Mit einem besseren oder zumindest breiteren Verständnis der Bedeutung und der Nebenbedeutungen von Begriffen wie Juden und Semiten, Judentum und Islam, Zionismus und Antisemitismus sollte es nun möglich sein, sich nüchterner und informierter der Frage zuzuwenden, mit der wir begonnen haben – welche Bedeutung müssen wir im arabisch-israelischen Konflikt dem Antisemitismus beimessen, genauer gesagt, dem tiefen und ganz besonderen Judenhaß, der über den normalen politischen Widerstreit und selbst über die normalen Feindseligkeiten und Vorurteile hinausgeht, wie sie zwischen verschiedenen Völkern entstehen, und der den Juden eine Qualität des kosmischen und diabolischen Bösen zuschreibt? Nähert man sich dieser Frage, ist es zunächst einmal erforderlich, genau zu definieren, mit welchen Aspekten des arabisch-israelischen Konflikts wir es zu tun haben; zweitens gilt es sich von gewissen sehr zählebigen Mythen zu verabschieden, die so lange schon jede Erörterung dieses Themas belastet haben.

Zum ersten Punkt: Die vorliegende Untersuchung befaßt sich nur mit dem Vorkommen, so es denn eines gibt, dieser Art von Haß bei den Beteiligten des Konflikts, ob sie nun direkt oder indirekt in ihn verwickelt sind – bei den Israelis und den Palästinensern, den Juden und den Arabern, den Supermächten und den anderen Mächten, die ihre jeweils eigenen und verschiedenartigen Interessen in der Region verfolgen; insbesondere befaßt sie sich mit dem Einfluß oder der Wirkung des Antisemitismus auf die Formulierung der Politik, auf die taktischen Entscheidungen der Beteiligten, auf die öffentliche Diskussion dieser Angelegenheiten in den Medien. Unsere Untersuchung ist nicht direkt mit der Frage von Recht oder Unrecht im arabisch-israelischen Konflikt befaßt, auch nicht mit Wert oder Unwert der verschiedenen Argumentationen, die vorgebracht werden. Allgemeiner gesagt, sie ist nicht befaßt mit allen jenen Aspekten – und die sind die bei weitem wichtigsten –, die nichts mit Rasse, mit Haß oder mit Vorurteil zu tun haben.

Unter den Israelis und in viel stärkerem Maße noch unter anderen Juden und unter Freunden der Juden gibt es die Neigung, Feindschaft gegen Israel oder den Zionismus mit Antisemitismus gleichzusetzen, Arafat als einen neuen, aber erfolglosen Hitler zu sehen und die PLO als das zeitgenössische Äquivalent von Hitlers SS. Es sollte mittlerweile klar geworden sein, daß es sich hier um eine falsche Gleichsetzung handelt. Der arabisch-israelische Konflikt ist in seinen Ursprüngen und seinem Wesen nach ein politischer Konflikt – ein Zusammenstoß von Völkern und Staaten wegen konkreter Streitfragen, nicht eine Sache von Vorurteil und Verfolgung.

Aber während die arabisch-israelische Auseinandersetzung ein Beispiel für einen normalen Konflikt ist, haften ihr doch gewisse Anomalitäten an, die sie einzigartig machen. Diese ergeben sich aus der fortgesetzten Weigerung sämtlicher arabischen Staaten – mit einer einzigen Ausnahme –, Israel anzuerkennen oder sich mit seinen offiziellen Vertretern zu Verhandlungen an einen Tisch zu setzen. Diese Weigerung wird auch nach nahezu vierzigjähriger Existenz Israels und nach einer ganzen Serie arabischer politischer und militärischer Niederlagen aufrechterhalten. Der Libanon, der 1984 ein direktes Abkommen mit Israel aushandelte und unterzeichnete, wurde gezwungen, dieses zu kündigen, und der libanesischen Regierung wurde es nicht einmal erlaubt, politischen Kontakt zu Israel aufzunehmen, um die geordnete Befreiung ihres eigenen Territoriums zu regeln. Ägypten, das im Gegensatz zum Libanon stark genug war, um einen unabhängigen Kurs zu steuern und in direkte Beziehungen zu Israel einzutreten, wurde von nahezu allen arabischen Staaten in Acht und Bann getan; die meisten brachen die diplomatischen Beziehungen zu Kairo ab und zwangen Ägypten in beinahe die gleiche Isolierung wie Israel selbst.

Am auffälligsten ist vielleicht die symbolische – man könnte beinahe sagen: magische – Vernichtung Israels, die im Rahmen der Vereinten Nationen und ihrer verschiedenen Behörden und Gremien immer aufs neue wiederholt und fortwährend neu inszeniert wird – eine Art Vorwegnahme dessen, was die arabischen Staaten hoffen, am Ende Israel tatsächlich antun zu können. Selbst die erbittertsten Konflikte – zwischen Frankreich und Deutschland um Elsaß-Lothringen, zwischen Griechenland und der Türkei um Zypern und die Ägäis, zwischen China und Japan, Indien und Pakistan oder Irak und Iran – haben nie zur totalen Nichtanerkennung der einen Seite durch die andere geführt, zur totalen Verweigerung jeglichen Dialogs und zu der erklärten Absicht, den gegnerischen Staat nicht nur zu besiegen, sondern ihn ganz und gar zu vernichten und von der Landkarte zu tilgen. Und obwohl Staatsmänner einiger arabischer Länder heute privatim oder im Ausland von Koexistenz und Frieden mit Israel sprechen, waren – abgesehen von Ägypten – bislang nur wenige bereit, das auch öffentlich und im eigenen Lande und in Wendungen zu tun, die über die üblichen, sorgsam formulierten Doppeldeutigkeiten hinausgehen.

Worin dann liegt diese Einzigartigkeit – dieses spezielle Gefühl des Zorns und der Empörung, das sich nach beinahe vierzig Jahren noch immer nicht gelegt hat? Einige sehen die Ursache in der Verdrängung der Palästinenser von ihrem Grund und Boden in die arabischen Nachbarländer, wo viele von ihnen noch immer in Flüchtlingslagern leben. Was auch immer die Ursachen hierfür sein mögen – ob sie von den Israelis vertrieben wurden, ob ihre eigenen Führer sie drängten zu gehen, oder ob sie ganz einfach in Panik flohen, als der Krieg rings um ihre Häuser tobte –, es kann kein Zweifel am ungeheuren Ausmaß der menschlichen Tragödie bestehen, die sie ereilte, und an dem Leid, das sie von damals bis heute ertragen haben.

Aber das allen Lösungsversuchen sich widersetzende Problem der palästinensischen Flüchtlinge ist eine Folge, nicht eine Ursache des politischen Problems. Daß dieses Flüchtlingsproblem nicht wie andere anderswo in unserem brutalen Jahrhundert durch eine Kombination von Umsiedlung und partieller Repatriierung gelöst wurde, ist auf einen Willensakt auf seiten der palästinensischen Führung und der arabischen Staaten zurückzuführen. Es war in der Tat eine bemerkenswerte Leistung, die Flüchtlingslager so lange erhalten und die Integration ihrer unglücklichen Bewohner in die expandierenden

Volkswirtschaften der ölreichen arabischen Staaten so lange verhindert zu haben, und das zu einer Zeit, in der diese Staaten Millionen von Gastarbeitern aus Ägypten und dem Jemen, aus Afrika, Indien, Pakistan und Sri Lanka, ja sogar aus so fernen Ländern wie Korea und den Philippinen anlockten und beschäftigten.

Leitet sich das ganz spezielle Gefühl von Wut und Empörung dann – wie vielfach argumentiert worden ist – aus der Tatsache her, daß der Staat Israel von Eindringlingen geschaffen wurde, die übers Meer kamen und sich in einem Lande einnisteten, in dem sie vorher nicht gelebt hatten, wobei sie viele Einwohner verdrängten und den Rest auf den Status eines besiegten Volkes erniedrigten? Gewiß lassen solche Ereignisse tiefe Gefühle des Zorns entstehen. Dieses Bild von den Israelis als Eindringlinge behauptet sich, obwohl inzwischen eine Mehrheit der israelischen Juden ihren Ursprung in den benachbarten arabischen und in anderen moslemischen Ländern hat. Aber selbst die Ereignisse um die israelische Staatsgründung sind weit davon entfernt, einzigartig zu sein, und praktisch alle souveränen Staaten in der westlichen Hemisphäre sowie etliche andere in anderen Teilen der Welt sind auf diese Weise geschaffen worden.

Für Moslems ist insbesondere der Verlust alten moslemischen Landes an nichtmoslemische Invasoren ein schwerer Schlag, der seelische Qualen und Empörung verursacht. Aber auch das ist nicht ohne Beispiel und ist in der Tat schon viele Male geschehen. Vom Verlust Portugals und Spaniens am Ende des Mittelalters bis hin zur Räumung von Gemeinde um Gemeinde und Provinz um Provinz in Südosteuropa während des lange währenden Rückzuges des Osmanischen Reiches haben Moslems viele Länder an die Christenheit verloren. Alte moslemische Gebiete an den nördlichen und östlichen Küsten des Schwarzen Meeres, rings um das Kaspische Meer und in Zentralasien hat sich das Russische Reich einverleibt. Sie sind auch heute Teil der Sowjetunion, und über ihre Geschicke wird in Moskau entschieden. In jüngster Zeit haben sich Invasion und Besetzung des souveränen moslemischen Staates Afghanistan, seine Einverleibung in den sowjetischen Herrschaftsbereich und die damit verbundene Exilierung von Millionen seiner Bewohner unter bemerkenswert geringem Protest und erstaunlich wenig Erregung auf seiten moslemischer Regierungen oder moslemischer Völker vollzogen.

Warum dann also dieser ganz besondere Zorn in der moslemischen Reaktion auf das Ende Palästinas und die Geburt Israels? Zum Teil ist dieser Zorn gewiß auf die Lage des Konfliktherdes inmitten des arabischen Kerns der islamischen Welt zurückzuführen und darauf, daß er die Stadt Jerusalem einschloß, die – nach langen und manchmal erbittert geführten Debatten – am Ende als die nach Mekka und Medina dritte heilige Stadt des Islams anerkannt worden war. Vor allem aber erklärt sich das Gefühl des Zorns, wie aus zahllosen Reden und Schriften klar hervorgeht, aus der Identität derjenigen, die den moslemischen arabischen Armeen diese dramatischen Niederlagen zugefügt und der moslemischen arabischen Bevölkerung des umstrittenen Gebietes ihre Herrschaft aufgezwungen haben. Die Sieger waren nicht die Anhänger einer Weltreligion, auch nicht die Heere einer gewaltigen imperialen Macht, von denen man sich ohne allzu große Schande hätte erobern lassen können, nicht die katholischen Könige von Spanien, nicht das weltumspannende britische Empire, nicht die immense und skrupellose Macht der Russen – sondern die Juden, gering an Zahl, weithin verstreut und ohnmächtig, deren frühere Demut ihren Triumph ganz besonders demütigend machte.[1]

Diese Sicht der Dinge ist an sich noch nicht antisemitisch. Sie stellt nicht in Abrede, daß die Juden einen Platz in der Ordnung der Welt haben; sie beharrt nur darauf, daß dieser Platz ein bescheidener ist, der Platz einer geduldeten, untergeordneten Minderheit, und daß die Juden durch ihr Auftreten als Eroberer und Herrscher die gottgegebene Ordnung des Universums umgestürzt haben. Die gleiche Art von äußerster Empörung färbte die zeitgenössische türkische Reaktion auf griechische Landungen in Westanatolien im Jahre 1919. Den Türken gelang es, ihre Wut zu lindern, indem sie die griechischen Invasoren besiegten und nach Griechenland zurückjagten. Den Arabern ist es nicht gelungen, die Israelis zu besiegen, von denen die meisten ohnehin keinen Ort haben, an den sie zurückgejagt werden könnten.

Es hat nach dem ersten arabisch-israelischen Krieg gelegentliche erfolglose Versuche gegeben, einen Dialog zu eröffnen, aber sie endeten nach den Kriegen von 1956 und 1967. Die israelischen Siege von 1948 und 1949 waren verhältnismäßig bescheiden, und sie waren erst nach harten Kämpfen und schweren Verlusten errungen worden.

Sie hatten eine relativ kleine und schweigende arabische Bevölkerung als Bürger von Israel zurückgelassen. Selbst diese Geschehnisse aber hatten wie ein Schock gewirkt. Die folgenden schnellen, überraschenden und anscheinend mühelos errungenen Siege der verachteten »zionistischen Banden« über mehrere arabische Armeen fügten ein unerträgliches Gefühl der Demütigung hinzu, verschärft noch durch den andauernden Affront der israelischen Militärherrschaft – flankiert durch die israelische Siedlungspolitik – über eine beträchtliche und sich nun artikulierende arabische Bevölkerung. Es war schwer genug für Araber, die jüdische Souveränität anzuerkennen. Viel schwerer noch war es, unter jüdischer Oberherrschaft oder auch nur Seite an Seite mit ihr zu leben. Im Gefolge dieser Niederlagen und wegen der Notwendigkeit, eine Erklärung für sie zu finden, kam es dazu, daß ein Antisemitismus nationalsozialistischer Prägung die arabische Auseinandersetzung mit Zionismus, Judentum und dem Staat Israel zu beherrschen begann. Die ägyptischen Erfolge der Überquerung des Suezkanals im Jahre 1973 und der Rückeroberung eines Teils des Sinai vermochten die erlittenen Demütigungen nur teilweise zu lindern, aber sie waren eine wesentliche Vorbedingung für Anwar el Sadats Reise nach Jerusalem. Und hierin könnte vielleicht einige Hoffnung für die Zukunft liegen.

Es gibt noch eine andere Dimension der Frage nach der Qualität des arabischen Hasses auf die Juden, die, wenn überhaupt, nur in geringer Beziehung zur Politik des Nahen Ostens steht. Da Israel nun einmal ein jüdischer Staat ist, in dem vor allem Juden leben, und weil es Menschen gibt, die Juden ganz unabhängig vom Palästina-Konflikt hassen, kann Antisemitismus manchmal ein Faktor sein, der eine Haltung und gelegentlich sogar eine Politik und ein Handeln bestimmt. Wie weitgehend und unter welchen Umständen ist das so? Diese Frage kann in bezug auf die verschiedenen beteiligten Gruppen untersucht werden. Während Antizionismus und Antiisraelismus nicht notwendigerweise von Antisemitismus inspiriert sein müssen, kann die Möglichkeit nicht ausgeschlossen werden, daß es sich in einigen Fällen in der Tat so verhält. Um bestimmen zu können, ob Gegner des Zionismus oder Kritiker Israels von redlichen oder unredlichen (heimlich antisemitischen) Motiven bewegt werden, muß man jeden Fall – Regierung, Partei, Gruppe oder Individuum –

getrennt untersuchen und dabei nach spezifischen, präzise feststellbaren Kriterien Ausschau halten.

Die Unterscheidung ist oft schwer zu erkennen. Die gelegentliche Zügellosigkeit von Wort und Schrift in einer Gesellschaft, die an heftigste Schmähungen gewöhnt und in einem langen und bitteren Krieg verwickelt ist, kann leicht – aber nicht unbedingt zutreffenderweise – als ein Ausdruck von Antisemitismus gewertet werden. Im Gegensatz dazu kann der einer verfeinerten Kultur entspringende, sorgsam modulierte Tadel auch diejenigen, die die verschlüsselte Sprache nicht beherrschen, dazu veranlassen, ihn – mit der gleichen Wahrscheinlichkeit des Irrtums – als den Ausdruck einer ehrlichen Überzeugung zu akzeptieren. In der arabischen Welt, wo heißblütiges Temperament und eine krasse Sprache vorherrschen, kann ein fairer Kommentar sich manchmal wie Bigotterie ausnehmen. Im Westen, wo Mäßigung geschätzt wird und andere gesellschaftliche Normen vorherrschen, kann das Gegenteil der Fall sein.

Leichter zu erkennen als im Westen ist die Unterscheidung in der arabischen Welt, weil die Araber schließlich direkt beteiligt sind und weil für sie lebenswichtige Interessen auf dem Spiel stehen. Wenn die Araber die Israelis, ihre Führer und ihre Förderer infernalischer Missetaten aller Art bezichtigen, dann betreiben sie möglicherweise nur ganz normale Kriegspropaganda gegen den Feind. Inhalt und Sprache dieser Propaganda mögen überzogen erscheinen, besonders, wenn sie am Tonfall gemessen werden, mit dem die große Mehrheit der israelischen Politiker, Gelehrten und Journalisten über die Araber spricht, aber reichliche Parallelen ließen sich in der Kriegspropaganda der beiden Weltkriege finden, und zwar jeweils beider beteiligter Seiten. Wenn arabische Sprecher Begin mit Adolf Hitler und Dschingis Khan vergleichen, dann können solche Verleumdungen den Westen schockieren und die Juden in helle Wut versetzen; aber wir können ihre Wirkung innerhalb der arabischen Welt besser beurteilen, wenn wir uns daran erinnern, daß Adolf Hitler noch bis vor nicht sehr langer Zeit ein vielbewunderter Held war und daß der Generalsekretär der Arabischen Liga bei seiner Bekanntgabe der arabischen Invasion im Mandatsgebiet Palästina im Jahre 1948 – irrigerweise, wie sich herausstellte – verkündete, daß die Zerstörung, die die arabischen Armeen nach Israel tragen würden, gleichen Ausmaßes sein würde wie die Taten der mongolischen Invasoren, das heißt, der Anhänger Dschingis Khans. In diesem Zusammenhang sollten wir uns auch daran erinnern, daß noch vor wenigen Jahren junge Amerikaner mit einem Bildungsniveau, das für die Zulassung zu führenden Universitäten ausreichte, die Campus-Polizei mit der deutschen Gestapo gleichsetzten und amerikanische Politiker und Akademiker mit den obszönen Tyrannen verglichen, die Europa verwüstet, die Welt in Brand gesetzt und zahllosen Millionen Menschen den Tod gebracht hatten. Wenn amerikanische Studenten nicht den Unterschied zwischen Mängeln der Demokratie und dem essentiell Bösen des Faschismus sehen konnten, dann durfte man von jungen Arabern, die über keinerlei direkte Kenntnis dieser beiden Regierungsformen verfügten, schwerlich etwas Besseres erwarten.

Die Anwendung des Begriffes Nazi auf Israel, wie sie in West- und mehr noch in Osteuropa zu beobachten ist und von dort her überhaupt erst von den Arabern übernommen wurde, ist eine ganz andere Sache. Die Europäer verfügen im Gegensatz zu den meisten Arabern oder Amerikanern über Kenntnisse aus erster Hand davon, was der Nationalsozialismus war und was die Nazis den Juden angetan haben. Dies wissend, müssen sie sich der Absurdität solcher Vergleiche bewußt sein. Wenn sie sie dennoch anstellen, werfen sie tiefe und sehr beunruhigende Fragen nach ihrer eigenen Einstellung und nach ihren Motiven auf.

Selbst die häufig wiederholte arabische Ansicht, den Staat Israel zu zerschlagen und »die zionistische Gesellschaft zu liquidieren«, ist an sich noch kein Ausdruck von Antisemitismus. In der Sicht der meisten Araber war die Gründung des Staates Israel ein Akt der Ungerechtigkeit und ist seine fortdauernde Existenz eine ständige Provokation. Für den, der diese Ansicht teilt, sind die Korrektur dieser Ungerechtigkeit und die Beseitigung dieser Provokation legitime politische Ziele.

Gleiches gilt nicht von der großen und wachsenden Flut arabischer Schriften über Israel und die Juden. Wenn arabische Sprecher sich nicht damit zufriedengeben, die Missetaten der Israelis anzuprangern, sondern diese Missetaten angeborenen und erblichen jüdischen Rassemerkmalen zuschreiben, die im gesamten Verlauf der Geschichte erkennbar seien; wenn sie weiterhin das jüdische Volk als Ganzes so monströser Verbrechen wie des Ritualmords und der Verschwörung zur Erlangung der Weltherrschaft beschuldigen; wenn sie diese Beschuldigungen mit den Standard-Machwerken der europäischen antisemitischen Literatur dokumentieren; wenn sie schließlich große Mühen und Kosten nicht scheuen, um die nämlichen Machwerke über die ganze Welt hin zu verbreiten – dann steht außer Zweifel, daß diese Araber sich mit antisemitischer Aktivität befassen, in keiner Weise verschieden von derjenigen, die viele Jahrhunderte lang die Geschichte des christlichen Europas entstellt hat. Angesichts des Ausmaßes dieser Aktivität lautet die Frage nicht mehr, ob einige arabische Regierungen antisemitische Politik treiben, sondern vielmehr, warum sie diese Politik eingeschlagen haben, wie weit sie schon geht und wie tief ihre Wirkung reicht.

Die Araber sind nicht die einzigen, bei denen sich die Gegnerschaft zu Israel aus einem Interessenkonflikt ergibt. Die arabische Feindschaft gegen Israel beruht auf einem echten Grund zur Klage, auf einem wirklichen Konflikt infolge einander ausschließender Interessen und Forderungen. Dieser Konflikt mag durch Vorurteil zusätzlich belastet sein; er mag in seinem Ausdruck durch Vorurteil beeinflußt sein. Er ist nicht durch Vorurteil verursacht. Weitgehend das gleiche kann – in Abstufungen – von einigen anderen Gegnern Israels gesagt werden. Die Sowjetunion zum Beispiel hat eindeutige politische Gründe für ihre feindselige Haltung gegenüber Israel, und diese Gründe sind sowohl innenpolitischer als auch internationaler Art. Es liegt auf der Hand, daß die Existenz eines mächtigen Staates im Nahen Osten, der sich nicht nur politisch an den Vereinigten Staaten orientiert, sondern der durch Institutionen und Lebensweise mit dem Westen verbunden ist, den sowjetischen Interessen nicht dient. Die Sowjets wissen sehr gut, daß strategische Allianzen wirksamer und sicherer sind, wenn sie durch konkrete Affinitäten gestützt werden und nicht nur politische Entscheidungen gerade im Amt befindlicher Führer sind. Aus diesem Grunde auch geben sich die Sowjets selten mit politischen und strategischen Allianzen zufrieden, sondern bemühen sich vielmehr darum, in den Ländern, in denen ihr Einfluß dies zuläßt, Gesellschaft und Regime nach ihrem Ebenbild umzuformen. Funktionierende Demokratien westlichen Gepräges sind schwieriger zu schaffen, und in dieser Beziehung ist Amerika im

Nachteil. Sie sind jedoch auch schwerer zu zerstören, und ihr Vorhandensein ist dementsprechend ein Nachteil für die Sowjets. Wenn die Sowjets auch immer wieder gewisse politische Vorteile durch das Ausnutzen der arabischen Feindseligkeit gegenüber Israel errungen haben, so haben sich diese doch gewöhnlich als nicht dauerhaft erwiesen.

Aber die sowjetische Feindseligkeit gegenüber Israel und dem Zionismus kann manchmal andere Gründe haben, die nichts mit der Auseinandersetzung im Nahen Osten zu tun haben. Im Gegensatz zu den Nazis sind die Russen nicht öffentlich und ideologisch auf eine antijüdische Politik festgelegt, und offiziell verurteilen sie den Antisemitismus. Sie wären ohne weiteres imstande, die Seiten zu wechseln, wenn sie das für wünschenswert halten sollten, und sie haben es ja tatsächlich für eine kurze Weile Ende der vierziger Jahre auch getan. Die sowjetische Diplomatie unterstützte Israel gegen Großbritannien, und Waffen aus dem Ostblock ermöglichten es dem jungen jüdischen Staat, sich des Ansturms der arabischen Armeen im Jahre 1948 zu erwehren. Seither jedoch hat die Sowjetunion sich in die andere Richtung gewandt und mit ihren Satelliten und westlichen Ablegern eine Politik nie nachlassender Feindseligkeit gegenüber Israel ebenso wie gegenüber dem Zionismus verfolgt.

Während diese Politik erklärlich und im sowjetischen Kontext aus politischen Gründen gerechtfertigt ist, sind gewisse Merkmale doch bedenkenswert. Eines davon ist die Heftigkeit der Sprache sowohl in der Auseinandersetzung mit Israel als auch in der Diskussion über Israel, in diplomatischen und wissenschaftlichen Äußerungen ebenso wie in offener Propaganda. Selbst wenn man mit der Elle der kommunistischen politischen Schmähungen mißt, sind die Verbalinjurien, die bei der Verurteilung Israels und der israelischen Politik gebraucht werden, bemerkenswert maßlos. Sie sind dies über die Jahre hin in gleicher Weise geblieben – weit mehr, als es gegenüber allen anderen Regierungen, Regimen, Bewegungen, Völkern oder Ideologien der Fall war, die zu der einen oder anderen Zeit sowjetisches Mißfallen erregt haben.

Noch bemerkenswerter ist vielleicht die Tatsache, daß die Sowjetunion bei zwei verschiedenen Gelegenheiten die diplomatischen Beziehungen zu Israel abgebrochen hat – ein Schritt, den sie ansonsten seit ihren Anfängen nie getan hat, nicht einmal gegenüber ihren gefährlichsten, eingeschworenen Feinden. Die Sowjets haben aus gutem Grunde der Aufrechterhaltung ihrer diplomatischen und konsularischen Missionen selbst auf politisch feindseligem Territorium immer die größte Bedeutung beigemessen. Sie waren darauf bedacht, so lange wie möglich diplomatische Beziehungen zu Pilsudskis Polen aufrechtzuerhalten, selbst nach der Ermordung eines sowjetischen Botschafters in Warschau; desgleichen mit dem faschistischen Italien und auch mit dem Dritten Reich, selbst nach dem Anschluß Österreichs und der deutschen Besetzung der Tschechoslowakei. Auch haben sie es in jüngerer Zeit nicht für notwendig erachtet, die diplomatischen Beziehungen zu Staaten abzubrechen, die ihre Gegner sind oder die sie für Marionetten feindlicher Mächte halten. Sie waren immer sorgsam darauf bedacht, die Beziehungen nicht nur zu Regimen aufrechtzuerhalten, die sie als imperialistisch oder faschistisch anprangerten, sondern sogar zu leidenschaftlich antikommunistischen Regimen wie demjenigen Indonesiens, die den Kommunismus unterdrückten und Kommunisten in großer Zahl hinrichteten. Auch zu abweichlerischen kommunistischen Regimen wie denjenigen Jugoslawiens und Chinas haben sie trotz heftiger ideologischer und politischer Auseinandersetzungen die Beziehungen nicht abgebrochen. Der einzige Abbruch der Beziehungen zu einem solchen Regime, der Bruch mit Albanien im Jahre 1961, kam auf albanische, nicht auf sowjetische Initiative zustande. Die meisten sowjetischen Satelliten erhielten ihre Beziehungen zu Albanien aufrecht, und die Sowjets haben ohne Erfolg versucht, sie wiederherzustellen.

Im Gegensatz dazu haben sie zweimal die diplomatischen Beziehungen zu Israel abgebrochen. Zum erstenmal geschah das 1953 zur Zeit der sogenannten Ärzteverschwörung in Moskau, als im Hof der sowjetischen Botschaft in Tel Aviv eine kleine Bombe zur Explosion gebracht wurde. Es hat nie auch nur den leisesten Verdacht gegeben, daß es sich dabei um irgend etwas anderes als um eine verantwortungslose private Unternehmung handelte. Nach einer Weile wurden die diplomatischen Beziehungen wiederhergestellt, doch 1967 wurden sie aufs neue abgebrochen, diesmal vom gesamten Sowjetblock mit Ausnahme Rumäniens.

Selbst die Art des Abbruchs der diplomatischen Beziehungen war eigenartig. Wenn Länder die diplomatischen Beziehungen abbrechen, vertrauen sie die Wahrnehmung ihrer Interessen normalerweise einem befreundeten Land an. Heutzutage bedeutet das in der Praxis für gewöhnlich, daß die abbrechenden Länder weiterhin Diplomaten entsenden, die aber, anstatt im Namen ihres Staates zu fungieren, der Botschaft der die Interessen wahrnehmenden Schutzmacht angegliedert werden. Als zum Beispiel etliche arabische Staaten nach dem Krieg von 1967 die diplomatischen Beziehungen zu den Vereinigten Staaten abbrachen, hatten die meisten von ihnen auch weiterhin diplomatische Vertreter in Washington, während Washington Vertreter in deren Hauptstädten behielt, jeweils unter der Ägide der Schutzmächte. Die Sowjets aber duldeten keine israelischen Diplomaten auf sowjetischem Boden, und um das zu erreichen, waren sie bereit, den Preis zu zahlen, daß sie selbst keinen ihrer eigenen Leute ungetarnt nach Israel schicken und keine formellen Kontakte zur israelischen Regierung unterhalten konnten. Diese Disparität ist sehr auffällig und legt die Frage nahe, welche spezielle Eigenschaft Israels, die anderen Ländern ganz und gar abgeht, zweimal eine totale Beendigung der diplomatischen Beziehungen erforderlich machte, mit all den damit verbundenen praktischen und neuerdings auch politischen Unbequemlichkeiten für die Sowjets. Das Vokabular und die Bildersprache des sowjetischen Antizionismus mit verdeckten und manchmal ganz offenen Appellen an altmodische rassische und sogar religiöse Vorurteile können auf eine Antwort hindeuten.

Neben dem arabischen und dem sowjetischen Block gibt es andere Regierungen, die auf der Grundlage einer Vorteilsberechnung beschlossen haben, aus wohlerwogenen praktischen Gründen die Araber zu unterstützen und gegen Israel zu opponieren. Die Sowjetunion gebietet über eine ungeheure Macht und hat bewiesen, daß sie bereit ist, sie auch anzuwenden. Einige arabische Staaten verfügen über einen immensen Reichtum und haben wachsendes Geschick gezeigt, ihn einzusetzen. Beide Gruppen verfügen über umfangreiche und zuverlässige Blockstimmen und waren in der Lage, ein beträchtliches Maß an Kontrolle über die Foren der Vereinten Nationen und ihrer verschiedenen Unterorganisationen zu erringen. Die Aktiva sind wiederholt eingesetzt worden, um Regierungen von Ländern ohne starke Interessen oder eigene Verpflichtungen in der Region zu veranlassen, eine antiisraelische und bisweilen sogar eine antijüdische Haltung einzunehmen.

Der Gegner wird nicht mehr in erster Linie als Israel, sondern in zunehmendem Maße als Zionismus definiert. Neben entgegengesetzten Interessen kann es hier um entgegengesetzte Ideologien gehen, was zu einer grundsätzlichen Opposition gegen die zionistische Bewegung und den zionistischen Staat führen kann, ohne daß notwendigerweise die Frage des Antisemitismus aufgeworfen wird. Für den Kommunisten ist es natürlich, ja unvermeidlich, gegen den Zionismus zu opponieren, weil beide Ideologien unvereinbar sind. Moskau hat seine eigenen besonderen Gründe imperialer wie innenpolitischer Natur, gegen jede Bewegung aufzutreten, die eine bedeutende Zahl sowjetischer Bürger berühren könnte und deren Hauptbrennpunkt sich jenseits der sowjetischen Grenze befindet. Die Sowjets haben den Pan-Islamismus, den Pan-Turkismus und den Pan-Iranismus gebrandmarkt, verurteilt und unterdrückt, weil die moslemischen, türkischsprachigen und iranischsprachigen Völker der Sowjetunion von diesen Bewegungen hätten ergriffen und ihre Loyalitäten von Moskau fort- und auf islamische, türkische oder iranische Zentren hätten hingelenkt werden können. Der Zionismus ist sozusagen eine Art von Pan-Judentum, und allein schon aus diesem Grunde würde Moskau ihn verurteilen. Aber auch hier wieder gibt es in der Art der Auseinandersetzung mit internen Oppositionsbewegungen ebenso wie mit anderen Staaten bedeutende Unterschiede im Grad der Feindseligkeit und in der Art und Weise, wie sie ausgedrückt wird.

Der Kommunismus ist nicht das einzige Bekenntnis, das dem Zionismus ideologisch entgegengesetzt ist. Es gibt religiös Gläubige – christliche und sogar jüdische ebenso wie moslemische –, die aus religiösen Gründen Gegner des Zionismus sind; sie sehen die Gründung eines jüdischen Staates durch Menschenhand als etwas dem Willen Gottes Zuwiderlaufendes an. Dies ist gegenwärtig keine Mehrheitsmeinung, unter Christen ebensowenig wie unter Juden, aber sie findet doch erheblichen Anklang.

Die gegenwärtig lautstärkste ideologische Opposition gegen den Zionismus allerdings gründet sich nicht darauf, was der Zionismus selbst glaubt und behauptet zu sein, sondern vielmehr darauf, was zu sein andere ihm vorwerfen. Das begann mit Beschuldigungen, die von Propagandisten aus praktischen Gründen erhoben wurden, erlangte aber sehr schnell größere Bedeutung. Die arabischen Gegner des Zionismus und des israelischen Staates haben gewöhnlich versucht, um Unterstützung in der westlichen Welt zu werben, indem sie den Zionismus mit dem jeweils im Westen gerade aktuellen Feind identifizieren, der eine Zeitlang als Bolschewismus oder Kommunismus definiert wurde. Als mit zunehmendem amerikanischen Einfluß in der Welt der Rassist zum vorrangigen Feind wurde, ordnete man den Zionismus als rassistisch ein, und die Vereinten Nationen verabschiedeten am 10. November 1975 mit 72 Stimmen bei 35 Gegenstimmen und 32 Enthaltungen eine entsprechende Resolution.[2] Eine nach ideologischen Gesichtspunkten vorgenommene Analyse der Stimmen, die für und gegen die Resolution abgegeben wurden oder sich enthielten, erbringt interessante Resultate. Wie zu erwarten war, stimmten alle kommunistischen und islamischen Staaten für die Entschließung. Fast alle liberalen Demokratien der Welt stimmten dagegen. Die Länder der Dritten Welt verteilten sich auf alle drei Kategorien.

Im Sowjetblock darf außer der amtlich vorgeschriebenen keine politische Meinung öffentlich geäußert werden. In der arabischen Welt, zumindest in Teilen von ihr, ist eine gewisse öffentliche Debatte möglich, aber in allen Fragen, die Israel oder die Juden betreffen, unterliegt sie strengsten Einschränkungen, und es ist deshalb schwierig, die wirkliche Haltung der Araber zu diesen Fragen zu beurteilen. In der westlichen Welt jedoch und in einigen Ländern der Dritten Welt sind Individuen und Gruppen frei, ihre unterschiedlichen Ansichten über diese wie über die meisten anderen Fragen zu äußern und zu vertreten. In den meisten westlichen Ländern ziehen die Angelegenheiten Israels und seiner Nachbarn eine große – realistisch betrachtet unverhältnismäßig große – Aufmerksamkeit auf sich. Das Ausmaß dieser Aufmerksamkeit und die Sprache, in der sie sich artikuliert, haben manche Beobachter, und durchaus nicht nur jüdische, zu dem Verdacht geführt, daß diese übermäßige Beschäftigung mit Israel und dem Zionismus ungesunde Ursprünge haben und daß die geäußerte Kritik Ausdruck eines versteckten Antisemitismus sein könnte. Natürlich gibt es viele, denen solche Motive zu unterstellen falsch und ungerecht wäre. Es gilt jedoch, der Tatsache ins Auge zu sehen, daß es andere gibt – es wäre schwierig zu sagen, wie groß ihr Anteil ist –, für die die Araber in Wahrheit nichts anderes sind als ein Knüppel, mit dem man auf die Juden einschlagen kann.

Es gibt verschiedene Gründe, intellektueller ebenso wie praktischer Art, aus denen sich die Einnahme einer antiisraelischen Haltung erklären läßt, ohne daß ein Vorurteil unterstellt werden muß. Ein auf der Hand liegendes Beispiel ist die ehrliche Überzeugung, daß die Araber im Recht und die Israelis im Unrecht sind, sei es in einer speziellen Situation, sei es in dem Nahost-Problem als Ganzem. Man mag mit denen, die dieser Überzeugung sind, übereinstimmen oder nicht; man kann ihre Ansichten jedenfalls nicht einfach als voreingenommen abtun. Ebensowenig kann man die Möglichkeit ausschließen, daß eine derartige Überzeugung von anderen als rein sachlichen Erwägungen beeinflußt ist.

Eine mühelos erkennbare Gruppe sind diejenigen, die der modischen linken oder progressiven Richtung folgen. Eine Zeitlang war diese Richtung im allgemeinen günstig für Israel, und nichtarabische Linke bezogen gewöhnlich eine proisraelische Position. Seither hat sich die Richtung gegen Israel gekehrt, und diejenigen, die beflissen mit der jeweiligen Länge des ideologischen Rocksaums konform gehen, wie sie von den jeweiligen Richtern des intellektuellen Geschmacks festgelegt wird, haben ihre Meinungen entsprechend umgemodelt. Bei einigen, die ihre Ansichten auf diese Weise formen und ausdrücken, mag es vielleicht ein Element des Vorurteils geben, aber das kann schwerlich als Antisemitismus bezeichnet werden, zumal es in dieser Gruppe einen sehr großen Anteil von Juden gibt.

Die radikale und terroristische Linke ist ebenso wie die radikale und terroristische Rechte einmütig und heftig antiisraelisch eingestellt, und ihre Erklärungen sind manchmal nur sehr schwer vom Stil des altmodischen Antisemitismus zu unterscheiden. So hat die gefeierte Ulrike Meinhof, wie die *Frankfurter Allgemeine Zeitung* vom 15. Dezember 1972 berichtete, zum Thema Auschwitz angemerkt: »Das Schlimmste ist, daß wir alle, Kommunisten wie andere, darüber einig waren.« Sie habe seither erkannt, daß »Antisemitismus seinem Wesen nach antikapitalistisch ist. Er macht sich den Haß der Menschen auf ihre Abhängigkeit vom Geld als Mittel des Tausches und ihre Sehnsucht nach dem Kommunismus zu eigen. Auschwitz bedeutet, daß sechs Millionen Juden ermordet und auf die Abfallhaufen Europas geworfen wurden als das, was sie zu sein schienen – als Geldjuden.«

Starke ideologische Elemente können bei der Wahl der Seiten eine Rolle spielen. Für viele Außenseiter ist der entscheidende Faktor dabei die Art von Regime, die auf beiden Seiten existiert. Israel innerhalb seiner Grenzen von 1949 ist eine liberale Demokratie mit freier Presse und freiem Parlament, mit einer gewählten Regierung, die lange Zeit ein sozialdemokratisches Gesicht hatte, und mit einer sehr vitalen Opposition. Die meisten arabischen Staaten hingegen sind autoritär, haben eine gelenkte Presse, keine gesetzliche Opposition und ein offizielles Programm, das radikalen Nationalismus und revolutionären Sozialismus in unterschiedlichen Graden mischt. Beide Arten von Regime wecken automatisch Loyalitäten und Antagonismen, bei denen politische und wirtschaftliche Erwägungen nicht immer harmonisieren. So waren Sozialisten zum Beispiel scharf gespalten. Für einige wogen Gamal Abd el Nassers Verstaatlichungen seine Unterdrückungsmaßnahmen auf; für andere waren Israels Freiheiten ein Ausgleich für seinen partiellen Kapitalismus. Sympathie und Ablehnung scheinen sich bei Ideologen sehr weitgehend danach zu richten, wie die fraglichen Regime nach außen hin auftreten und wie sie sich außenpolitisch orientieren; sehr wenig scheint man sich darum zu kümmern, wie es um die wirkliche Lage und das Wohlergehen der Menschen bestellt ist, die unter ihnen leben müssen.

Wieder eine andere Gruppe bilden jene, die ihre Wahl zwischen Arabern und Israelis an beruflichen oder kommerziellen Motiven ausrichten – dazu gehören Vertreter aus dem Geschäftsleben, den Universitäten, den Medien und der Politik, die sich aus wohlerwogenen beruflichen, kommerziellen oder politischen Gründen dafür entscheiden, je nach den obwaltenden Umständen die eine oder die andere Seite zu unterstützen. Vielleicht kann man die Integrität derjenigen in Frage stellen, die ihre Entscheidung auf diese Weise treffen, aber Vorurteile sind nicht unbedingt eine Komponente ihrer Haltung, wenngleich sie nicht auszuschließen sind. Ein Werbefachmann, der das Image seines Kunden aufpoliert und dabei dessen

Konkurrenz anrempelt, ist nicht in erster Linie von Vorurteilen geleitet; er ist geleitet von dem Wunsch, in seinem Beruf voranzukommen und Geld zu verdienen. Mutatis mutandis kann das gleiche von dem Vorstandsvorsitzenden gesagt werden, der die Interessen seiner Aktionäre wahrnimmt, von dem Politiker, der auf die Wünsche seiner Wähler oder Geldspender Rücksicht nimmt, von dem Zeitungsmann, der den Weisungen seines Chefredakteurs oder seiner jeweiligen Gastgeber folgt, und von dem Nahostexperten an der Universität, der sich bewußt ist, wer die Stellenvergabe kontrolliert und wer über die Geldmittel verfügt.

Universitätsinstitute und Programme für nahöstliche Studien können in mehr als nur einer Weise beeinflußt sein. Juden fühlen sich aus sentimentalen oder religiösen Gründen, weil sie Hebräisch können oder sich um Israel sorgen, oft zu diesen Studien hingezogen. Sie sind nicht die einzigen, und sie haben ihre einst dominierende Position längst an andere verloren. Als Mao und der Maoismus noch unangefochten China beherrschten, fühlten manche maoistisch gesonnene Studenten sich zur Sinologie hingezogen, und einige Fachbereiche für chinesische oder fernöstliche Sprachen nahmen einen starken und oft unerträglichen maoistischen Charakter an. Ähnlich kamen, als die PLO en vogue war und die Helden der radikalen Linken stellte, viele Studenten und angehende Junglehrer auf dem Gebiet der nahöstlichen Studien mit einer starken, vorgefaßten Bindung an die arabische Sache und einer antiisraelischen und antizionistischen Festlegung zu ihrem Fach.[3] Das ist an sich nicht antisemitisch, aber es gab auch einige mit ausgesprochen – oder unausgesprochen – antijüdischen Gefühlen, die aus diesem Grunde zu arabischen Studien tendierten, weil sie hofften, hier Gesinnungsgenossen und eine kongeniale Atmosphäre zu finden. Sie wurden nicht immer enttäuscht. Beispiele dafür sind von Juden ebenso wie von Arabern angeführt worden, wobei sich erstere oft beunruhigt zeigten, letztere manchmal unangenehm berührt.

Bei allen diesen Gruppen läßt sich eine antiisraelische oder antizionistische Position ohne jegliche Bezugnahme auf Antisemitismus erklären. Aber die Möglichkeit antisemitischer Komponenten ist natürlich immer vorhanden, und selbst wenn kein Vorurteil die Haltung dieser Gruppen bestimmt, kann es doch die Art und Weise beeinflussen, in der sie ausgedrückt wird. Besonders dort, wo Antisemitismus nicht gesellschaftsfähig ist, können das Palästinaproblem und die Leiden der Araber eine perfekte Tarnung für Vorurteile bieten, die diejenigen, die sie hegen, sich andernfalls schämen würden einzugestehen. In anderen Fällen wiederum ist die Sache klar. Mit den wenigen Ausnahmen derjenigen, die Araber und Juden gleichermaßen hassen, sind die offen und eingestandenermaßen faschistischen Gruppen, die in verschiedenen Teilen der Welt noch aktiv sind, proarabisch eingestellt, und in ihrer Literatur werden ihre Gefühle und Absichten überdeutlich dargestellt. So verhält es sich bei den noch überlebenden neofaschistischen und Neonazi-Gruppen in Europa und ihren Nachahmern in Nord- und Südamerika. Einige Araber haben die Unterstützung durch derart unseriöse Alliierte zurückgewiesen; andere, Regierungen und Revolutionäre gleichermaßen, haben ihren Nutzen daraus gezogen; wieder andere haben beides gleichzeitig getan.

In gesellschaftsfähigeren Kreisen ist es keineswegs leicht, zwischen denen zu unterscheiden, die proarabisch, und denen, die in erster Linie antijüdisch sind. Es gibt jedoch einige Symptome, die zwar nicht unfehlbare, aber doch recht verläßliche Indikatoren sind. Zu den Merkmalen des antijüdisch – im Unterschied zu proarabisch – eingestellten Menschen gehört es, daß man bei ihm kein anderes Zeichen des Interesses an den Arabern oder der Sympathie für sie entdeckt außer ihren Konflikt mit den Juden. Er ist ganz und gar ungerührt von den Leiden der Araber oder selbst der Palästinenser unter irgendwelchen anderen als jüdischen Auspizien, ganz gleich, ob sie ihnen von ihren eigenen Herrschern oder von dritter Seite zugefügt werden. Für ihn sind die Hunderte von Palästinensern, die in Sabra und Schatila ermordet worden sind, von viel größerem Gewicht als die Tausende von Arabern, die in Amman, in Tell Zaatir oder in Hama hingemetzelt worden sind, oder erst in den vielen Kriegen im Jemen, im Libanon, am Golf und anderswo, die das arabische Volk so lange schon gepeinigt haben. Oft zeigt er sich überhaupt nicht interessiert an der Geschichte oder an den Leistungen der Araber, oft hat er keinerlei Kenntnis ihrer Sprache oder Kultur. Er vermag im Gegenteil in einer Weise von ihnen zu reden, die in Wirklichkeit äußerst herabsetzend ist. Keiner, der bei Verstand ist, würde für sich in Anspruch nehmen, ein Experte für, sagen wir, Frankreich oder Deutschland zu sein, ohne auch nur ein Wort Französisch oder Deutsch zu können. Der Anspruch auf Expertenschaft, den viele selbsternannte Arabisten erheben, gründet auf der Annahme, daß die Araber irgendwie anders – und zwar unterlegen – seien als Franzosen oder Deutsche und daß alles, was sie in ihrer eigenen Sprache sagen oder schreiben, ohne weiteres vernachlässigt werden kann. Der übliche Versuch, arabische Äußerungen und Handlungen abzutun, indem man praktisch sagt, daß die Araber nicht ernst zu nehmen, nicht erwachsen, nicht verantwortungsbewußt seien, kann schwerlich als Ausdruck des Respekts oder der Wertschätzung betrachtet werden.

Tief betroffen zu sein von dem Schicksal der arabischen Palästina-Flüchtlinge, ist eine natürliche und humane Reaktion. Geht diese Betroffenheit einher mit totaler Gleichgültigkeit gegenüber anderen Flüchtlingen in Europa, Asien, Afrika und anderswo, von denen es ungezählte Millionen gibt, deren Lage zumeist sehr viel schlimmer ist als diejenige der Palästinenser, dann mag das berechtigten Anlaß zu Zweifeln geben. Desgleichen ist es eine legitime und gerechtfertigte politische Entscheidung, die Sache der palästinensischen Araber zu unterstützen. Geht das aber einher mit gänzlich fehlendem Interesse an anderen Zielen und Bestrebungen in dieser Region und anderswo, dann mögen Fragen angezeigt sein. Die Welt ist voll von politischen Zielen und Bestrebungen, die ausländische Sympathisanten und Förderer anziehen, und viele Faktoren können die Entscheidung eines Außenstehenden beeinflussen. Einer von ihnen könnte geteilter Haß auf den Gegner sein.

Das wirft die allgemeine Frage nach den zweierlei Maßstäben auf, mit denen, wie die Israelis behaupten, gemessen wird, wenn man die Handlungen und speziell die Missetaten Israels einerseits, seiner arabischen Gegner andererseits beurteilt. Zum Teil ergibt sich dies aus Umständen, die nichts mit Vorurteilen oder mit Parteinahme zu tun haben. Israel ist eine offene Gesellschaft, und es ist durch die Logik seiner eigenen Institutionen gezwungen, Reportern und damit potentiellen Kritikern ein Maß an Freiheit einzuräumen, für das es in der ganzen Region kein Beispiel gibt. Das bedeutet unweigerlich, daß die Medien mehr Einzelheiten über israelische als über arabische

Missetaten erfahren und mehr Möglichkeiten haben, sie zu erforschen, zu erörtern und zu kritisieren. Die Vereinigten Staaten leiden an dem gleichen glücklichen Gebrechen, und ein amerikanisches My Lai hat mehr Aufmerksamkeit erregt und damit eine schärfere Verurteilung gefunden als alles, was die Sowjets in Afghanistan und Osteuropa getan haben. Manchmal kann sich die Ungleichheit der Beurteilung in der Tat aus positiven anstatt aus negativen Gefühlen ergeben – aus philosemitischen anstatt aus antisemitischen Gefühlen etwa und aus höheren Erwartungen hinsichtlich des israelischen Verhaltens. Israelis klagen manchmal darüber, daß man ihnen ein unmöglich hohes Maß an Tugend abverlangt. Solche Klagen mögen unbegründet sein. Israel betrachtet sich selbst als eine liberale Demokratie, und es wird auch von den meisten Menschen im Westen als solche gesehen. Israelisches Verhalten wird deshalb mit denselben strengen Maßstäben gemessen, die beispielsweise Amerikaner, Briten und Franzosen anlegen, wenn sie ihre eigenen Handlungen und diejenigen ihrer demokratischen Mitstreiter beurteilen.

Aber selbst, wenn man das soeben Gesagte berücksichtigt, gibt es Zeiten, wo die Ungleichheit der Beurteilung die Frage nach der Redlichkeit aufwirft. Das offenkundigste Beispiel ist die Affäre von Sabra und Schatila. Was die israelischen Stellen sich in dieser Affäre geleistet haben, kann, auch wenn die Israelis selbst kein Massaker angerichtet haben, nur ein Anlaß der Scham für ein demokratisches Volk sein. Daß anderswo viel schlimmere Dinge geschehen, ist keine Entschuldigung, und es ist herabsetzend für Israelis oder deren Anhänger, wenn sie zu derartigen Vergleichen auffordern. Aber wenn Vergleiche auch eine jämmerliche Verteidigung sind, so sind sie gewiß eine moralische und intellektuelle Verpflichtung, wenn es darum geht, ein Urteil zu fällen – insbesondere für diejenigen, deren berufliche Pflicht es ist, zu berichten, zu analysieren und zu bewerten. Der allgemeine Abscheu, der gegenüber dem israelischen Verhalten in Sabra und Schatila empfunden wird, mag die hohen moralischen Prinzipien der Außenwelt widerspiegeln und die hohen Anforderungen, die man an das Verhalten der Israelis stellt. Aber ein Vergleich zwischen diesem Abscheu und der beinahe totalen Gleichgültigkeit gegenüber anderen Massakern, darunter solchen, die in jüngster Zeit von den Schiiten in denselben Lagern von Sabra und Schatila begangen worden sind, wirft doch beunruhigende Fragen nach den Gefühlen und Motiven der Richter auf.

Ein Merkmal des Antijuden im Unterschied zum Proaraber ist seine Neigung, auf Macht und Einfluß der Juden herumzureiten, die er gewöhnlich ungeheuer übertreibt, und sich über die jüdische Doppel-Loyalität zu beklagen. Der Antijude geht normalerweise davon aus, daß a) die Juden seines Landes allesamt reich und gerissen sind, daß sie b) alle für Israel arbeiten und daß sie sich, indem sie das tun, c) irgendeines Vergehens schuldig machen.

Die Frage der Doppel-Loyalität tritt in verschiedener Form auf. In Demokratien und offenen Gesellschaften wie den Vereinigten Staaten und Großbritannien ist die jüdische Doppel-Loyalität im wesentlichen ein Problem nur für Juden und Antijuden und nicht für die große Masse der Bevölkerung, die keins von beidem ist. Die meisten der unpolitischen Amerikaner und Briten halten es für durchaus in Ordnung, wenn Juden mit Israel sympathisieren, und sie sind in der Tat eher ratlos oder gar beunruhigt, wenn sie das nicht tun. Es mag bezeichnend sein, daß der Vorwurf der doppelten Loyalität zwar manchmal gegen Juden erhoben wird, aber sehr selten oder nie gegen andere amerikanische ethnische oder religiöse Minderheiten, obwohl viele von ihnen sehr aktiv sind als politische Lobby. Griechische, armenische, irische und neuerdings auch arabische Gruppen amerikanischer Staatsbürger treten zum Beispiel lautstark für politische Maßnahmen und manchmal sogar für Gewaltanwendung gegen Regierungen ein, die durch Militärallianzen mit den Vereinigten Staaten verbunden sind. Als Bürger eines freien Landes haben Juden die gleichen Rechte wie alle anderen, proisraelisch, proarabisch oder prosonstwas zu sein. Eine selektive Einschränkung dieses Rechts, die den Juden, aber niemand anderem auferlegt würde und die sich auf die Unterstützung Israels, nicht aber anderer ausländischer Interessen bezöge, würde die Juden zu Staatsbürgern zweiter Klasse machen. Diese Art des Denkens hat in freien Ländern nur geringe Unterstützung gefunden, konnte aber anderswo gewisse Fortschritte erzielen.

In Ländern mit autoritärer Tradition, wie Rußland, oder mit zentralistischer Tradition, wie Frankreich, ist die Lage ein wenig anders, und die Opposition einer Gruppe von Bürgern – seien sie Juden oder andere – gegenüber einer bestimmten, von der Regierung eingeschlagenen außenpolitischen Linie wird als eine Form von Abweichung gesehen, die an Hochverrat grenzt. In Frankreich gab es in den sechziger und siebziger Jahren manche, die zionistische Juden als ein modernes Äquivalent von Hugenotten und Ultramontanen ansahen. Der Vergleich war weit hergeholt und seine Auswirkung sehr begrenzt, wenn er damals auch bei französischen Juden eine gewisse Besorgnis ausgelöst hat. In Rußland und Polen sind die Strafen und Repressionen, denen die Juden ausgesetzt sind, unvergleichlich viel größer. Russische und polnische Juden müssen nicht nur darauf verzichten, Israel zu unterstützen; sie müssen aktiv gegen das Land opponieren. Ein angesehener polnisch-jüdischer Autor faßte dieses Dilemma während des Krieges von 1967 – im Privatgespräch – sehr treffend zusammen, als er sagte: »Ich bin durchaus der Meinung, daß ein Mensch nur ein Land haben kann, dem er Loyalität schuldet – aber warum muß meines die Vereinigte Arabische Republik sein?«

Ein wichtiges Merkmal unserer Zeit ist die rapide Entwicklung des Antizionismus, dessen Ausdehnung und Einfluß sich erweitert haben und oft in gar keiner Verbindung zum Nahen Osten und seinen Problemen mehr stehen. Im neunzehnten Jahrhundert begann man es als reaktionär und altmodisch anzusehen, wenn Anti-Judentum religiös begründet wurde; in Kreisen, die moderner und säkularer dachten, ging man statt dessen zum rassisch begründeten Antisemitismus über, der damals als zeitgemäß und wissenschaftlich galt. In unseren Tagen ist auch der Rassismus in Mißkredit geraten, vor allem in der westlichen Welt, wo er heute eher mit Feindseligkeit gegenüber Schwarzen als gegenüber Juden assoziiert wird. An die Stelle des rassischen Antisemitismus ist bei einigen daraufhin prompt ein Antizionismus getreten, bei dem die Politik den Platz einnimmt, den vorher erst die Religion und dann die Rasse besetzt hatten. Dieser Wandel ist eher einer des Ausdrucks und der Betonung als einer der Substanz, da alle diese Elemente immer präsent waren und es weiterhin sind. Auch heute noch kann man einen Juden, wenn man ihn als solchen angreifen oder diskreditieren will, einen Ungläubigen nennen, einen Semiten oder einen Zionisten, je nachdem, ob die Atmosphäre und die vorherrschende Ideologie der Gesellschaft, in der man sich bewegt, religiös, ethnisch oder politisch geprägt ist.

Rassistische Gefühle können sich in beiden Richtungen auswirken; sie können nichtjüdischem Wohlwollen gegenüber Israel ebenso zugrunde liegen wie der Feindschaft gegen Israel. Eher das Pendant des judenhassenden Arabophilen als dessen Gegenteil sind diejenigen, die Israel begünstigen, weil sie die Araber hassen. Solche Motive spielten einst eine wichtige Rolle in Frankreich, wo der Algerienkrieg eine Quasi-Allianz mit Israel gegen den gemeinsamen arabischen Feind entstehen ließ und wo am Ende der französische Rückzug ein Gefühl der Erbitterung hinterließ, für das die israelischen Siege einigen Trost boten. Dieses Gefühl war jedoch sehr spezifisch und nicht von dauerndem Bestand; es war eher politischer und psychologischer als rassischer Natur und verlor rasch an Bedeutung. In jüngerer Zeit haben die Ölkrise sowie die Ereignisse im Iran, im Libanon und anderswo in den Vereinigten Staaten eine Woge antiislamischer und antiarabischer Gefühle ausgelöst, die manchmal in der einseitigen Präsentation und Interpretation von Nachrichten ihren Ausdruck findet, manchmal in der Verwendung feindseliger Stereotypen von Arabern in Kommentaren, Karikaturen, Anekdoten, Filmen und so weiter. Dabei wird gelegentlich ein Grad an Bösartigkeit erreicht, den man noch für erlaubt hält, wenn die Rede von Arabern ist, der aber nicht mehr als akzeptabel gilt, wenn es um Juden geht. Es gibt keinen Holocaust, der Hemmungen auferlegt, wenn antiarabische Vorurteile ausgedrückt werden; es gibt keinen Antizionismus, der Gelegenheit zur Sublimierung böte.

Im allgemeinen jedoch ist dies ein geringfügiges Phänomen. In den englischsprachigen Ländern hat Feindseligkeit gegenüber Arabern gewöhnlich nie eine Rolle gespielt, ausgenommen vielleicht bei denjenigen, die die Araber in ihre allgemeine Abneigung gegen »minderwertige Arten« einbeziehen. Für diese Spezies mag die Entscheidung zwischen Jude und Araber in der Tat ein quälendes Dilemma bedeuten.

Die europäische und die amerikanische Haltung zum Nahost-Konflikt wird durch die Tatsache kompliziert, daß die eine der streitenden Parteien aus Juden, die andere aus Arabern besteht. Beide Völker lösen ebenso heftige wie irrationale Reaktionen aus. Zu spüren ist das an der geradezu besessenen Art und Weise, am emotionalen Ton, ja an der Leidenschaft, mit der die öffentliche Diskussion über das Problem geführt wird und für die es, wenn überhaupt, kaum

Parallelen in der Behandlung von Konflikten zwischen Nationen gibt.

Am unverhohlensten in ihren Reaktionen sind die Rassisten beider Seiten, jene, die das Problem ausschließlich als einen Konflikt zwischen Rassen sehen und die sich zueinander verhalten wie die zwei Seiten einer Medaille. Für sie ist wichtig, daß die Araber ein afroasiatisches Volk sind und daß der Staat Israel von einer Bevölkerung geschaffen wurde, deren Führung in Ursprung und Lebensweise vorherrschend europäisch war. Für beide Gruppen ist jeweils eine der beiden streitenden Parteien ohne jede Rücksicht auf die Umstände notwendigerweise und immer im Recht, die andere notwendigerweise und immer im Unrecht. Beide Gruppen gleichen einander ganz und gar in ihrer Leidenschaft und Wut; nur in der Wahl ihrer Partei unterscheiden sie sich voneinander. Zu ihnen gehören einige groteske und manchmal geradezu mitleiderregende Gestalten – der Jude, der in die eine oder die andere Richtung getrieben wird durch Stammessolidarität oder durch den Wunsch, dieser Solidarität zu entfliehen; der Antisemit der alten Garde, der zum Vorkämpfer für Israel wird, weil er die Araber noch mehr haßt als die Juden; der angloamerikanische Liberale, der für sein Land das Sündenmonopol beansprucht, genauso kämpferisch und absurd, wie seine Eltern das Tugendmonopol für sich in Anspruch nahmen; der hin- und hergerissene, radikale »weiße angelsächsische Protestant« (WASP), der den arabisch-israelischen Konflikt letztlich als einen Konflikt zwischen Harlem und Scarsdale sieht und der sich je nach seiner ganz persönlichen Mischung von Vorurteil und Schuldgefühl für die eine oder die andere Partei entscheidet.

Zwei weitere Gruppen, die Israel möglicherweise aus rassisch beeinflußten Gründen unterstützen, sind invertierte und reuige Antisemiten. Zur ersten Gruppe gehören jene, die im Grunde den antisemitischen Mythos von der geheimen jüdischen Weltmacht akzeptieren, die ihn aber mit Respekt und Bewunderung betrachten statt mit Haß oder Furcht. Die reuigen Antisemiten, gewöhnlich stellvertretend für andere büßend, sind von anderer Art. Es kann keinen Zweifel daran geben, daß in der Zeit unmittelbar nach Hitlers Untergang eine der wichtigsten Quellen der Unterstützung für Israel die Schuld war, wobei das Wort im modernen Sinne zu verstehen ist, als

Bezeichnung für einen psychologischen Zustand eher als für eine juristische Tatsache. Der wahre Antisemit ist selten reuig, und Schuldgefühle wegen der an Juden begangenen Verbrechen verhalten sich oft umgekehrt proportional zu dem Grad der persönlichen Verstrickung. Die unschuldigen Deutschen sind es, die Schuld wegen des Geschehenen empfinden; die Täter sind offenbar meistens von Reuegefühlen ganz frei. Derartige Schuldgefühle waren ein bedeutender Faktor in der unmittelbaren Nachkriegszeit, und die Reaktion vieler Christen auf die Entstehung Israels und auf das anfängliche Verhalten dieses Staates war bestimmt von dem Gefühl, daß sie selbst, daß ihr Land und ihre Kirche Helfershelfer bei den Naziverbrechen waren, wenn nicht durch aktive Komplizenschaft, so doch durch Gleichgültigkeit und Untätigkeit.

Solche Gefühle sind heute ein schrumpfender Aktivposten für Israel und müssen unweigerlich in dem gleichen Maße hinwegsterben, wie die Erinnerung an die Naziverbrechen in der Vergangenheit versinkt. In der Sowjetunion versucht die offizielle Propaganda sogar, die Tatsache zu verdecken, daß die Nazis die Juden verfolgt haben, und in einer makabren Umkehrung der Wahrheit stellt sie sogar die Juden selbst als Nazis dar. Im Westen, insbesondere in Kontinentaleuropa, haben schließlich einige Personen und Institutionen nach den langen Jahren des Mißbehagens die ganze quälende Bürde der Schuld mitsamt der Reue mit offensichtlicher Erleichterung abgeworfen.

Wie steht es mit den Juden selbst? Für den Antisemiten sind alle Juden Zionisten und proisraelisch, da Jude, Zionist und Israeli für ihn austauschbare Begriffe sind. Die Wirklichkeit sieht etwas anders aus, und Juden sind weder im Hinblick auf Israel noch auf irgendein anderes Thema einhelliger Meinung. Die weltumspannende jüdische Verschwörung zur Unterstützung Israels oder zu irgendeinem anderen Zweck ist natürlich ein Gebilde der antisemitischen Phantasie und hat nie irgendeine Realität besessen. Viele Juden, inzwischen wahrscheinlich die meisten, sind unterschiedlich stark proisraelisch, besonders dann, wenn Israel angegriffen wird. Es gibt aber eine keineswegs unbedeutende Zahl anderer Juden, die aktive Israel-Gegner sind. Sie sind verschiedener Art. Einige sind ebenso wie etliche Nichtjuden von der Gerechtigkeit der arabischen Sache überzeugt; andere lassen sich, wiederum wie etliche Nichtjuden, von beruflichen oder geschäftlichen Motiven leiten; bei wieder anderen geben jüdische religiöse Überzeugungen den Ausschlag. Schließlich gibt es die Anhänger der alten und der neuen Linken, deren Verhalten von politischen Entscheidungen mitbestimmt wird, die nicht notwendigerweise sie selbst getroffen haben. Viele lassen sich speziell von modischen »progressiven« Ansichten leiten, und es fällt ihnen schwer, irgend etwas Gutes an einer Sache zu entdecken, die von Amerikanern unterstützt wird.

Hierin unterscheiden sich jüdische Linke, und zwar Alt- ebenso wie Neulinke, in nichts von ihren nichtjüdischen Mitstreitern. Es gibt aber noch einen zusätzlichen Faktor, der manchmal überschätzt wird, der aber dennoch sehr real ist – das Phänomen des jüdischen Selbsthasses, jene neurotische Reaktion einiger Juden auf die Wucht des Antisemitismus, die darin besteht, daß sie die Behauptungen der Antisemiten akzeptieren, teilen, nachbeten und sogar noch übertreiben. Im neunzehnten Jahrhundert und zu Anfang des zwanzigsten traf man diese Art von Reaktion insbesondere bei assimilierten deutschen Juden sowohl der Linken als auch der Rechten an. Ein klassisches Beispiel war die Artikelfolge »Zur Judenfrage« von Karl Marx; ein anderes war die Haltung einiger deutscher jüdischer Konservativer, die, so weit es ihnen nur möglich war, die Maßstäbe und die Weltanschauung der deutschen nationalistischen Rechten übernahmen einschließlich ihrer Beschuldigungen gegen Juden, insbesondere gegen nichtdeutsche Juden. Das half ihnen natürlich überhaupt nichts, als die Nazis an die Macht kamen und ihre eigene Lösung des Judenproblems ins Werk setzten. Heute findet sich das Phänomen des jüdischen Selbsthasses hauptsächlich sehr weit links, wo eine feindselige Ablehnung Israels Gelegenheit zu bieten scheint, sich von altüberkommenen und elterlichen Bindungen zu lösen.

Aber die wichtigste Reaktion auf den Antisemitismus, weit wichtiger als die der Sowjets, des Westens oder der Juden selbst, ist die der Araber, deren ungeheurer Ausstoß an antisemitischer Literatur ernste Fragen aufwirft, die nicht zuletzt den derzeitigen Zustand der arabischen Gesellschaft berühren. In der arabischen Welt wie im Westen ergeben sich gewisse Fragen aus einer Prüfung dieser ganzen antisemitischen Erzeugnisse. Wer liest sie, wie wichtig sind sie, welche Wirkung haben sie? In der westlichen Welt kann man diese Fragen mit einiger Zuverlässigkeit beantworten. Seit 1945, und in vielen Regionen schon viel länger, wird offen antisemitische Literatur nur in verrückten Randgruppen der Gesellschaft veröffentlicht und gelesen, und ihr Einfluß ist in jüngerer Zeit minimal.

Von der arabischen Welt kann man das nicht mehr sagen. Die Menge der veröffentlichten antisemitischen Bücher und Artikel, die Höhe und Zahl ihrer Auflagen, der Rang und das Ansehen derjenigen, die sie schreiben, verlegen und fördern, ihr Platz in den Lehrplänen der Schulen und Universitäten, ihre Rolle in den Massenmedien, das alles scheint doch darauf schließen zu lassen, daß der klassische Antisemitismus derzeit einen wesentlichen Teil des arabischen geistigen Lebens ausmacht – beinahe ebensosehr wie einst im nationalsozialistischen Deutschland und weit mehr als im Frankreich des ausgehenden neunzehnten und des beginnenden zwanzigsten Jahrhunderts, als das wilde Geschrei der Anti-Dreyfusards von mindestens ebenso machtvollen Stimmen beantwortet wurde, die Vernunft und Toleranz verteidigten. Solche Stimmen gibt es auch in der arabischen Welt, doch es gibt zur Zeit kein einziges arabisches Land, das sich einer wirklich freien Presse erfreut, und diese Stimmen haben es sehr schwer, sich Gehör zu verschaffen. Selbst arabische Intellektuelle in den westlichen demokratischen Ländern scheinen diese Einschränkungen zu akzeptieren. Um den Antisemitismus verurteilen zu können, muß man den Nachweis führen, daß er schädlich für die arabische Sache ist – daher die seltsame, aber in einigen Kreisen populäre Theorie, daß Antisemitismus und Zionismus ein- und dasselbe seien. Mit der gleichen Logik könnte man auch argumentieren, daß Apartheid eine Form des afrikanischen Nationalismus sei.

Jede Opposition gegen den Antisemitismus in der arabischen Welt, selbst wenn sie taktischer Natur ist oder sich als taktisch ausgibt, ist eine hochwillkommene Abwechslung von dem vorher nahezu einstimmigen Haßgesang. Die Begeisterung, mit der die ersten Schritte zum Frieden in Ägypten aufgenommen wurden, und die warme und freundliche Aufnahme, die die ersten Israelis fanden, die nach Kairo kamen, machten einen ehrlichen Wunsch nach Frieden und gutnachbarlichen Beziehungen deutlich, der sich sogar bei einigen wenigen Intellektuellen fand. In den Jahren, die auf den ägyptisch-israelischen

Friedensvertrag folgten, schwächte sich die anfängliche Euphorie ab, aber sie verschwand nie ganz. Die langen und oft mit ätzender Schärfe geführten Verhandlungen, die vergeblichen Bemühungen, einen Fortschritt in der Palästinenserfrage zu erzielen, die jüdischen Siedlungen auf dem Westufer, das Ausbleiben der Normalisierung, die israelische Libanon-Invasion von 1982, das alles wirkte sich äußerst belastend auf die neuen und zerbrechlichen Beziehungen zwischen Israel und dem ersten arabischen Staat aus, der einen Friedensvertrag unterzeichnet hatte oder auch nur in offizielle Verhandlungen eingetreten war. Aber trotz dieser Schwierigkeiten erhielten die Ägypter die Beziehung zu Israel am Leben, wenn auch auf einem stark reduzierten Niveau, und sie gestatteten die Errichtung eines israelischen akademischen Zentrums in Kairo. Es gibt sogar einige ägyptische Autoren, die es wagen, über Israel in gedruckter Form zu sprechen – wenn auch nicht mit Sympathie, so doch wenigstens ohne wilde Beschimpfungen. Das sind kleine Zeichen, und sie blieben bislang auf Ägypten beschränkt. Dennoch hat sich auch in anderen arabischen Ländern Bedeutsames geändert. Nicht alle arabischen Länder haben nach der Unterzeichnung des Friedensvertrages von Camp David die diplomatischen Beziehungen zu Ägypten abgebrochen, und ein Land, das sie abbrach, nämlich Jordanien, hat sie inzwischen wiederaufgenommen. In einigen Ländern sprechen arabische Politiker und Journalisten heute von Israel und den Israelis statt vom »sogenannten Staat« und den »zionistischen Banden«, wie es früher gang und gäbe war. Einige gebrauchen sogar – im geeigneten Kontext – das zuvor mit einem strengen Tabu belegte Wort Frieden. Weitere Fortschritte werden sehr wesentlich von der Einleitung und vom Erfolg oder Scheitern von Friedensverhandlungen abhängen. Zumindest lassen diese Entwicklungen einen Hoffnungsschimmer aufkommen, daß die antisemitische Vergiftung des arabischen Denkens der jetzigen Generation vielleicht noch nicht irreversibel ist.

Ein weiterer Faktor, der sich als noch wichtiger erweisen könnte, ist die Tatsache, daß selbst unter antisemitischen Moslems – von wenigen Ausnahmen abgesehen – jener tiefe, durchdringende Haß fehlt, der ein Charakteristikum des klassischen Antisemiten in Mittel- und Osteuropa und manchmal auch anderswo ist. Immer wieder haben europäische und amerikanische Juden auf Reisen durch arabische Länder beobachtet, daß die einzige direkte antisemitische Feindseligkeit, der sie begegneten, trotz der Flut des gedruckten oder gesendeten Antisemitismus von ihren eigenen Landsleuten ausging, von denen sich viele in der, wie sie meinen, kongenialeren Atmosphäre der arabischen Welt frei fühlen, ganz bewußt antisemitische und übrigens auch antifeministische Bemerkungen zu machen, die sie sich daheim nie gestatten würden. In ganz ähnlicher Weise fällt es Israelis, die den Westen bereisen, oft leichter, geistigen Kontakt zu Arabern als zu Arabophilen zu finden.

Während die öffentliche Verurteilung des Antisemitismus im arabischen Raum praktisch unbekannt ist, trifft man immer noch nur äußerst selten auf die Äußerung antisemitischer Vorurteile im persönlichen Gespräch, auch wenn hier eine zunehmende Tendenz zu beobachten ist. Sicherlich liegt das an jener tief verwurzelten Höflichkeit, die Teil der arabischen kulturellen Tradition ist und die sogar Antisemiten daran hindert, in Gegenwart von Juden offen antisemitische Bemerkungen fallenzulassen. Aber es muß auch etwas mit dem bislang vollständigen Fehlen jener grimmigen, persönlichen Feindseligkeit zu tun haben, die den europäischen Antisemiten kennzeichnet und die selbst bei denen, die nur milde davon heimgesucht sind, ein beinahe physisches Unbehagen bei jeder persönlichen Begegnung mit Juden hervorrufen kann. Araber scheinen daran nicht zu leiden. In den arabischen Ländern ist der Antisemitismus noch immer weitgehend politischer und ideologischer, intellektueller und literarischer Art. Sein Vorherrschen in der jüngeren Generation ist auf die unablässige Indoktrination durch Lehrbücher und Medien zurückzuführen und auf das Fehlen jeglicher anderweitiger Information über jüdische Geschichte und Kultur. Trotzdem ist man immer wieder überrascht, festzustellen, wie die Autoren selbst der heftigsten und das Niveau der Nazis erreichenden antijüdischen Traktate bereit und in der Lage sind, ganz normale und manchmal freundschaftliche Beziehungen mit Juden oder sogar mit Israelis zu unterhalten, wenn niemand da ist, der sie beobachten und denunzieren kann.

Ein Zwischenfall, der sich unmittelbar nach der Unterzeichnung des ägyptisch-israelischen Friedensvertrages in Kairo ereignete, ist in dieser Hinsicht lehrreich. Zwei israelische Wissenschaftler nutzten die soeben eröffnete Möglichkeit der Reise nach Kairo, voller Ungeduld, endlich einige der literarischen, akademischen und politischen Persönlichkeiten zu treffen, deren Arbeit sie so lange aus der Ferne verfolgt hatten. Unter anderem suchten sie die Redaktion einer heftig antiisraelischen, antizionistischen und sogar antisemitischen Zeitschrift auf und baten um ein Gespräch mit dem Chefredakteur. Als der erfuhr, wer sie waren und woher sie kamen, erklärte er, daß er sie unmöglich empfangen könne: »Wir sind gegen Sie, wir sind gegen Israel, wir sind gegen den Zionismus, wir sind gegen den Frieden, und ich kann Sie nicht in mein Büro einladen.« Dann überreichte er ihnen einen Zettel und sagte: »Wenn Sie jedoch Lust hätten, mich nach fünf Uhr bei mir zu Hause zu besuchen, würde ich mich auf ein Gespräch und einen Meinungsaustausch mit Ihnen freuen. Hier ist meine Adresse.«

Ohne es zu ahnen, schlug der moslemische Chefredakteur das genaue Gegenteil der klassischen amerikanischen Situation vor, die einmal als »Fünf-Uhr-Schatten« bekannt war – als Juden wie alle anderen Menschen auch während der Dienstzeit im Büro empfangen werden konnten, aber ausgesperrt blieben vom gesellschaftlichen Leben daheim und im Club, am Abend und während des Wochenendes. In der westlichen Welt verblaßt der »Fünf-Uhr-Schatten« zusehends, wenn er auch keineswegs ganz verschwunden und seine Wiederkehr nicht auszuschließen ist. In der Welt des Islams sind noch beide Möglichkeiten vorhanden – daß er sich durchsetzt, oder daß er ganz verschwindet.

Welche Möglichkeit Wirklichkeit wird, hängt weitgehend vom weiteren Verlauf des arabisch-israelischen Konflikts ab. Für christliche Antisemiten ist das Palästinaproblem ein Vorwand und ein Ventil für ihren Haß; für moslemische Antisemiten ist es die Ursache. Wenn es gelänge, diese Ursache zu beseitigen oder doch wenigstens spürbar zu mildern, könnte vielleicht auch die Feindschaft schrumpfen – nicht ganz verschwinden, aber doch zumindest auf das frühere Niveau des Vorurteils zurückgehen. Erfreulich war das nicht, aber es vertrug sich mit menschlichen Beziehungen und sogar mit den Anfängen eines politischen Dialogs. Derzeit gibt es einige Anzeichen dafür, daß die Infektion mit dem antisemitischen Virus, das die Christenheit fast von Anfang an befallen hat, wenigstens in der Genesung begriffen sein könnte; ein trauriges Paradoxon will es, daß der gleiche abgrundtiefe religiöse Haß jetzt den Leib des Islams angegriffen hat, der bislang dagegen resistent war. Mag sein, daß der Augenblick des Entgegenwirkens schon vorbei ist und daß das Virus bereits in den Blutkreislauf des Islams eingedrungen ist, um ihn auf Generationen hinaus ebenso zu vergiften, wie die Christenheit in der Vergangenheit viele Generationen lang vergiftet war. Wenn das geschieht, werden nicht nur arabische, sondern auch jüdische Hoffnungen im Sumpf der Bigotterie versinken. Die offene Demokratie, die der Stolz Israels ist, wird von sektiererischer und ethnischer Diskriminierung und Unterdrückung verseucht werden, während die freien Institutionen, die noch den besten Grund zur Hoffnung für die Araber bieten, in Vergessenheit geraten werden und der Nahe Osten unter der Herrschaft der Zyniker und Fanatiker versinkt, die auf dem Nährboden des Hasses gedeihen.

Wahrscheinlicher aber ist, daß es so weit noch nicht gekommen ist. Gewiß ist es leicht, einzelne arabische Herrscher oder Autoren zu nennen, deren Haß auf die Juden so tief und so verzehrend ist wie der eines klassischen europäischen oder amerikanischen Antisemiten. Aber für die meisten scheint noch immer zu gelten, daß der arabische oder moslemische Antisemitismus trotz seiner Heftigkeit und Allgegenwart noch immer etwas ist, das von oben kommt, von der Führung her, und nicht von unten, aus der Gesellschaft – eine politische und polemische Waffe, die man wegwerfen kann, sobald sie nicht mehr gebraucht wird. Wenn sich die maßgeblichen arabischen Führer dazu durchringen können, dem Beispiel Sadats zu folgen und in ein Zwiegespräch mit Israel einzutreten, und wenn die Israelis die Kraft und den Mut aufbringen können, angemessen zu reagieren, dann ist es möglich, daß die antisemitische Kampagne verblassen und vergehen wird und, wie im modernen Westen, sich reduzieren wird auf Randgruppen und Außenseiter-Regime. Findet sich keine Lösung, keine Linderung, und schleppt sich der Konflikt weiter fort, dann gibt es keinen Ausweg aus einer endlosen, abwärts gerichteten Spirale des gegenseitigen Hasses, der das Leben von Arabern und Juden gleichermaßen zu einem Leben in Bitterkeit machen wird. Israelis, Araber, ja wir alle, stehen vor einer schicksalhaften Wahl.

Anmerkungen

Einführung

1 Alain Finkielkraut, *La Réprobation d'Israël* (Paris, 1983), S. 14 ff.

2 Siehe zum Beispiel die Zahlen, die Joshua Muravchik zitiert, »Misreporting Lebanon«, *Policy Review* (Washington D.C.), 23:11–66, und Edward Alexander, »The Journalists' War Against Israel«, *Encounter,* September–Oktober 1981.

3 Abd al-Rahman Sami Ismat, *Al-Sahyuniyya wa'l-Masuniyya* (Alexandria, 1950), S. 45 und 50.

4 Auf diesen Punkt weist Yehoshafat Harkabi hin, *Arab Attitudes to Israel* (Jerusalem, 1972), S. 223.

5 Siehe zum Beispiel Khomeinis Buch über die islamische Regierung: Persischer Text, *Vilayat-i Faqih* (Teheran, undatiert), S. 175; französische Übersetzung, *Pour un gouvernement islamique* (Paris, 1979), S. 114. In jüngerer Zeit ist die Bedeutung bei einigen Autoren sogar noch weiter gefaßt worden, und »zionistisch« ist zu einem allgemeinen Schimpfwort ohne jegliche spezifische Bedeutung geworden. So beschimpfen die Regierungen des Irans und des Iraks, beide unversöhnliche Feinde Israels, einander im Golfkrieg gegenseitig als Zionisten. Bizarrer noch ist ein Beispiel aus dem Fernen Osten, wo der Rundfunk der sowjetisch dominierten Mongolischen Volksrepublik die Chinesen »zionistischer Aktivität« in Sinkiang beschuldigte.

6 Deutscher Text in *Akten zur Deutschen Auswärtigen Politik 1918–1945, Aus dem Archiv des Auswärtigen Amtes* (Imprimerie Nationale: Baden-Baden, 1956), Ser. D, Bd. 7, S. 171. Über den Ursprung dieses Dokuments siehe Gerhard L. Weinberg, *The Foreign Policy of Hitler's Germany* (Chicago, 1980), 2:610–611.

7 Siehe Rochelle Saidel Wolk, »Anti-Semitism in America: Prophecy or

Paranoia?« in *Lilith* (1980), 7:8-11, und Judith Plaskow, »Blaming Jews ... For the Birth of Patriarchy«, in *Lilith* (1980), 7:11-13. Im wilhelminischen Deutschland gab es einen engen Zusammenhang zwischen Antisemitismus und Antifeminismus, und die Verantwortung der Juden für die feministische Bewegung war ein häufig wiederkehrendes Thema in der antisemitischen Propaganda. Siehe P.G.J. Pulzer, *Die Entstehung des politischen Antisemitismus in Deutschland und Österreich 1867-1914,* Gütersloh 1966, S. 179-181.

8 Norman Cohn, *Die Protokolle der Weisen von Zion. Der Mythos von der jüdischen Weltverschwörung,* Köln/Berlin 1969.

Der Holocaust und die Zeit danach

1 Es gibt eine umfangreiche Literatur zum Holocaust. Die maßgeblichste Studie ist Raul Hilberg, *Die Vernichtung der europäischen Juden* (Berlin, 1982). Eine kürzere, aber wertvolle Darstellung gibt Lucy Dawidowicz, *Der Krieg gegen die Juden 1933-1945* (München, 1979). Haltung und Politik der westlichen Alliierten sind von einer ganzen Reihe von Wissenschaftlern untersucht worden, in jüngster Zeit von David S. Wyman, *Das unerwünschte Volk. Amerika und die Vernichtung der europäischen Juden* (München, 1986), und von Bernard Wasserstein, *Britain and the Jews of Europe 1939-1945* (Oxford, 1979).

2 Adolf Hitler, *Mein Kampf*, Erster Band (München, 1932), S. 357.

3 W. Erbt, *Weltgeschichte auf rassischer Grundlage* (Leipzig, 1934), S. 76.

4 Rolf Beckh, *Der Islam* (München, 1937).

5 Alfred Rosenberg, *Der Mythus des 20. Jahrhunderts* (München, 1935), S. 665.

6 Zu Kielce und anderen Ausschreitungen in Polen siehe Yehuda Bauer, *Flight and Rescue: Brichah* (New York, 1970), insbesondere S. 208 ff.

7 Michael J. Cohen, *Palestine and the Great Powers 1945-1948* (Princeton, 1982), S. 66-67; vgl. J.C. Hurewitz, *The Struggle for Palestine* (New York, 1950), S. 237-238.

8 Ein umfassender Überblick über die sowjetische Politik gegenüber den Juden liegt vor in Benjamin Pinkus, *The Soviet Government and the Jews 1948-1967: A Documented Study* (Cambridge und Jerusalem, 1984).

9 Pinkus, S. 147 ff., 181 ff.

10 Pinkus, S. 300-301.

11 Siehe Maxime Rodinson, *Peuple juif ou probleme juif?* (Paris, 1981),

S. 23 ff. Zu dieser Frage im allgemeinen siehe die nützliche Sammlung von Essays, herausgegeben von Robert S. Wistrich, *The Left Against Zionism: Communism, Israel, and the Middle East* (London, 1979).

12 Pinkus, S. 58.

13 Zu Wirtschaftsverbrechen siehe Pinkus, S. 197–198, 201–207.

14 Zu Kitschko siehe William Korey in Nathan Glazer et al., *Perspectives on Soviet Jewry* (New York, 1971), S. 45–46.

Semiten

1 G.W. von Leibniz, *Neue Abhandlungen über den menschlichen Verstand* (Nachdruck: Hamburg, 1971), S. 306.

2 August Ludwig Schlözer, in J.G. Eichhorn (Hg.), *Repertorium für Biblische und Morgenländische Litteratur* (Leipzig, 1777–80), 8:161–163 (rückübersetzt a.d. Englischen).

3 Ernest Renan, *Histoire générale et système comparé des langues sémitiques* (Paris, 1863), 1:40–41.

4 Theodor Nöldeke, »Zur Charakteristik der Semiten«, in *Orientalische Skizzen* (Berlin, 1892), S. 4.

5 Edward Ullendorff, »The Knowledge of Languages in the Old Testament«, in *Bulletin of the John Rylands Library* (März 1962), 44(2):455–465.

Juden

1 S. Dubnov, *History of the Jews in Russia and Poland from the Earliest Times until the Present Day* (Philadelphia, 1916), 1:260. Der Begriff *shid* im Russischen gilt als beleidigend, im Gegensatz zu dem neutralen Begriff *ewrej*. Er könnte deshalb genauer übersetzt werden mit »Jidd« oder »Itzig«.

2 Dubnov, 1:257.

3 Zu den *millet* siehe Benjamin Braude und Bernard Lewis (Hg.), *Christians and Jews in the Ottoman Empire,* 2 Bde. (New York, 1982).

4 Eine meisterhafte Studie über diese Ereignisse und ihre Bedeutung in der jüdischen Geschichte liegt vor in Gershom Scholem, *Sabbatai Sevi, the Mystical Messiah 1626–1676* (Princeton, N.J., 1973; Hebräisches Original: Tel Aviv, 1957). Zu den *dönme* siehe *Encyclopaedia of Islam,* 2. Aufl. (von M. Perlmann).

5 Demographische Daten siehe Jakob Lestschinsky, »Die Umsiedlung und Umschichtung des jüdischen Volkes im Laufe des letzten Jahrhunderts«, in *Weltwirtschaftliches Archiv* (1929), 30:123–156; idem, »Jewish Migrations, 1840–1956«, in Louis Finkelstein (Hg.), *The Jews, Their History, Culture, and Religion,* 3. Aufl. (New York, 1960), 2:1536–1596; Arthur Ruppin, *Jewish Fate and Future* (London, 1940), S. 24 ff.; siehe auch in der *Encyclopaedia Judaica* unter »Demography« und »Population«.

6 Zitiert in Arthur Hertzberg, *The Zionist Idea: A Historical Analysis and Reader* (Cleveland und New York, 1959), S. 102 ff.

7 Rabbi Zvi Hirsch Kalischer, in Hertzberg, S. 114.

8 Zitiert in Lucy Dawidowicz, *The Golden Tradition: Jewish Life and Thought in Eastern Europe* (New York, 1967), S. 335.

Antisemiten

1 Zu Marr siehe P.G.J. Pulzer, op. cit., S. 46–50; und Léon Poliakov, *Geschichte des Antisemitismus,* 8 Bde. (Worms, 1979–87), 6:228. Zur Geschichte des Antisemitismus siehe auch Jacob Katz, *From Prejudice to Destruction: Anti-Semitism, 1700–1933* (Cambridge, Mass., 1980); und Samuel Morag (Hg.), *Sinat Yisra'el le-doroteha* (Jerusalem, 1980).

2 Siehe Albert Sicroff, *Les Controverses des statuts de »Pureté de sang« en Espagne du XV au XVII siècle* (Paris, 1960), S. 223 ff.; und S.W. Baron, *A Social and Religious History of the Jews,* 2. Aufl. (New York, 1952–1969), 8:85.

3 Sicroff, S. 90 ff.; Baron, 8:88–89.

4 John Locke, *Ein Brief über Toleranz* (Hamburg, 1957), S. 107.

5 Zu antisemitischen und schwarzenfeindlichen Ressentiments und Ideologien im Frankreich des 18. Jhdts. siehe Pierre Pluchon, *Nègres et juifs au XVIII siècle* (Paris, 1984).

6 Poliakov, 6:11–12.

7 Poliakov, 6:12.

8 Poliakov, 5:103.

9 *Voltaire's Notebooks,* Hg. Theodore Besterman (Genf, 1952), S. 31 und 233; Poliakov, 5:109.

10 *Essai sur les mœurs,* Hg. René Pomeau (Paris, 1963), 1:478; Poliakov, 5:102.

11 *Traité de métaphysique,* Hg. Temple Patterson (Manchester, 1937), S. 33; vgl. ebenda S. 4.

12 Poliakov, 5:110.
13 Karl Wilhelm Friedrich Grattenauer, *Wider die Juden: Ein Wort der Warnung an alle unsere christlichen Mitbürger* (Berlin, 1803), 3:29; zit. Poliakov, 5:159 (rückübersetzt a.d. Englischen).
14 Alexander von Humboldt, *Kosmos und Humanität* (Bremen, 1980), S. 289 f.
15 Baron, 9:32.
16 Poliakov, 6:22.
17 Poliakov, 6:22.
18 G.E. Lessing, »Die Juden« (1749), in ders., *Werke,* Bd. 4 (Berlin, o.J.), vgl. Poliakov, 5:186–188, der diese Bemerkung anders interpretiert.
19 T.S. Eliot, »Burbank with a Baedeker, Bleistein with a Cigar«, in *Poems 1909–1925* (London, 1925), S. 55. Siehe auch Edgar Rosenberg, *From Shylock to Svengali; Jewish Stereotypes in English fiction* (London, 1961); Moses Debré, *Der Jude in der französischen Literatur von 1800 bis zur Gegenwart* (Ansbach, 1909); Montagu Frank Modder, *The Jew in the Literature of England to the end of the 19th century* (New York/Philadelphia, 1939).
20 Solomon Rappaport, *Jew and Gentile, the Philo-Semitic Aspect* (New York, 1980).
21 Text in Pulzer, op. cit., S. 271.
22 Léon Poliakov, *Histoire de l'antisémitisme,* 4 Bde. (Paris, 1961–77), 4:29–30. (Dieser Band ist in der deutschen Ausgabe noch nicht erschienen.)
23 Pulzer, S. 166 f. Siehe des weiteren Robert S. Wistrich, *Socialism and the Jews; the Dilemmas of Assimilation in Germany and Austria-Hungary* (London und Toronto, 1982).
24 Der aufmerksame Leser kann feststellen, daß einige der auffälligeren antisemitischen Sätze, die sich in den englischen Ausgaben von Miss Christies Kriminalromanen finden, in den amerikanischen Ausgaben fehlen.
25 H. Meyer-Cohen, *Die Juden im heutigen England* (Berlin, 1890), S. 20.
26 Mark Twain, *Concerning the Jews* (Philadelphia, 1985), nachgedruckt aus *Harper's New Monthly Magazine,* September 1898.
27 William F. Moneypenny und George E. Buckle, *Life of Disraeli* (London, 1929), 1:885; Poliakov, 6:132.
28 Poliakov, 6:87.
29 St. John Chrysostom, zit. in James Parke *Conflict of the Church and the Synagogue* (London, 1934), S. 163–166; John G. Gager, *The Origins of Anti-Semitism* (New York, 1983), S. 118–120; Norman Cohn, »The Myth of the

Demonic Conspiracy of Jews in Medieval and Modern Europe«, in Anthony de Reuck and Julie Knight (Hg.), *Caste and Race: Comparative Approaches* (London, 1967), S. 240 ff. Siehe des weiteren Jeremy Cohen, *The Friars and the Jews: The Evolution of Medieval Anti-Judaism* (Ithaca und London, 1982).

30 Pater Barruel, S. 58-62, zit. in Poliakov, 6:81 f.

31 Aus einem deutschen Traktat aus dem Jahre 1816, *Das Judentum in der Maurerey.* Dieser Traktat wurde später in der nationalsozialistischen Literatur sehr oft herangezogen. Poliakov, 6:83 (rückübersetzt a.d. Englischen).

32 Poliakov, 6:83.

33 Poliakov, 6:84 f.

34 Jacob R. Marcus, *The Jew in the Medieval World: A Source Book 1315-1791* (New York und Philadelphia, 1960), S. 145 ff., 161 ff., 170 ff.

35 Poliakov, *Histoire,* 4:38, 39 (in der deutschen Ausgabe noch nicht erschienen).

36 Rappaport, S. 180; S. Zeitlin in *Jewish Quarterly Review* (Juli 1968), S. 76-80, Besprechung von *The Strange History of the Beiless Case* von Maurice Samuel.

37 Norman Cohn, *Die Protokolle der Weisen von Zion*, a.a.O.

38 Anis Mansur, ein auf antijüdische Polemik spezialisierter ägyptischer Journalist, erklärt die Entdeckung des *Times*-Korrespondenten auf seine eigene Weise: »Mit der Veröffentlichung des Geheimplans zur Erlangung der Weltherrschaft erreichte der Antisemitismus seinen Höhepunkt. Der Istanbuler *Times*-Korrespondent enthüllte im Jahre 1929, daß die Juden beim ersten Treffen ihres Zionistischen Kongresses in Basel in der Schweiz ein Buch mit dem Titel *Die Protokolle der Weisen von Zion* verfaßt und sich auf ihren teuflischen Plan zur Beherrschung der ganzen Welt geeinigt hatten. Dieses Buch wurde in allen Ländern der Welt übersetzt. In Ägypten wurde es viermal übersetzt, und ich selbst habe als erster die Aufmerksamkeit auf das Buch gelenkt und Teile daraus vor 25 Jahren übersetzt« (Anis Mansur, *Waj fi qalb Israil,* Kairo, 1977, S. 140).

Herr Mansur irrt sich in jedem einzelnen Punkt. Die Leistung von Philip Graves, des *Times*-Korrespondenten in Istanbul, bestand nicht darin, die *Protokolle* zu »enthüllen«, die zu jener Zeit schon weit verbreitet waren, sondern darin, sie als Fälschung bloßzustellen. Das geschah nicht im Jahre 1929, sondern schon 1921. Die *Times*-Artikel von Philip Graves wurden in seinem kleinen Buch *The Truth about the Protocols* (London, 1921) nachgedruckt. Ohne Grundlage ist auch Herrn

Mansurs Anspruch, als erster auf Arabisch die Aufmerksamkeit auf sie gelenkt zu haben. Arabische Übersetzungen erschienen 1926 in Palästina und um das Jahr 1927 in Ägypten.

Zu der Rolle, die Ostchristen bei der Einführung des Antisemitismus in den Nahen Osten gespielt haben, bemerkt Elie Kedourie mit Recht, daß sie »leichteren Zugang zur westlichen Literatur hatten, aber kein ausreichendes Urteil besaßen, um eine kritische und differenzierte Wahl zu treffen« (Kedourie, *The Chatham House Version*, London, 1970, S. 338).

39 Pierre-Joseph Proudhon, *Césarisme et christianisme* (Paris, 1883), 1:39; Poliakov, 6:176; Edmund Silberner, *Sozialisten zur Judenfrage* (Berlin, 1962), S. 58.

40 Johann Gottlieb Fichte, *Sämmtliche Werke* (Berlin, 1845), 6:150.

41 Karl Marx, »Zur Judenfrage«, in: *Marx Engels Werke* (Berlin-Ost, 1969) Bd. 1, S. 377.

42 Artikel im New Yorker *Daily Tribune*, zit. in *Commentary*, April 1985, S. 39. Zur Judenfrage bei Marx und Engels siehe des weiteren *Marx Engels Werke*, Bd. 1, S. 347–377; vgl. auch Wistrich, *Socialism*, S. 25 ff.

43 Wistrich, ebenda.

44 Silberner, S. 274 f.

45 Silberner, S. 278 und S. 354, Anm. 50.

46 Silberner, S. 280, 282; Pulzer, S. 212 f.

47 Adolf Hitler, *Mein Kampf*, a.a.O., S. 116 ff.

Moslems und Juden

1 Einen Überblick über jüdisch-moslemische Beziehungen gibt B. Lewis, *The Jews of Islam* (Princeton, N.J., 1985), wo frühere Literatur zitiert wird.

2 Ibn Khaldun, *al-Muqaddima*. Ins Englische übersetzt von Franz Rosenthal (New York, 1958); Charles Issawi, *An Arab Philosophy of History: Selections from the Prolegomena of Ibn Khaldun of Tunis (1332–1406)* (London, 1950), S. 61, wiederholt auf S. 161.

3 A.S. Tritton, *The Caliphs and Their Non-Muslim Subjects* (London, 1930), S. 174 ff.

4 Zu Ursprüngen und Entwicklung antisemitischer Literatur in arabischer Sprache siehe Sylvia G. Haim, »Arabic Antisemitic Literature«, in *Jewish Social Studies*, 17 (4):307–312; Yehoshua Ben-Hananyah, »Sifrut aravit anti-tsiyonit«, in *Ha-Shiloah*, 43:272–279; Yehoshafat Harkabi,

Arab Attitudes to Israel (Jerusalem, 1972); idem, »La'anti-shemiyut ha-aravit mehadash«, in *Sinat Yisra'el ledoroteha* (Jerusalem, 1980), S. 247–259; Yehoshua Porat, »Ideologia anti-tsiyonit ve-anti-yehudit bahevra ha-le'umit ha-aravit be-Eretz-Yisrael«, in *Sinat Yisra'el,* S. 237–246; Moshe Maoz, »The Image of the Jew in Official Arab Literature and Communications Media«, in *World Jewry and the State of Israel* (New York, 1977), S. 33–51; Shimon Shamir, »The Attitude of Arab Intellectuals to the Six-Day War«, in *The Anatomy of Peace in the Middle East* (New York, 1969), S. 5–24; Norman A. Stillman, »New Attitudes toward the Jew in the Arab World«, in *Jewish Social Studies* (1975), 38 (3–4):197–204; Dafna Alon, *Arab Racialism* (Jerusalem, 1969); Raphael Israeli, »Anti-Jewish Attitudes in the Arabic Media, 1975–1981«, in *Research Report* (September 1983), 15:1–18; Daniel Pipes, »The Politics of Muslim Anti-Semitism«, in *Commentary,* August 1981, S. 39–45; Ronald L. Nettler, »Islam vs. Israel«, in *Commentary,* Dezember 1984, S. 26 ff. Hava Lazarus Yafeh, »An Inquiry into Arab Textbooks«, in *Asian and African Studies* (1972), 8 (1):1–20; Rivka Yadlin und Amazia Baram, »Egypt's Changing Attitude Towards Israel«, in *The Jerusalem Quarterly* (Frühjahr 1978), 7:68–87; Stefan Wild, »Judentum, Christentum und Islam in der Palästinensischen Poesie«, in *Die Welt des Islams* (1984), 23–24:265 ff. Von besonderem Interesse ist Asad Razzuq, *Al-Talmud wa'l-Sahyuniyya* (Beirut, 1970). Dieses vom PLO-Forschungszentrum veröffentlichte Buch ist die erste, wahrscheinlich einzige Monographie, die versucht, sich wissenschaftlich mit dem Talmud, mit seinen Verteidigern, Kritikern und Verleumdern auseinanderzusetzen.

5 Nafitus, *al-Sahafa al-Radiyya al-lamaiyya fi inhidam al-diyana al-ibriyya* (Beirut, 1869; nicht eingesehen), zit. in Harkabi, *Arab Attitudes to Israel,* S. 273–275, und detaillierter, in Razzuq, S. 71 ff.

6 *Fi'l-zawaya khabaya, aw kashf asrar al-Yahud* (Kairo, 1893). Eine anonyme Widerlegung wurde wenig später in Kairo veröffentlicht.

7 Abraham Galante in *Archives Israelites,* 45:29 (Paris, 1899), S. 232–233.

8 Sylvia G. Haim, »The Palestine Problem in al-Manar«, in Amnon Cohen und Gabriel Baer (Hg.), *Egypt and Palestine: A Millennium of Association (868–1948)* (Jerusalem und New York, 1984), S. 300 ff.

9 Muhammad Bakir Alwan, »Jews in Arabic literature 1830–1914«, Al-Arabiyya (1978), 2:51–53; Salih J. Altoma, »The Image of the Jew in Modern Arabic Literature«, ebenda, S. 62.

10 Cevdet Pasa, *Tezakir,* Hg. Cavid Baysun (Ankara, 1963), 3:236–237; übersetzt in Braude und Lewis, 1:30.

11 Ignaz Goldziher, *Muslim Studies* (London, 1967; deutsches Original: Halle, 1889), 1:186–188 (dt. S. 203–205), vgl. Lewis, *Jews of Islam,* S. 103.

Die Nazis und die Palästina-Frage

1 Siehe *Akten zur Deutschen Auswärtigen Politik 1918–1945* (Imprimerie Nationale: Baden-Baden, 1956).
2 U.S. Department of State, *Nazi-Soviet Relations, 1939–1941. Documents from the Archives of the German Foreign Office,* Hg. R.J. Sontag und J.S. Beddie, Dept. of State publication 3023 (Washington D.C., 1948), S. 259; vgl. ebenda S. 244–245 und 270.
3 Zitiert in David Yisraeli, »The Third Reich and Palestine«, in *Middle Eastern Studies* (Oktober 1971), 7:344 und Anm. 9.
4 Yisraeli, S. 346, Anm. 18, wo der Brief vom 9. Juli 1937 von Schwartz von Berk an Dr. von Hentig zitiert wird.
5 *Akten zur Deutschen Auswärtigen Politik 1918–1945,* Ser. D, Bd. 5, S. 633.
6 *Akten,* Ser. D, Bd. 5, S. 629 und 634.
7 Die erste seriöse Untersuchung der Beziehungen zwischen Nazis und Arabern war das Werk des polnischen Wissenschaftlers Lukasz Hirszowicz. Ursprünglich 1963 in Warschau veröffentlicht, erschien es kurz darauf in einer englischen Übersetzung, *The Third Reich and the Arab East* (London, 1966); es ist die bis heute einzige Monographie zu dem Thema in englischer Sprache. Zu späteren Werken gehören: Heinz Tillmann, *Deutschlands Araberpolitik im Zweiten Weltkrieg* (Berlin-Ost, 1965); Bernd Philipp Schröder, *Deutschland und der Mittlere Osten im Zweiten Weltkrieg* (Göttingen, 1975); Josef Schröder, »Die Beziehungen der Achsenmächte zur Arabischen Welt«, in *Zeitschrift für Politik,* 1971; David Yisraeli, »The Third Reich and Palestine«; und idem *Ha-Reich ha-Germani ve-Eretz Yisrael* (Ramat Gan, 1973). Alle diese Werke beruhen hauptsächlich auf unveröffentlichtem deutschen Archivmaterial. Einige der relevanten deutschen Dokumente wurden später in der Standardserie (*Akten,* Ser. D) veröffentlicht; andere sind in verschiedenen Memoiren deutscher Amtsträger enthalten, die mit arabischen Angelegenheiten befaßt waren, hier insbesondere Fritz Grobba, *Männer und Mächte im Orient* (Göttingen, 1967). Italienische Dokumente wurden verwendet von Daniel Carpi, »The Mufti of Jerusalem, Amin el-Huseini, and His Diplomatic Activity during World War II (October

1941–July 1943)«, in *Studies in Zionism,* No. 7 (Frühjahr 1983). Arabische Dokumente sind in geringerem Maße verwendet worden. Einige von ihnen, ausgewählt zu politischen Zwecken, wurden veröffentlicht in *The Arab Higher Committee: Its Origins, Personnel and Purposes, The Documentary Record,* den Vereinten Nationen vorgelegt im Mai 1947 von Nation Associates, Inc., New York, 1947. Einige andere erschienen zusammen mit weiteren Dokumenten auch in den Memoiren des Muftis, auszugsweise veröffentlicht in der Beiruter Monatsschrift *Falastin,* No. 112 (Juli 1970), und in Bayan al-Hut, *Al-Quiyadat wa'l-mu'assasat al-siyasiyya fi Falastin 1917–1948* (Beirut, 1981), S. 462 ff. Der Mufti selbst war das Thema zweier Bücher, die beide äußerst kritisch waren und erbeutete deutsche Dokumente verwendeten, von Maurice Pearlman, *Mufti of Jerusalem* (London, 1947), und Joseph B. Schechtman, *The Mufti and the Fuehrer* (London und New York, 1965). Ein wohlwollenderer Bericht mit weiterer Bibliographie findet sich in D. Hopwoods Artikel in der *Encyclopaedia of Islam,* 2. Auflage, Anhang 1:67–70.

8 Yisraeli, *Ha-Reich,* S. 210, wo eine Besprechung des Buches *The Arabs* von Bertram Thomas in der NS-Zeitung *Völkischer Beobachter,* 4. Dezember 1933, zitiert wird. Ein ähnlicher Kommentar Hitlers vom 2. 7. 1942 findet sich in Henry Picker, Hitlers Tischgespräche im Führerhauptquartier (Stuttgart, 1976), S. 403 f.

9 Sami al-Jundi, *Al-Bath* (Beirut, 1969), S. 27 ff.; Elie Kedourie, *Arabic Political Memoirs and Other Studies* (London und Portland, 1974), S. 200–201. Dr. Carmen Ruiz Bravo, *La controversia ideologica: nacionalismo arabe/nacionalismos locales, oriente, 1918–1952* (Madrid, 1976), S. 89 und 175 ff., mit einer höchst originellen Erklärung dieser Tendenz. Während sie zugesteht, daß sich im arabischen Nationalismus jener Zeit nationalsozialistische und faschistische Elemente finden, schreibt sie dies einem indirekten, über den Zionismus ausgeübten Einfluß zu, »der vom Faschismus einige seiner charakteristischen Merkmale geerbt hat: die gleiche Ideologie von Nationalismus, Rassismus und Aggressivität«. Dies bezieht sich auf eine Zeit zehn Jahre vor der Geburt Israels, als der Judenhaß ein Hauptthema der Rechten war.

10 Daniel Carpi, »The Mufti of Jerusalem«, S. 104–105.

11 Grobba, S. 255.

12 Grobba, S. 255 f., vgl. Carpi, S. 108, und Hirszowicz, S. 214 ff.

13 *Akten,* Ser. D, Bd. 8/2, S. 719 f.

14 *Akten,* Ser. D, Bd. 8/2, S. 720 f.; Carpi, S. 110; vgl. Grobba, S. 256–257; Hirszowicz, S. 218 ff.; Schröder, *Deutschland,* S. 199; Tillmann, S. 324 ff.

15 Carpi, S. 112–113; Yisraeli, S. 246–247; Grobba, S. 264–267; Hirszowicz, S. 226 ff.

16 Hirszowicz, S. 227.

17 Ein kurzer Bericht über die *Orientlegionen* in Schröder, S. 215–231. Siehe auch Tillmann, S. 313 ff.

18 Ettore Rossi, *Documenti sull'origine e gli sviluppi della questione Araba (1875–1944)* (Rom, 1944), S. 228–231, wo *Oriente Moderno,* (1942), 22:453–455 zitiert wird.

19 »Une surveillance active . . . de facon à se garder de leurs dangers et en éviter les dommages«, französischer Text in *The Arab Higher Committee,* 1947; dieser und andere Texte wurden auch in den Memoiren des Muftis, *Falastin* (Beirut, Juli 1970), 112:4 ff., veröffentlicht. Der Mufti hält in seinen Memoiren auch die Tatsache fest, daß er die türkischen Behörden schriftlich dringend aufforderte, jüdische Flüchtlinge aus dem von der Achse beherrschten Europa nicht über türkisches Territorium nach Palästina reisen zu lassen.

20 *Falastin* (Beirut, Juli 1970), 112:8–9.

21 *Akten,* Ser. D, Bd. 10, S. 462. Vgl. Lukasz Hirszowicz, *The Third Reich,* S. 82–84, 109–110; und Schröder, *Deutschland,* S. 44–48, 53, 65–66, wo jedoch die Hinweise auf ein »Lösen der Judenfrage« nicht erwähnt werden.

22 Grobba, S. 208.

23 Somerset de Chair, *The Golden Carpet* (London, 1943), S. 118.

24 Anwar el Sadat, *Die ägyptische Revolution* (Düsseldorf/Köln, 1970), S. 55 f.

25 Sadat, S. 69–75; A.W. Sansom, *I Spied Spies* (London, 1965), S. 75–76, 103–132; J.W. Eppler, *Rommel ruft Kairo* (Bielefeld, 1959), S. 151, 164 f., 186 f., 201–204, 232.

26 Majid Khadduri, »General Nuri's Flirtations with the Axis Powers«, in *Middle East Journal* (1962), 16:328–336.

27 *Al-Musawwar,* 18. September 1953.

Der Krieg gegen den Zionismus

1 Norman A. Stillman, *The Jews of Arab Lands, A History and Source-Book,* 37:3–4, S. 197–204 (Philadelphia, 1979), S. 356.

2 Zur Politik der osmanischen Regierung gegenüber dem Zionismus siehe Nevile Mandel, *The Arabs and Zionism before World War I* (Berkeley und Los Angeles, 1976); Mim Kemal Öke, *Osmanli Imparatorlugu,*

Siyonizm ve Filistin Sorunu (Istanbul, 1966); idem, *Abdülhamid, Siyonistler ve Filistin Meselesi* (Istanbul, 1981); Jacob M. Landau, »The ›Young Turks‹ and Zionism: Some Comments«, in *Fields of Offerings; Studies in Honor of Raphael Patai* (Rutherford, N.J., 1983), S. 197–205; David Farhi, »Documents on the Attitude of the Ottoman Government towards the Jewish Settlement in Palestine after the Revolution of the Young Turks (1908–1909)«, in Moshe Ma'oz (Hg.), *Studies on Palestine during the Ottoman period* (Jerusalem, 1975), S. 190–210. Zur arabischen Presse im osmanischen Palästina siehe Yaqub Yehoshua, *Tarikh al-Sihafa al-Arabiyya fi Filastin fi'l-ahd al-Uthmani 1908–1918* (Jerusalem, 1974).

3 Siehe B. Lewis, »Palestine: On the History and Geography of a Name«, in *International History Review* (1980), 2:1–12.

4 Najib al-Khuri Nassar, *Al-Sahyuniyya-Ta'rikhuha-Gharduha-Ahammiyyatuha* (Haifa, 1911). Zu Nassar siehe Khayriyya Qasimiyya, »Najib Nassar fi jaridatihi al-Karmal (1909–1914), ahad ruwwad munahadat al-sahyuniyya«, in *Shu'un Filastiniyya* (1973), 23:101–123, und Yehoshua, S. 130–142.

5 Mandel, S. 101; Öke, *Osmanli Imparatorlugu,* S. 109–110.

6 Mandel, S. 53.

7 Négib Azoury, *Le Réveil de la Nation Arabe dans l'Asie Turque* (Paris, 1905), S. V; Mandel, S. 52; Kedourie, S. 111 ff.

8 Farid Kassab, *Le nouvel Empire Arabe: La Curie Romaine et le prétendu péril juif universel – Réponse à M.N. Azoury bey* (Paris, 1906), S. 39–40, zitiert in Mandel, S. 50–51.

9 »The Return to Palestine«, in *New Liberal Review* (London), II, Dezember 1901, S. 627. Für diesen Hinweis bin ich Professor Michael Curtis zu Dank verpflichtet.

10 V. Jabotinsky, *Poems* (Jerusalem, 1947), S. 201.

11 Theodor Herzl, *Altneuland* (Wien, o.J.), S. 186. Vgl. S. 73, 76 f., 82 f., 107, 133–136, 166, 192.

12 Für Einzelheiten siehe Kenneth W. Stein, *The Land Question in Palestine, 1917–1939* (Chapel Hill und London, 1984).

13 Ein gutes Beispiel für diese Form der Beeinflussung findet sich in einer Denkschrift, die am 28. März 1921 dem britischen Kolonialminister Winston Churchill im Namen des Exekutivkomitees des Arabischen Palästina-Kongresses von dessen Präsident, Musa Kazim al-Husayni, überreicht wurde. Darin wird festgestellt, daß »die Tatsache, daß ein Jude ein Jude ist, den Araber nie gegen ihn eingenommen hat«, und daß die Juden »in Deutschland Deutsche sind, in Frankreich Franzosen und

in England Engländer«; sodann wird dargelegt, was man als »moralischen Standpunkt« bezeichnet. Demzufolge waren »Juden unter den aktivsten Fürsprechern der Zerstörung in vielen Ländern, besonders dort, wo ihre einflußreichen Positionen es ihnen ermöglichten, größeren Schaden anzurichten. Es ist wohlbekannt, daß die Auflösung Rußlands ganz oder zu einem großen Teil von den Juden herbeigeführt worden ist, und auch ein großer Anteil an der Niederlage Deutschlands und Österreichs muß ihnen zugeschrieben werden. Als der Stern der Mittelmächte im Steigen begriffen war, schmeichelten die Juden ihnen, aber in dem Augenblick, da sich die Waagschale den Alliierten zuneigte, entzogen die Juden Deutschland ihre Unterstützung, öffneten ihre Tresore den Alliierten und erhielten dafür jene höchst ungewöhnliche Zusage.

Wir haben Kenntnis von einem Buch mit dem Titel *Die jüdische Gefahr,* das jedermann lesen sollte, der noch immer an den verderblichen Motiven der Juden gegenüber den herrschenden Mächten und gegenüber der Zivilisation zweifelt. Es ist eine Sammlung der Protokolle einer geheimen Gesellschaft prominenter Juden, die sich von Zeit zu Zeit trifft, um weltpolitische Angelegenheiten im Hinblick auf das Judentum zu erörtern. Das Buch ist angefüllt mit überströmendem Haß auf die Menschheit und insbesondere auf die Christenheit. Es werden darin im einzelnen Mittel und Wege aufgezeigt, um die gegenwärtige Ordnung der Dinge umzustürzen, damit die Juden aus dem dann entstehenden Chaos als die Herren der Welt hervorgehen können.

Wenn wir uns die Reihen des Sozialismus ansehen, stoßen wir auf jüdische Namen wie Carl [sic] Marx, Becknin [sic – recte Bakunin?] und Trotzki an der Spitze der Liste, neben einer großen Schar anderer, die ebenso bösartig, wenn auch nicht so berühmt sind.«

Der volle Wortlaut des Dokuments findet sich in Aaron S. Klieman, *Foundations of British Policy in the Arab world: The Cairo Conference of 1921* (Baltimore, 1970), S. 259–267; erörtert wird der Text ebenda auf S. 127 ff. Bei dem Buch über die »jüdische Gefahr« handelt es sich natürlich um die *Protokolle.* Dieses Zitat und der ganze Tenor dieses Abschnitts des Dokuments legen die Vermutung nahe, daß hier eine ausländische und wahrscheinlich eine westliche Hand am Werke war.

14 Siehe zum Beispiel die Memoiren von Khalid al-Azm, Ministerpräsident von Syrien 1948–49. Er zählt die Faktoren auf, die zu dem Erfolg Israels geführt haben: ». . . Fünftens die Aufrufe der arabischen Regierungen an die Bevölkerung Palästinas, das Land zu verlassen und Zuflucht in den

arabischen Nachbarländern zu suchen ... diese kollektive Flucht leistete den Juden gute Dienste und stärkte ihre Position, ohne daß sie selbst etwas dazu tun mußten. ... Seit 1948 fordern wir die Rückkehr der Flüchtlinge in ihre Heimat, die zu verlassen wir selbst sie veranlaßt hatten. ... Wir haben einer Million arabischer Flüchtlinge ein elendes Schicksal bereitet, indem wir sie aufriefen und darauf bestanden, daß sie ihr Land aufgeben, ihr Haus, ihre Arbeit und ihren Beruf, und wir haben sie zu Arbeits- und Heimatlosen gemacht.« *Mudhakkirat Khalid al-Azm* (Beirut, 1973), 1:386-387. Für einen Hinweis aus israelischer Quelle über die Vertreibung arabischer Zivilisten aus Lydda und Ramla siehe Tom Segev, *1949: ha-Yisraelim ha-Rishonim* (Jerusalem, 1984), S. 41.

15 Shimon Ballas, *La littérature arabe et le conflit au proche-orient (1948-1973)* (Paris, 1980), S. 140.

Der Krieg gegen die Juden

1 »Es mag geschehen, daß ein Mann lügt oder einem Irrtum erliegt, aber daß ein Volk seine Gesellschaft auf Lügen errichtet, das ist die Spezialität der Kinder Israels allein! ... So sind die Juden beschaffen, mein Bruder, junger moslemischer Löwe, deine Feinde und die Feinde Gottes, und das ist die Wahrheit über sie, wie sie niedergeschrieben ist im Buche Gottes. ... So ist ihre ganz eigentümliche Natur beschaffen, die ihnen eigene korrupte Lehre ... daß sie nie aufgehört haben, Komplotte gegen ihren Hauptfeind, die Moslems, zu schmieden. In einem ihrer Bücher sagen sie: ›Wir Juden sind die Herren der Welt, ihre Verderber, diejenigen, die Aufruhr schüren, ihre Henker!‹ Sie lieben dich nicht, junger moslemischer Löwe, dich, der du Gott, den Islam und den Propheten Mohammed verehrst. ... Junger moslemischer Löwe, vernichte ihre Existenz, das Dasein derjenigen, die sich die ganze Menschheit untertan machen wollen, um sie zu zwingen, ihren satanischen Plänen zu dienen.« *al-Dawa* (Kairo), Oktober 1980. Übersetzt und kommentiert in Gilles Kepel, *The Prophet and Pharaoh; Muslim Extremism in Egypt* (London, 1985), S. 110 ff.

2 Rede vor einem Seminar der Vereinten Nationen über religiöse Toleranz und Freiheit, gehalten am 5. Dezember 1984 in Genf. Dr. Dawalibi verbrachte die Kriegsjahre im deutsch besetzten Europa und wurde in einem geheimen Brief, den SS-Obergruppenführer Erwin Ettel

aus dem Auswärtigen Amt in Berlin an die deutsche Botschaft in Paris unter dem Datum vom 21. Oktober 1943 schrieb, als »unser Vertrauensmann« bezeichnet (Archive des Auswärtigen Amtes A, b 21/w).

3 Nach der amtlichen englischen Übersetzung der Protokolle der Vierten Konferenz der Akademie für islamische Forschung, Kairo, 1970, S. 458–459.

4 Porat, »Ideologia«, S. 241; idem, *The Emergence of the Palestinian National Movement 1918–1929* (London, 1974), S. 60 ff.; vgl. Ann Mosely Lesch, *Arab Politics in Palestine, 1917–1939: The Frustration of a Nationalist Movement* (Ithaca und London, 1979), S. 60 ff.

5 Daphne Tsimhoni, »The Arab Christians and the Palestinian Arab National Movement during the Formative Stage«, in Gabriel Ben-Dor (Hg.), *The Palestinians and the Middle East Conflict* (Ramat Gan, 1978), S. 79.

6 Siehe Trevor LeGassick, »The Image of the Jews in Post-World War II Arabic Literature«, *Al-Arabiyya* (1978), 2:74–89; S. Ballas, op. cit.; Pierre Cachia, »Themes Related to Christianity and Judaism in Modern Egyptian Drama and Fiction«, *Journal of Arabic Literature* (1971), 2:178–194; Werner Ende, »The Palestine Conflict as Reflected in Contemporary Arabic Literature«, in Gustav Stein und Udo Steinbach (Hg.), *The Contemporary Middle Eastern Scene: Basic Issues and Major Trends* (Opladen, 1979), S. 154–167.

7 *Diwan al-Rusafi* (Kairo, 1956), S. 431–432; ebenfalls (Beirut, 1931), S. 408–409; vgl. Safa Khulusi, »Maruf ar-Rusafi in Jerusalem«, in *Arabic and Islamic Garland ... presented to Abdul-Latif Tibawi* (London, 1977), S. 147–152; Stefan Wild, »Judentum«, S. 267–269.

8 Tsimhoni, S. 92, Anm. 29.

9 Wild, S. 271–272.

10 *Marakatuna ma al-Yahud.* Neuausgabe in Saudi-Arabien im Jahre 1970, in einer Sammlung von Essays über verschiedene Themen, aber mit diesem als Titel des Buches.

11 H.J. Cohen, »The Anti-Jewish *Farhud* in Baghdad, 1941«, *Middle Eastern Studies* (1966), 3:2–17.

12 Robert St. John, *The Boss* (New York, 1960), S. 153. Als Beispiel für sein Werk siehe Johann von Leers, *Juden sehen Dich an,* 5. Aufl. (Nürnberg), S. 163–166.

13 Sadiq Jalal al-Azm, *Al-Naqd al-Dhati bad al-hazima* (Beirut, 1972), S. 53 ff.

14 Asad Razzuq, *Al-Talmud wa'l-Sahyuniyya,* S. 15–16, 18.

15 Salah Dasuqi, in *al-Majalla* (Kairo, November 1960), 4(47):7–11; vgl. ebenda (Januar 1961), 5(49):134–136. Herr Dasuqi war Militärgouverneur von Kairo und später Botschafter in Finnland.

16 Salah Dasuqi, *Amrika Mustamara Sahyuniyya* (Kairo, 1957).

17 Abdelwahab M. Elmessiri, »Arab views on the Protocols«, *Foreign Affairs* (April 1977), 55:641–642.

18 Die Presse berichtete über derartige Geschenke an die Begleitung verschiedener zu Besuch weilender Außenminister, z.B. Michel Jobert, Frankreich (29. Januar 1974) und Aldo Moro, Italien (13. Februar 1974).

19 Londoner Presseberichte über den Prozeß im Central Criminal Court gegen Colin Jordan und John Tyndall, damals Führer bzw. stellvertretender Führer der Britischen National-Sozialistischen Bewegung, Anfang Oktober 1962; vgl. Interview mit Tyndall im *Sunday Telegraph* vom 10. März 1963. Für ein späteres Beispiel siehe *Daily Telegraph,* 13. Januar 1970, über den Prozeß gegen T.O. Williams.

Ein sympathisierender Besucher eines Fatah-Ausbildungslagers über die dort verwendete Literatur: »Es stehen politische Bücher zur Verfügung: Castro, Guevara, Mao Tse-tung, Giap, Rodinson; General de Gaulles Memoiren; und auch *Mein Kampf.* Als ich mich überrascht über das Vorhandensein dieses letzten Bandes äußerte, erwiderte der politische Kommissar, daß es nötig sei, alles gelesen zu haben, und weil die Israelis sich wie Nazis benähmen, sei es nützlich, genau zu wissen, was der Nationalsozialismus war.« Gerard Chaliand, *The Palestine Resistance* (London, 1972), S. 10. Chaliand kommentiert diese Antwort nicht.

20 »Was Kennedy the Victim of a Zionist-Armed Hand?« in *The Scribe* (April 1964), 8(3):8 ff.

21 Sabri Jirjis, *al-Turath al-Yahudi al-Sahyuni wa'l-Fikr al-Freudi* (Kairo, 1970).

22 Ibrahim al-Hardello, *Anti-Semitism: A Changing Concept* (Khartum, 1970), S. 9.

23 Anis Mansur, *Al-Ha'it wa'l-dumu* (Kairo, 1972), S. 15 ff.

24 Hava Lazarus-Yafeh, »An Inquiry into Arab Textbooks«, S. 17, Anm. 43.

25 *Al-Jumhuriyya* (Bagdad), 23. Mai 1978; *Baghdad Observer,* 24. Mai 1978; *New York Times,* 14. April 1979; *al-Wafd* (Kairo), 29. März 1984.

26 Abbas Mahmud al-Sharif und Yusuf Ahmad Mahmud al-Qusi, *Al-Ta'rikh al-Arabi al-Islami: al-Saff al-Thalith* (Kairo), S. 47; Muhammad Yusuf al-Mahjub u.a., *Al-Tarbiya al-Diniyya* (Kairo, 1966), 1:93. Für

neuere Behandlungen des Themas siehe Hava Lazarus-Yafeh, S. 1–20; Avner Giladi, »Israel's Image in Recent Egyptian Textbooks«, *Jerusalem Quarterly* (1978), S. 88 ff. In einem Buch über Juden, Judaismus und Islam, verfaßt von einem Professor am Pädagogischen Institut der Ayn Shams Universität in Kairo, wird dargelegt, daß die »drei hauptsächlichen, grundlegenden Quellen« für das Studium der Juden notwendigerweise die Tora, der Talmud und die *Protokolle* sein müßten (S. 5). Der Autor erklärt seine Absicht, von der erstgenannten Quelle auszugehen. Diese Selbstbeschränkung verringert in keiner Weise seine antijüdische Inbrunst. (Abd al-Ghani Abbud, *Al-Yahud wa'l-Yahudiyya wa'l-Islam,* Kairo, 1982).

27 Khomeini, *Vilayat-i Faqih,* S. 6.

28 *Arabische Korrespondenz* (Bonn), Oktober-November 1964.

29 Text in *al-Bilad,* 29. November 1964; übersetzt aus der italienischen Fassung in *Oriente Moderno,* 1964, S. 703.

30 Einem am 31. Mai 1985 von der *New York Times* veröffentlichten Leserbrief zufolge verbietet ein malaysisches Gesetz die »filmische, bildliche oder musikalische Darbietung von Werken jüdischen Ursprungs«, vgl. *New York Times,* 10. und 11. August 1984. Zu den *Protokollen* in Malaysia siehe *Asiaweek,* 8. Dezember 1978, S. 4–5.

31 *Egyptian Gazette,* 11. Juni 1979.

32 Muhammad Bakir Alwan, »Jews in Arabic Literature«, S. 50, bezeichnet dies zu Recht als lächerlich.

33 *New York Times,* 26. September 1979.

34 Yusuf Rizqallah Ghanima, *Nuzhat al-Mushtaq fi Ta'rikh Yahud al-Iraq,* (Bagdad, 1924).

35 Ghassan Kanafani, *Fi'l-Adab al-Sahyuni* (Beirut, 1967).

36 *Cairo Today,* Juni 1984, S. 53. Nach der dort veröffentlichten Statistik für 1983 kamen die meisten Touristen aus den USA (183 600), an zweiter Stelle stand Saudi-Arabien mit 162 000, an dritter »Palästina« mit 117 000. Die nächsten vier sind, in der Reihenfolge, Frankreich, Deutschland, Italien und Großbritannien.

37 Diese und andere, ähnliche Erklärungen, in denen Sulayman Khatir und seine Tat von ägyptischen Künstlern und Intellektuellen gefeiert werden, finden sich in *Al-Ahali,* 25. Dezember 1985.

38 *Al-Musawwar,* 28. Dezember 1985. Ein anderer Artikel, in dem gegen die falsche Darstellung und Glorifizierung Sulayman Khatirs protestiert wird, stammt von Ibrahim Saduh in *Akhbar al-Yawm,* 28. Dezember 1985.

1 Darauf wurde besonders nachdrücklich hingewiesen in einem Artikel von Sabri Abu'l-Majd in *al-Musawwar,* Jahres-Sonderausgabe, Dezember 1972: »Der stolze arabische Geist konnte die osmanische, die britische, die französische Besetzung ertragen, weil die Türkei oder Großbritannien oder Frankreich Staaten sind mit großer Geschichte und großer Kraft; aber der arabische Geist kann die Besetzung durch Banden und Cliquen nicht ertragen, die aus verschiedenen Teilen der Welt gekommen sind und kein Gesetz kennen außer dem des Dschungels.«

2 B. Lewis, »The Anti-Zionist Resolution«, in *Foreign Affairs* (Oktober 1976), 55(1):54–64.

3 B. Lewis, »The State of Middle Eastern Studies«, in *American Scholar* (Sommer 1979), 48(3):365–381.

Register

Jochen von Lang

Das Eichmann-Protokoll

Tonbandaufzeichnungen der israelischen Verhöre

Ullstein Buch 33042

Zeitgeschichte

Am 31. Mai 1962 wurde Adolf Eichmann, nach fast zwei Jahren Vernehmung und Prozeß, wegen nachgewiesener Verbrechen gegen das jüdische Volk hingerichtet. Das Protokoll seiner Vernehmung, aufgezeichnet nach den Tonbändern, gehört zu den grauenhaftesten Zeugnissen aus der Hinterlassenschaft des Dritten Reiches.